サウンドマネー

BISとIMFを築いた男、
ペール・ヤコブソン

エリン・E・ヤコブソン著
吉國眞一・矢後和彦 監訳
アンドリュー・クロケット 序文

A LIFE FOR SOUND MONEY

蒼天社出版

はしがき

吉國 眞一

IMF 専務理事および、理事会議長としての最初の契約に署名する際のヤコブソン、1956 年（資料提供：IMF）

あとがきで矢後から詳細な解題が与えられるので、ここでは本書の訳出に至った経緯などについて個人的な事情も含めて述べることを許していただきたい。吉國が五年にわたる国際決済銀行（ＢＩＳ）の勤務を終えて帰国した二〇〇六年の暮頃、矢後からＢＩＳについてのインタビューを依頼されたのがそもそもの始まりであった。国際金融史家としてＢＩＳや国際通貨基金（ＩＭＦ）の研究をライフワークとする矢後と、ＢＩＳ、ＩＭＦの双方に実務家として勤務した経験のある吉國はともに、両機関の主要ポストを長年にわたって務め、国際金融界に大きな足跡を残したペール・ヤコブソンという人物に興味をもち、原書の熱心な読者であったことで、どちらからともなく翻訳の話がもち上がった。だが、一般に知名度の低いＢＩＳと、当時皮肉にも国際金融危機の不在により存在意義が問われていたＩＭＦを主題とする大著の翻訳を引き受けてくれる出版元を捜すのは至難の業だった。蒼天社出版の上野社長が本書の価値を理解され、出版を快諾していただいたことに、この場を借りて厚く御礼申し上げたい。翻訳には多くの方々が参加されたが（あとがき参照）、誤りや用語の不統一などの責はすべて監訳者に属する。

＊

結果的に本書はきわめて適切なタイミングで出版されることになったと思う。翻訳作業の最中に発生した「一〇〇年に一度」の国際金融危機のなかで、ＩＭＦ、ＢＩＳといった国際機関や、中央銀行の役割が再びクローズ・アップされ、本書の対象である二十世紀半ばの国際金融史への関心も大いに高まったからだ。とりわけヤコブソンが腐心した国際的な政策協調体制、さらには国際金融体制そのものの再構築といった課題は、まさしく現代の国際金融界が直面しているものだ。またケインズやオーストリア学派の経済学が再び脚光を浴びるなかで、ケインズを含む当時の代表的経済学者達とヤコブソンとの論争が詳述されているのは、本書をアカデミックな観点からも有益なものとするだろう。ヤコブソンが長く務めたＢＩＳチーフ・エコノミストのポストを昨年勇退したウイリアム・ホワイト氏が、Ｂ

ＩＳ年報やワーキング・ペーパーを通じて「グローバル金融市場の行き過ぎた不均衡」について早くから警鐘を鳴らし続け、ロンドン・エコノミスト誌などがその先見性を高く評価したのをみると、ヤコブソンが築き上げた「健全通貨」の思想が数十年の時を経て脈々と継承されていることを感じるのである。

＊

吉國のＢＩＳでの上司であり、ＩＭＦにも同時期に勤務したアンドリュー・クロケット・ペール・ヤコブソン財団会長から、本書のためにヤコブソンの簡潔な人物像を寄せていただいたのは望外の幸せであった。ＩＭＦでマクロの経済調査部門を取り仕切り、ＢＩＳではトップの座についたクロケット氏は、ヤコブソン同様二つの国際機関で重要なポストを占めた国際官僚であり、そうした経歴を買われて、一九九九年に設立された金融安定化フォーラム（ＦＳＦ）の初代議長に就任した。ＦＳＦはＢＩＳとＩＭＦに密接なかかわりをもつ主要国の通貨当局と、バーゼル銀行監督委員会をはじめとするグローバル・スタンダードの設定主体、さらには世銀、ＯＥＣＤ等他の国際機関も一団に会する画期的なフォーラムであり、ヤコブソンが生涯抱き続けたような、国際的政策協調のための理想的な場として機能することが期待されていたと思われる。しかし、ＦＳＦ（昨年金融安定理事会〔ＦＳＢ〕に改称）の設立も、その後の金融危機を防ぐことはできなかった。一方でヤコブソンが時期尚早としたヨーロッパの共通通貨は、二十世紀の終わりを待っていたかのように成功裡に発足したが、そのなかにヤコブソンの母国スウェーデンと、彼が公人として最も長い時間を過ごしたＢＩＳのホスト国スイスは含まれていない。本書の翻訳を通じてヤコブソンの満ち足りた生涯を辿った後、その後の国際金融情勢を振り返ったとき思い半ばに過ぎるものがある。

二〇一〇年二月吉日

吉國　眞一

日本語版への序文に代えて——ペール・ヤコブソン

アンドリュー・クロケット

ヤコブソンとユーゴスラヴィア大統領チトー元帥（ガブリエル・フェラスIMFヨーロッパ局長同席）、ベオグラードにて1960年7月（資料提供：IMF）

ペール・ヤコブソンは、二十世紀半ばにおいて最も影響力のあった国際金融人の一人である。彼は国際決済銀行（BIS）のチーフ・エコノミストを一九三一年から五六年まで勤めた後、五六年に国際通貨基金（IMF）の専務理事に選出され、六三年に死去するまでその職にあった。

二つの職務を通じ、彼は当時の経済的な出来事において目覚しい役割を担った。BISが一九三〇年に設立された時、同行が多角的な支払・決済システムの中心として機能する「世界銀行」に発展するのではないかという望みがあった。この希望は、アメリカがBIS運営への参加を拒否したことと、まもなく世界経済を襲った金融危機のなかでかなえられることなく終わった。

しかし、それにもかかわらずBISは多くの有用な役割を果した。すなわちBISにおいて主要な金融人たちが厄介な政治的環境においても協力を保つことができた。設立されたばかりの機関のチーフ・エコノミストとして、ペール・ヤコブソンはBISの年次報告の伝統を築き上げた。以後七十五年余にわたり、同年報は世界経済の動向に関する最も包括的かつ権威あるサマリーを提供し続けていると言えよう。ヤコブソンが編集責任者であった頃のすべての年報には、彼の明快な文体と独特のスタイルがはっきり認められる。

日本銀行はBISの創立メンバーの一員であり、同行の代表者がロンドンから月例の理事会に出席していた（日本銀行はその後一九五一年のサンフランシスコ条約によってBISのメンバーシップを放棄させられた。筆者〔クロケット〕は、BISの総支配人に着任したばかりの一九九四年、大いに満ち足りた思いで日本銀行が理事会メンバーに復帰するのを見届けることができたのだった）。

大戦中、ヨーロッパでは通常の経済関係が停止していた（もっともBISの年報は継続していたが）。この間、ペール・ヤコブソンはヨーロッパにおける大火災を食い止めることに関心を集中した。中立国家スウェーデンの国籍をもつことで彼は、困難を伴わないわけではなかったが、ワシントンとベルリンの両方に旅することができたのだ。彼は、「誠実な仲介者」として行動できるとの信念を以って、交戦国間の交渉という目標を推進した。本書に記されている

Per Jacobsson

Andrew Crockett

Per Jacobsson was one of the most influential international financial officials of the middle part of the last century. He served as the Chief Economist of the Bank for International Settlements (BIS) from 1931 until 1956, when he was elected Managing Director of the International Monetary Fund (IMF). He remained at the Fund until his death in 1963.

In both roles, he played a notable part in the economic events of the time. When the BIS was founded in 1930 there were hopes that it might become a "World Bank", operating at the hub of a system of multilateral clearing and settlement. That ambition was still-born, the victim of the refusal of the United States to take part in the institution's work, and the global economic crisis which soon overtook the world economy.

But the BIS nevertheless did much useful work. It demonstrated the ability of key financial officials to work together, even in a troubled political environment. As chief economist of the new institution, Per Jacobsson inaugurated the tradition of BIS Annual Reports. For over 75 years now these have provided arguably the most comprehensive and authoritative summary of trends in the world economy. Per Jacobsson's distinctive pen, and independent style, can be detected in all of the reports over which he presided.

The Bank of Japan was a founder member of the the BIS, and its representatives traveled each month from London to take part in Board meetings. (Subsequently, the Bank of Japan had to renounce its membership in the BIS under the terms of the Treaty of San Francisco in 1951. It was a particular satisfaction to me, as General Manager of the BIS to see the Bank resume its board membership in 1994, at the beginning of my tenure.)

During the war, conventional economic relations in Europe came to a halt (though the BIS Annual Reports did not). At this time Per Jacobsson turned his attention to trying to stop the conflagration in Europe. As a native of a neutral country (Sweden) he was able to travel (though not without difficulty) to both Washington

ように日本については、ヤコブソンは、一九四五年七月に展開したベルンの日本公使館を通ずる不成功に終わった日米間の平和を仲介する試みの中心人物であった。現時点で振り返れば、これは筋違いの努力であった。おそらく平和的な経済関係を促進したいという純粋な願いによって、ヤコブソンは当時ドイツとアジアで起こっていたことから目をふさいでしまったのだろう。

戦後ＢＩＳは活動を再開し、ペール・ヤコブソンはチーフ・エコノミストとしての職務を引続き果たした。ＢＩＳの戦中の活動を理由にその解散を求める声があった。しかし、ヤコブソンの分析も少なからず貢献したＢＩＳの中央銀行家の会合場所としての有用性が、最終的にこの機関を存続させることになる。以後ＢＩＳは着実に力をつけ、現在では中央銀行間の協力に関する中心的なフォーラムと目されるようになった。

ペール・ヤコブソンはその経歴の最終段階を、国際通貨基金（ＩＭＦ）の専務理事としてワシントンで過ごした。ＩＭＦは、高い期待にもかかわらず、設立当初世界において相対的にマイナーな存在に止まっていた。しかし、ヤコブソンが着任した頃、ヨーロッパにおける通貨の交換性回復に向けた動きに弾みがつきつつあった。彼はこの動きを強く後押しし、その中でＩＭＦは創立者達が想定していた役割を果たしていくことになったのだ。ヤコブソンは、国際金融システムの運営を成功させる鍵を握るのは、アメリカ、日本、西ドイツ、フランス、イギリスといった主要な経済当局の間での広範なコンセンサスであると強く信じていた、彼は一九六一年の一般借入取極に代表されるように、そうしたコンセンサスの実現のためたゆみなく尺力した。

残念なことに、ヤコブソンは自らが着手した数々のイニシアティブが成果を生む前に、現職のまま一生を終えた。だが、彼は決して消すことのできない足跡を残した。その伝記作者となった娘が本書の標題で記したように、彼は一生を「健全通貨」のために捧げたのである。彼はその一生を通じて、ケインズの言葉を借りれば、「社会の基礎を揺るがす手段として、通貨を腐敗させるくらい巧妙かつ確実なものはない」ことを理解していた。そしてこのことを後の世代が教訓として学べるために少なからぬ貢献をしたのだった。

and Berlin. He assiduously promoted the cause of negotiations among the belligerents, believing he could act as an "honest broker". With regard to Japan, Per Jacobsson was at the heart of an unsuccessful attempt to broker a peace deal between the US and Japan in July 1945, through the Japanese embassy in Bern, as related in this book. With the perspective we now have, these can be seen as misguided efforts. Perhaps his genuine desire to promote peaceful economic interchange blinded him to what was going on in Germany and Asia.

The BIS resumed its activities after the war, and Per Jacobsson continued in his role of Chief Economist. There were attempts to wind up the institution, in the light of its wartime role. But its usefulness as a meeting place for central banks, aided in no small measure by the analysis of Per Jacobsson, in the end secured its survival. It has subsequently gone from strength to strength and is now recognized as a key forum for global central bank cooperation.

The final phase of Per Jacobsson's career was in Washington, as Managing Director of the International Monetary Fund (IMF). The IMF, despite high hopes, had played a relatively minor role on the world stage in the early years of its existence. But around the time of Per Jacobsson's arrival, the process of restoring convertibility in Europe was gaining momentum. He gave impetus to this process, and saw the IMF begin to fulfill the potential expected by its founders. Jacobsson strongly believed that a broad consensus among the major economies – the US, Japan, west Germany, France and Britain – was key to the successful operation of the international financial system. He consistently worked towards this goal, for example through the 1961 General Arrangements to Borrow.

Sadly, Per Jacobsson died in office before many of the initiatives he started at the Fund had come to full fruition. But he had left an indelible stamp. As his daughter and biographer indicates in her title to this work, he had devoted his life to sound money. He recognized, through his life experience that, to quote Keynes: "There is no subtler, no surer, way of overturning the basis of society than to debauch the currency." He made no small contribution to ensuring this lesson was learned by subsequent generations.

目次

序言

エリン・E・ヤコブソン

ヤコブソンとアレン・ダレスCIA長官（当時）、
ワシントンにて　1962年（資料提供：IMF）

ペール・ヤコブソンの波乱万丈の生涯は、健全通貨にささげられたものだった。ヤコブソンは通貨・金融の安定こそが、経済的繁栄、貿易の伸長、社会的公正そして政治的自由の前提であるとみていた。国際連盟に勤務した一九二〇年代、国際決済銀行（BIS）にあった二十五年間、そして国際通貨基金（IMF）でのおよそ七年間に、ヤコブソンは、重要と信じた諸条件が国際的なレベルにまで引き上げられて、自らの理想が実現するのをみて満足した。ヤコブソンはこれらの理念のためにいつでも身構えてたたかう、それも激しくたたかう人物だったが、にもかかわらず多くの友人を得た。友人たちは彼の親切、ユーモア、陽気さ、ウィット、そして何よりも寛大さを忘れることはなかった。ヤコブソンに助けを求めたものはみな、かぎりないモラル・サポートと焦眉の課題にみあう汲みつくせないほどのアイデアをもらうことができたのだ。

ペール・ヤコブソンは一九六三年五月五日に逝去したときにIMFの理事会議長および専務理事だったが、多くのあだ名で呼ばれた「愛すべき子供」だった。家族とスウェーデンの友人たちは、スウェーデン語でピーターを意味する彼のファーストネームをつづめて「ペル」と呼んだ。イングランド銀行では、モンターギュ・ノーマン総裁にならって、彼の名字を取って「ジャック」と呼ばれていた。ヤコブソン自身は時としてあだ名や他のニックネームを用いた。アメリカ人の友人や同僚たちは、彼を〝PJ〟と呼びならわした。本書を通じて用いるのはこの最後のヴァージョンの呼び名であり、混乱を避けるため文脈にかかわらずにこの呼び名を用いる。呼称を変えると意味が違ってしまうような場合、そして引用元が明示できるいくつかの引用箇所にかぎり、本書ではいくつかの長く用いられた呼び名を用いている〔訳注―邦訳では「ヤコブソン」などを用いている〕。

本書が依拠した資料類は膨大なものであった。ヤコブソンは、自身の本と論文や書簡をおさめた二百以上の箱、そして日記をおさめた二百冊以上のノートを残していた。本書では、すべての文節に注をつけることもできたが、読者の便宜を考慮して、重要と思われるものだけを注記することにした〔訳注―本訳書では原注を割愛し、訳注に統合した〕。

一九四四年にいたるまでヤコブソンは、興味を引いたり、彼の将来の著作にとって有益と思われた論文や記録を選びぬいて取り置いていた。一九四四年以降は、資料を分類する時間がなかったため、すべてが保管された。論文執筆や講演準備のために、旅行中や休日に集められた資料は、封筒、箱あるいはスーツケースに詰め込まれた。これらは後で手を触れられることはなく、ある時点で保存のために箱におさめられた。もとの包装は、信じがたいほど混乱していた。講演や論文のための覚書、受け取った手紙、当然ながら開封されていない銀行口座の通知、ある国の予算にコメントをつけた原稿、孫の写真、中央銀行や官庁からの秘密の書簡、手書きの返信の写し、ゴルフクラブの会員証、ディナー・パーティの出席者に署名をもらったレストランのメニュー、名刺、劇場のプログラム、追加手荷物の引換券、それに過去・現在・未来の財務大臣や中央銀行総裁に具申しようとしていたことについての覚書が、関連する資料と一緒にごたまぜになっていた。整理をしてみたが資料だけでは価値がないことがわかり、一九四四年以前に集められた資料に加えて、しばしばユニークな素材で満杯になった百を超えるファイルがあった。

ヤコブソンは彼のコレクションの価値を知悉していて、この資料を用いて自伝を書くことを長年考えていた。ヤコブソンが以前に出版した著作は、特定の目的のために書かれたものだったので、膨大な著作といえども彼自身による真の貢献とはみていなかった。彼が書いたものは五百を超える論文、演説、レポート、いくつかの推理小説、それに二十五年分のＢＩＳ年報であり、それらはしばしば広い範囲に流布していた。

ヤコブソンは、彼が知った人々と時代を適切にあつかうことを望んでいた。死の数日前に彼が作成した最後のリストには、彼が書こうとしていた人々と出来事が列挙されていた。その写しは本書の三九六頁にかかげてある〔訳注—本訳書では割愛した〕。このスケッチのおかげで、極めて圧縮した伝記である本書でとりあげるべき人物と出来事を選ぶことができた。

最も好奇心をそそる資料となったのは、書簡と日記である。書簡はアルファベット順・時代順に整理されており、棚のスペース六メートル以上におよぶ膨大なものである。このほかに四十—五十年にわたり保存されていた初期の手紙が箱のなかに入っている。

ヤコブソンは大変な筆まめだった。年長者や同僚に近況を報告するだけではなく、当時抱いていたアイデアを深化させられると考えた人には、誰彼かまわず手紙を書いた。彼はまた、応援することになった理念には、手紙を通じたいかなる支援も惜しまなかった。モンターギュ・ノーマンは、いつもはヤコブソンを評価してくれたのだが、少なくとも一度、ヤコブソンが「あまりにたくさんの手紙を書き、あまりに多くの友人をもっている」ことに不平をもらしたことがある。個々の手紙だけでなく書簡の全体が、ヤコブソンのもつ活力とダイナミズムのオーラを放っている。

これに対して日記のほうはもっと穏やかな性格のものである。それは一九一一年九月から一九六三年五月までの期間をカバーしており、スウェーデン語、英語、フランス語およびドイツ語で書かれ、ラテン語の引用がちりばめられている。とりわけ初期のものには時おり空白がみられるが、後年になると文字通りの日報となっている。空白が避けられなかった時期については、消耗した一週間やこみいった交渉事をめぐる回顧が書かれた。日記の分量がこうしたものだったので、そのとおりに出版するとしたら、脚注や説明を省いても五百頁本で十六—十八巻になるだろう。ＩＭＦ在勤中の日記はどの一年分をとっても、本書の二倍から三倍の長さになる（日記から取った一頁は三二一頁に再録した〔訳注—本書ではこれを次ページに図として転載した〕）。

ヤコブソンは、日記を備忘録としてのみならず、彼の着想を試す実験室として使った。出来事、討論、彼が使った議論を書きつけながら、ヤコブソンはこれらを記憶に焼きつけていたのである。彼が以前に書いた日記を読み返した形跡は全くない。時おり微細な訂正が書きつけられていることから、過去数日の日記を見返すことはあったようだが。初期の日記は金庫に入れられて施錠されてしまったことから、入手は困難だった。

とはいえ、この日記は事実の記録という以上のものだった。最初から、しかしとりわけ一九三九年から以降、日記はヤコブソンの思考過程の一部だった。日記は、ヤコブソンがアイデアを整理し、周囲の慌ただしい出来事に意味を与え、他人が彼に対して、また彼が他人に対して使っていた議論を分析する仕事場だった。日記のなかで、彼は思想の全体像、結晶化された政策、透徹した根拠づけに到達し、それらは日々の議論、演説や論文で使われることになった。

晩年のヤコブソンは、日記を書くことにとり憑かれたようになった。夜遅く、朝食前に、週末に、あるいは飛行機の旅中で、ヤコブソンはいつも、多忙な人生と降りかかってくる出来事やアイデアについて、いつももがきながら書いていた。彼自身は、歴史を書いているとか、歴史の素材となる記録を残しているとは信じていた形跡はない。こうした考えは彼の胸中をかすめたかもしれないが、彼は自身の目的のために日記を書き、ペンを通じて書き、考えるという、自身の内面の欲求にもとづいて書いていたのである。

この日記に書かれていないことは、書かれている内容以上に興味を引くものである。ヤコブソンが好まなかった人物については、よほど大きな事件や議論がないかぎり、言及されなかった。説明はほとんど個人を特定しないものだった。ヤコブソンがかかわった人物については、たとえ彼らがヤコブソンをひどく傷つけた場合でも、罵りはみあたらなかった。十年くらい経ってから、事件がさらりと触れられる程度だった。内情に通じた者だけが二つの記述を結びつけることができた。反駁、悪口、順序立てた非協力の記録はなかった。ヤコブソンは、不平、私憤や、彼がかかわっていた人物の悪行をもらすことは決してなかったのである。

それゆえ、ヤコブソンが働いていた機関の内部で直面した個人的緊張に関するかぎり、この日記からは正確なことは伝わっ

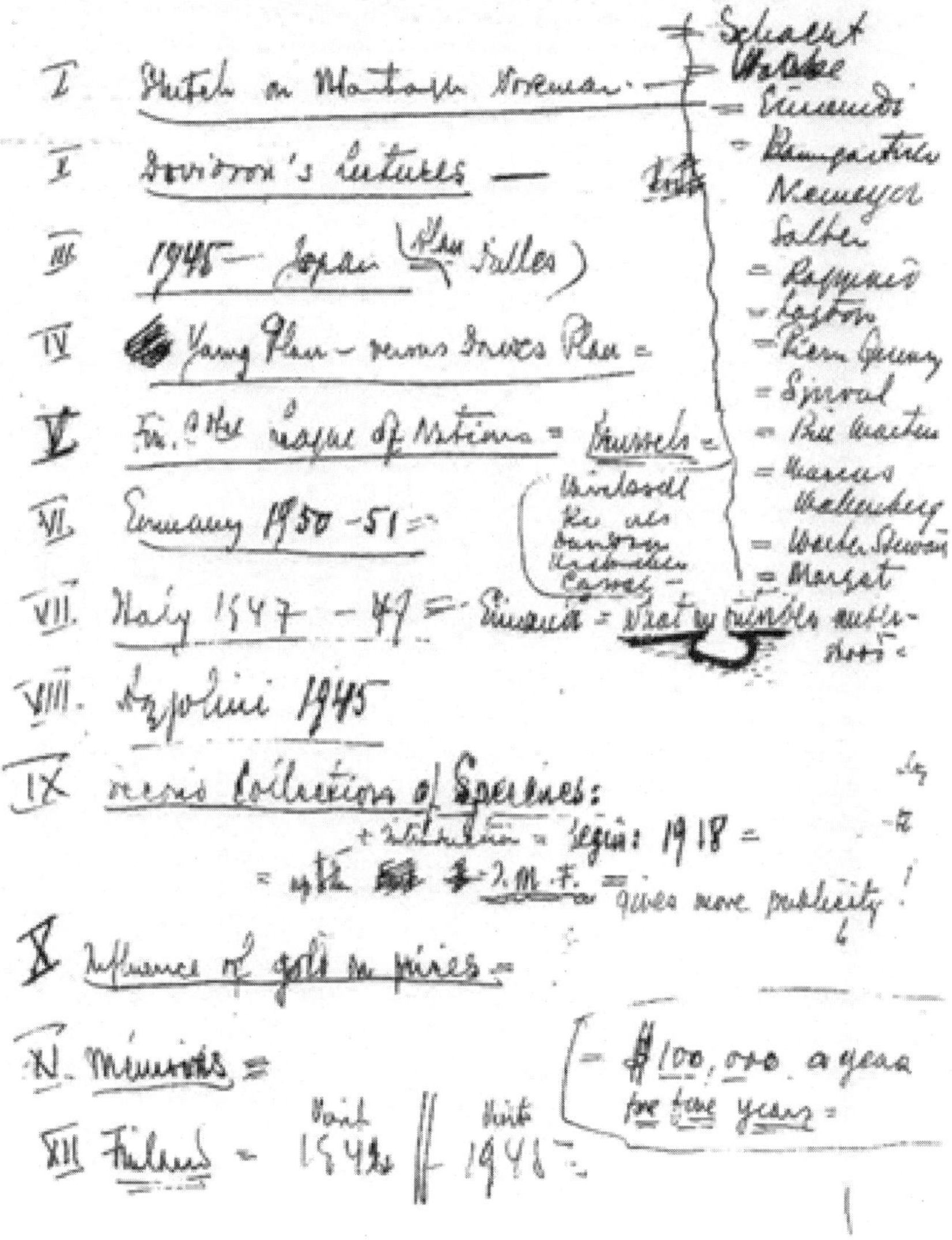

ヤコブソンの死の二週間弱前、1963年4月22日に書かれたヤコブソンの今後の研究プロジェクトのリスト

資料提供：Nachlass Per Jacobsson, Öffentliche Bibliothek, Universität Basel

てこない。ＢＩＳでは、彼が描いているほどにはいつも対立がなかったというわけではない。ＩＭＦでの最初の数年は、彼が記しているほどには穏やかではなかった。インタビューした人々からの情報によって、こうした側面からの光があてられるようになった。

どの日記をえらぶかという問題は、したがって大変なものだった。インタビューを通じてわかったのは、この本の将来の読者は、ヤコブソンの人生の個人的・社交的な側面についての軽やかでユーモアに満ちた記述から、厳格、峻厳で、分析的で、計量経済学的なアプローチまでにいたるあらゆる方法論を目にすることになるだろう、ということだ。日記からはできるかぎり引用を行うようにつとめ、ヤコブソンの経済思想については巻末に特別の章を設けて論じた。

要するに、ここで試みられているのは、いかにヤコブソンの人生が彼の仕事であり、彼の仕事が人生であったか、ということを示すバランスのとれた伝記である。生涯を通じてヤコブソンは異なった経済的条件にあったさまざまな国に助言を行い、したがって彼の助言もさまざまであった。経済的・政治的な背景は、特別の知識がなくても本書を読める程度に言及されている。高度に技術的なことがらは割愛されているが、時おりその存在は指摘した。瑣末な出来事は、たとえそれがかかわった状況や個人について興味深い光を投げかけたとしても、取り上げなかった。名前をあげて言及される人々の数は、とりわけ初期についてはできるかぎり少なくなるように限定した。不当に無視されたと感じた方がいらしたとしたら、その責は、ヤコブソン自身の態度を推し量ることができなかった筆者が負うべきものである。

本書は筆者の旧姓で発表している。これは、筆者とその父親との個人的な関係を明示するためである。筆者は、以前はエリン・Ｅ・フリートウッドおよびエリン・Ｅ・ユカー＝フリートウッドという名前で著作や編著を公刊したため、注ではそれらの名前が用いられている。

本書を執筆する際に最も喜ばしかったのは、ヤコブソンの旧友や同僚のみなさまとのコンタクトであった。これらの方々の寛大さ、おもてなし、そして良質なユーモアは、ともすると気の重いものになったかもしれない仕事を安らかにしてくれた。

英国コーンウォール、リスキアード

一九七七年四月

エリン・Ｅ・ヤコブソン

Ⅰ　生い立ち

1 銀行の階段で

一九五四年七月のある晴れた暖かい日だった。ヤコブソンは、タヌム貯蓄銀行の創立七十五周年の記念行事に際して自分が子供の頃に遊び場にしていた階段に立って講演を行った。講演は「銀行業と通貨の価値」というタイトルで、スウェーデンの通貨史に言及した味わい深い内容だった。タヌム貯蓄銀行には大勢の人を収容できる大きなホールがなかったので、聴衆は庭に立つか、座って講演を聴いていた。この講演はスウェーデンの金利が低く固定されている構造がもたらす危険性も指摘していたことから、全国民的な反響を呼び、当時の首相もヤコブソンの講演に反論するためにタヌム貯蓄銀行の近くの町を訪れなければならないと感じたほどだった。しかしながらヤコブソンが予測した通り、その年の十月には銀行金利が引き上げられた。

六十歳になった時、ヤコブソンは、力強く、活力に溢れ、恰幅の良い印象を与えていた。身長は六フィートを少し超えるくらいだったが、ヤコブソンの広い肩ととても大きな頭のせいで、実際にはヤコブソンよりも背の高い人物にも、ヤコブソンの方が大きいと感じさせた。ヤコブソンの力強い活力は最大級のホールをも圧倒した。ヤコブソンは話す時、要点を強調するためにジェスチャーを使った。ささやくような声だが、きちんと全部聞き取れる発言であり、注目を惹くために右の腕を力強く振り下ろしたり、注意を促すような仕草で左の人さし指を高く上げたりした。ヤコブソンのきらきら光る青い目と表情に富む口、そして嬉しい時に笑顔が溢れたり、同意できない時に口許が下がる素早い表情の動きは、ヤコブソンが前述の銀行の階段で遊んでいた小柄で孤独な幼い少年だった頃を思い起こさせる面影をはっきり残していた。

ヤコブソンの家族は、この銀行の建物の上階に十二年間にわたり住んでいた。ヤコブソンが生まれたのはスウェーデンの西海岸、イェーテボリの北に位置するタヌムのヴィンベックにある両親の小さな仮住まいだったが、生後六カ月の時にこの部屋にやってきたのだった。タヌムは、いまでこそその地方も地方を管轄する役場も大きく発展しており、最近では衛星を追跡する基地も設置されて国際的にも知られるようになっている。しかしかつては長い間、岩の彫刻とヴァイキングの遺跡で知られるような田舎だった。

一八九四年当時、タヌム地方では広大な土地に農家が散在していて、タヌムシェーデという名前で知られる集落には木造の家が十一軒建っているに過ぎなかった。七百年の歴史がある最古で最大の地方裁判所は、スウェーデンの伝統色の赤い鉄錆色に塗られた白い縁取りのある建物だった。その建物の隣に庭に囲まれた敷地があり、最近になってそこに白い切り妻造りの貯

タヌム貯蓄銀行

資料提供：Nachlass Per Jacobsson, Öffentliche Bibliothek, Universität Basel

蓄銀行の建物が建てられた。その三角形の緑の集落の向う側にレモン色に塗られた細長い低い建物のホテルが建っていた。ヤコブソンの家族が住んでいたのは、この地方一帯の中心部に当たる集落のこの場所である。

その場所は見るからに田園風な環境に恵まれていたが、両親と一緒に暮らすその家はヤコブソンには幸せな所ではなかった。ヤコブソンの両親は二人とも個性がつよく、衝突が絶えなかったからだ。両親の不和のせいで、ヤコブソンは、三歳年下の弟カール・アウグストとは違い、両親の知性と善意を決して受け入れなかった。特に、父に対しては少しも理解することができなかった。

父カール・ユリウス・ヤコブソンは腕のいい獣医で、スウェーデンの南東海岸に位置するカルマールの街に近いベルガの集落の出身である。父の祖先については十八世紀半ばから記録があり、主に農業を営んでいて、もともとの名前はエルヴェールだった。

ヤコブソンの父は兄弟のなかで一番の秀才だったが、初等教育からさらに高等の教育を受ける機会を与えられたのは明らかに母の熱意のおかげだった。ヤコブソンの父がベルリン大学とパリのソルボンヌ大学に留学するのに必要な学資は、何とか稼いでもらえた。彼は知的好奇心が強く、独力で学ぶことを覚悟していたので、その大きな書斎には英語、ドイツ語、フランス語の本が少なからず含まれていた。夕方になり、子供たちが食堂のテーブルの周りに集まると、父は大きな声を出して本を読んで聞かせた。一度はストックホルムにある獣医高等学校に教授ポストを用意するという話もあったが、生活するには給与が少な過ぎるという理由で父はその話を断った。

その後の人生においてヤコブソンは、父の訃報が届いた時も含め、決して父のことを語ることはなかった。ヤコブソンはまた、進んで父の手紙をすべて処分したつもりでいた。しかしながら、その後二十年以上経ってから遠くに住む従兄弟を訪ねた時に、ヤコブソンはいくつか残っている手紙を送ってくれるように頼んだ。その手紙が届いた時、ヤコブソンは「父は、他の人たちには良い人であり、親切であった」との言葉を添え、その手紙を日記に貼りつけている。しかしながら、ヤコブソン自身は父のそんな性格を感じるような経験はなかったと思っていた。父の激しい性格は、叩かれたことを含めて、ヤコブソンにとってはあまりに辛い経験であった。

父と息子はあまりにも違っていたので、何一つ共通の立場を見つけることができなかった。ヤコブソンは、弟カール・アウグストとは違って、射撃や野外生活といった父の興味を共有することはなかった。ヤコブソンがうんざりした父のもう一つの性格は、確かにその戒めは必要であったかも知れないが、極度な倹約であった。ヤコブソンの財布の中身はこの父の性格に影響され、ヤコブソンの服装も「不十分を通り越して、むしろみすぼらしい」と思えるほどだった。ヤコブソンの大ざっぱな金銭感覚は父を苛立たせ、学生時代を通じて口論の多くは金銭をめぐることだった。父の倹約のおかげで、息子たちが教育を受けて立身出世していくための、当時としては大きな蓄えができた。ただヤコブソンの場合、弟と違って、父の金銭的援助だけでは六年間の大学教育の費用すべては賄えなかったので、学業を終えた時には普通の人と同じくらいの借金を抱えることになった。

ヤコブソンは、母に対しては確かな愛情を抱いていた。母は、三人目の息子イェスタを出産した時に、若くして亡くなった。その時、ヤコブソンは十五歳だった。その後長い間、ヤコブソンは女性のいない生活を送ったが、曖昧ながらも消えることのなかった母の思い出を理想の女性像に重ねていた。

ヤコブソンの母エマ・クリスティナ・ヤコブソンは親切で、とても有能で、強い意志をもった女性だった。旧姓メランデール家に生まれた彼女は、ボフスランの裕福な農家の孫娘だった。ヤコブソンの母の父は、娘たちにそれぞれ持参金として農場を与えた。メランデール家のあったスッテンネはタヌムシェーデから数マイル離れていたが、ヤコブソンと弟カール・アウグストはしばしばそこを訪れた。ヤコブソンと弟カール・アウグストは、一五五〇年まで家系を遡ることができる母方の祖母に甘やかされた。この大家族は、並なみならぬ活力を発揮した。母の世代でも女性が家庭の外で働くことは一般的ではなかったが、この大家族の娘たちは当時女性に認められた数少ない職業である看護師や教師になれるように教育された。母はストックホルムで高等教育に携われる教師の資格を得た。そしてタヌムに嫁いだ姉妹を訪ねた時、ヤコブソンの父に出会ったのだ。

母は、息子たちには、就学する前から読み書きと算数を教えた。母はヤコブソンに聖書を学ぶように強く勧めたので、ヤコブソンはそれを十五歳になるまで続け、聖書を三回も暗記した。これはヤコブソンの優れた記憶力のトレーニングに繋がったことは間違いない。ヤコブソンは聖書を熟知していたので、それを苦もなく複数の言語で引用することができた。ヤコブソンは、若い時に完璧な宗教教育を受けたにもかかわらず、もしかするとそれゆえに、その後も公式に宗教活動を行うことは全くなかった。しかしながら、ヤコブソンは生涯を通じて、聖書だけでなく神学的な著作、とりわけ哲学的な著作を読み続けた。

母の信仰心と信仰の勤めにともなう生真面目さが、ヤコブソンの父と母にとって夫婦間の争いの主な原因となった。父は、当時の知的な若者たちの間に流行った傾向に倣って無神論者であった。母は、夫を改心させることが勤めだと考えたので、日々の生活において宗教をめぐる激しい口論が普通の夫婦にみられる不和に加わることになった。

ヤコブソンは、少年時代をできるだけたくさん家の外にいるようにして過ごした。ヤコブソンには幸運なことに、出かけることができる他の家があった。それは、母の一番上の姉と結婚したアクセル・ラーションの家であった。アクセル・ラーションは、銀行の支配人で、ヤコブソンの善良で親切な名づけ親でもあった。アクセル・ラーションの家は教会の向い側にあって、歩いてたっぷり十分はかかった。そこでは焼きたてのクッキーと、ヤコブソンの家では禁じられていたコーヒーのもてなしで、いつも歓迎された。アクセル・ラーションの家には四人の従姉妹たちがいて、遊び仲間に恵まれた。そのうち一番年下のルートはヤコブソンより六カ月先に生まれただけであって、仲の良い友達になれた。ヤコブソンはルートを、女の子というよりも男の子のように扱った。

ヤコブソンの名づけ親アクセル伯父さんは、ヤコブソンの人生において感性的な面の中心人物になった。ヤコブソンは、アクセル伯父さんのなかに、実の父から得られなかった優しさ、共感、理解、愛を理想的な形で見出した。離れて暮らすようになってからは、互いに手紙をやり取りしたが、ヤコブソンはアクセル伯父さんからの手紙を宝物のように大切にした。アクセル伯父さんが亡くなってから初めて誕生日を迎えた日に、ヤコブソンは自分の日記に「もうこれからはアクセル伯父からお祝いの手紙は届かない」と書き記した。その日記には、ヤコブソンの人格形成に大きな意味をもったアクセル伯父さんの人柄の特徴について「優しい名づけ親は亡くなったが、立派な人だった。他の人と同じように、欠点もなくはなかったが、感性と理性には欠点はなかった。確かな知性と音楽に対する優れた感性を備えていた。……イェスタのために尽くしてくれたこと、そして私とカール・アウグストに示してくれた愛を、私たち兄弟は決して忘れることはないだろう」と記した。

一九〇六年にヤコブソン一家は遠くに引っ越したが、ヤコブソンはその後大学に進学してからも、最初のうちは長年にわたって夏休みの三カ月間を名づけ親の家を訪れて過ごした。こうしてヤコブソンはタヌムとの繋がりを予想以上に長く続け、それがヤコブソンにとってタヌムについて永続する思い出を残すことになった。

タヌムはかなり裕福な地域で、信頼に足る安らぎに満ちていた。勤勉に長く働くことは当然のことと見做されていた。街と農場は隔絶されていて、特に雪の積もる冬には移動に時間がかかったので、どこでも人々のもてなしは厚かった。タヌムでは、娯楽の機会は乏しかったが、それだけになおさらその機会が訪れるとすべては素晴らしいものになった。ヤコブソンは、本を購入するため以外には、機知に富んだ会話に趣を添えながら友情溢れるもてなしをするためだけに好んで自分のお金を使った。ヤコブソンは、その後の人生を通じて、家も、車も、カメラさえも所有しないなど、動産も不動産も集めなかった。ヤコブソンを喜びで満たしたのは、宴を催して、友人や知人においしい料理とワインを振る舞いながら楽しい会話をすることだった。ヤコブソンは子供の頃から学校に通った頃を経て、そして大学に入った頃まで孤独な時期を味わったので、二度と孤独にならないように決心したのだ。ヤコブソンは生涯を通じて非常に親しみを込めた態度を貫いたので、他の人々から拒まれたり、裏切られることなど滅多になく、つき合った人々からすぐに信頼と感激をもって受け入れられた。

ヤコブソンは、ヴァイキングゆかりの豊かな土地の一つに生まれたことを誇りに思っていた。ヤコブソンが生まれた家からすぐそばの場所には、でこぼこして原野に塚があるだけでなく、難解な模様の北欧古代文字の刻まれた石碑もあった。歩いていける場所のなかには、約三千年以上前に作られた巨大な興味深い石の彫刻があった。ヤコブソンにとってヴァイキングとは、イギリスの歴史家が叙述したような無慈悲な怪物ではなく、大ブリテン島を三度にわたって征服した強くて勇敢な探検者であったのだ！　ヴァイキングの一隊は、西ヨーロッパにとどまらず、アイスランドやグリーンランドやアメリカ大陸まで到達した。また他のヴァイキングは、ロシアを経てさらに東側に航海して、コンスンタチノープルまで到達した。これらヴァイキングの二つのグループはシチリアで合流し、その後数百年にわたって、人種差別がなく、宗教と交易の自由を認めた王国を維持した。

ヤコブソンによると、ヴァイキングは民主的であることを身につけざるを得なかった。たった一人の漕ぎ手を失うだけでも船と航海を危険に晒すことになるからだ。航海している長いボートのなかでは、意見の不一致は、ナイフを使って傷つけあったり殺しあったりする前に言葉で解決しないといけなかった。ヤコブソンにとっては、これがヴァイキングの集会の始まりであり、集会では少なくともヴァイキング同士の意見の相違は議論して解決した。そして、ヴァイキングはこの習慣をアイスランドやシチリアにももち込んだ。ヤコブソンは、かつてほとんどのヴァイキングがそうであったように、自分自身も死ぬまで働き続ける運命にあるとしばしば言っており、実際にその通りになった。成人してからのヤコブソンは、最強のヴァイキングのような才覚、活力、情熱、外交的・政治的な技量を備えていた。

ヤコブソンのヴァイキングへの興味は一九〇四年に学校で優等賞として貰った一冊の本によってあおられた。その本はM・アーンホルムの『ヴァイキングとその子孫』だった。ヤコブソンは、学校時代、毎年少なくとも一つは、そして同じ年にしばしば複数の優等賞を獲得した。ヤコブソンは父から常にクラスの一番であることを期待されており、ヤコブソン自身そうなることに意欲を燃やした。また、ヤコブソンは在学中ずっと数学と古典の二つのコースを同時にとった。そうすることは非常に過酷なことであっただけでなく、あまりにも普通ではないので、二つのコースとも最終試験を受けることが許されなかった。

ヤコブソンの学校生活は鉄道が開通することによって一変した。最初は、当時一つの教室に四学年が学んでいた地元の小学校に通ったが、九歳の時地元から一番近いウッデヴァラの街の学校に転校した。その時は母方のもう一人の叔母の家に下宿して、週一回地元から通った。三年後にヤコブソンは、この国で一番優秀な中学校の一つに入学した。その時には、父が国の機関に勤める獣医に任命され、それにともないヤコブソンの家族はメーラレン湖の西端に位置するヴェステロースに引っ越していた。ヤコブソンが通った中学校は一六二三年に創立され、たくさんの著名な先輩が卒業していた。そのなかには、教育者で大司教のヨハン・オロフ・ワリンや、作家で詩人のエリック・アクセル・カールフェルトもいた。創立三五〇周年記念に出版された刊行物のなかでは、ヤコブソンも、各職業の分野で第一人者になった七人の著名な卒業生の一人として紹介された。

ヤコブソンは、優れた講義はすべて受講した。学校で使う本は、辞書も含めて、ヤコブソン自身が注釈を加えた。ヤコブソンは生涯を通じて読んだものにはすべて注釈を加えることを習慣としたが、その習慣は学校教育を初めて受けた時から始めたものであった。ヤコブソンの優れた才気はすぐに評判になったが、その評判は最終試験で確認された。古典に関してだけ最終試験を受けることを許されたにもかかわらず、受験者のなかで最高の点数をとって最終試験に合格した。ヤコブソンは、十七科目中六科目は優等をとり、残り十一科目も単位を取得した。父は、いつも息子を激励しており、息子の際立った成功を大いに自慢した。

ヤコブソンは学校時代多くの友人は作らなかった。同級生のうち三、四人くらいしか親しくならなかったが、そのなかにはイングヴェ・オーケレーンのように大学までずっと一緒だった友人もいた。オーケレーンは、その後イェーテボリに定住して小児科医として国際的な名声を得た。オーケレーンとヤコブソンの交友は、主に手紙のやり取りになったがオーケレーンが亡くなるまで（それはヤコブソン自身が亡くなる数年前になるが）続けられた。また、年上の友人ニルス・セーデルブラッドについては、ヤコブソンはいつも彼の親切さと優しさを称賛しており、当時おそらく最も親しい学校の友人であった。セーデルブラッドは、脊椎性結核のため背中がひどく曲がっていたが、その後ストックホルムで統計学者になり、しばらくの間ヤコブソンと頻繁に会っていた。ヤコブソンは、セーデルブラッドにヤコブソンの二番目の娘の名づけ親になることを頼んだ。また、この無二の親友セーデルブラッドは、親戚の反対にもかかわらず、ヤコブソンに家事に関する自分の一切の役目を代わりに引き受けてくれることを頼んだ。セーデルブラッドが一九二〇年代半ばに早死にした時、ヤコブソンは激しく動揺した。

長年にわたってヤコブソンを親しく助けてくれた友人の一人にヨン・ヨンソンがいる。ヨンソンとヤコブソンは一九一〇年の夏にタヌムで出会った。ヨンソンは、その頃広大な牧場の借用権を引き継いだところだった。二人はすぐに親しくなり、本を貸し合って、その本について手紙で話し合った。ヤコブソンは、八歳年上のヨンソンを兄のように慕った。そして、大学に在籍して一年しか経っていない頃に個人的な金銭問題で窮地に陥った時も、ヨンソンに手紙で相談した。その後、ヨンソンからはお金も借りたが、常に期日どおりに返せた訳ではなかった。一八年にヤコブソンに生命保険に加入するよう勧めたのもヨンソンだった。そして、ヤコブソンが期日に保険料を払い込むのを忘れた時は、ヨンソンが代わりに期日を守って払い込んでくれた。二人の生涯にわたる文通上の話題は、農業の状況から金融の世界の最新のニュースにまで広く及んだ。ヨンソンは、三十三年間にわたって地元の評議会のメンバーを務め、その間六年間は議長を務めただけでなく、地元の農業関係の活動の指導者としても活躍した。また、タヌム貯蓄銀行の取締役会のメンバーの一人でもあったので、ヤコブソンのために七十五周年の記念行事に際し講演するよう手配したのもヨンソンである。

ヤコブソンは、学業生活の終盤の数年間に演説への情熱を身につけ、その後も生涯スピーチする喜びを抱き続けた。ヤコブソンの伯母たちの多くは、ヤコブソンのスピーチはとても際立っているので、ヤコブソンは聖職者になることを目指して神学を勉強すべきだと断定した。ヤコブソン自身も大勢の前で話すあらゆる機会を逃さなかった。ある年の夏には、タヌムで選挙があった時、従姉妹のルートを説得して男物のスーツを借りさせて、ヤコブソンと一緒に選挙運動員の一員として活動させたこともあった。ヤコブソンは、背が高く、黒いスーツに身を包んで、堂々と大勢の前を進み出て当時の政治について自分の意見を述べた。

禁酒協会の集会で同じように振る舞ったことはもっと想像しにくいが、ヤコブソンは実際にそうすることによって演説をするたくさんの機会を得た。

大勢の前でスピーチをしようとする衝動は、当時のヤコブソンにとって、おそらく少なくともある程度は、周りの人とあまり話す機会がないと感じたことに対する埋め合わせであった。ヤコブソンは博識で、自在な言語能力を備えていたので、自分が大勢の前でうまく話せて、関心を惹きつけられることに気づいたのだった。また、ヤコブソンは記憶力がすぐれていたので、準備なしでスピーチをしていたように見えたが、実際には完璧な準備なくして演説を行うことは一度もなかったと、自身でその後しばしば述懐した。ヤコブソンが初めの頃苦労して書いたスピーチ原稿は残っていないが、最も古いものでは一九一一年当時に線を引いた教科書が残っており、その後行ったたくさんの演説の原稿同様、声の抑揚を示すために赤と青のインクでアンダーラインを施していたほどであった。

ヤコブソンは十七歳になって学校を卒業する年の九月に、日記をつけ始めた。最初の書き出しでは、一晩考えあげた末に、スピーチすることと日記をつけることについて論じていた。それは、その日の午後にあった些細な出来事から生じた偶然の結果であった。その些細な出来事とは、ヴェステロースの街の広場で楽隊が演奏している時に、ヤコブソンが話していたために「黙れ」と言われたことであった。それに関するヤコブソンの結論は、次の通りであった。

沈黙していること、スフィンクスであるかような印象を与えること、時々しか話さないけれど常に話すべききちんとした内容をもっていることは、とても有利なことである。自分の考えを必要なだけ書いておけば、とっておくことだってできる……。

一番危険なことは、考え抜かないで中途半端な考えをすぐに口に出してしまって、考えを完成させることができなくなってしまうことである。最善のことは、将来必要になるまで、考えを蓄えて隠しておき、必要なだけもち出すことである。また、頼まれない限り、しかも、受け入れられると納得できない限り、話さないことである。一方、考えることに関しては、いくら考えても考え過ぎるということはない。

この通りヤコブソンは、生涯を通じて自分の考えを書き留めた。いわば彼はペンの先で字を書きながら考えていたようだ。もっとも、あまり多くを話さないという決心の方には、同じようにこだわることはなかった。その後、特に晩年になってヤコブソンは人と話すことを強く望むようになり、どちらかというと話好きな性格になった。しかしながら、ヤコブソンはいつも話すべききちんとした内容をもっていたので、時間を惜しむような人たちも彼の考えを聞きたくて彼とつき合うことを求めたほどであった。

他方で、ヤコブソンはどのようにすれば他の人に話をさせることができるかということも学ぼうとしていた。ヤコブソンは、友人からも未知の人からも話を引き出すようになった。そのためにヤコブソンは「仕事の調子はどうですか?」「経済や政治の状況や哲学や宗教についてどのように考えますか?」といったことを尋ねた。ヤコブソンの話術は、まず自分から話しかけ、直截的に質問するようなことは滅多にしなかったから、人々は自分がどれだけたくさんのことを話したか気がつくことはなかったほどであった。その結果、ヤコブソンは情報を得る熟練者になった。それはヤコブソンにとって、仕事と人生の両面で重要な資質となった。

その頃のヤコブソンは、背が高く痩身で、神経質な十八歳になっていた。大学に進学する一九一二年の秋を迎えようとしていたばかりだから、その先にはまだまだ長い道のりが待っていた。その後、学校では優れた成績をあげ、人前で話すことがますます好きになり、日記をつけ始めた。しかし、容易に友人や知人を作ることはできず、大学時代を通じて、だんだんとそうすることができるようになった。その時までに作った友人は、数は少ないが、親切さと優しさを求めるヤコブソンの望みを満たし、道徳的なものを含めてヤコブソンを支援してくれる力をもたらした。若い頃に味わった感性の面での渇きのようなものは、名づけ親アクセル伯父さんから与えられた愛情によって癒された部分もあったが、その後もヤコブソンに深層心理の部分で不安な気持ちを残した。ヤコブソン自身が認めていることだが、こうした不安な気持ちはヤコブソンが自分の将来を切り開いていく上での猛烈な気力になって表れた。こうして彼は目標を設定し、その目標の達成を情け容赦なく追求していった。

②　注目を浴びて

一九二〇年にスウェーデンを離れた時、ヤコブソンはその八年前にウプサラ大学に進学した時とは全く異なる人物になっていた。彼は、大学時代の数年間、急進的な協会ヴェルダンディと学生グループのヴァストマンランド・ダーラ・ナフーンの代表を同時に務めるような社交的な人物に成長していた。たくさんの委員会に関与したため、歓迎会、葬式、舞踏会に出席したり、代表派遣や選挙、交渉にも参加しなければならず、複数の異なる仕事ももっていた。こうした活動とウプサラの興奮気味な生活は、さすがのヤコブソンにとっても手に余るものだったので、ある時点で、精神的な健全さを保つために「ストックホルムにおいて修道院で暮らすように隠遁生活を送る」ことを決めたのだ。

もっとも、大学での最初の三年間は、ヤコブソンは大学の社交的な生活にはほとんど参加しないでもっぱら学業にいそしんでいた。一学期に統計学、経済学、社会学およびそれらの関連の科目を楽しく学んだ後、二学期に入って早々に情緒的に危機的な局面を迎えた。それは、法律学を学ぶことに転じて、学業への集中は一段と必要になったからである。その結果、ヤコブソンは日記のなかで「私は、……　法律家にならないといけないと考えた。この考えは、眠りを妨げて、昼間の元気を奪い、私をとても悲観的な人間にしてしまうほど私を苦しめた」と書いたが、危機的な症状に陥ったことの理由ははっきりとしなかった。症状が酷かったのでヤコブソンは家に戻った。病んでしまった今度ばかりは、ヤコブソンは父が優しくなれる人物であることに気づいた。ヤコブソンは、当時のスウェーデンで最高の専門家に往診してもらい、厳格な食事療法を処方してもらった。そして（少なくとも理論的には）、ヤコブソンは長期間その食事療法を続けなければならなかったが、ヤコブソンにとって最も大切な療法は、彼自身が迷いから脱して決心し、それにしたがうことであった。

ヤコブソンが法律を学ぶ決心をした理由のうち少なくとも一つは、弁護士の給料の方がエコノミストの給料よりも高かったことだった。ヤコブソンは、一家の長男として、二人の弟たちを金銭的に面倒みなければいけなくなるのではないかと危惧していたのだ。というのは、父がヤコブソンよりもわずか三歳しか年上ではない女性と婚約したために、家庭の安定が損なわれる恐れが生じたからであった。実際には、この結婚は家庭の雰囲気を良い方に変え、ヤコブソンの継母のおかげで金銭的にも実用的にも家計が改善した。

ヤコブソンはその後大学に戻り、法律を学び、優秀な成績ですべての試験に合格した。ヤコブソンが長い間絶望と荒廃を味わっていた時、唯一の慰めは、法律の試験に一回で合格すれば再び統計学と経済学を学んでもよいと父が約束してくれたことであった。しかしながら、経済学の科目のうちいくつかは法律学のコースでも学べたので、一九一四年には二科目の口頭試験を受けた。その時の試験官は、著名な経済学者で有名な雑誌『経済学時報』の編集者でもあったダヴィッド・ダヴィッドソン教授であった。ダヴィッドソンは、畏怖の念を起させるような人物という評判であったが、二人はすぐに親しい間柄になった。最終試験になる二度目の試験を終えて、ヤコブソンは日記にダヴィッドソンから言われたことを次のように書き留めた。

「私の後継者になりなさい。スウェーデンには優れた若い経済学者がいない」という言葉は、私の感じやすい心に響いた。しかし、危険がある。自分自身を過大評価することが危険である。私は、全科目のなかでもちろん、これまで学んだすべての学問のなかで経済学が一番好きである。確かに私は、統計学も、推論的な統計学という意味であれば、好きである。しかしながら、（著名な統計学者である）グスタフ・ズンドベリィが「統計学の役目は、事実を明らかにすることであり、事実の間に内在する関係を説明することではない」と言ったことが正しいとすれば、私は性格的には、もともと統計学者ではなく、経済学者に向いていることになる。なぜならば、統計学が単なる事実を収集したものを描写するだけならば、所詮補助的な科学に過ぎないからである。だからこそ私は経済学を始めることにする。

ヤコブソンは始めたばかりの仕事を通じて、経済学は発展の初期段階にあり、今後可能性の大きい未開拓な学問であることを知った。ヤコブソンは、教授たちが質問に対して曖昧過ぎる答えをしたことに不満を言った。ダヴィッドソンが自分にも解けない問題があると率直に言ってくれれば、ヤコブソンはそうした彼を称賛したはずであった。すべての弱点が曝け出された時に真実が見出されるのだから、そうすることが正しいとヤコブソンは考えたからであった。

ヤコブソンはその後も勉強を続け、法律学よりも経済学をたくさん学ぶようになっていた。彼はクヌート・ヴィクセルの著作を読み、その恐慌に関する理論は「不完全だ」と考えた。その時のヤコブソンは、将来ヴィクセルが彼にとって偉大な英雄の一人になり、数えきれないほど多くをヴィクセルから引用することになるなどとは思いもよらなかった。またヤコブソンは、哲学、歴史、文学関係の本もたくさん読み、自分の意見を日記に記した。この時期たくさん読んだ著者の名前を少し上げると、クロポトキン、ショーペンハウエル、ギボン、ヤルマール・セーデルベリィ、アンリ・ベルグソン、アナトール・フランス、エサイアス・テグネール、ヴェルネル・フォン・ヘイデンスタム、セルマ・ラーゲレーフがいた。

しかしながら、学問的な成功にもかかわらずヤコブソンは引き続き孤独だった。ヤコブソンはかねてから、大学生活は今自分が得ている以上のものを提供してくれるはずだという結論に達していた。当時の彼は、自分自身を次のように悲しく表現していた。

ここでは自分は孤独な学生だ。夕方まで教室に座って、研究し、あくびをし、また研究する。あるいは、現代的な著者の作品を取り上げる。……自分が求めているのは陽気な生活ではない。しっかりと確立した世界に進みたい。最初はそれがヴェルダンディのようなグループの一員になることだと確信していた。……高度な世界のなかでより高邁な生活を何か見つけたかった。……いま閉じられているドアが将来自分にも開かれる時、果たして自分はその場所に到達できるかどうか。

この時期のヤコブソンは進んで大学の活動に加わろうとはしなかった。ヤコブソンにとって学生組合の一員であることで役に立ったのは、そこへ出かけるといつも外国の新聞が読めることだった。外国の新聞を読むことは、大学を卒業した後の生活でもそうだったが、大学生の時代から大きな楽しみだった。ヤコブソンは、ヴェルダンディのような急進的なグループに加わって、一九一四年の劇的な憲法上の危機のさなかには自由主義者たちや社会主義者たちとともにデモに行ったが、ヤコブソンは人々とともにどこかを目指しているようには見えなかった。一五年になってヤコブソンは、自分の意図していたことについて、自分自身の過ちを分析した上で次のように書いた。

私はこれまで極端に一方的であった。これまでは、本だけの世界にこもっていたからだ。私は周囲にいた人たちから一人で離れていた。私はその人たちを正しく理解していない。その人たちと一緒に過ごしたことがないからだ。私は自分の知人や目上の人さえも正しく理解していない。だから、その人たちについてどのように語ればいいのかわからない。私にとって、その人たちは気の合う相手でもあり、気の合わない相手でもある。完全に分析することもなく、快と不快の感情が区別できない相手である。

ヤコブソンはこんな自分をすべて是正しようと決心した。それからのヤコブソンは、周りの人たちは何をしているのか、またどのように暮らしているのか、理解するように意識的に努めた。毎晩、その日に会った人たちの名前と肩書きを書き留めて覚えるようにした。そうして徐々に彼は周りの人たちの人柄と生き方に気づき始めた。

その頃ヤコブソンは、通常の生活を送る上でとても有益な小休止になるような時期を迎えた。一九一五年十月から一六年十月の一年間兵役に召集され、ストックホルムにある陸軍第五旅団司令本部に勤めたのである。ヤコブソンにあてがわれた仕事は速記とタイプ打ちだったが、一四年の夏に両方とも学んでいたことが役立って仕事の負担は軽かった。そこで、ヤコブソンはストックホルムの生活を楽しむだけの十分な時間を手にした。おかげで、数年前から大都市で暮らすのにうまく適応できないために抱いていた恐怖心を払拭することができた。ヤコブソンは、劇場も、カフェの賑わいも、大勢の人も、街灯も愛した。常に政治に関心をもち、自由主義的な学生たちが集まるクラブを定期的に訪れ、議会で討議されている予算問題をはじめ多くの議論に参加した。ヤコブソンは、堂々と大英帝国を支持する立場に立ったので、そのことが知れ渡るようになるまでに長くはかからなかったが、同時に紛争当事者のいずれの側に与する理由もなかったので、スウェーデンは中立国に留まるべきことを主張した。

ウプサラに戻ってからのヤコブソンは、かつては自分の勉強に注いだ全精力を今度は学生活動に参加することに注いだ。ヤコブソンは、その年の冬と翌年の春にかけて、法律学の最終段階の試験を受けるための時間を苦労して見つけるような状態であったが、それでも第一の関心の対象は学生グループのことだった。ウプサラでは学生グループは学生の出身地に応じて作られていたから、さまざまな方面の専門分野の学生で構成されていた。学生グループのなかで肩書つきの役員になるためには、学問的な業績よりも人気の高さが必要であったが（もちろんその二つを兼ね備えていれば有利になる）、ヤコブソンは活動の甲斐あって、一九一七年の秋には自身が加わっていたグループ、ヴァストマンランド・ダーラ・ナフーンの代表に選ばれた。また一九一八年には急進的な学生グループであるヴェルダンディの代表にも選ばれた。ヴェルダンディは思想と言論の自由を促進するために一八八二年に設立された協会である。この協会は、もともとはカール・スターフという、後に自由党の首相になった人物の回りに集まった友人と支持者のグループとして始まった。このグループの理念は思想の自由であり、クヌート・ヴィクセルの思想、特に新マルサス主義の理論を支持したほか、他の自由思想家を支持した。しかしながら一八八七年には、ヴェルダンディは、クヌート・ヴィクセルによって主宰された「倫理問題に関する望ましい解決」と題する討論会を開催して大論争を引き起こし、その大論争の過程で、急進的な学者の中核として社会主義者や他の迫害された学者グループを支援することになった。ヴェルダンディの他の活動は成人教育に対する多大な支援であり、小冊子の出版から貸出図書館の設立に至るまで広く及んだ。ヤコブソンがヴェルダンディの代表に選ばれたのは、ウプサラ学生協会議長の選挙が行われた一九一五年夏にヤコブソンが議長選に尽力したことが功を奏したのであった。ヴェルダンディは、親独候補の再選に対抗して親英的で自由主義的な候補者を支援する大規模な選挙活動を行い、最終的に選挙に勝利したのである。当時、ヤコブソンは自由主義者の勝利が学生にとって基本的に重要なことであると考えて、精力的にウプサラ学生協会議長の選挙運動を行った。ヤコブソン自身、その選挙はそれまでのなかで最も対立が激しく、扇動的なものであったと感じていた。

一九一八年は、ヤコブソンにとって熱狂的な年だった。その年はヴェルダンディとヴァストマンランド・ダーラ・ナフーンの二つの組織の代表として忙殺されたが、有意義なものであった。二つの組織の代表としてのあらゆる種類の役割を全うしなければならなかったが、ヤコブソン自身、当時の経験を次のように要約した。

おそらく人生について、この街、ウプサラに過ごした時期に、それまでに学んだ以上多くのことを学んだ。代表として、すべての出来事に関与する機会を得た。聴衆の一人として過ごしていた時期の自分とは違った振る舞いをしなければなくなったという意味で、状況は大きく異なった。……特に第一週目は大変だった。

ヤコブソンは、二つの組織の社会的な活動を計画して運営するほか、資金調達にも関与した。そうした活動を通じて、ヤコブソンは、ダンスパーティを成功させるようにするには一つの調整方法しかないということも確信した。男性の人数を三分の一だけ多くすること、楽団には十分な飲み物を早めに振る舞っておくこと、出入り口は常に開けておくこと、ということであった。別な時には画家のアンデッシュ・ソーンをヴァストマンランド・ダーラ・ナフーンが主催するパーティに招いたが、後年、その時の逸話をしばしば語った。パーティの後、ソーンから「明日訪ねて来て欲しい。私は、今夜楽しく過ごせたので、ヴァストマンランド・ダーラ・ナフーンに一万クローネ寄付したい」と告げられた。ヤコブソンは、大喜びで翌日ソーンを尋ねたところ、ソーンから「気持ちが変わった。一万クローネは寄付したくなくなった」と告げられた。そして、重苦しい沈黙の後「パーティがあんなに楽しかったので、お礼に二万クローネ寄付したい」と告げられたという結末であった。この逸話は、一九七五年になっても新聞記事に出るほど非常に広く知られるようになった。

後年ヤコブソンは、学問的な観点から考えると大学時代はまる一年を無駄に過ごしたことになるが、大学時代に世のなかについて知恵をつけたことは計り知れない収穫であったと語っている。

この時代に知己を得た一人に作家のエリック・ブロムバーグがいた。その縁で、一九六三年一月にブロムバーグの伝記を書いていた人から情報を提供して欲しいという依頼の手紙を貰った。次に掲げるヤコブソンの返信の抜粋を読むと、ヤコブソンが過ごした学生時代の雰囲気がよく伝わり、当時の国際的な情勢がどのように影響していたかもわかる。

あなたからの手紙によって、過ぎ去った年を思い出しました。それは一九一七年から一八年にかけてのことでしたが、その時、エリック・ブロムバーグと私はウプサラの街でたまたま近くに住んでいたのです。当時、国内および国際的な政治問題の議論の渦中にあって、私はヴェルダンディの代表としての役割を担っていたので、あなたも想像できるように、極めて重要かつ興奮する時期を迎えていました。エリックと私は、政治や社会等の問題についてともに議論しました。当時の激しい対立のなかで、私たちは二人とも大英帝国、アメリカ合衆国、フランス、イタリアといった西側勢力を支持する立場に立っていたのです。エリックは、私よりもすでに多少とも左翼的だったかも知れませんが、基本的には私たちは非常に考え方が似通っていました。一九一八年春、強力なドイツによる西部戦線に対する攻撃が一時的にせよ成功したかに見えた時は、私たちは信念が強かったので、真の意味では落胆しませんでした。それでもなお非常に心配だったのでしばしば私たちはともに不安な気持ちを抱いていました。

私たちは、ロシアで起きた出来事、すなわち最初はケレンスキー派が政権を取り、その後ボルシェビキによる革命が起きた事態を、複雑な気持ちで眺めていました。私たちは帝政独裁体制に何ら愛着も敬意も抱いていなかったので、ロシアにおける変化を歓迎することは不自然なことではありませんでしたが、同時に、ロシアの力が低下すると中央ヨーロッパの国々の力が増すことになるのではないかと危惧したのです。

もちろん、私たちは文学についても語り、エリックはしばしば夜遅く自作の新しい詩を聞かせてくれました。その詩を思い出すと、エリックの樹木に対する愛着がいまも最も強く思い浮かびます。彼の愛着には、私も共感しました。ある時、エリックは私がディケンズについてほとんど何も知らないことに気づいて、美しい装丁の『荒涼館』をくれました。私は、その本をいまも自分の書斎に大切にもっています。

当時の私は、私と同じように法律学や経済学を学ぶ友人たちと多くの点で違っていましたが、エリックのように趣味が良くて知識が豊富な人物から文学の影響を受けて良かったと感じていました。

その頃、ヤコブソンにとって最も興味ある勤めは、ダヴィッドソンを記念して本を編集する編集委員会の書記としての仕事であった。その本にヤコブソン自身が寄稿した論文は、スウェーデンの旅館と宿場の運営に関する初期の法的な側面に関するものであり、一二〇〇年から一五六九年までの時期を対象としていた。ちなみに、スウェーデンにおいて安全できちんとした旅館を確保するための一連の法整備が終了するのは一五六九年だった。この論文は、おそらくヤコブソンが法律学で第二段階に進むために準備した学術論文であった。第二段階に進むための中間試験は、当時はヤコブソンのような受験者自身が準備が整ったと判断した時に受けられる最も非公式なものであった。ヤコブソンは、最終試験をストックホルムに引っ越した一九一九年の春に受けた。

一九一八年は一年間を通じてずっとウプサラにおける学生活動に深くかかわることになったにもかかわらず、首都ストックホルムにおいて費やす時間がこれまで以上に一段と増えることになった。この年の秋には、ほとんど毎日のようにウプサラとストックホルムを往復することになったので、さすがのヤコブソンも消耗することになった。彼は、ストックホルムにおける知的な職業にますます関わるうちに、ストックホルムで暮らせばウプサラで暮らす以上にたくさんの収入を得られることが次第にわかってきた。当時、彼は慢性的な金銭不足を補うために、ウプサラで不動産賃貸事務所の事務員をはじめ、さまざまな不定期な仕事に就いていた。ストックホルムの住居については、ヤコブソンの弟がアパートをもっていて自由に使わせてもらっていたので、不自由はなかった。一八年の初めには弟と同居するためにここに引っ越した。

ストックホルムにおける知的な魅力は、ヤコブソンも創立メンバーの一人である経済学クラブであった。経済学クラブは、エリ・ヘックシャー教授の提案によりスウェーデンに当時限られた人数しかいなかった経済学者とその教え子を参集するために、一九一七年一月に創設された。主なメンバーとしては、グスタフ・カッセル教授、ダヴィッドソン教授、エリ・ヘックシャー教授、クヌート・ヴィクセル教授がいた。設立当初は、クヌート・ヴィクセル教授が代表を務めており、一七年秋にはベルティル・オーリンを含め何人かの経済学者が入会した。経済学クラブはメンバーが少人数に限られ、科学として厳正であることが守られ、非常に高度な議論は記録を取らない扱いにされた。その後長年にわたって、J・M・ケインズをはじめ当時著名な経済学者のほとんどが経済学クラブで講演を行った。ヤコブソン自身も一九二五年と二九年の二回講演を行った。二五年のテーマは、「オーストリアの安定化」であり、二九年のテーマはヤコブソンには珍しく「物価政策、株式市場における投機、および投資」であった。

この時、ヤコブソンは二十六歳になっていたが、人間的に一段と成熟し、ウプサラの街では満足できなくなっていた。彼は、ウプサラの街に閉じこもれば、一生学問を続けられると考えた。同時に、ヤコブソン自身の資質から「『純粋な理論』の世界よりも実践の中心にいることに、言い換えるとウプサラよりもストックホルムで生きることに、いっそう強い衝動を覚える」ことに気づいた。ヤコブソンは、こうした実践を好む傾向を、数年前にストックホルムで初めて仕事をした時から身につけ始めた。その仕事とは、戦時特別経済準備委員会の委員長を務めるエリ・ヘックシャーの指導の下で理論的な研究作業に関与することであった。退屈な休みが始まった一九一七年の夏に、ヤコブソンはヘックシャーの下で働くことを書面で申し出るとすぐに面接を受け、六日後には働き始め、平和になった時に生じる経済問題の研究に着手した。この問題はヤコブソン自身がヘックシャーに対して提案したものであった。

その委員会のためにヤコブソンが最後に行った仕事は委員会で作成された文書を届けることであったが、秘密の文書だったため、彼自身が行わなければならなかった。ヤコブソンは、前の保守党出身首相であり、当時地方の首長としてウプサラ城に住んでいたヤルマール・ハマーショルドに届ける文書を託されたのであった。その時ヤコブソンは、将来国連の事務総長になる、少年時代のダーグ・ハマーショルドに初めて出会った。ダーグ・ハマーショルドは、父親の自慢の息子で、クラスでも一番の秀才だった。前首相のハマーショルドは、自由主義的なヴェルダンディのようなグループにとっては不倶戴天の敵とも思える存在であり、評判とは大きく違う、あけっぴろげで親しみやすい人物であることがわかってヤコブソンは驚いた。後日ヤコブソンは、銀行家のマルクス・ヴァレンベリィ・シニアから、前首相のハマーショルドはおそらく「スウェーデンで最も教養ある人物である」と教えられた。もっとも、それだけに前首相のハマーショルドとうまくやっていくのは難しいことで、子供の頃からの友達であるマルクス・ヴァレンベリィ・シニアでも、前首相のハマーショルドと一緒に働くことはできないだろう、と感じるくらいであった。

ヤコブソンは、その委員会における仕事の関係で、ある会合に速記者として出席する機会があり、その会合に出席したことで有力なグループに仲間入りしたいとの気持ちを、その後もずっと抱くようになった。その会合には、当時の首相と財務大臣といった閣僚をはじめ、スウェーデン銀行総裁のほか、ストックホルムの主要な銀行家がすべて出席していた。ヤコブソンはその日の出来事について、生まれて初めて、重要人物が出席する会合に同席したという書き出しで、生きいきとした表現で日記に記した。ヤコブソンの友人たちは、当時の最も重要な男女に出会ったヤコブソンがあからさまに大喜びしていたことを後のちまでずっとおもしろがり、少し驚いていた。

その委員会の仕事が終わりに近づいたことを知って、ヤコブソンは、またさまざまな仕事に就き続けた。上訴裁判所の臨時補助職員、財務省の事務員、林業専門学校の林業経済・統計学の補助教員などである。いまは廃刊になっている『スウェーデン商業新聞』の寄稿者にもなり、その時は、一九二〇年三月までに二十六本、署名入りで記事を書いた。その後海外にいる時も『スウェーデン商業新聞』との繋がりを維持し、ロンドンにいる時は「ロンドン特派員」を筆名にし、また、ジュネーブにいる時はエルヴェールという父方の古いファミリーネームを筆名にした。さらに、当時のヤコブソンの関心は広範にわたり、『ダーゲンス・ニュヘーテル（今日のニュース）』『タイムズ』『エコノミスト』をはじめ多くの雑誌に数多くの論文や定期的な寄稿をした。時には『ジュルナル・デ・デバ』にも執筆した。ヤコブソンが主題とするテーマはさまざまなものであったが、国際的な舞台に出るため、スウェーデンを離れるより相当以前から、金融問題と国際問題へのいや増す関心を反映し始めていた。

当時執筆した論文の一つは、ヤコブソンの将来に影響を及ぼすものになった。それはグスタフ・カッセルの『社会経済学原論』の書評であり、その版はドイツ語で出たばかりのものだった。ヤコブソンは、次の意見を表明して、スウェーデンはスウェーデン語で出版する権利を有していると述べた。

現在の経済界において実行されている政策の調整の最大の危険は、おそらく、経済全体として起こりうる結果を十分に考慮することなしに実際の措置がなされていることであろう。もっと幅広い視野が必要である。カッセルの『社会経済学』において常に繰り返し論じられるテーマは、価格形成メカニズムにおいてすべての異なる要素がどのように相互に依存しているかという問題に的確に重点が置かれている。

その後長年が経ってカッセルは、ヤコブソンの書評は自らの著作に対する最も優れた書評の一つであると説明した。こうした縁に促されて、カッセルは、マルクス・ヴァレンベリィ・シニアから国際連盟事務局に勤務してブリュッセル会議関係の仕事をするスウェーデン人を誰か推薦してくれるよう頼まれた時、ヤコブソンの名前をあげたのであった。一九二〇年当時、カッセルとヤコブソンは互いをほとんど知らなかった間柄であったにもかかわらずであった。

ヤコブソンの国際連盟における長年にわたる仕事のほぼすべてが公的金融に関わるものであったという事実を考えると、一九一九年の数カ月間を財務省で働いたことが格別重要な意味を帯びてくることになる。それは彼がいつものようにたまたま見つけた仕事であり、その後の生涯を通じて就く仕事になるとは予想もつかない形で訪れたような機会であった。ある日、後年財務大臣になるリカルド・サンドレルが経済学クラブでヤコブソンに会った後で、あの有名なレストラン兼コーヒーハウスであるローゼンバッドに歩いてやってきた。その時、ちょうどヤコブソンが一人でいるのを見つけ、財務省で働いてみないかと尋ねたことが縁であった。その時は、財務省には予算提出前でたくさんの仕事があったのである。

ローゼンバッドは当時のストックホルムでは、ヤコブソンにとって、同じグループの仲間たちと時間を過ごすお気に入りの場所の一つだった。その仲間たちのうち数人は、自叙伝を書いてこのことにふれており、特にハーバート・ティングステンはその場所で出会った人々の性格と仕事について約二十頁を費やして書いている。そこに書かれた人々の多くは、後年、スウェーデンの公的な世界で果たした役割によって有名になった。また、ほとんどの人々が、当時は青年自由主義団体のメンバーとして政治活動に積極的であり、もちろんヤコブソンもその一人であった。そのグループのなかでヤコブソンの最も仲の良かった友人としては、リナ・リント、ルート・イェルンベリィがいるほか、後年市会議員になるヨン・ベリィヴァル、国務大臣および州知事になるエリック・エングルンド、『イェーテボリ商業新聞』の編集長になったクヌート・ペテルスソンがいた。当然、ティングステンもその一人であり、彼はその後教授、『ダーゲンス・ニュヘーテル（今日のニュース）』の編集長になり、テレビに登場するほどの有名人になった。こうした顔ぶれが集えば、常に会話は楽しく、刺激的で愉快なものであったが、ほとんどの仲間が当時志したことをその後実現できたというのは興味深いことである。ある心地よい夏の晩、話題が将来の夢に及んだことがあり、ヤコブソンはきらきら光る水面の向こう側にある垂れ下がった柳に囲まれた島に建つスウェーデン銀行の方向を指差し、「自分の志はスウェーデン銀行のチーフ・エコノミストになることだ」と宣言した。当時そのポストがスウェーデン銀行にあるかどうかも、ヤコブソンは知らなかったにもかかわらずである！　ヤコブソンは自分が進むべき方向について明確な考えを抱いていたが、自分が選んだ道のりがどれほどのものになるのかは少しも不安視していなかった。

早くも一九二〇年までにヤコブソンは、スウェーデンにとっていかなる経済政策が必要なのかについて明確な考えを抱いており、その政策が採用されて実施されるのであれば、すぐにでも行動できる心構えができていた。全く予想できなかった戦争直後の好景気によって、世界中の実業界の人々は、こぞって戦時中に上昇した物価はそのままの水準にとどまると考え始めるようになっていた。しかしながらヤコブソンとヘックシャーは、一九二〇年初めの数週間、ほとんど毎日のように顔を合わせ、物価の急上昇を抑えるためには、公定歩合を大幅に引き上げるべきであると同じように考えていた。政府を無理やりでも動かそうとして、ヘックシャーは二〇年三月に一つの論説を書いて、スウェーデン銀行が通貨価値を維持するための措置をとらないことを理由にあげて、スウェーデンの世論に向かって、紙幣を金に交換するべきであるとの主張を宣伝した。当時、金は紙幣よりも四〇%価値が高く、そのため多くの人がヘックシャーの勧めにしたがって金に交換しようと、スウェーデン銀行に殺到し、まもなく紙幣を金貨に交換する措置を事実上禁止せざるを得なくなった。その後、議会と世論が喚起され、音楽アカデミーのホールで開かれた公開会議においても、ヘックシャーの論説は通貨を守るキャンペーンの出発点となった。その時演説したのは、保守派からヘックシャー（ヘックシャーは後年自由主義派になる）、社会民主党を代表してエルンスト・ヴィークフォッシュ（ヴィークフォッシュは後年財務大臣になる）、自由党のメンバーとしてヤコブソンであった。彼らは皆、インフレと戦うために金利引上げを含めた効果的な措置をとるよう要求した。その要求は二〇年三月十五日に行われたが、三月十九日には公定歩合が六%から七%に引き上げられた（当時、七%というのは危機的な水準であった）。

ヤコブソンは、八年前までは孤独で遠慮がちだった一人の若者だったが、一九二〇年には、いまや経済政策の緊急の問題について、自分より年長の、しかもすでに世のなかの高い評価を得ている人たちのなかに混じって人前で堂々と話すようになっていた。ヤコブソンは学業で優秀な成績を上げ、また、最も重要な学生団体の代表にも登り詰めていた。ヤコブソンが試みた多くの仕事のなかでも重要なものは経済学と金融に密接に結びついており、それを通じて高度な内容の学術論文だけでなく、新聞記事や報告もたくさん発表した。また、定期的な講義をこなしたほか、アフター・ディナーのスピーチや政治的な演説も行った。ヤコブソンは、経済政策と経済理論のいくつかの基本的な考えを身につけ、それを生涯を通じて、仕事の基礎とした。さらに重要なことは、人々と交際できるようになったという事実であり、その結果、彼が活躍する分野においては、いまやスウェーデンの指導的な立場にあるほとんどの人々を知っていたことにある。

生涯のこの時点において、ヤコブソンはブリュッセル会議の準備を手伝うためにロンドンの国際連盟に出かけるよう依頼され、躊躇することなくこの依頼を引き受けた。

3 結婚

生涯を通じて、ヤコブソンはヴァイオレット・メアリ・ナイと結婚できたことにくりかえし感謝した。ヴァイオレットと離れて暮らすような時は、「妻であり、そして友である親愛なる君へ」という書き出しで毎日手紙を書いた。一九二一年七月二日に結婚したことにちなんで、毎月二日にはヴァイオレットをもてなし、それがかなわない時は手紙を書くか、電報を送るか、電話をかけた。四十二年間ずっとヴァイオレットにそうすることを一度も怠ったことはなかったのである。ヤコブソンは、年が変わる時と自分の誕生日には日記を書きながら、現在の自分が置かれている状況が生涯のなかでどのように位置づけられるのか振り返ることを習慣にしていた。もちろん親愛なるヴァイオレットがいつも最も重要な位置を占めていた。ヤコブソンにとってはヴァイオレットがいるだけで安住できる家庭がもたらされたのだ。ヴァイオレットは三人の娘を産み、ヤコブソンと一緒に家庭を築いた後、七十歳代になっても魅力的な容姿を保った。ヤコブソンは、ロンドンに若い未熟な一人の外国人として暮らしていた時は、もし他の誰かと結婚してしまったらどうなっていただろうとその後常に強く感じていた。

一九二一年ロンドンに着いて間もない頃、ヤコブソンは自分には妻が必要だと確信した。とはいえ、彼はそれまでの人生で、限られた人数の少女や大人の女性としか親密に接したことがなかった。かつて真剣な気持ちを抱いたのは、ローゼンバッド・グループにいたリナ・リントとルース・イエルンベリィの二人の女性だけだった。彼女たちは、とても小さなアパートを二人で借りていたが、大学で学び、ストックホルムで自ら働いて生活していたので、当時の基準からみると非常に自由で開放的だった。その後五十年経った時にリナが語ったところによると、ヤコブソンはロンドンに出かけた直後にリナに結婚して欲しいと手紙を書いたそうである。当時リナがハーバート・ティングステンと秘密裡に婚約していることは、ヤコブソンはその後も長い間知らなかった。結局リナはハーバート・ティングステンと結婚する気持ちを変えなかった。ヤコブソンはこの出来事について一切語らなかったが、リナについては「彼女を愛してはいないことは確かだが、本当にとても好感を抱いている」というコメントを残している。

二十歳代半ばのヤコブソンを最もよく知る三人の女性たちは、それぞれ性格はかなり違っていたが、三人とも同様に当時のヤコブソンは感性の面で大人になっていないと感じていた。たとえば、リナにとってヤコブソンは背が高く肩幅のある男性であるにもかかわらず、愛情を渇望する「図体の大きい子犬」のように見えた。ヤコブソンの従姉妹のルートは、一九二〇年まで長年にわたってヤコブソンに宛てたくさんのラブレターを書いたが、その書き出しは決まって「可愛いペール」だった。ヤコブソンの方では、ルートに対しては友達以上の感情は一切なく、タヌムに住むヨン・ヨンソンと結婚するように強く薦め続けた。実際ヨンソンはその後ルートの二番目の夫になった。妻になるヴァイオレット・ナイも婚約期間中にヤコブソンに手紙を書く時は、ほとんどいつも「私の親愛なる男の子」か「私の最も親愛なる男の子」という書き出しだった。しかし結婚と仕事、そして人生は、ヤコブソンに感性の面で急速な成熟をもたらし、それは六十歳代半ばにまで達するまで続いたのである。ヤコブソンがＩＭＦにおける最初の三年間で心の平静さを増したことも、驚くべき一例である。

ヤコブソンは、女性はどうあるべきかについて確固たる信念をもち、それを三人の娘の教育において実践しようと努めた。ヤコブソンは生まれながらに女性の美しさと繊細さに魅了されていたので、優しさに欠けた生意気な女性には耐えられなかった。ヤコブソンにとって、女性は貴婦人でなければならなかった。女性は、女性らしく、優しく、親切で、優雅で、すべての礼儀作法を身につけ、ダンスも歌も楽器も上手でなければならなかった。ヤコブソンが正しいと認める道徳的な美徳もすべて備えていなければならず、その上、知的でユーモアのセンスも備えていなければならなかった。ヤコブソンは、女性は自分自身で生計を営むための能力を身につけることが役に立って望ましいとも思っていたが、かといって自分一人で生きていくことが必要だとまでは考えていたわけではなかった。女性には夫と子供たちとの関係を最上位に置いてくれることを望んだ。実際にヤコブソンは、ヴァイオレットの人生において自分が中心的な存在になることを当然のことと考え、それさえ叶えられればヴァイオレットが他の何に対して関心をもってもかまわないと考えたほどである。

一九二〇年八月、ヤコブソンがパリで休暇を過ごしている時、ヤコブソンは、彼の生涯において知る限り、最も繊細な美しい女性であるヴァイオレットに葉書を送ったことがある。当時は、ヤコブソンがヴァイオレットとロンドンにある国際連盟の事務所で出会ったばかりの頃であった。ところがヤコブソンの署名は判読不能だった。またそれまでの四カ月間、彼らはブリュッセル会議の準備に追われ、顔を合わせる機会はほとんどなかった。そしてある時、ヴァイオレットはパリからの葉書は「あのスウェーデン人」からに違いないとの結論に達したのである。

ヤコブソンがロンドンに戻ってから、二人は以前より頻繁に会うようになった。そして翌月のブリュッセル会議では、二人は仕事の時も、仕事以外の時も頻繁に会うようになった。会議の決議案の修正を繰り返しながら、ヤコブソンは自分のまだ不十分な英語力が支障になっていることに気づいたので、そこでは言葉を聴く能力を備えたヴァイオレットが非常に役立つことがわかった。ある週末、ヤコブソンはヴァイオレットを連れてブルージュを訪ねた。ブルージュの旅を通じて、二人の間には将来につながる理解ができた。その時ヤコブソンは、ヴァイオレットに自分の将来の計画を話した。ヴァイオレットは、ヤコブソンに自分の方が五歳年上であることを話した。以後、ヴァイオレットの年齢の話題は家庭ではタブーとなり、ヴァイオレットが七十歳の誕生日を迎える日が近づいて、ヤコブソンがヴァイオレットに誕生日の贈り物としては何が欲しいか教えてくれるように尋ねるまで、二人の間で二度と話題になることはなかった。おそらくヴァイオレットの大人びた感性がヤコブソンにとって魅力であり、二人の結婚を決める上で重要な要素となったのだろう。

ヴァイオレットは、見かけの繊細さにもかかわらず、活動的で多彩な人生を送っていた。ヴァイオレットの学校の成績はヤコブソンと同じくらい優秀で、ヴァイオレットは多くの奨学金を獲得した。ヴァイオレットは一九〇九年から一二年の間、ヘンリーとマーガレットのサンダース夫妻と一緒にロシアのサンクト・ペテルスブルグで暮らした。このサンダース夫妻、その後有名になる息子たちのジョージ・サンダースとトム・コンウェイ、そして娘マーガレットをはじめとするその家族と、ヴァイオレットは終生連絡を取り続けた。一三年にヴァイオレットは、兄弟のチャールズを訪ねるため、カナダに出かけた。そして、帰りは太平洋周りで彼女が幸せに過ごしたサンクト・ペテルスブルグに戻ってくるつもりであったが、一四年に戦争が勃発したため、その計画は中止を余儀なくされた。戦争が勃発した時ヴァイオレットは、トロントの保険会社で働いていたが、余暇を歌の練習に使ったり、当時は初期の段階にあった空軍のメンバーと一緒に空を飛んだりした。ヴァイオレットの兄弟であるチャールズはソンムの戦いで戦死したが、彼女がカナダに暮らしている時に婚約した相手の男性も、同じ戦いで行方不明になったと通知されたが後年戦死したと宣告された。その後一六年に、ヴァイオレットはイギリスに戻ることを決心した。ヴァイオレットはイギリスに戻ると婦人軍隊支援部隊に加入し、戦争の最後の年は食糧徴発部隊にいた。当時ロンドンに設置されたばかりの国際連盟にヴァイオレットに向いた仕事があるという電報を受け取ったのは、彼女がカナダの保険会社のロンドン支店で非常勤職員として働いていた時だった。

ヤコブソンは、国際連盟の事務所を出たカーゾン通りでヴァイオレットに結婚を申し込んだ。それは一九二一年一月のことであり、ヴァイオレットが前年の秋にブリュッセルの交通事故で大怪我をした後初めてロンドンに戻ってきて、ヤコブソンに偶然出会った際のことであった。その時、ヴァイオレットはまだ二本の杖を突いて歩いていたが、ヤコブソンは「もう二度と働けるようにならなくても構わない。自分には二人分の働きができる」とはっきり告げた。

　ヤコブソンは、ヴァイオレットの父親チャールズ・ナイに結婚式での花嫁の介添役を頼みたかったが、彼女の父親はインドで軍務に就いている時に患った病気が繰り返し悪化し、身体の具合が悪かったので、当時ヴァイオレットの兄弟のなかでただ一人生き残っていたアーチボルト・ナイに頼まなければならなかった。これが縁でヤコブソンとアーチボルトの二人は義理の兄弟として生涯の友情が始まった。二人は多くの休日を一緒に過ごすだけでなく、共通の関心をもつことになった。アーチボルトは軍務に就きながら、余暇の時間を使って勉強し、一九三〇年代に弁護士の資格を得た。その後、彼はナイトの称号を得て、大英帝国参謀本部副本部長、インドおよびカナダで高等弁務官を歴任した。

　ほとんどの人は、ヤコブソンの仕事や交渉事における成功をよく知っていても、二人のうちヴァイオレットの方がずっと強い個性の持ち主であることを知らなかった。ヤコブソンの人生でヴァイオレットの影響力が強く及ばなかったのは、唯一経済学の分野だけであった。ヴァイオレットが、住む場所に関して最善はロンドン、次善はストックホルムという希望をヤコブソンに聞き入れさせることができなかったのは、ひとえにヤコブソンが経済学に関する限り計り知れないほどの強い信念をもっていたからであった。ヴァイオレットは、結婚した時点では、ヤコブソンがロンドンにあった国際連盟の事務所勤務を続けると考えていたので、その後イギリスを離れた暮らしに甘んじることになるとは全く思っていなかった。一九二二年末、わずか十八カ月のジュネーブ生活を送った後、ヴァイオレットはヤコブソンに対して、クヌート・ペテルスソンの後任としてロンドンにあるスウェーデン公使館員になれるかどうか打診してみるように説得した。しかし何も起きなかった。ヤコブソンは生涯を通じて、自分の仕事に関しては自分自身で決めた。仕事の場所がどこかは、彼にとってほとんど意味がなかったようである。

　仕事以外のほとんどのことでは、ヴァイオレットの強い個性がヤコブソンの助けとなった。ヤコブソンは世話の焼ける小さな少年のようであった。だから、いつも誉めて、励ましてもらうことを必要としており、お世辞を言われても嫌がらなかった。彼はまた、その時々の重要な仕事に強くのめり込んでしまうところがあって、次の関心事ができると前の関心事には退屈してしまい、未完成のままでも放りだしてしまう傾向があった。そのためヤコブソンは、ヴァイオレットが自分にとって安定装置のような存在であることをよく認識しており、たとえヴァイオレットがどんなに煩わしい存在になろうとも、旅行やすべての社交に同行してくれることを願った。ヴァイオレットの体調が悪かったり、家庭の用事があってヴァイオレットに同行できない時は、後年になってからはヴァイオレットの代わりに娘たちの誰かに同行してもらうことを好んだ。

ヴァイオレットは、持ち前の意志の強さと成熟した感性で、ヤコブソンが切に必要としている時に支えを惜しまなかった。ヤコブソンの同僚や友人は驚いたが、彼は常に賞賛されることを熱望していたのだ。ヤコブソンの義理の息子であるアメリカ人ビョン・ビョンソンは、長年にわたってワシントンのホワイトハウス特派員を務め、その勤務関係から大勢の著名人とつき合いがあったが、その彼がヤコブソンの人柄について率直にこう語っている。「彼のように人に感銘を与えるにふさわしい業績をあげていながら、常にそのことに対して再確認することを欲するような人物に会ったことはない」と。このヤコブソンの基本的な欲求に応えることが、ヴァイオレットの結婚生活を通じて重要な仕事だった。どれほど頻繁に世間がヤコブソンの成功を誉め讃えても、ヤコブソンはその賞賛が誠であることを納得しなければならない性格であった。ヴァイオレットのこうした支えがなかったら、ヤコブソンも自分の疑う余地のない才能を開花させることができなかったかも知れない。

ヤコブソンの基本的なニーズは、あらゆる世話をして貰うことだった。結婚した頃、ヤコブソンはとても痩せていて、とても神経質で怒りっぽかった。長く生きられるような身体ではないだろうと、ヴァイオレットに、彼と結婚しない方がいいと忠告した人が何人かいたくらいであった。実際に一九一九年にスペイン風邪が大流行した時、ヤコブソンはインフルエンザに罹ってほとんど死にかけたほどだったが、弟の手厚い看病で一命を取りとめた。それだけにヴァイオレットは、よく口癖のように言ったものだが、何としてもヤコブソンを「生き延びさせたい」と決心した。ヤコブソンのために医者から処方された食事療法は厳格に守られたほか、一連の運動も定期的に続けて行われた。その後まもなく、ヤコブソンは自宅と職場の間の一マイルを一日四回歩くようになり、週末にはスキーかハイキングに出かけることを勧められるようになった。愛情、介護、食事療法、運動のおかげで、ヤコブソンは以前よりも少しだけ、良く眠れるようになった。それでも彼にとって、四時間でも眠れることはありがたいことであった。三三年に人に勧められてゴルフを始めてみると、すぐにゴルフが大好きになった。それでできるだけ頻繁にプレーしたが、決して病みつきになることはなかった。ヤコブソンは人生の後半になって休暇を無理やりとらされたが、その時はゴルフをして過ごした。

ヤコブソンもヴァイオレットも、私生活の秘密を頑固なくらい守った。ヤコブソン夫妻の基準では「私生活」に関することとはかなり幅広い領域におよんだ、人々の話題になることがなかったのはもちろん、誰にも知られていなかった。ヤコブソン夫妻は家族ぐるみでつき合う親しい友人をもたず、家事に雇う人も可能な限り、地元に縁のないような人を雇った。そのおかげでヤコブソン夫妻は、自分たちの私生活を話題にされるような家族や友人がいなくて済んだ。またヤコブソン一家は株式仲介人とつき合わず、特定の銀行家とも親密な関係を結ばなかった。ヤコブソンは、自分が納めた税金の還付のための手続きを自分一人で必死に行ったことがあったが、フラストレーションが高じたあまり、家族にとって忘れ難い経験になるほど、苛立ちと怒りを爆発させてしまった。ヤコブソンとヴァイオレットは人を信用することがなかったので、一九五一年になって初めて、友人で長年弁護士としてバーゼル経済・金融研究所で働いてきたヴァルター・S・シースに遺言を書く手伝いを依頼したほどだった。しかし、ヤコブソンにそうさせるのは一つの大仕事だった。それは、ヤコブソンが遺産として残すべき多額の財産を所有していたからではなく、彼が遺言を書くことを望まなかったからである。ヤコブソンに遺言を書かせるためには、シースのほか、IMFのアルバート・S・ガーシュテインとヴァイオレット、そして家族全員が力を合わせて説得する必要があった。しかもタイミングが悪いことに、その時は非常に重要なIMFの年次総会がウィーンで開かれている最中で、総会では一般借入取極に関する交渉が最大の山場を迎えていた。

ヤコブソンにとって、結婚において最も重要なことは、有形、無形いずれの面でも「家庭という安住の場所」だった。そこは友人や知人を招くことができるクラブのような場所でなければならなかった。しかしながらヤコブソンは、ワインに関して自分の好みを差し挟む以外は、家事や娯楽に関するすべてをヴァイオレットに任せた。ヤコブソンは、身の回りを片づける能力は全くと言っていいほどなかったので、たとえ家事を手伝ってくれる人を雇っていながらも、身の回りのことを片づけるのに相当の苦労が必要であろうということすら気がつくことがなかった。ヤコブソンが結婚して十年の間にできるようになったのは、自分で電話をかけるようになったことくらいであったが、それさえ最初の頃はほとんどできなかった。人をもてなすことに関してはかなり熱心とみなされるような友人たちも、ヤコブソンが時どきみせる人々を自宅に招く時の気安さに驚いたことを打ち明けた。ある時ヤコブソンは、サー・オットー・ニーメイヤーを昼食に招いたが、ジュネーブの職場から歩いて帰宅する途中に急に誘ったものだったから「奥さんは何も言わないのか」と尋ねられた。これに対し、ヤコブソンは「そう、妻はあなたの前では何も言わないだろう！」と答えたのだ。

三人の娘たちのことも、すべてヴァイオレットに任せていたから、ヤコブソンが娘たちについて知っていることや覚えていることはほとんど間違っていた。ヤコブソンが娘たちに関して主張して譲らないことは、貴婦人になること、何でも勉強することだけであり、それさえちゃんとしていれば良かった。娘たちが学校で好成績を上げることは、ヤコブソンには当然のことのように思われた。不思議なことにヤコブソンは、娘たちが学校や大学でどの科目を勉強しているのかも関心をもたず、一番上の娘が経済学の学位をとる決意をしたことにすら関心を示さなかったほどである。ヤコブソンは浮世離れした人物で、非常に稀ではあるが日常の事項にかかわると、勅命じみた指示を下したり、あるいはふと思いついたように気まぐれじみたことを言ったりした。もちろん学校が休みの時は特にそうだったが、時には家族で楽しく笑って過ごす夕べもあった。ヤコブソンは金銭には非常におおざっぱであったが、娘たちのしつけを考えて慎重になることもあった。それでもヴァイオレットは、ヤコブソンは愛情を表現することができなかっただけで、心から娘たちを愛していたと強く主張していた。ヤコブソンは長女が家を出ていく時に初めて、娘たちのことをあまりにも知らない自分に気づいて、寂しく思った。それからのヤコブソンは、残っていた二人の娘たちとの関係を改善するよう努め、ある程度成功した。おそらくヤコブソンのこうした態度の変化のおかげで、下の娘たち一人一人がそれまでとは違った印象をもったのであろう。ヤコブソンがようやく娘たちと親しい関係を築けるようになったのは、娘たちが大人になってからであった。

ヤコブソンは、日常事項と実務に関して優れた処理能力を備えたヴァイオレットには心から感謝していた。ヴァイオレットは、生涯を通じてヤコブソンから厄介事を取り払ってくれたのである。そうでなければ、ヤコブソンにとって、人生は到底耐えられるものではなかったであろう。ヴァイオレットは問題を未解決なまま放置できない性格だったから、ヤコブソンが片づけていないままの仕事を抱えていれば、それを片づけるよう強く主張した。しかしながら、末娘のモイラ・バニスターが二つの火山のような強い個性の持ち主と一緒に暮らしながら描写したところによると、彼ら夫婦は家庭生活において常に爆発し、衝突したとしてもおかしくなかった。衝突してもヤコブソンとヴァイオレットの関係は傷つかなかったばかりか、かえって彼ら夫婦の関係は強まった。また、不思議なことに、いつもほんの些細なことで大きな衝突になっていたようだ。深刻な問題がもち上がると、二人は最大限の良識を発揮し、相談することができた。ヤコブソンは、政治と人間関係については常にヴァイオレットの意見を尊重し、しばしば彼女の言葉を自分の日記に書き留めた。それは、ヤコブソンが人を信じやすいという指摘がしばしばされていたことであった。ヴァイオレットは人間を直感的に理解することができ、ヤコブソンは彼女から多くのことを学んだ。特に結婚した当初は、ヴァイオレットのより幅広い人生経験とより成熟した判断力が、ヤコブソンにとっては、国際連盟やジュネーブの洗練された国際社会のなかで自分の進むべき道を見つける上で大いに助けられた。

ヤコブソンは、結婚によって得られたものに感謝していた。ヤコブソンは、道徳的な面で支援して貰うことやヤコブソン自身が不得意とした日常生活の瑣末な用事を効率的に処理して貰うことに関しては、ヴァイオレットを全面的に頼っていたからであった。しかしながらある時、ヤコブソンがとある友人と自分たちの妻たちについて本音を話し合ったところによると、ヤコブソンは「妻は常に親切だった」と語ったそうだ。

Ⅱ　国際機関の職員として

1 国際連盟

ロンドン時代の国際連盟

国際連盟で十五カ月を過ごしたヤコブソンは、連盟での仕事を慎重に振り返って「こうした仕事は、政治的な会議からは独立して今後も続いていくだろう」という判断を下した。一九二一年のあるインタビューのなかで、このような専門的な部署が重要であることに注意を促したのだった。それらの部署は政治家からも、公衆からも、一様に見過ごされていた。人々は、国際連盟が世界の政治的な平和を保証してくれるだろうという信念にもとづいて連盟に多大な熱狂を寄せていたが、健康や貿易、通信、通貨、金融といった実際的な問題に対処するための協力を擁護する人はほとんどいなかった。

専門的分野での協力の表面的な目的は、それ自体価値のあるものだった。しかし専門分野での協力の場合は、国家主権が比較的容易に譲歩してくれることをヤコブソンはすぐに悟った。政治的な問題を専門的な問題に置き換えることができれば、解決の可能性は非常に広がるのだ。ヤコブソンは経歴を積むにつれて、この考え方を多く用いるようになった。世界もまた、この教訓を学ぶようになった。第二次大戦後になると、国際連盟時代には小さかった専門的部署は、それぞれ独立した国際機関になっていった。

一九二〇年四月、情熱に満ちた二十六歳のヤコブソンが向かったのはロンドンであった。そこで三カ月間、彼はブリュッセル会議の準備にたずさわる。ヤコブソンの到着の約一年前に、国際連盟はロンドンのカーゾン街に設立されていた。連盟の初代事務総長サー・エリック・ドラモンド（後のパース卿）は、この組織を、パリ講和会議での騒動と対立から遠ざけなければならないと考えていた。そこで彼は、連盟の設立法に則ってすぐに連盟の所在地をロンドンに移した。ヤコブソンを説いて任務を引き受けさせる際の主な理由となったのは、このイギリスを訪れることの価値であった。

ヤコブソンは、国際的キャリアの第一歩を踏み出すチャンスをあやうく逃すところだった。ブリュッセル会議のチーフ・エコノミストのカッセルがヤコブソンに電話をかけたのは、イースターで両親の家に帰ろうとしていたヤコブソンが、列車の出発時間に合せて家を出なければならない時間の十分前であった。いつものことであったが、ヤコブソンはその時、すでに遅刻をしていた。ヤコブソンは友人たちと夜更ししてしまい、早い時間の列車をすでに逃していたのだ。ヤコブソンは、窓越しに教会の塔の時計を見ながらカッセルの話を聞いた。選ばれていたエコノミストが、ロンドンに出発する前に病気になってしまった、とカッセルは言った。

私は行くべきだろうか。私は自由に決めることができるだろうか。林業学校での講義も事実上終わっているので自由に決めることができるだろう、と私は答えた。カッセルは、イギリスに行くことがいかに有意義かを強調した。……カッセルは、遅くとも翌日までに返事の電話をしなければならなかった……すぐに「イエス」と答えるのが最善の選択だった。すべての出来事で十分も必要としなかった。

おざなりな説明を受けた後、ヤコブソンは一週間もたたないうちにストックホルムを離れた。ただしマルクス・ヴァレンベリィ・シニアの説明だけは例外だった。銀行家のヴァレンベリィは、ブリュッセル会議のスウェーデン全権代表に就任が予定されていた。

ロンドンでヤコブソンが参加したグループは、七人だけからなる小さいものだった。その後もずっと、ヤコブソンはこのメンバーと会うことになる。最も頻繁に会ったのは座長のサー・ウォルター・レイトンである。レイトンについては「非常に聡明な人物で、エコノミストというよりもむしろ組織者だ」とヤコブソンは言っている。レイトンは後に『エコノミスト』誌の編集長となり、ヤコブソンは長い間、同誌に寄稿を続けた。座長補佐で、後にこの部署の責任者になったのは、アレック・ラヴデイであった。ラヴデイは、ヤコブソンから「十分な理論的訓練を積み、博識であり、非常によく働く。しかし少しばかり、統計学者が陥りやすいペダンティックなところがある」と評されている。このグループのメンバーは明らかに仲がよかった。その理由はおそらく、彼らがそれぞれ異なるテーマについて取り組んでいたからだろう。ヤコブソンは、財政問題と国家債務をテーマとして与えられた。

ヤコブソンは任務の達成のために熱心に取り組んだが、多くの困難にぶつかった。一九一九年から、国際的な統計収集の協力のための会議が国際連盟によって組織された。しかし「財政」についての統計データがあまりにも少なく、財政統計に含まれる問題点について議論することはほとんど不可能だった。唯一できたことと言えば、一四年と一九年の国家債務の利子を比較することで、利払いが財政にもたらす負担を測定する方法を考案したことぐらいであった。

統計の質を向上させるためにヤコブソンがとった方法はその後、一般的な方法として用いられるようになった。ヤコブソンは不明確な部分を明らかにするための書類一式を準備し、各国に送付していた。それによって、ブリュッセル会議の各国の代表者たちに直接質問ができるようになった。この新しい書式ができる前に、ヤコブソンは、歳入と歳出という国家財政の二つの側面を結びつけた書式を何とか作り出していた。この方法は、五十年後の現時点でさえ各国共通にはなっていない。

しかし、ブリュッセル会議がいつ開かれるのか、見当もつかなかった。ここで一つの問題が発生した。フランスに先導された連合国の一部が、ブリュッセル会議にドイツを招待することに反対したのである。その結果、会議は少なくとも三度延期された。延期のたびに連盟本部は激しく揺れた。最後になってヤコブソンは、疲労と怒りとともに公衆の感情を代弁してこう書いている。「何千何万という老若男女が、死ぬには多過ぎるが、生きるには少な過ぎる食料のために飢えている。この事態を放っておいて、連盟がやっていることを一般の人々の誰が評価できようか。そのような仕事をすることは全くいやなことだ」と。しかし会議開催が遅れたことで、ヤコブソンにとってはこのいまだ一時的な仕事の期間が延長された。この時間にヤコブソンは、ロンドンについて、特にそこにいる人々について学ぶことができた。

当初からヤコブソンは、彼のもつすべての交友関係を利用していたが、他方でその交友関係を心から楽しんでいた。ヤコブソンはすべての人々と個人的に知り合えるように、非常にくだけたやり方で、しかし秩序だったやり方で、交友関係を広げていった。こうしてヤコブソンは、生涯を通して自覚的に交友関係を広げつづけたのである。ヤコブソンはいつでも身の回りに人々がいること、特に友人がいる状態を求めた。彼が孤独を恐れたからだ。彼にとって「友人のいない人間は、葉っぱのない木と同じ」であった。

ロンドンにいた時に、ヤコブソンは事務総長補佐のジャン・モネともランチをともにしている。モネがトップにいたのに対して、自分は権力の階段の最下層のままだったにもかかわらず、と一九三〇年代になってからヤコブソンは言っている。ヤコブソンは、モネを「非常に神経質で、もの静かな人物」と見てとり、モネのその性格をそのまま受け取るべきと考えた。年齢が二、三歳しか違わなかったので、二人はその後の生涯を通して、意見の一致、不一致、協力などをいろいろな場面で経験するようになる。

ヤコブソンが年長者たちと確立していった親交は、同年代の人々との親交と同じく、目をみはるものであった。第一外国語がドイツ語であったためにヤコブソンの英語はいまだにぎこちないものであったが、彼はそれをなしとげたのである。英語の練習のためならば、役に立ちそうな友人をつかまえてロンドン中心部にある彼の滞在先のホテルで長い退屈な夕べを過ごすこともした。自分を進歩させるために、ロンドンの一連の名所を順番に訪れるようなこともしている。政治に関心があったので下院や全国自由党クラブも訪問している。しかし国際連盟の本部がジュネーブへ移転する時に、それに合わせてヤコブソンもロンドンを去ることを決めた。ヤコブソンにとって、財政の統計整備の作業をあきらめることは「ばかげた」ことと思われたので、ジュネーブへ行かなければならなかったのだ。友人や知人たちと比べたら、自分がロンドンを見た時間は非常に短かった、とヤコブソンは感じていた。しかし彼はまた、自分は世界の大問題についての意思決定をめぐる現実の闘争を観察する機会を誰よりも多くもつことができたのだ、とも感じていた。

二つの別々の、しかし関連した問題があった。第一の問題は、組織の問題として分類されるだろう。国際連盟もまた、あらゆる新しい組織が経験する設立当初の困難を経験していた。しかし連盟の困難は、組織の国際的な性格によってさらにひどいものとなっていた。言葉の違いと仕事のやり方の違いによる誤解が頻繁に起こった。それらの誤解は人々のプライドを傷つけただけでなく、さらにもう一つの悪影響をおよぼした。プライドを傷つけられた人々は、常に軽視されたのは自分の国であるという気持ちになるためである。実際には人々の機転、ヤコブソンを含む友人や同僚によるとりなし、微妙な人間関係のバランス、などが誤解を和らげた。また概して言えば、すべての人々が連盟の仕事がもつ価値に対する確信を共有していたことによって、個人的な感情の問題は乗り越えられていった。

第二の問題は、各国の利害の強力さであった。連盟のすべての人々がそれにあらがいながら仕事をしていた。経験豊富な人物でさえ、常に自国が「最も美しいライトに照らされる」ことを望む、という事実をヤコブソンは繰り返し述べている。小国の国民として、ヤコブソンはこのことをおもしろく思うと同時に苦々しくも思っていた。ヤコブソンは初めこそ、風聞と、それに対抗した風聞のそれぞれ矛盾した説明をそのまま素直に受け取っていたが、すぐにはるかに洗練された対処法を用いることに精通した。フランス人、ベルギー人、イタリア人、イギリス人や、銀行家、理論家、そしてその他の人々の態度のすべてが、ヤコブソンの分析的精神の栄養分となった。国際的なキャリアを積む上でこれ以上のトレーニングはなかっただろう。

ブリュッセル会議とジェノア会議

数カ月にわたる準備の後、ブリュッセル会議は開催された。ブリュッセル会議は、戦後世界への数々の期待を打ち砕いた危機的な状況のもとで開かれた最初の国際会議となった。このブリュッセル会議のおよそ二年後に、ジェノア会議が明らかにしぶしぶといった形で開催された。しかしジェノア会議は、後々まで続く重要な影響を残した。種々の政治的な理由と、組織の存続への脅威に対する連盟スタッフたちの恐れから、ジェノア会議は専門的な分野で、一つの重要な進歩の象徴を作り出したのである。金為替本位制である。

ある面で、この二つの国際会議は、将来の通貨・金融会議によく似ていた。ブリュッセル会議についてヤコブソンが初めて書いた論文のなかで、彼はジェノア会議から後の幾多の国際会議まで続く永続的な特徴を生きいきと描いている。

各国代表は、長々とした交渉にうんざりしていた。それに対してジャーナリストたちは、著名な金融家にインタビューしようと廊下に元気よく群がっていが、彼らはインタビューにはほとんど成功しなかった。金融家たちは、交渉の早い段階で自分の見解を述べることに対して非常に用心深かったからである。最も重要な交渉は「諸国家の宮殿」では行われなかった。そのような交渉は、ホテルのテーブルごしに行われていたのだ。とはいえブリュッセル会議を「お飾りの議会」として非難することはできない。パーティはほとんど行われなかったし、あったとしても贅沢なものではなかった。ブリュッセルにやってきたのは外交官のような悠長さをもつ人々ではなく、非常に忙しく、かつ激しく働く人々であった。彼らはこの会議期間の大切さを知っており、現実的な成果を求めていたのだ。

通貨・金融会議におけるこのようなメディア関係者と各国代表のやりとりは、無線通信、テレビ、記者発表、記者会見などが登場しても、ヤコブソンの生涯を通して変わらなかった。時にはジャーナリストが信頼できて役に立つ味方になることもあるが、議論の途中経過が公になることは常に危険なのだ。為替レートに影響を与えるからである。

一九二〇年九月、ブリュッセルで国際金融会議が開催された時、世界は破滅の瀬戸際にあると思われていた。インフレーションが猛烈な勢いで進んでいた。しかし、この用語自体は三十九カ国の代表たちには目新しいものだったので、多くの会議資料のなかで「カギカッコつき」で示されていた。為替レートもまた、大混乱のなかにあった。カッセルの有名な購買力平価説はあったが、為替レートの大混乱に対しては金本位制への復帰勧告以上の対応策は事実上なかった。しかし「私たちは金価値の安定に対しては何の勧告も示すことができない。また、そのような試みが成功するかどうかにも深刻な疑いをもっている」。最も深刻だったのは、政治的な理由によって、最大の問題であった賠償金と、連合国間債務については議論が認められていないことであった。

しかしヤコブソンにとっての救いは、ドイツも会議に参加したことと、財政委員会統括者のイギリス人ブラント卿の努力によって、ドイツ主席代表が財政についての実質的な決定が行われる財政小委員会のメンバーにも含まれたことであった。ヤコブソンは、財政委員会と財政小委員会の両方の事務次長だったので、この和解的措置の有益な効果を目の当たりにした。ドイツ人に対するさまざまな決定は、彼らを驚かせるほど寛大だったようにヤコブソンには見えた。それに対してドイツ人たちは協力によって応えた。これはヤコブソンが生涯忘れることのない外交についての教訓となった。

第二次大戦後になってヤコブソンは、インフレと闘う時の哲学をブリュッセル会議の財政委員会の政策原理に求めるようになった。ヤコブソンは、ブリュッセル会議の時に書いた論文のなかで、財政小委員会での議論の内容を要約している。この要約は、ヤコブソンの後のキャリアと深いつながりをもつものとなった。

ヤコブソンが強調したのは、彼自身のように、第一次大戦中にドイツとイギリス両方の戦後復興計画について研究した人々は、ありとあらゆる政府の指導や命令の能力が誇張され、それが信じ込まれていたことを知って恐ろしくなった、ということであった。平和が訪れると、人々はすぐにより確固とした考えをもつようになり、政府の干渉をすみやかに取り除くことを求める声が沸きあがった。財政小委員会の提案について、ヤコブソンは次のように書いている。

〔提案は〕あらゆる政府の干渉の拡大に反対し、それらのできるだけ早い縮小を望む立場をとっている。ここでの政府の干渉には、情け深い目的が掲げられていようがいまいが、直接的な管理と政府補助金の両方が含まれている。政府支出削減についての非常に強い声明を示すことができる、と述べることは価値があることだ。小委員会の提案が第一に力点を置いているのは、大規模な財政赤字を避けるために政府の歳入と歳出を均衡させる必要があるということだ。大規模な財政赤字はインフレーションという新たな危機を生み出す……。社会と金融にとっての最良の改革は財政の均衡であり、その他のすべてのことはそれに依存している、という考え方に基づいて小委員会の提案はつくられた。

この提案は非常によく考えられてつくられたものなので、財務大臣たちが頼ることのできる武器になるだろう。各国財務省の代表者たちは、それぞれが財政支出の増大に対して全く勝ち目のない闘いを行っており、そのため彼らはこの新兵器を非常に高く評価するという発言を行った。それらを聞くことは喜ばしいことであった。

ブリュッセル会議は、財政小委員会の提案を全会一致で支持し、その重要性を強調した。世論は、財政赤字と生計費の密接なつながりを認識することができなかった。健全な財政は、世界が必要とする社会改革の実行にとっての前提条件であった。「財政赤字をもたらす政策を行っている国は、全般的な破滅へとつながる危険な道を進んでいることになる。そこから抜け出すためには、どのような犠牲であっても大き過ぎるということはない」

ブリュッセル会議の注目すべき特徴の一つは、財政委員会に参加した銀行家と、通貨・為替委員会に参加した金融専門家との意見の一致である。そこには、カッセル、A・C・ピグー、シャルル・ジッドといった教授陣も含まれていた。それらの教授たちは、銀行家たちの見解に理論的裏づけを与え、さらに内容をつけ加えた。その結果は、ジェノア会議の勧告の先駆けとなるものであった。通貨に関する勧告のなかには、銀行、特に発券銀行については、「政治的圧力からの自由」が絶対に必要であり、それによって銀行は健全通貨の原則だけにしたがって行動することができる、と特に記されていた。発券銀行をもたない国々では、新たな発券銀行が設立されることとされた。

これらの点はジェノア会議でも再確認され、戦間期を通してのみでなく、第二次大戦後の再建と第三世界諸国の通貨システム建設の時も政策のガイドラインとなった。第二次大戦後になると、「政治的圧力からの自由」という言葉に対して部分的な再解釈がなされた。その再解釈のなかで、発券銀行の法的形式は最も重要な問題ではなくなり、発券銀行の総裁やそのスタッフの性格の強さのほうが主要な問題となった。

通貨管理に関する勧告のなかの最後のものは、全文を引用する価値がある。なぜなら、それはその後も永く尾を引いた問題の一つだからである。

為替取引に人為的な管理を課すことで為替変動を制限しようとする試みは、役に立たないだけでなく、有害ですらある。為替管理の試みが影響をおよぼしてしまうと、それは市場を誤った方向へ導き、為替変動の自然な調整力を失わせ、先物為替の自由な取引にも干渉する。先物為替は、トレーダーが為替リスクのカバーをとるための費用を計算する必要をなくすために必要なものである。もし先物為替がなければ、為替リスクのカバー費用が価格を押し上げることになる。その上、貿易と為替に対する政府のあらゆる干渉は、しばしば国の経済状況の改善を妨げる。国の経済状況の改善だけが、その為替の強さと安定を保証できるのだが。

ブリュッセル会議の雰囲気は、それなりに希望に満ちたものであった。一九二一年に短いが急激な景気後退が起こることは、予想されていなかった。会議の示した勧告への疑いは全くなかった。この勧告がもっていた格調の高さは、会議全体の雰囲気を自然に表していた。

この格調の高さは、その後ずっとヤコブソンに影響を与えた。その後の生涯を通してヤコブソンは、経済学には良くも悪くも道徳的な要素がある、と確信し続けた。その道徳的な要素を探すために、ヤコブソンは思索し、議論し、仕事をしたのだ。いったん確信すると、ヤコブソンは「正しい」政策が実行されるように彼のもつすべてのエネルギーと才知を注ぎ込んだ。

一九二二年になると、経済状況は再び混乱に陥った。二一年の景気後退が克服されなかったからである。生産、貿易、海運のすべてが、世界の必要量――みかけのではなく実際の――に対して著しく不足していた。アメリカからの長期・短期の資本フローが止まっただけでなく、アメリカが連合国間債務の支払いも要求したので、賠償問題が暗礁にのりあげた。二二年三月にヤコブソンは、おそらくジュネーブの経済クラブで「アメリカと連合国間債務」についての講演を行った。ヤコブソンは妻に、「私はそのテーマについて一時間も講演した。みんなその講演を楽しんだと思う。その場にはアメリカ人も少しいたが、いくぶん耳の痛い話をしてやった」と、書き送っている。しかしヤコブソンは、まだまだ英会話を完璧にしていく必要があると感じていた。「外国語でスピーチをすることがどれほど難しいか、私は全くわかっていなかった。意思を伝えるために適切な言葉を選ぶことができないということは、全くひどいことだ。今度のスピーチは有益な経験だった。何度か経験を積めば、すぐにとてもうまく話せるようになるだろう」。ヤコブソンは、母国語のスウェーデン語はもちろん、英語でも、またフランス語でもドイツ語でも、スピーチの達人として認められるようになった。とりたてて音楽的才能のない人間にとって、そのためにどれだけの努力が必要だったのかは、彼と同様のパフォーマンスに取り組んだ人にしか完全にはわからないだろう。

ロイド・ジョージの発案によるジェノア会議の目的は、基本的に政治的なものであった。そのため国際連盟は、最小限のスタッフだけを派遣した。ヤコブソンは、自分が派遣団から外されたことを優れたユーモアをもって受け止めていた。ラパロ条約が締結されると上級専門スタッフの派遣は中止となった。ヤコブソンは、自分が上級専門スタッフ団に含まれるだろうと思っていたので派遣の中止には失望した。彼はジェノア会議への参加を逃してはならない、と思っていた。ヤコブソンは、妻に次のように書き送っている。彼女は、十日前にフライブルクで第一子を産んだばかりであった。

これからの私の予定を伝えるためにこの手紙を書いた。私は変化を望んでおり、君も知っているようにジェノアに行きたいと思っていた。今晩六時にジェノアに向かって出発する。ジェノアに二、三日滞在した後、直接フライブルクに向かう。ジェノア会議はもうすぐ終わってしまいそうなので、初めにジェノアに行くのがよいだろう。愛する妻よ、ジェノアに行くことを許してほしい。私がどれだけジェノアにいる人々に会いたいのか、また私がどれだけ変化を求めているのか、君はわかってくれるだろう。……私は、二、三の論文を書くことで、ジェノアに行く費用を得ることができるし、おそらくそれを上回る収入を得ることができるだろう。

ヤコブソンは、わずかな日にちを精力的に活用し、できる限り多くの人々と会った。そのなかには、モスクワの大学教授でもあるロシア代表団の主席エコノミストも含まれていた。著名なジャーナリストとの八時間におよぶ討論も価値のあるものであった。ヤコブソンは自らの見解を次のように要約している。

ジェノア会議は失敗が許されない。会議が成功すれば、それは連盟の精神にとっても意味のあることになるだろう。会議が失敗したら、その後に何が起こるのか、私にはわからない。君もわかるだろうが、ヨーロッパでの協力が生まれるとしたら、それは何らかの組織の形をとらなければならない。しかし、国際的な協力が精神的にも現実的にも実現しないならば、現在の連盟のような組織は永久に単なるまやかしに終わってしまうだろう。

実際には、ジェノア会議の主要な成果が得られたのは金融と経済の分野であった。そしてジェノア会議の成果には、直接間接に連盟が関与することになった。単にブリュッセル会議での勧告が繰り返されただけでなく、戦後再建のガイドラインとなるべき新たな勧告がつけ加えられた。それらの勧告は、国際連盟金融委員会の作業を必要とするものであった。ヤコブソンはその委員会に深く関わっていた。

最も重要な政策的イノベーションである金為替本位制は、「金の節約」を目的として設計された。「金の節約」は、一九二〇年代と三〇年代を通して通貨当局が気にかけ続けた問題であった。金生産が不十分なことが、法的また慣習的な金準備要求と結びついて、デフレ的影響をもたらすことが懸念されていた。周辺国が準備の一部分を外国通貨や中心国への金請求権とすることで利用可能な金を補わなかったら、デフレの影響は、個々の国々だけでなく世界全体に及ぶことになるだろう。

アメリカは、ジェノア会議に多くの留保をもって臨んでいた。アメリカの意見は、ニューヨーク連邦準備銀行の総裁で影響力のある人物であったベンジャミン・ストロングに代表されていた。国際的な貸付が他の方法よりも効果があるというのが、ストロングの意見であった。国際的な貸付は、ブリュッセル会議の前から提案されていた。この方法は、後に、ドーズ借款とヤング借款の時の賠償委員会と、国際連盟金融委員会の両方で用いられた。

ジェノア会議に対するストロングの留保の気持ちは、彼の生涯を通して持続し、強さを増していった。金為替本位制に対するストロングの反対は、一九二八年にジュネーブ郊外で行われたある会議のなかで力強く宣言されている。その会議は、国際連盟通貨金融委員会の委員長のアーサー・ソルター（後のソルター卿）の邸宅で行われ、連盟副事務総長のジョセフ・アヴノルや、経済金融部局の多くのメンバーが出席していた。この時が、ストロングとヤコブソンが顔を合わせた唯一の機会であった。ヤコブソンは、ストロングの「病が非常に悪化している」ように見えた、と記している。

この会議の直接の議題は、金融委員会が担当する金価格の変動に関する研究プロジェクトであった。連盟金融委員会が金為替本位制の導入を進めていたので、金為替本位制がその制度を受け入れた国々にとって最善の方法なのかどうかを知る必要があった。ストロングは、金為替本位制に対して断固として反対だった。彼は、金為替本位制を信じることはできないと言っている。金為替本位制にともなう「残高」は、その残高の保有国にとっても、その残高が置かれている国にとっても危険となりえた。危機が生じた場合、資金が流出している国々は、貸付を求めるか——貸付については交渉することができた——最もよく価値を保っている支払手段、すなわち金で支払わなければならない。

この会議に対するヤコブソンのコメントはそっけないものである。「ソルターは、（金為替本位制研究の提案に対する）ストロングの消極的姿勢の本当の理由は、『理論家』たちが『銀行実務家』たちの立場をなくしてしまうこと、すなわち、アーヴィング・フィッシャーやケインズやカッセルが支配的な存在となってしまうことを恐れていたためだ、と思っていた」。ヤコブソンは、ソルターの熱心な崇拝者であり、彼のキャリアの比較的初期には、ソルターの意見に過度に影響を受ける傾向があった。

ストロングは、批判的なトーンの数ページの報告書をニューヨーク連邦準備銀行に提出している。しかしストロングは、ヤコブソンについては好意的に書いていた。「スウェーデン人のヤコブソンは、賢明な人物のようだ。彼は間違いなく非常にまじめで、カッセルや他の金為替本位制派の完全な弟子というわけではなかった」。以下に示すストロングのハリソン宛の手紙は、一九二八年夏における国際連盟に関するヤコブソン自身の見解も示している。

彼らは私を驚かせた。素人の若い学生のような連中が、自分たちを非常に重要な人物だと考えており、特に、ラヴデイはそうだった。彼らは極めて尊大で、時には他人の意見を軽蔑しているように見えた。討論のあらゆる場面で、彼らがはっきりと示していたのは、私が前の手紙で書いているように、彼らは失業者の群れであり、仕事を求めており、むしろ私たちに仕えることで仕事を得るような者たちであるということだった。しかし、サー・オットー・ニーメイヤー、サー・ヘンリー・ストラコシュ、ソルターといった、二、三の行動的でエネルギーに溢れている人々がいたことは、驚くべきことではない。国際連盟金融委員会の四半期会合では、彼らは、非常に説得的な態度で、前もって用意されていた方策を提示する能力をもっていた。議論の後には（それは十分な時間をとり、フランクな雰囲気で行われた）金融委員会は、あり得る反対意見を本当には理解しないまま既定方針通り動いた。実際、反対意見を全く聞いていなかったかのようであった。

この年の終わりに、ヤコブソンは国際連盟を去った。

② 国際連盟金融委員会

国際連盟金融委員会での公的金融専門家としてのヤコブソンの経験は、後の国際決済銀行（ＢＩＳ）と国際通貨基金（ＩＭＦ）での仕事にとって決定的な意味をもった。そのため、金融委員会の仕事の進め方、金融委員会が用いた基本原理、金融委員会が遭遇した困難について、手短かに論じておく必要があるだろう。委員会ですごした時間によって、ヤコブソンは、現状についてのすばやい分析、政策決定の仕方や政策論議の流儀を学んだ。彼はまた、政策の実行を確実にするための手段が必要であることも学んだ。おそらく同様に重要なこととして、彼は、人々の行動と、異なった状況に置かれた際の人々の反応について、より優れた洞察力を身につけた。

一九二五年の夏にヤコブソンは、オーストリアに関するレイトン＝リスト報告書の作成を手伝うために同国に赴いた。ヤコブソンから妻への手紙には、大量の調査結果や、彼らのチームが直面している数多くの差し迫った課題についてのたくさんの言及が見られる。また、妻への手紙のなかでは、ヤコブソンが調査に関わった同僚たちや政治家たちに向けた辛らつなコメントが、後になるほど多く見られるようになっている。汗だくになる暑さのなかで三週間が過ぎた後、レイトンはオーストリアで彼を悩ませる問題がなくなる日を切望するようになり、ヤコブソンは新聞に載っているリゾート地で休暇を楽しむ人々の写真を見ていらいらするようになっていた。六週が過ぎると、調査チームの全員が疲れきっていた。少なくとも一週間は、誰も新聞を読もうともせず、手紙を書こうともしなかった。しかしこの期間に、かつてないほど多くのことを学ぶことができたとヤコブソンは思っていた。彼は、オーストリアに来たことを喜んでさえいた。「人々の内面を本当に知ることができるのは、その人たちが大きな困難に直面している時だけだ」からである。こう書いている時にヤコブソンが、オーストリアの人々だけでなく彼の同僚たちのことを思い浮かべていたことは明らかだ。

三年前であったならば、このような活動はほとんど考えられなかっただろう。ヨーロッパの絶望的な混沌状態にもかかわらず、国際連盟の経済金融部は、定期刊行物の発行というルーティーンワーク以外のことはほとんどできなかった。一九二二年八月に、アーサー・ソルターが責任者となった時、彼は、前任の暫定部長が残したメモを発見した。そのメモでは、経済金融部の有用性についての疑問が示されており、この部署は「永久に冷凍倉庫にでも放り込んで置かれる」べきだと書かれていた。この批判は部分的には当たっていた。それまでの経済金融部の唯一の対外的な大規模プロジェクトは、ダンツィヒについての報告書だけだった。この仕事に関する、ヤコブソン自身の説明は、以下のようなものである。

スウェーデンに新婚旅行に行っていた一九二一年七月に、ジュネーブからの電報を受け取った。そこには、ダンツィヒに行きこの自由都市の経済と金融の状況を報告するように、とあった。そこで私は、妻とともに八月初めにダンツィヒに行った。ダンツィヒに関する私の報告書が、金融委員会によるこの種の報告書の初めてのものだったと思う。こうして始められたこの調査は、連盟が提唱者となった貸付（一九二五年ダンツィヒ市債）と、ダンツィヒの独自通貨発行に帰結した。何年か後になって（一九二六年）、私は、金融委員会のベルギー代表アルバード・エドゥアルド・ジャンセン氏のアシスタントとしてダンツィヒを再び訪れた。この時私たちは、苦労の末、関税収入をダンツィヒとポーランドとの間で配分する合意に到達した。

ソルターはすぐに、金融委員会のメンバー九名（後に十二名）の信頼の篤い友人となり、よき相談者となった。そればかりか彼は、ヤコブソンにとってのヒーローとなった。一九二八年に連盟を去る時に、ヤコブソンはソルターについて、「ソルターは、すばらしいチーフだった。ソルターは部下たちに、彼らの上司のために働いているのではなく、連盟の仕事全体のために働いているのだ、という気持ちをもたらすことを自らの使命と考えていた」と書いている。ヤコブソンがこの考えを変えることはなかった。四七年のクリスマスにアーサー・ソルターの書いた本を娘の一人にプレゼントし、その本の余白に次のように書いている。「私がいままで一緒に仕事をしたなかで最高の人だ。ソルターは機知に富み、微妙なニュアンスを使い分けた。ただし、過剰なユーモアは示さなかった。彼は、人々が考えていることを本能的に知ることができた。あらゆる委員会で最高のマネジャーだった。創意工夫の才に富み、特に『バランスのとれた解決策』が必要とされている時に、その能力を発揮した。しかし彼は常に、自分のリーダーとしての資質の発揮よりも『公僕』としての意識を優先させていた」。ソルターの資質は、金融委員会の思想だけでなく、ヤコブソンの思想形成にも大きな影響を与えた。「バランスのとれた解決策」というアプローチを、ヤコブソンは生涯忘れることがなく、後に政策策定の基準として主張するようになった。連盟金融委員会もまた、この「バランスのとれた解決策」というアプローチの実行に努めた。ちょうど戦後復興を必要としていた国に対して連盟が初めての復興案を提出する時に、ソルターが経済金融部を引き継いだ（経済金融部は、後に金融委員会の事務局となった）。二二年八月に、連盟はオーストリアという「絶望しているヨーロッパ」についての「調査と報告」を行うことを決定した。この調査には、誰も考えていなかったほどの長い期間が費やされた。ハンガリーもまた惨状のなかにあり、結局、連盟の支援を受ける最初の国となった。

オーストリアとハンガリーは、金融委員会に二つの全く異なった問題をもち込んだ。ハンガリーは、まだ少なくとも技術面では優位をもち、大規模な農業部門とある程度の天然資源をもっていた。他方でオーストリアは、ヤコブソンによって「切り取られた」国と言われた。同国は、真空地帯のなかに、大規模な首都といくらかの付属部分だけの小国として取り残されたためである。それでもこの二つの国が再び自分の足で前に進めるようにするための基本的原則は同じであった。

両国の復興とも、複数通貨で応募された外債発行によって支援されていた。結局、オーストリアやハンガリーの復興や、その他のより小さな復興計画のために、金融委員会は、総額九千万ポンドという驚くような巨額の資金調達を行った。連盟によるそれらの復興計画が、後のＩＭＦによる復興計画と著しく似ていたことが、三九年のヤコブソンの説明によってよくわかる。

貸手にとっては、金融委員会が原案を策定した復興計画が本当に実行されることこそが、重要な保証となる。そのためには委員会は、計画を作成する前に、対外面と国内面の両方について対象国に特有の状況を詳細に知っていなければならない。対象国の政府が、連盟が策定した復興計画のすべてがその国に対して適切である、と完全に確信をもてることも必要である。なぜならそのように政府が確信をもった時にだけ、人々は、政府が以前に行っていた計画を断固として削減するだろう、という確信をもつことができるからである……。復興計画の仕事をしている間に、金融委員会のメンバーと、「対象国の」財務大臣と中央銀行総裁とが継続的な接触を確立することが特に重要だということがわかった。それらの財務大臣と中央銀行総裁は、ジュネーブでの委員会の会合に定期的に出席していた。

連盟金融委員会は年に四回の会合をもち、一回の会合はおよそ十日間であった。たいてい委員会のメンバーは全員でジュネーブの同じホテルに泊まり、正式の会合が終わった後もずっと議論を続けた。サー・オットー・ニーメイヤーがイギリス代表だった。彼は財務省官僚であったが、本国政府からのどのような命令にも拘束されないと宣言し、完全に独自な行動をとっていた。他のメンバーでも同じことがあてはまる人々がいた。銀行界からきたマルクス・ヴァレンベリィ・シニアもそのような一人であった。彼らは金融の知識のある専門家として、また金融界の代表として、会合に参加していた。

ヤコブソンは、委員会の事務局長だった。彼は、すぐに他のメンバーと個人的にも親しくなった。委員会のメンバーのなかで、最も財政に詳しいのはニーメイヤーであった。ヤコブソンと最も緊密に協力したのもニーメイヤーであったものの、ヤコブソンは、他のすべてのメンバーともよく知り合い、それぞれの知性、人柄、ビジネスでの洞察力に対して高い敬意を払っていた。時にはヤコブソンは、上級の参加者たちが、金融委員会の公式メンバーであろうと特別参加の専門家であろうと、必要な知識をいくぶん欠いていると思う時があった。そのような時ヤコブソンは彼らに説明をすることをためらわなかった。たとえば、ヴァレンベリィはヤコブソンの考えの多くを受け入れ、それを前面に押し出した、とヤコブソンは妻に書き送っている。

一九二五年にヤコブソンが妻に送った手紙によると、彼は初め、状況の全体像を把握できる専門家を確保するのに非常に苦労したが、最終的には適切な人物を得ることができた。その結果、多くの仕事が大変進展したが、他方で、ヤコブソンは当初考えていたよりもはるかに長い期間自宅を離れて働かなければならなかった。

ここではオーストリアとハンガリーの復興について詳しく検討することはしないが、その骨子については後の復興計画の青写真になった故にどうしてもふれておかねばならない。ソルターによれば、オーストリア復興計画はジュネーブ湖でのモーターボート遊びの時に生まれた。そこにはソルターのほかに、ニーメイヤーの前任の金融委員会委員サー・ベージル・ブラッケットとジャン・モネがいた。ブラッケットが必要条件と考えることを述べ、モネがそれに同意した。三人がジュネーブに戻った時には、彼らは「この問題を解決する」決心を固めていた。このような出来事が実際に起こったことを裏づける他の資料も存在する。この出来事は、国際問題でしばしば大きな影響をもつ、偶然が果たす役割に関する好例であり、また、事態の大きな進展がしばしば最もそれがありそうもない状況で生じる場合にどうやって生じるかについての優れた事例を示している。その時までお互いをよく知らなかった三人が、湖で小さなボートに一緒に乗り、復興計画の大本を思いつくに至った。この思いつきが練り上げられ完成されて優れたプランができた。しかもそのプランは、その後五十年間に渡って幾度となく復興計画の標準的な雛形として用いられるようになったのだ。

オーストリア復興計画とハンガリー復興計画は、二、三カ月という考えられる限りで最速のスピードで作成された。それにもかかわらずこの二つの復興計画は包括的で、完成されていた。これらの計画は、実行のための手段とあわせて、あらゆる関係者に受け入れられすぐにその全体像が公表された。この「採るか、捨てるか」というやり方は、複雑な問題に取り組む時でさえ計画のいいとこ取りをすることはできない、ということを意味していた。

ブリュッセル会議の勧告は、インフレーションの撃退のためには財政均衡が必要だと言っていた。「しかし一九二〇年のヨーロッパ諸通貨は、減価していたとはいえ無価値になってはいなかった」。ところが、オーストリアでは二二年八月に、ハンガリーでは二四年五月に、それぞれの復興計画が始まった時には、両国の通貨クローネは戦前平価の一万五〇〇〇分の一の価値しかなく、財政赤字額を算定することさえ不可能となっていた。最も緊急の課題は、財政赤字を埋めるための紙幣の増発を止めることであった。二つの主要な手段がとられた。第一の手段は、政府から独立した発券銀行の設立であった。その新銀行だけが発券の権利を得た。また、銀行券は外国為替の保証がある場合にだけ発行することができる、ということを定めた設立定款が制定された。第二に、財政改革の計画が新発券銀行の設立と同時進行で進められた。財政均衡の水準を各国の徴税能力によって算定した上で、均衡を達成するためには歳入の増加と歳出の削減、特に後者が必要とされた。歳出削減は特にオーストリアでは困難であった。広大な版図をもっていた旧オーストリア＝ハンガリー帝国の遺産としての過大な公務員がいたためである。財政均衡達成のためには、十万人の解雇が必要とされた。解雇された人々からの訴えを退けなければならなかった時の悪夢は、ヤコブソンの生涯を通して消えることはなかった。

その上、オーストリアとハンガリーに対する貸付は、財政均衡を達成する前に生じるだろうと予想されていた財政赤字を埋めるために利用された。それらの貸付への担保として、対外債務の支払いに特定の収入が割り当てられた。ハンガリーでは、それらの特定項目の収入は対外債務支払い額を上回っており、差額はすぐに国庫に返還された。この仕組みは、望ましくない細々した管理を必要としなかったし、資金移動は単なる数字上のもので済んだ。この方法は非常に成功したので、ドイツに対するドーズ案の原則にも盛り込まれたし、およそ四十年後にはＩＭＦの基本原則にもなった。

これらの計画の実行を保証するために、外部の経済アドバイザーが（発券銀行の行員として）任命された。さらに、両国それぞれの首都に国際連盟のスタッフが委員会代表として少数の事務局員とともに駐在した。委員会代表は、事実上、借入金の使途配分を決定する権限をもっていた。委員会の代表団は金融安定化の達成が近づいたと考えられると、役目を終えて撤収することになっていた。オーストリアとハンガリーでは、委員会代表団は、一九二六年六月三十日に撤収することになっていた。委員会代表団の事務所が新しく開設された。委員会代表団の権限は、外交条項によって明確に定められてはいなかったが、受入国が資金を必要とした場合には、委員会代表に意思決定の優先権が与えられ、それができない時は外交団の最古参が優先された。ヤコブソンは、どのようにして後者の方法が用いられたのかを示すためのお気に入りの話をもっていた。夜通しのパーティの翌朝に、怒り狂った外交団の最古参（その時はオランダ人だった）が優先権を要求してきたのだ。長々とした説明の後で、そのオランダ人の男は次のような言葉で話を締めくくった。「私が白いパンタロンをはいている時は、私は女王と同じなのだ！」。

ハンガリーの場合には、復興計画の実施に関していくつかの複雑な事情があった。オーストリアとは違って、ハンガリーは賠償金支払いを免除されていなかった。しかし実際の復興期間には、ハンガリーの賠償は石炭の引渡しに限定されていた。この時は、まだ賠償の最終的な総額は確定されておらず、ただ当面の暫定的な額が決められていただけだった。ハンガリー賠償に関する枠組みのなかで最も興味深い点は、トランスファー条項である。トランスファー条項は、その後長期に渡って他の多くの国々にも適用されたからだ。「賠償支払いは、ハンガリーの金コロナで行われなければならなかった。金コロナは、対外価値が維持されている限りでのみ外貨両替が可能な通貨であった」。したがって、国内での支払いと海外への支払いには明確な違いがあった。国内支払いは、ハンガリー通貨で行われるが、海外支払いは、ハンガリーの場合は発券銀行総裁の名で実行されなければならなかったためである。

ドーズ案においても同様の基本的枠組みが採用された。ドイツ政府は合意された賠償額をライヒスマルクで支払うことで直接の賠償支払い義務を果たす。ライヒスバンクが、特別に任命された「トランスファー委員会」にしたがって、払い込まれたライヒスマルクを外貨に「トランスファーする」責任を負っていた。この枠組みはドーズ案のなかでも技術的に最も興味深い点であり、その起源は連盟によるハンガリー復興計画にあった。この枠組みの責任者で、かつドーズ案の他の重要な点についても責任者であったのが、ソルターだった。しかし彼の貢献はずっと秘密にされなければならなかった。というのは、その頃にはソルターは、国際金融に関わるあらゆる公職から退いていたからである。ただしソルターは、連盟の職を辞する前には賠償委員会の事務総長だった。

連盟の事務局長にとって嬉しいことに、J・M・ケインズが金融委員会の専門家によって作成された報告書を称賛し、『ネーション』に肯定的な小論を書いてくれた。

ヤコブソンは復興計画のための旅行が好きだった。パリ、ロンドン、スウェーデン、ソフィア、リスボン、ダンツィヒへの旅のすべてが、金融委員会の仕事に直接関わるものだった。行く先々で有力者たちに会ったヤコブソンは、協力者や同僚の長所短所を評価した時と同じようなフランクさで、それら有力者たちの評価もしている。これらの旅でヤコブソンが会った人々のなかに、後に国際的にも有名になり、ヤコブソンのキャリアのなかにもしばしば顔を出すことにもなる人物が二人いた。ピエール・ケネーとエイドリアン・ペルである。

ケネーはBISの初代総支配人である。一九三七年の水難事故での不慮の他界によりケネーの輝かしいキャリアも突如終わった。二四年に、ヤコブソンがケネーについて以下のように記している。

ケネーに会う度に、私はいっそう彼に魅了されていった。注目すべき人物だ。彼は、ウィーンの真の委員会代表であると同時に、明瞭、率直で男らしい人物である。最良の同志であり、気取りや自慢や自惚れが一切ない。いまの彼は、現在の危機のことで完全に忙殺されているのであるが、時間を見つけては月次報告書を作成し、日々の帳簿を管理し、私と夕食をともにしている。何という男だ。私は彼と会うのが非常に嬉しい!

しかし、後年のBISでは、ヤコブソンはケネーと一緒に仕事をするのは簡単なことではないと思うようになった。とはいえヤコブソンは、ケネーは「単調な日々のなかでも才能の輝きを示している」と思っていた。

ペルは、連盟の情報部でヤコブソンの同僚となった。ペルは連盟で仕事を続け、後には国際連合のヨーロッパ部の部長となった。ペルはその後、リビアの高等弁務官を経て、一九五九年にはニューギニアでダーグ・ハマーショルド国連事務総長の私的代理人となった。二四年のブタペストでは、ペルは金融委員会代表団の一員であり、以下のような印象をヤコブソンに与えていた。

ペルは有能な人物だ。賢明で、落ち着きがあり、抑制がきいていて、強さがあり、おそらくは頑固さもある。彼は父親から一切援助を受けることができなかったので、中等教育を終えるとすぐにジャーナリズムの世界に入り、そこで五年を過ごした。ロンドンで一年過ごした後、彼は戦時特派員としてパリに移った。そこで彼は、ジャーナリストの仕事を続ける傍ら、政治学自由学院に三年間通い政治学を学んだ。

ペルはウィーンに駐在していたが、一九二五年にそこを離れることに決めた。もう委員会代表団に影響を与えることはできないし、そうである以上ウィーンに居続けることは時間の浪費だ、と思ったからである。この決定が、彼をジュネーブへと向かわせ、彼のその後のキャリアとヤコブソンおよびその妻との生涯の友情をもたらしたのである。

一九二七年には、オーストリアもハンガリーも財政均衡を達成していただけでなく、ヨーロッパで最も安定した通貨をもつ国々になっていた。少し割高なレートでの金（為替）本位制への公式復帰が外資の流入をもたらしたことも助けとなった。連盟の専門家たちが正しく予想した通り、金融安定化政策が採られるとすぐに両国に外資が流入してきた。オーストリアの場合、連盟からの援助の約束だけを基盤に、ハンガリーよりも二カ月早く安定化政策が始められた。安定化政策の採用と安定化貸付の進展によって、想定以上の通貨発行増加が可能となった。

イングランド銀行総裁モンターギュ・ノーマンも金融委員会を支援した。金融委員会の成功は多くの点でノーマンに負っている。ノーマンは、金融委員会が支援した数多くの信用供与と債券発行を保証するために、ヨーロッパとアメリカの長短資本市場に対する彼の個人的影響力を行使した。ノーマンは、ソルター、ブラッケット、ニーメイヤー、ストラコシュ、アヴノル（後の連盟の事務総長）、また金融委員会の他のメンバー全員とも非常に親しい間柄だった。またノーマンとモネとの緊密な関係は、フランスの協力を確保するのに役立った。ノーマンが世界中の銀行家との間にもつ結びつきは極めて卓越したものであり、彼とベンジャミン・ストロングとの密接な情報交換によってアメリカの支援も確保されたのである。しかし、とりわけどんな資本であれ大英帝国のために利用したい人々からは、かなり多くの批判があった。また、イギリスの資本が欠乏するとの観点からノーマンの政策を批判する人々もいた。

ヤコブソンは金融委員会の行動指針となっていた保守的な政策を完全に受け入れていた訳ではなかった。ヤコブソンは、大学時代に影響された急進的な左翼的思想の流れで、常に社会の状態を改善する方法を追求していた。たとえばヤコブソンは、一九二四年にはオーストリアのキリスト教社会党政権に好感をもっていた。その理由について、彼は以下のように説明している。「この状況に対応するために、キリスト教社会党は政権につかなければならない。そうすれば彼らは、この状況下で必要なことを受け入れなければならなくなる。そして彼らがいままでしていたような、単に新しい支出を要求するだけということていた。しかし、会話が必要なのだ。それが政治というものだからだ。とはいえ、会話は勉強と結びついていなければならない。私は自分の仕事をうまくやっていこうとしているし、誰とでもうまくやることができる」。ヤコブソンは優れた話者として、すなわち、幅広い経験を背景とした、機知に富み、人を楽しませる博識な人物として知られるようになった。この一九二〇年代半ばの年月に、彼は可能な限り最も説得力のあるやり方で経済学について論ずるにはどうすればよいかを学んだ。そこでの成果は彼を成長させ、その後の彼のキャリアにとって大きな助けとなった。

3 「快適な十字軍」

一九二〇年代の国際連盟の雰囲気をまだ覚えている人は皆、連盟職員たちには独特な熱意があったと証言している。連盟職員たちは「平和」という大義のための十字軍だったのだ。ある期間、彼らはその大義を完全に信じることができた。しかし外部の皮肉屋たちの批判と連盟自身の政治的失敗が、優れた資質をもった人々の高邁で無私の努力をゆっくりと掘り崩していった。

ヤコブソンは、この挑戦的かつ創造的な仕事に心から打ち込んでいた。彼は自分の仕事と、その仕事が彼にもたらした世界はできなくなる。責任のある政府と単なる反対者は全く違うからだ」。ヤコブソンの考えは、おそらく複雑な動機の複合物であったが、一九二〇年代に半ばにおいては非常に進歩的なものであった。

ヤコブソンの考え方についてより特徴的な事例が見られるのは、一九二五年に彼がレイトン＝リスト報告書の作成に携わった時である。ヤコブソンは、各種社会保障負担と税負担の問題の調査を担当したいとシャルル・リストに訴えた。「たいしたことができるとは思えない、とリストは私に言った。政治的には彼が正しいのだろう。しかし、現存する悪を正すために財政には何ができるのか、という観点からだけ考えれば、この調査から現代の社会問題に対する価値のある洞察が得られるだろう」。ヤコブソンがその調査から得た結果は、オーストリアと同国の政治にとってはあまり助けにはならなかった。しかし彼は、その結果をジュネーブにもち帰り、財政問題に関する連盟の日常的業務に大いに生かしたのだった。

ヤコブソンは金融委員会の仕事で得た幅広い経験によって、計画を作成しそれを実行するためにはまず関連するすべての事柄について知り、さらに計画を実行する人々がその計画に確信をもっていなければならない、ということを学んだ。そのためにヤコブソンは、ほとんど毎日、異なる人々と昼食や夕食をともにしたのである。「私たちは、いつも同じことについて話し中での人々との出会いを愛していた。遅かれ早かれ彼と相性のよい人物が現れて、食事やワインをともにしながら、長くて幅広い議論が始まるのだった。ジュネーブ湖畔を歩きながら話し込むこともあった。湖岸は世界中から集まった人々で明るく華やいでいた。来客の流れは絶えることがなかった。そのなかには、時代を代表するあらゆる男女が含まれていた。各国の首相たちが連盟の専門家たちとつき合い、外務大臣たちと外交官たちが、地理的見識と外国語能力（その頃は英語が現在のような共通語ではなかったからだ）を進歩させようと競い合っていた。

総会、理事会、そしてほとんどの専門的会議でも、すべてのスピーチと質疑応答が話し手が話し終わるごとに逐一通訳された。記録の作成はこのために大幅に遅れた。しかし逆の場合もあった。有名な一例をあげよう。雄弁家で知られたある議長が、昼食休憩が遅れていることを伝えようとした。議長は、感情表現豊かなフランス語で二十分も延々と話した。通訳者は簡潔に訳した。「もう昼食の時間だ、と議長は言っています！」。

連盟では、たくさんの会議やあらゆる分野の専門委員会がひっきりなしに続いた。それらの会議や委員会の存在のほとんどは、一般には知られないままだった。しかし理事会の政治的会議は、定例会議であれ緊急会議であれ、世界中のジャーナリストの注目を集めた。総会もまた同様だった。総会はジュネーブが最も美しい九月に開かれて、世界中の新聞の見出しを飾った。総会はヤコブソンにマスコミについて知るための豊富な機会をもたらし、彼は鋭い批評眼と機知を備えた記者たちとの交渉力をどんどん高めていった。彼自身が新聞に寄稿していたので、マスコミが何を必要とし何を求めているのか、ヤコブソンにはわかっていた。

一連の会議のために必要な労力は非常に大きかったが、連盟事務局の下級職員でさえ自分たちは比較的快適な状況におかれていると感じていた。彼らは、期日どおりに資料を作成するために数週間も昼夜に渡って仕事をしなければならなかった。しかし、当時の基準で見て十分によい給料を支払われていた。とはいえ見せびらかしのような贅沢ができるほどの額ではない。ヤコブソンの交際日記によると、彼らの最もよくある楽しみは互いの家を行き来してのお茶会であった。平日の間は、ご婦人たちと子供たちが行き来をし、週末になると夫たちが加わった。男性の同僚が何かの理由で一人で自宅にいることがわかると、彼はどこかの家族の夕食に呼ばれた。土曜や日曜には時おり多数の友人たちが、子供も連れて手の込んだ食事のために集まることがあったが、個人的にフォーマルな午餐会や晩餐会が催されることは比較的まれだった。歓迎パーティは連盟事務局職員の社交生活にしばしば華を添えていた。それらのパーティには、連盟やジュネーブに本拠をおく他の機関の公式のものもあれば、各種のクラブや協会の会合に結びついているものもあった。

ヤコブソンは、クラブの単独の設立者ではなかったが、少なくとも経済クラブとスカンジナヴィア・クラブという二つのクラブの設立メンバーになっている。この二つのクラブは、いずれもジュネーブに住む有資格者を集めたものであった。両クラブの会員として、ヤコブソンは忙しい旅の合間をぬってできる限り多くの例会に出席し、数多くのスピーチを行った。どのような会合でもヤコブソンは熱心に参加したので、彼はパーティには欠かせない人物となっていた。会合の公式の終了時間後もしばしば会場から去ろうとせず、同席者たちを説いて、残って会話を続けていた。

また、連盟関係者は全員がスキーをした。ヤコブソンがスキーを始めた時には、初心者コースで「身の丈六フィートのかわいそうなやつ」として知られるようになった。当時はまだスキー・リフトがなく、全員が主に開脚登高で苦労して頂上まで登った。その労力を費やした後だけに、地上へと滑り降りることはなおさら楽しいことだった。スキーはヤコブソンが熱中できる新たな趣味となった。森のなかでスキーをする一日は、街にいる時の何日分にも相当する、と彼は言っている。クリスチャニア二回転に成功した時には、かつて試験でうまくいった時よりもはるかに大きな喜びを感じ、彼にも健全な肉体に健全な精神を宿すという望みがついに訪れた、とまで言ったものだ。

しかし、それらの娯楽は長続きしなかった。ヤコブソンばかりでなく、ほとんどの連盟事務局スタッフは平均して年に四カ月はジュネーブを離れていた。一度の出張は、二週間から二カ月までさまざまだった。列車の旅はひどく時間がかかったため、週末に手早く自宅に帰るわけにはいかなかった。国際電話もつながるまでに二四時間かかったし、値段も個人的には使用できないほど高かった。電報でさえできるだけ三語以内にするように、という状態だった。職員たち小人数のグループの出張の際も、上級職員となるべく同じホテルに宿泊しようとすると部屋を見つけるのがいつも大変だったし、いまだったら普通に備えつけとしてホテルにあるような設備がほとんどなかった。そのうえヤコブソンは、いつもすべての出費をあらかじめ控えめな額に厳格に定められた予算内でやりくりしようとしていた。ただ、彼はいつもそれには失敗していたのだが。という訳で、自分の財政の管理については天才ではなかったが、何年か後になって初めて、ヤコブソンは、その時にした出費は必要なものだったのだということを悟った。連盟はそれをわかっていたのだ、ということも。

ヤコブソンと同僚たちにとって、その時代の真に影響力のある人物に会うのは魅力的な瞬間だった。そういう時には、しばしば公式の会議をはなれたところで重要人物たちと話し、連盟の政策の味方になってくれるように説得を試みる機会があった。ヤコブソンは基礎的な報告書を作成する仕事を確実になしとげるために全力を傾けた。報告書作成から得られた経験は、それ自体が価値のあるものであった。それに加えてヤコブソンは、この仕事が自分に与えた影響を強く意識するようになっていった。連盟での初期のキャリアのなかで、彼は、どのようにさまざまな出来事に影響を与えればよいか、どのように理解力のある人々に対して適切な言葉を向ければよいか、どのように手ごわい反対者を説得すればよいか、自分の信じる政策を実現するためにどのようにメディアを利用すればよいか、ということを学んだ。ヤコブソンのこうした外交的能力の進歩は、彼の連盟時代の最大の変化だ、とスウェーデン時代からの友人の一人は強い印象を受けている。

国際連盟十字軍の精神的な快適さは、一九二七年の世界経済会議のがっかりするような結果によってひどく揺さぶられた。合意が達成されたのは最低限の共通の部分だけであった。ヨーロッパの貿易が縮小し、失業者数が増加していたにもかかわらず、何ら明確な行動は取られなかった。

二年前に提案されていた会議の主題は、商業、貿易、産業であった。他のすべての会議と同じように、世界経済会議も高い望みと派手なファンファーレとともに始まった。次のような機知に富む歌も作られた。

世界経済会議の歌

ハーク！輸出する国々は歌う
世界自由貿易を讃えよ！
門戸開放と低関税
マルクスとマモンが和解する！
あんたの関税をぶっ倒せ
さもなきゃあんたの貿易は（そして俺らの貿易も）
地獄行きから逃げられない
ハーク！輸出する国々は歌う
世界自由貿易を讃えよ

しかし連盟加盟国と非加盟国（ソビエト連邦を含む）から来た代表者と専門家三五〇名は、短い歌で納得させられることはなかった。討論は延々と続いたが結論のほとんどはあいまいなものだった。三週間の努力の後に参加者全員の幻滅だけが残った。

このがっかりさせる結果の原因は、準備不足ではなかった。膨大な量の準備作業が委員会によって行われていたのだ。この会議でのヤコブソンの担当は農業と貿易であった。金融や人口が会議の議題になかったためである。貿易に関してヤコブソンは、早い時期からソルターに対して、世界経済会議は将来の関税削減に向けて関税の簡素化と合理化について考えるべきだ、という提案を行っていた。以下のような連盟の内部記録がある――

通常、国際貿易の対象になっているすべての商品のリストをできる限り統合するべきだ、と私は提案する。それらの商品は、項目、小項目、小・小項目に分類され、それぞれの商品がさらに下位の項目に、そしてさらにその下位の項目へと分類される。そうすれば関税交渉では、各国は常にそのリストを参照することができる。初めの作業が終わったら、貿易統計のために共通の分類を作るという問題をもち出すことができるし、それが望ましい。それと並行して産業統計のための共通の分類を作る必要もある。

この提案は「関税引上げを終わらせ、引下げの方向へと向かう」という会議の一つの主要な結論をもたらした。経済政策は大戦が残した貿易と生産に対する障壁を取り除くことを試みなければならなかった。世界経済会議の最終報告書は「大戦が引き起こした『混乱』は、大戦が引き起こした実際の破壊よりもはるかに深刻である」と、何度となく繰り返した（これは連盟がいかに狼狽していたかを如実に示している）。

ヤコブソンが論文のなかで指摘しているように、いくつかの重要な問題は全く議論されなかった。おそらくは、それらの問題があまりに政治に近過ぎたためである。そのなかには保護貿易と自由貿易の基本原理や、ヨーロッパ諸国が過剰労働力を理由にして保護関税を利用すべきかどうかという問題があった。ヨーロッパの過剰労働力は、海外への移民の急激な減少によって生じていた。その上、国有企業と民間企業のどちらが望ましいかという大問題もテーマとして取り上げられていなかった。ただし世界経済会議は最も効率的な企業を支持するという見解を強く打ち出していた。

世界経済会議のマクロ経済に関する主要な考えは、投資に利用可能となる貯蓄の増加が必要である、というものだった。関税障壁に守られた非効率な投資が会議前の数年に生じた異常な高金利の持続を助けている、とみなされた。需要不足に関する議論から、こうした結論がもたらされた。より多くの投資、より効率的な生産、関税の撤廃、その結果としての、工業製品価格の下落と農産物価格の上昇をともなった相対価格変化が経済活動を回復させる、というものであった。グスタフ・カッセルは、制約つきの購買力というアイデアについての議論を行おうとした。しかし実際には、カッセルはその議論をする場所を見つけることができなかった。カッセルの提案は、ヤコブソンの論文のなかでも取り上げられていない。カッセルのキー・フレーズは「世界全体の生産量の減少からは、我々は何も得ることができない」というものであった。しかし議論の末、カッセルは、自由経済の力がすべてを正しい状態にする、という連盟の結論に同意した。

世界経済会議の受身の結論は、ヤコブソンにとって不満だった。彼は、ぼんやりとではあったがこの問題を心配し続けていた。五年が経って高金利が再び脅威となった時、ヤコブソンは市場メカニズムを慎重に活用して長期金利を低下させるよう、イングランド銀行総裁のモンターギュ・ノーマンに説いた。特異な状況では、自由市場の力は自らに対する必要な調整を行うことができない、とヤコブソンは考えており、こうした状況下での干渉に対する不安はもっていなかった。

この時、国際連盟でのヤコブソンの日々はすでに九年を数えていた。彼はこの九年間にできるすべてのことをした。この世界の中心を訪れたすべての人に会った。さまざまな仕事をし、多くの場所を訪れた。おそらく自分で思っていた以上に、自身の専門分野において人々から認められる権威となっていた。一九二八年五月に、ヤコブソンに対して、ヘックシャーを介してストックホルムでの新たな仕事の申し出があった。その仕事とは、スウェーデン政府によって新設される経済防衛委員会の事務局長だった。はじめヤコブソンはその依頼を断ろうと考えていた。個人としてのいつものような慎重さもあったし「ジュネーブで『すべての国々に対する公職者』である方が良い」と思ってもいた。しかし、二日後に彼は考えを変えた。「いまや連盟は自分の足で立っている。連盟は、自力でうまくやっていけるだろう」。ヤコブソンは自分の思う通りに行動できることの利点を評価し始めていた。自分の母国語で書けるし、子供にも自分が望む教育を与えることができるし、自分の国で役に立つ仕事ができるのだ。彼の妻は、国際公務員としての生活にともなう問題を引き起こしたさまざまな要因をすべて彼に伝えていた。二〇年代の国際公務員としての生活は、現在よりはるかに大変だった。妻は、ヤコブソンにスウェーデンでの仕事の依頼を引き受けさせるために、可能な限りのすべてのことをした。

その後一九二八年七月になると、ベンジャミン・ストロングは連盟の状況が沈滞しているという印象をもった。ヤコブソンはすでに退職のための話し合いを始めていた。不安を感じていたのはヤコブソン一人ではなかった。ソルターは当初ヤコブソンに辞職を思い留まらせようとした。しかし後には、ソルターもヤコブソンと同じ考えに至った。ヤコブソンは、自分の送別会の時に、自分が連盟に戻ってきたくなったらソルターはいつでも歓迎してくれただろうと感じていた。しかし、三一年にはソルターもまた連盟を離れた。金融委員会のメンバーも大きく変わった。去った人々のなかには、マルクス・ヴァレンベリィ・シニアもいた。不安感が広がっていた。

果たしてヤコブソンは、「快適な十字軍」の一員だったのだろうか。
ヤコブソンの金銭面での快適さは、比較的ましという程度であった。多くの論評や論文からの収入、さらに推理小説からの収入もあったにもかかわらず、ヤコブソンが勉学中またその後に負った負債から完全に解放されたのは連盟を去った後の一九二八年末である。体面を保つための出費や、ほとんど抑えのきかない娯楽のための出費の後には、彼の寛大さには不釣り合いなわずかな金額だけが残り、彼を絶えず悩ませた。それに加えてヤコブソンは、旅によって知的な、また哲学的な刺激を受けてそれらを楽しんできたのだが、その旅に妻を連れて行く余裕はなかった。そのため彼は寂しさを味わい、旅のなかで妻の精神的な助力を得ることもできなかった。

確かにヤコブソンは十字軍の一員だった。しかし何のための十字軍だったのだろう。ロンドンとジュネーブの最初の数年間は、ヤコブソンは連盟の理念は価値ある目的だと確信していた。財政分野は魅力的だったし、一九二〇年代半ばの金融委員会は建設的で価値のあるものに思えた。しかし、二六年からヤコブソンの熱意は下火になり始めた。結論の出なかった二七年の世界経済会議、金融委員会の活動が不活発になっていったこと、財政分野で連盟が発揮した政治的影響力に対する懐疑の広がり、それらのすべてが彼の熱意に水を差していった。さらにヤコブソンは、彼の仕事は常に（彼自身の論文を除いて）上司のサインつきであり、自分は適切な評価を受けていないと思い、いらだちを感じ始めていた。二作目の推理小説を仕上げるために、しばらくの間彼は忙しかったが、数年たつと、「故郷のスウェーデンに帰りたくなった」と言うようになった。一時的にではあるが、ヤコブソンは、十字軍の目的を見失なったのではないだろうか。

その結果、ヤコブソンはスウェーデンに帰った。彼は、エネルギーのすべてを自分の国にささげようと考えた。しかし実際には、彼は国際公務員としてのキャリアを続ける運命にあった。帰国後二年半の間、連盟の貸付とＢＩＳの貸付に関する仕事のために、ヤコブソンは数多くの国を繰り返し訪ねた。彼の最も重要な仕事は軍縮となった。また一九三〇年代には、大恐慌とそれへ対応するための政策が彼の考えの中心を占めた。

4 推理小説

ヤコブソンが二冊の推理小説を書いたということは、彼の性格を知る上でおそらく最良の手がかりとなるだろう。とはいえ彼の親しい友人のほとんどが、なぜヤコブソンが小説を書くようになったのかを理解しかねていた。それらの小説はヴァーノン・バートレットとの協力によって書かれた。バートレットは小説家であり、ジャーナリストであり、アナウンサーでもあった。ヴァーノンはこの章に関する情報を親切に教えてくれた。二冊の推理小説は、いずれもピーター・オールドフィールドという名前によって発表されている。オールドフィールドは、バートレットの姓の一つだった。例外だったのは、それらの小説のスウェーデン版である。ヤコブソンは母国では非常に有名だったので、著者名には二人の実名を使う方がよいと考えられたのだ。

筋書きの構成と登場人物の性格を練るのがヤコブソンの役目であり、実際に執筆をするのが自分だったと、バートレットは言っている。一九二六年から二十八年の間、自由時間の大部分をヤコブソンは小説の構想と草稿の作成に費やした。そのことはこの時期の日記に大きな空白が見られることからもわかる。記録されている出来事は誕生日だけだった。ヤコブソンは『外交官の死』と『錬金術殺人事件』という二冊の小説の筋書きを作った。それだけではなく、これらの小説の独特の設定と雰囲気を作り出したのもヤコブソンであったろうと思われる。

二冊の本には、「経済学」という実際の仕事のなかで、ヤコブソンを惹きつけたさまざまな要素が盛り込まれている。それらは、実行力が必要なこと、状況のすばやい変化のなかで答えを出すことのスリルと楽しみ、聡明で目的をもった関与が話の全体を変化させてしまうこと、責任者たちを納得させるための議論を急いで考え出さなければならいこと、「破ることのできない」暗号の精緻さ、大変革期に見られる劇的な出来事、などである。二冊の小説に見られるこれらの要素は、両方に登場する身長六フィート六インチのアマチュア探偵、スヴェン・メランダーの特徴というだけではなく、現実にも基礎をおいたものだった。スヴェン・メランダーの姓は、フィンランド人の血を引くヤコブソンの祖父からとられた。メランダーはほとんど不可能と思えることをやってのけ、しばしば「機械仕掛けの神」として活躍した。文字どおり大事な場面で、小型機からパラシュートで飛び降りてくるのだ。メランダーは危険を恐れず、警察の助けを借りない決意をもっていた（しかし、警察を助けることを目的としていた）。メランダーは、実際に国際連盟のすべての職員がそうであるべきなのと同じように、法と秩序を守る側に立っていた。しかし彼はまた、常識を重んじ、ある種の近道を通った解決を望み、そして時々それを実行した。言うまでもなく、彼は最もありえないような方法で友人たちを助けることに成功した。けれども彼はいつも成果を他の人々に分け与えた。ヒロインを友人に、条約を外務大臣に、といったように。国際連盟の方針にそって平和のためにお金を使おうとしている億万長者を助けたとしても、彼は一ペンスも得ることはなかった。

どのようにして小説が書かれるようになったかということについては、家族に伝わる次のような話が唯一の確実な記録である。というのはバートレット自身が、彼らは小説について「どういうわけか」話し始めた、としか記していないからである。一九二六年、バートレットは連盟のロンドン・オフィスの責任者だった。その時、ヤコブソンとバートレットは家族ぐるみで夏の休暇を一緒にすごしていた。ブルターニュ地方のサンテックと呼ばれる小さな海岸での休暇はとても楽しいものだった。ある日、バートレットとヤコブソンは、文章を書くことによってどれだけお金が稼げるかということについて話した。バートレットは、本当にお金を稼ぐことができるジャンルは軽い内容の小説か推理小説だと言った。それらは、人々が日々の心配ごとを忘れるための気晴らしとして読むためのものである。ヤコブソンはバートレットに、なぜそのような類いの本を書かないのかとたずね、バートレットは、それは簡単ではないからだと答えた。ヤコブソンは、自分ならそのような本が書けると言った。それに対してバートレットは笑いながら、君には無理だと応じた。その夜のディナーの後、ヤコブソンは浜辺を一人で歩いた。散歩から戻ると、ヤコブソンは部屋で座って話していた人々に、小説の筋書きを思いついたと言った。バートレットは、それでもヤコブソンがその筋書きを小説に仕上げることができるかどうか疑っていたが、翌朝にその筋書きについて話し合うことを彼らは約束した。

その結果というと、毎朝、ヤコブソンがアイデアを書き上げ、午後になると（ヤコブソンのからかい口調によると）バートレットがそのアイデアを「ジャーナリスティックに」直した。その頃のことについて、バートレットは次のように書いている。

彼の新しいアイデアに対する私の異議に刺激されたペル〔訳注―ヤコブソンの愛称〕が外に飛び出して、水着に麦藁帽子でステッキをもって浜辺を歩いていた時の様子をいまでも覚えている。その時、私はホテルのテラスで書きものをしていた。いつも、私は彼の三つの才能に感銘を受けていた。彼の幅広い読書と知識、私のようなあまり多くの教育を受けてはいない者に対してものごとを説明する時の辛抱強さ、それからおもしろいことに対する彼のセンスとおもしろいことを見分ける批評眼である。サンテックでは、食事の時にとなり同士のテーブルに座っていると、ペルがアイデアを思いつく時があった。そうするとペルは突然向きを変え、私と妻に、かん高く興奮した声でそのアイデアを話し始めるのだ。私の妻は彼の真後ろに座っていた。彼は興奮すると非常に早口になり、そのような時には、私の妻はこの愛すべき男に対する好意をほとんどなくしてしまう程だった。

以前ジュネーブで、彼の興奮し過ぎによって困ったことになりかかったことがあった。私たちは、デ・ベルグ・ホテルのとなりのカフェの外の席に座り、『外交官の死』のなかで悪人たちのひとりをどのように殺すか相談していた。私が何かを提案したら、ペルは熱心に大声で答え、前の男は毒殺だったので、最後の男は違う方法で殺さないとだめだ、と言った。私たちのとなりの席の男は英語がわかったのだろう。彼はカフェのマネジャーのところへ行き、明らかに私たちについて何かを話していた。私たちはマネジャーのところへ行って、自分たちはスパイ小説を書いているのであって犯罪を行おうしているのではないことを説明した方がよいと思ったものだ。

これはおそらく九月の出来事だったかと思われる。その時、バートレットは連盟の総会のためにジュネーブにいた。バートレットはクリスマスの時期に再びジュネーブを訪れ、二人はヤコブソンの自宅の書斎で小説の作成を続けた。

一九二六年九月になると、『外交官の死』の執筆は半分を越えていた。その頃のバートレットの日記には、パーティとダンスは「楽しかったが、ヤコブソンとの原因のよくわからない困った騒ぎによって終わってしまった。私は、翌朝に謝罪の意味を込めた笑顔とともにヤコブソンがやってきた時のことをはっきりと思い返すことができる。その時、私はいままでよりも一層彼の魅力に取りつかれた」。二七年三月に、ヤコブソンとバートレットは、ジュネーブに近いアンヌマスで夕食をとっていた。彼らは「祝福された本」を完成させたのだ。『外交官の死』は、一方がジュネーブに、他方がロンドンにいることによる困難もありながら、二人の著者たちの仕事の合間に書き上げられた。

『外交官の死』は大成功をおさめた。完成の三週間後にはイギリスで出版契約が結ばれ、すぐにアメリカ版も作られることになった。結局、『外交官の死』は八カ国語で出版された。八番目はロシア語の海賊版だった。『外交官の死』は、出版前にイギリスの『ウェストミンスター・ガゼット』に連載され、それによってヤコブソンとバートレットは一〇五ポンドを得た。この金額は「私たちにはひどく高額に思えた」。しかし、映画の制作権をドイツの会社に売ることで得た金額が『外交官の死』に関する収入のなかで最高額であった。『錬金術殺人事件』では、著者たちが離れ離れにいることのもたらす困難が最初の本の時よりも大きくなった。『錬金術殺人事件』の筋書きは、『外交官の死』の時のような自然発生的なものではなく、より練られたものだった。『錬金術殺人事件』は八版を重ねただけで終った。彼らのひまつぶしの趣味は、金銭的な大成功を二人にもたらした。バートレットの説明によれば、「私たちは「スリラー小説」人気のまっただなかで本を出したにちがいない」ためであった。

この二冊の本のおもしろさ、特に『外交官の死』のおもしろさは、話の背景になっている出来事のなかにある。一九二六年はドイツが国際連盟に加盟した年であることを思い出さなければならない。また、ドイツ外相グスタフ・シュトレーゼマンとフランス外相アリスティド・ブリアンの間の友情によって、多くの希望が生まれたことも想起されるべきである。一九二六年の夏に作られた筋書きは次のようなものだった。ドイツとフランスの外務大臣がジュネーブで会談を行い、極秘の条約に調印する。その条約は平和の実現を目指したものであるが、世論のはるか先を行くものであり、そのため秘密裡に決められたものであった。ドイツとフランスのそれぞれに平和に反対するグループがあり、彼らはその条約に警戒心を抱いていた。ある泥棒が、有名なダイヤをねらってドイツ代表の宿泊先の金庫破りを働いた時に、反平和のグループは本性を現し、条約を警護していた者は殺されてしまう。イギリス人のヒーロー（国際連盟の職員）とアメリカ人ジャーナリストのヒロインは、何度も間一髪の危機に遭うが無事に切り抜ける。そして条約は取り戻される。取り戻したのはヒロインである（彼女は明らかにヤコブソンの理想の女性像を示している。彼女は女性らしい一方で極めて有能である）。ヒロインは争いの最中に条約をすばやく取り返し、安全のためにそれをヒーローに郵送した。その後、週末にサスペンスとアクションがある。それが過ぎて、意気消沈している一方でヒロインに恋してしまったヒーローは、ポケットに突っ込んだままの手紙を見るようにいわれる。条約は安全に取り戻されたのだ。しかし泥棒事件があった後、非常に多くのうわさが飛び交っていた。そのためドイツとフランスの外相は、人類の幸福のために条約を公表することを決意する。

筋書きそのものよりもさらに大きく二冊の本の成功に貢献したのは、両書の雰囲気だっただろう。一九二〇年代のジュネーブは、かつてのどの都市とも違った形での「世界の首都」であった。ジュネーブは大規模にマスコミで取り上げられるようになった最初の都市であった。ジュネーブのホテル、レストラン、カフェ、そして通りの名前は、数多くの観光客によく知られるようになっただけではなく、新聞のコラムのゴシップ記事によって世界中の人々にもよく知られるようになった。短いが生き生きと描かれた舞台で起こるスピード感のあるアクションは、人々を魅了する。スパイや脅迫者や殺し屋が、平和を破壊しようとする。しかし彼らの試みは、警察と、尊敬すべき、しかし控えめなアマチュア探偵たちとの協力によって阻止される。現代の読者は登場人物たちの厳格な慎み深さに驚かされるだろう。ヒーローがヒロインにキスするのはたった一度なのだ！ヤコブソンとバートレットは「私たちのヒーローは紳士なのだということを忘れるな！」という原則を固く守り続けた。

第二の小説である『錬金術殺人事件』は、化学会社によって生産され、兵器として使用される毒ガスの管理問題を題材としている。したがってこの題材も、国際連盟の軍縮作業に直接関わっていた。ヤコブソンは、財政の側面から連盟の軍縮作業に深く関わっていた。彼はまた、個人的にも軍縮問題に取り組んでいた。たまたま推理小説作家として成功した時に、この軍縮問題を推理小説のなかで取り上げないということがあるだろうか。

ヤコブソンにとってこの二冊の本の執筆は、おそらく経済に関するどの著述よりも楽しいことだったろう。二年間、ヤコブソンはこの二冊の本の執筆に、仕事以外の能力のすべてを注いだ。後年、ヤコブソンは、これらの推理小説によってペンクラブの会員になったことをいつも喜んで語っており、いつもこれらの小説のことを心から誇りに思っていた。誰かがこれらの小説の存在にふれるだけで、ヤコブソンは最高にいたずらっぽい笑顔を見せた。

ヤコブソンの日記のなかでバートレットへの言及は短いが、心のこもったものだった。一九二八年の三十四歳の誕生日に、ヤコブソンは一人でリスボンにいた。その時の日記には、神への感謝の言葉とともに、彼が多くの良い友人に恵まれたことが書かれている。そして「バートレットこそは、私がともに仕事をすることのできる友人だ」と書かれている。ヤコブソンの日記をすべて見ても、誰かに対するこのような称賛は他には見られない。三十四歳の誕生日の日記にはようやくヤコブソンの経済状態が良くなったことが書かれていた。これは二人が共同でなしとげた仕事の、間接的であるが極めて具体的な成果であった。

ヤコブソンとバートレットは、間があきがちではあったが連絡をとり続けた。時々は会うこともあった。しかし彼らの興味も運命も、地理的な距離以上に離ればなれになっていった。彼らが最後に会ったのは、五四年のロンドンであった。二人のよき友人が、その時まで互いに共感、尊敬、敬意、そして愛情をもっていたことは明らかである。それでも時の力は着実に働いていた。この二人が、かつて一緒に、盗みやましてや殺人を題材とした小説を作成したと信じることは、もうほとんど不可能なほどになっていた。

5　ストックホルム発の軍縮

寒々としたわびしい新年の日に、ヤコブソンは、妻と三人の娘たちとともにストックホルムに到着した。ヤコブソンの新しい仕事は、新たに設立された経済防衛委員会の事務局長であった。この新しい組織も、寒々としてわびしい状態だった。この委員会の目的は、戦争が起こった時にスウェーデンが自国の防衛のためにとるべき手段を検討することであった。検討することは、スウェーデンの中立を維持するための計画と、その上必要が生じた場合にスウェーデンが戦争にどのように関与できるか、ということだった。国際連盟で軍事支出の抑制のために働き、軍縮の熱心な支持者だった者にとって、これほどふさわしくない仕事はなかっただろう。

一九三〇年七月にヤコブソンは経済防衛委員会の仕事を辞めたが、それまでの十八カ月間、彼は仕事に対していつもどおり最大の努力を払った。管理運営の仕事には全く関心がなく、それを他人に任せてしまうことを好んだ（このことに危険があるとは思ってはいなかった）。ヤコブソンは、直接の上司であるヨアシム・オーケルマン将軍とうまくやっていったし、出会った軍人たちとも個人的にはうまくやっていった。しかし彼はオーケルマンや他の軍人たちが熱心に主張した、防衛情報委員会の設立には疑問をもっていた。ヤコブソンは、防衛情報委員会の設立は左派との対立をもたらすと考えたのである。ヤコブソンはまた、防衛に関するより専門的なことについて軍が彼の助言を取りいれようとしないことを知った。しかしヤコブソンは、議会や政府で働く人々ととても親しくなる機会を得ることができた。

スウェーデンの慣習によって、役職への就任から数日のうちにヤコブソンはグスタフ五世国王（この時七十歳を越えていた）に謁見し、任命への感謝の意を表した。ヤコブソンは、一九二九年にはスウェーデン国王を訪ねることが自分の日常生活の一部になるとは思ってもいなかった。四〇年代後半になると、グスタフ六世・アドルフ国王は、多くの国々の重要人物と同じように国王への謁見が設定されるよう、スウェーデンを訪れる際はかならず王室侍従に知らせることをヤコブソンに命じた。

しかしヤコブソンは、すぐにこの仕事がおもしろくないと思うようになり、わずかな成功と自分でみなしていたことにも嫌気がさしてきた。彼は能力を生かすことのできる他の場所を探し始めた。すぐ近くにストックホルムでの魅力的な機会があったが、軍縮のために何かをするということからはさらに離れる仕事であった。

ストックホルムに到着する前から、ヤコブソンの仕事以外の予定表は何週間も先まで埋まっていた。ストックホルムに着いた数日後に、ヤコブソンは自由協会で「ジュネーブでの八年間」というスピーチを行った。それ以降ヤコブソンは、ディナー・パーティがあるごとにスピーチを行った。スピーチはストックホルム以外でも行われた。予定表には、ウプサラ、マルモ、ルント、さらにダンツィヒといった地名があった。ヤコブソンに繰り返しスピーチを依頼した団体だけでも、ストックホルム・ビジネス・クラブ、議会連合グループ、記者クラブ、国際連盟協会などがあげられる。大学からの依頼もあった。一九二九年二月には、ヤコブソンはカーリン・コックの博士論文『利子率の研究』の公開審査の二番目の討論者となった。ヤコブソンは友好的な討論者であったが、討論は五時間も続く疲れるものだった。コックは後に教授となり、さらに経済大臣、統計局長を歴任した。一九二九年から三〇年にかけての冬には、ヤコブソンは商科大学での講義を行った。しかし、ヤコブソンが最も時間を費やしたのは、当然のことながら国際連盟協会に対してであった。三〇年の春には、ヤコブソンは国際連盟協会の会長への就任を求められ、一年以上後にスウェーデンを離れるまでこの地位にあった。

ヤコブソンがジュネーブですごした年月と、ジュネーブの人々や出来事とのつながりを考えれば、国際連盟協会の会長就任を求められたのは自然なことであった。ストックホルムを訪れた国際連盟関係者は誰でも、ヤコブソンのもとに立ちより、彼と彼の妻との会話を楽しんだ。ヤコブソンは、ジュネーブの国際連盟でのさまざまな仕事にふさわしいスウェーデン人の推薦を依頼された。生涯を通して、ヤコブソンは国際連盟の非公式の採用担当者だった。ヤコブソンに推薦された人々のなかに、グンナル・ミュルダールもいる。ミュルダールは国際問題研究大学院の教授として迎えられた（はじめこの職はヤコブソンに対して用意されていた）。ベルティル・オーリンもまた、景気循環の研究のために連盟に採用された。ヤコブソンは、いつも自分の待遇のことなど気にかけていなかったのだが、オーリンが十分な待遇を得られるように骨を折ることもした。ヤコブソンはジュネーブとの個人的なつながりも維持していた。ジュネーブでの会議の時に、彼自身がスウェーデン代表団に加わることがあったからである。ヤコブソンは国際連盟の公式・非公式の政策については、時代状況を考えると非現実的だという理由でよく反対していたものの、加盟国代表の方が連盟のフルタイムの職員よりもはるかにリラックスできると確信していた。

この時代のストックホルムは、首都としては小さな街であり、ヤコブソンが道行く人々に広く知られるようになるまでには時間がかからなかった。ヤコブソンは、会議やディナー・パーティなどで、できる限り多くの人と知り合うため、あらゆる機会を利用した。ヤコブソンは自身のキャリアのなかで初めて、同じ街で、決まった時間に昼食をとるようにし、昼食時の同伴者は一人だけとする新しいパターンを確立して生涯このやり方を通した。このやり方にすれば一人の相手だけに集中でき、その人のことをより深く知ることができるからだ。ヤコブソンは自分が権力の座に近づくことができると、すぐに気がついた。そのため政治の世界に入り込む機会という、彼の人生のなかでおそらく最悪の誘惑に引き寄せられることになった。

それは全く無邪気に始まった。食料品にかかる輸入関税はできるならば撤廃されるべきであり、最低でも削減されるべきであるというのがヤコブソンの主張であった。関税の引下げを提起した一九二七年の世界経済会議はまだ強い印象を残しており、ヤコブソンはこの会議の提案を実現しようという強い熱意をもっていたのである。この政策の実現ははじめはゆっくりとしか進まなかったのだが、突然に山場がやってきた。一九三〇年五月、政府が危機に陥った。同年六月に首相になる関税廃止論者の議員、カール・グスタフ・エクマン（彼は一九二六年から二八年の二年間も首相であった）は、ヤコブソンの提案にずっと大きな関心を寄せていた。三〇年六月十八日に、ヤコブソンは次のように書き残している。

午後三時三十分に、カール・グスタフ・エクマンが電話をしてきて、関税法案について私と話がしたいと言ってきた。私は、彼がすでに作り上げていた法案が自由党にも受け入れられやすくなるように、かなり手直しをしてやった。彼は上機嫌で私が言いたかったことをすぐに理解した。エクマンは次の政府について語り、私は彼が政府を引き継ぐべきだと思う、と言った。私は、自由党員も内閣に加えることが望ましいと思った。彼は、私が推薦した（ビヨルン）プリッツ（当時はスウェーデンのボールベアリング会社の社長で、後に一九三八年から四七年まで駐ロンドン大使）を外務大臣として内閣に入れることを強く望んでいた。

六月一日の自由党運営委員会の場で、ヤコブソンの提案により、自由党は党としてはエクマンの政府に参加しないが個々の党員が政府に参加することは自由である、ということが決定された。翌日、ヤコブソン自身が新内閣の貿易大臣への就任を要請された。

それ以来、政治的危機・金融危機の時によくあることであるが、彼の自宅の電話は昼夜を問わず鳴り止まなくなった。会合も一日のうちに何度となく行われた。最終的に、農民党が中央政府に加わらないことが明らかとなった。その結果、ビヨルン・プリッツとその仲間たち（彼らも新内閣でのポストを提示されていた）は、エクマンに対して、新内閣に参加するつもりの自由党員があまりに少ないため中央政府の基盤固めには貢献できないことと、それゆえ彼らもエクマンからの依頼を断ることを文書によって告げた。ヤコブソンは、次のように書き記している。「私はこの決定には何の関わりもない。しかし残念だという言うほかない。個人的な見地からでさえ、それが最善に思えた。いまの私には他の選択肢が思いつかないからだ」。実際ヤコブソンは、政治の世界に入ることを非常に強く望んでいた。コントロールを越えた力が政界入りを妨げることがなかったならば、ヤコブソンは全力を傾けて政治に取り組んだだろう。妻のほうは、ヤコブソンは経済学の仕事を続けるべきだと言い続けていた。彼女は、それがヤコブソンの天職だと思っていたからだ。この一九三〇年の出来事のようなことは政治の世界では珍しいことではないだろうが、ヤコブソンが仕事を変えることに最も近づいた瞬間だった。

政治がヤコブソンに対してもっていた魅力や、友人たちが彼に対して示した心配は、エリ・ヘックシャーがヤコブソンに一九四〇年に送った以下の手紙の引用からはっきりとわかる。その年の冬、ヤコブソンはスウェーデンを訪れることになっていた。ヘックシャーとしては、三八年に、戦争のためにヤコブソンが産業研究所の所長の仕事を断らなければならなかったことは残念だっただろう、と思っていた。産業研究所の所長ポストはもう空いてはいなかったが、似たような職につく機会が生じていた。しかし「君が完全に（スウェーデンに）帰ってきた時に、政治の世界に入ることを拒むことができるかどうか、私は疑問に思っている。今回の短い帰国の間でさえ、君は政治に関わろうとしていたように思える。C・G・エクマンの第二次内閣の時に、君がどれだけの熱意をもって政治に関わろうとしていたか、君も覚えているだろう。しかし私は、政治の世界に入ることは、誰にとってもよいことだとは思えない」。このヘックシャーの手紙で言及された短期間の帰国の時に、ヤコブソンは十分な知識をもたないまま「間違った」人物を外務大臣に就かせようと熱心に取り組んだ。このことをオーリン（後に自由党の党首となった）は、三十年後にも鮮明に覚えていた。しかしヤコブソンは友人たちのたしなめを聞き入れなかったようだ。何ものも彼の政治に関する行動を抑制したり、変えたりすることはできなかった。

このようなエネルギーの発露はヤコブソンらしいことだった。ヤコブソンは、説得、おべっか、外交、非情さ、その他あらゆる手段を用いる能力に長けていた。多くの人々が覚えているように、彼は自分が支持する考えを実現するためにそのような手段を使った。人生が終盤に入るにつれて、ヤコブソンのそのようなやり方はより一層外交的になった。準備や説明についてより慎重になり、自分の目的もより注意深く選択するようになった。しかし結局のところ、彼は熱意を維持し続けていた。彼の熱意は影響力をもっており、それによって人々が彼のもとに集まった。初期の原動力はまだ生きていたのだ。ただし、若い時よりコントロールが効いていた。かつてある出来事をとりあげてモンターギュ・ノーマンがいったような「ものごとをやりとげる」彼の能力の背後にあったのは、確かにそのような熱意であった。

ヤコブソンは政治に魅力を感じていた。彼はまた、あらゆる国の政治家たちと語り合うことに生涯を通して非常に多くの時間を費やしてきた。そのためヤコブソンは、世界中の政治家たちとどのように話したらよいか、どのように彼らの言葉で話したらよいかを知っていた。政治家たちがヤコブソンのことを気に入っていない時でさえ、彼らはヤコブソンの話に耳を傾ける以上の態度を示した。ヤコブソンは政治家とのやりとりについて十分な経験を積んだ。これはジャーナリストとのやりとりの場合と全く同じであった。これらの経験は、第二次大戦後のIMFでの仕事など彼のキャリアの最盛期に大いに役立った。

ヤコブソンは、仕事、個人的関心、時折のジュネーブへの旅行などによって、国際連盟とのかかわりを続けていた。この連盟とのかかわりによってヤコブソンは、開催が見込まれていた軍縮会議への準備をすることができた。軍縮会議は一九三二年二月に始まり、三三年十一月に尻すぼみとなって終わった。

ヤコブソンが軍縮のための財政コストに関する大著を取りまとめたのは、一九二九年のストックホルムでの最初の一カ月間だった。この骨の折れる仕事のために、ヤコブソンは連盟時代にすでに六年以上を費やしていた。この本は、『世界の軍備支出』のタイトルで二九年十一月に『エコノミスト』の増刊号として出版された。したがって同書は、影響力のある人々の間に広く出回ることを約束されていた。ヤコブソンはこの著作を大変誇りに思っており、自分の全集の第一巻として収録されるべきだと主張した。ただし重要な統計付録はもはや時代遅れになったとして削除された。この著作の内容を基礎として、ヤコブソンは軍備の財政コントロールのための提言をまとめることができた。このヤコブソンの提言は、軍縮会議において唯一成功し、全員に受け入れられた提言であった。これがヤコブソンがこの著作に抱いた誇りの主な理由であった。

軍縮は長い間、困難な問題であった。特に一九二〇年代と三〇年代には、軍縮は国際連盟の存在意義を問う政治的試金石となっていた。二二年のブリュッセル会議は、連盟に対して当時の「国民総支出」の二〇%を占めていた軍備支出の削減についての特別調査を公式に依頼した。ほぼ始めから、ヤコブソンはこの問題に個人的に取り組んでいた。財政の専門家として、ヤコブソンは国防支出についての報告をまとめる責任を負っていた。そのためヤコブソンは、遅くとも二四年には国際連盟の軍縮局長であるサルヴァドール・デマダリアーガの下で働いていた。

一九二四年に、ジュネーブ調停・安全保障（または制裁）・軍縮条項が投票で否決されると、連盟は新たな戦術を採り、軍備問題により直接的にアプローチすることを決めた。連盟は軍縮会議のための予備委員会を設置した。軍縮予備委員会には、連盟の非加盟国も含まれており、はじめからアメリカとドイツも参加し、後にはソビエト連邦とトルコも加えられた。この重要な予備委員会は、六つの本会議、さらに多数の小委員会より構成されていた。また、軍縮予備委員会には二つの専門家グループが含まれていた。一つは軍事の専門家のグループであり、もう一つは連盟とILOの職員のグループであった。すでに財政問題に精通していたヤコブソンがこの専門家グループに選ばれたのは当然のことであった。

軍縮予備委員会が最初に取り組んだ問題は「非平時」の軍備の基準を定めて各国を比較し、「非平時」軍備の上限を定めることであった。「非平時」軍備とは、警察隊のような平時の安全保障のために必要とされる軍備ではなく、戦争を目的とした軍備のことを指していた。

問題となったのは、各国の軍事支出を比較し、可能であれば制限するためのモデル予算を作ることができるかどうかということであった。この一見シンプルな計画は納税者たちにも直接訴えかける効果があったのですでに列国議会同盟で議論されており、その後、国際連盟の総会でも議論された。この計画はイギリスから強い支持を受けた。一九三七年にノーベル平和賞を受賞したロバート・セシル卿が軍縮予備委員会のイギリス代表であり、五九年のノーベル平和賞の受賞者のJ・フィリップ・ノエル＝ベーカーがセシル卿のアシスタントであった。

一九二六年六月に開催されたいわゆる統合委員会の第一回会合に提出されたメモを作成したのがヤコブソンだった。ヤコブソンがもっていたこの資料のコピーのなかに、以下のようなメモ書きが付されていた。

国際連盟

これは賞賛されるべきメモである。私は、このメモの著者を好意をもって祝福する。私は、この著者はヤコブソン博士であると思っている。

E・D（サー・エリック・ドラモンドのサイン）

一九二六年六月三十日

ヤコブソン氏へ

私は、このメモを発送できることを嬉しく思う。私もあなたと同意見である。私は、たまたま統合委員会のメンバーたちも、同意見であるということを知った。

S・M（サルヴァドール・デマダリアーガのサイン）

このメモが回答を与えている問題は、以下のように定式化されていた。「各国の軍備の影響を、軍事支出によって比較することはできるだろうか？　もしそうだとしたら、どのような方法がとられるべきだろうか？」。統合委員会の議論についての手書きのメモによると、ヤコブソンの分析方法は基本的に支持された。問題解決のための彼の提案もまた、条件つきで支持された。

ヤコブソンが指摘したのは、軍事支出の比較は以下の三つの条件が整っている時にのみ実行できることであった。第一に、基準となる軍事予算があること。第二に、購入された財・サービスへの支払がすべて現金であること。第三に、金で換算した時の各国通貨の購買力が等しいこと。しかし、これらの条件は一つも満たされてはいなかった。

後から振り返ってみて決定的だったと思われるパラグラフは、以下のものである。

異なる国々の財政を完全に組み替えて共通化することは、いうまでもなく不可能である。というのは、会計制度のちがいは、しばしば各国の法律的特徴のちがいや伝統のちがいと結びついているためである。しかし、標準モデルに基づいた共通の表を用意することが解決策になるかもしれない。その表に数字を書き込むことを各国政府に要請するのだ。各国は、独自の目的のために自国の会計制度を維持することができる。しかし同時に、各国は、標準モデルにしたがった別の会計ももつ義務を負う。その際の追加的な作業は、どんな可能性から見ても大きなものではない。なぜなら、今回、国際連盟が表に書き込むことを要請しているデータは、すでに何度か各国政府が作成と提出を要請されたデータと同様だからである。

軍備支出の制限に対する疑問は、軍縮予備委員会のあらゆる会議を通して出され続けていた。ある国は物資の管理のみを要求し、他の国は特定の数字を要求し、また他の国は比率を要求した。さらに他の国はとうとう、世論が彼らに課したもの以外は軍備支出の削減を受け入れることはできないと言い出した。そのなかには軍備支出総額の公表も含まれていた。

一九三〇年十一月五日から十二月五日の第二期軍縮予備委員会では、ロバート・セシル卿が支出削減による強制的なコントロールを支持した。第十四号提案が、賛成一六、反対三、棄権六（アメリカもそのなかに含まれる）で可決された。投票の結果「過半数の国々の賛成によって、財政的な方法によって地上戦兵器を削減するという考え方が受け入れられた。他方、当委員会の複数の国々が特定の物資を直接に管理する方法を望んだこと、また他の複数の国々は財政的手法と直接管理の組み合わせを望んだことも、ここに記録されなければならない」。フランス代表のマッシーリ氏が財政問題に関する専門家委員会を招集し、財政的手法による軍縮の詳細を検討させることを提案した。この時ヤコブソンはもうストックホルムにいたのだが、専門家委員会の招集の際の主要なメンバーとみなされていた。ヤコブソンを専門家委員会に加えることは、問題なく可能であった。なぜなら二六年にヤコブソンが統合委員会のメンバーだった時には、委員会の専門家たちは個人的な能力によって公式に委員に選ばれたのであり「連盟のさまざまな専門的な組織のどこかの代表」ではなかったからである。

専門家委員会による報告書は二度の会合の後に発表された。報告書では、財政による軍備抑制のシステムは忠実に用いられるならば機能する、という確信が示された。購買力の変化に対応するための計算方法が考え出された。報告書は、見積額ではなく、あらゆる種類の軍事支出の実際の額を制限することを提案した。その際、報告書は各国の過去四年間の年平均支出を出発点とした。さらに、それにしたがって年々の支出を報告するためのフォーマットが作成された。各国政府は自らの会計制度を使用することができたが、フォーマットの会計制度によって自国の財政を説明し、その制度にしたがう責任を負った。各国はフォーマットに財政状況をすみやかに記入することを要求された。その結果によって各国は、軍縮会議の時にそれぞれが直面している問題を説明することになった。

軍縮会議は一九三二年二月二日に始まった。会議の初期には、予算制限による軍備抑制が以前よりも強い支持を受けた。アメリカでさえ、はじめは予算制限による軍備抑制を支持していた。予算制限による軍備抑制は、それ自体は十分なものではなかったが、直接の査察よりは望ましいということが支持の理由であった。軍備支出委員会とそのもとでの専門委員会がさらなる提案の作成を指示された。一年前に提出されていた数字に基づいて世界の軍備支出の九〇%が調査された。一九カ国が完全な会計報告を行い、十カ国が部分的な報告を行った。すべての軍事大国が軍備支出について完全な調査を受けた国々に含まれていた。この調査には一年が費やされたが、調査方法の技術的な問題点が解決されたことが示された。予算制限による軍備抑制は、それだけを排他的に使用するのではなく、補助的に用いるのであれば「本質的に、確実で、精巧であり、有効なシステムである」とみなされた。報告書は最初の検討会において全会一致で採択された。

ヤコブソンは、予算制限による軍備抑制がドイツでも政治的に受け入れが可能になることを確実にしようと努力していた。ヤコブソンは一九三二年二月のサー・エリック・ドラモンドとの面会の時に、ロバート・セシル卿とフィリップ・ノエル＝ベーカーとのドイツについての話し合いに招かれた。その十日ほど後に、ヤコブソンはパリとロンドンを訪れている。パリではマッシーリおよび他の人々と、ロンドンではノエル＝ベーカー、ヒュー・ドルトン、ロバート・セシル卿、ドラモンドらと会った。ロンドンで会った人々はドイツについての各種の会談の結果を知りたがった。それらの会談は成功であった。基本的な提案は、ドイツへの譲歩は平和条約の軍備条項に結びつけられるべきというものであった。

この方針にそって膨大な外交的努力が費やされ、多くの人々がそれに関わった。ヤコブソンは、この時まだ連盟にいたソルターに手紙を送っている。「ドイツは、ベルサイユ条約で課された制約に追加されるのであれば財政的制約を決して受け入れないだろう。しかし、ベルサイユ条約の直接的な方法は、他の国に適用された時には批判を受けてきた。この批判が正しいのであれば、ドイツに対する場合もそれがあてはまるだろう。ここで私たちは、将来の軍縮会議がもつ大きな可能性に接近したことになる」。四月に入るとヤコブソンはハンガリーに行き同国首相のイシュトヴァン伯ベトレンとこの問題について話し合った。ヤコブソンとベトレンの間には、連盟の金融委員会のハンガリーでの活動以降の親交があった。ヤコブソンは、ロバート・セシル卿に次のように報告している。「実際、ベトレンはこのアイデアに強い関心をもっていた。彼はトリアノン条約の軍事条項に関して何らかの確実な補償を得ることができるのであれば、軍備支出の削減を受け入れることができる、と言った。彼が私に言ったように『あなたはいま、正しい立場にある』」。セシル卿は、この問題に熱心に取り組んでおり、次のように進捗状況を報告している。「パリへの訪問は満足のいくものであった。そこでは、国際連盟協会連合会の会議が開催された。会議のなかで私たちは、ドイツに対して予算制限によるる軍備抑制を受け入れるよう説得した。またフランスに対しては、軍備においてドイツを含めたすべての国々を平等にあつかう原則を受け入れるよう説得した」。

しかしこれらすべての努力にもかかわらず、予算制限による軍備抑制ばかりではなく軍縮の動きのすべてが終わりを宣告された。一九三三年の夏にドイツは軍縮会議を脱退した。ドイツはそれと同時に国際連盟も脱退した。その後の結果は知られている通りである。

軍縮に向けたヤコブソンの個人的な努力は、軍縮会議の失敗とともに終わった。その時にはヤコブソンはＢＩＳに移っており、恐慌と通貨切下げがもたらした諸問題に完全に没頭していた。しかし、彼の以前の仲間たちやその友人たちは平和のための戦いを続けていた。彼らは自分たちの信念が平和をもたらすと信じていた。ヤコブソンは、彼らとのつながりを決して絶つことはなかった。ノエル＝ベーカーは彼の最も親しい友人の一人だった。ノエル＝ベーカーは大変親切で、この原稿の草稿に目を通して意見を述べてくれた上、その後、筆者に手紙を送ってくれた。彼の許可を得た上でその手紙の一部をここに引用する。

以下の二点を踏まえることによって、その章がより一層説得力をもつことを望んでいます。あの会話の後、私はずっとそれをあなたに伝えようと思っていました。

一、軍縮会議の期間にヤコブソンの委員会で上級の財務専門家たちによる精力的な仕事が成功したことは、すべての委員会のすべての参加者の士気を大きく向上させました。この軍縮会議の非常に重要な委員会でヤコブソンが実際に成功をおさめたことによって、他の人々もまた、彼らは成功することができるし、成功しなければならない、と考えるようになったのです。このことは、一九三二年から三三年はじめにかけて非常に重要な影響をもっており、イギリスが三三年三月の条約の草稿を準備している時に、彼らを励ましたものです。

二、ヤコブソンが成し遂げたことは、今日でも完全に有効です。ずっと以前、ヤコブソンがまだバーゼルにいる時に、私は彼に会うためにバーゼルを訪れてバーゼル駅のレストランで昼食をともにしました。その時彼は、軍縮は第二次大戦後においても戦間期と同じように、あるいはそれ以上に不可欠であると考えている、と繰り返し語りました。軍事費の削減や制約に関して彼が書いた報告書や草稿は、現在でもそのままの形で有効であるし、あらゆる点において正しいものです。

もし、誰かがこの世界を核兵器のホロコーストから救うことができるとしたら、ペル〔訳注―ヤコブソン〕はその役目を果たすことができるでしょうし、その活動は記録に残されるべきです。

一九五三年から五四年ごろのこのバーゼル駅のレストランでの会食で、ヤコブソンは、有効なのは軍備に対する財政的コントロールの原理であることを力説していた。彼自身は、自分が平和のために成し遂げる貢献は、自分の専門分野のなかで最も有効になされる、と信じていた。自分は、通貨の安定と通貨の交換性によって、経済的繁栄をよりいっそう促進することに集中しなければならない、と考えていたのだ。

⑥　大恐慌と通貨切下げ

スウェーデンにいた二年半（一九二九―三一年）の間、ヤコブソンは何度となく大陸ヨーロッパとイギリスの各地を訪れた。彼はこうして多くの友人やかつての同僚たちとのつながりを保つことができたばかりでなく、当時の経済がみまわれていた出来事のさらに深部でおこっていた動きについての感覚を保つことができた。当時の旅には列車が使われたが、多くの乗換駅での長い待ち時間にいっそうの観察ができた。一九三〇年から三一年に彼が最も頻繁に訪れた場所の一つが、バーゼルに新たに設立されたばかりのＢＩＳであった。そこでは友人のピエール・ケネーが総支配人を務めていた。

経済防衛委員会での十八カ月の仕事の後、一九三〇年七月一日にヤコブソンはクリューゲル＝トール社の経済顧問となった。クリューゲル＝トール社の取締役イヴァール・クリューゲルは「マッチ王」として知られていた。ヤコブソンとクリューゲルが初めて会ったのは、二九年の終わりの経済学協会の場である。クリューゲルはめったにはカジュアルな態度を取らない人物だったが、その出会いは、少なくともヤコブソンにとってはカジュアルなものだった。三〇年一月には、ヤコブソンはクリューゲル＝トールへの就職のオファーを受け取っている。彼はすぐにそのオファーに惹かれた。それまでの経済防衛委員会での仕事を一度も楽しいとは思わなかったからだ。この時、ヤコブソンは、国家的また国際的な経済問題の分野に、ほとんど無条件で復帰する機会を得たのだった。クリューゲルは、自分自身にとっての最高の「ビジネス・エコノミスト」だったし、ビジネスの分野での必要な助けはすでにすべてもっていた。給与とボーナスは非常によいものだった。それゆえ、また夫のより幸せな状態が予想できたので、妻もその仕事に就くことを認めたのである。こうしてヤコブソンはオファーを受諾し、クリューゲル＝トールの経済顧問への就任が正式に発表されると、多くの祝意が次々に舞い込んできた。それらの祝意のなかの重要なものの一つとして、スウェーデンの著名な銀行家で以前ヤコブソンの上司だったマルクス・ヴァレンベリィ・シニアからの手紙があった。ヴァレンベリィは、ヤコブソンの転進にあたたかい同意を示してくれた。

一九三〇年までに、クリューゲルは伝説的な名声を得ていた。クリューゲルの出発点は、自らが所有していた比較的小規模なマッチ事業であった。それが二〇年代には空売りなどの金融取引を通じて成長し、マッチ事業の独占権を担保にして信用評価の低い国々に対して貸付を行うにいたった。ウォール街の株価暴落も乗り切ったクリューゲル＝トールは、大規模金融機関の投資を呼び込んだだけでなく、一般の人々の投資も引きつけた。一般の人々は、彼らの貯蓄のすべてをクリューゲル＝トールの株式に投資し、さらに大きな株式の値上がり益を狙って、借入金による投資まで行った。これがヤコブソンの参加した頃のすばらしく成功していた会社であった。ヤコブソンは、まもなく彼のエネルギーと熱意のすべてを新しい仕事を発見するために注ぎ込んだ。

しかしクリューゲルはほどなくして勤勉な経済顧問たるヤコブソンに、外部から専門家として要請された数多くの仕事を引き受けるようにうながした。その結果、一九三〇年十二月からヤコブソンがこの会社を去る一九三一年九月までの間、彼はほとんどすべての時間を外国で過ごすこととなった。一九三〇年十二月から三一年三月まで、独立の専門家としての立場でヤコブソンは、国際連盟が組織したジュネーブ、パリ、ロンドンでの軍縮会議に出席した。その次には三一年の三月と四月に国際連盟の顧問としてハンガリーに滞在し、五月と六月にはＢＩＳの貸付への助言のためにポルトガルに滞在した。国際連盟の貸付への助言については、一種の自治都市であったメーメルとリトアニア政府の間での収入の分配を調整するためにひと夏をリトアニアで過ごした。ヤコブソンが決着をつけた調整は、四〇年まで有効だった。

これらの旅行があり、また外部のさまざまな機関から助言の要請が相次いだため、ヤコブソンがクリューゲル＝トールの問題に集中できる時間はほとんどなかったにちがいない。しかしながらヤコブソンは、一九三一年の春に多忙にもかかわらず、クリューゲル＝トールの営業報告書を執筆する時間をなんとか見つけることができた。その報告書は、ヤコブソンの考えを発展させる効果をもたらした。ヤコブソンは、大恐慌に対処するための政策のアイデアや助言を考えていたのだ。このころまでに大恐慌は、世界を圧する影響力を示していた。ヤコブソンはまた、営業報告書の執筆に加えて会社の帳簿類を苦労して調べることを続けていた。

ヤコブソンの才能とエネルギーを考えれば、クリューゲルは、なぜヤコブソンにこのように頻繁に会社をはなれて他の機関のために働くように仕向けたのか、誰もが疑問に思うだろう。そして、クリューゲルのこの奇妙な行動は、実際にいくつかの説明を必要とする。クリューゲル事件に詳しくない方々のために、この一九三〇年代初めにおいて誰も予想していなかった企業破綻について、一言二言説明する必要があるだろう。クリューゲル＝トールは、ウォール街の株価崩壊を切り抜け、三一年のポンドとその他通貨の切下げも乗り切った。この会社が破綻したのは、三二年三月十二日のイヴァール・クリューゲルの自殺の後だった。クリューゲル＝トールの破綻は、他の多くの自殺を引き起こした。それらは各国の金融センターで起こっただけではなく、そういったところとは全く異なる、スイスの山間の村といったような場所でも起こった。クリューゲル＝トールの破綻後に行われた調査によって、大規模な帳簿の改ざんが発見された。また、担保として差し入れられていた債券を、クリューゲルが捏造していた疑いも生じた。しかし事件の詳細が完全に調査されることはなかった。

この当時スウェーデンの有名なジャーナリストで『イェーテボリィ・ポステン』の編集者だったハラルド・イェーネが、イヴァール・クリューゲル事件に関する特別レポートを書いている。イェーネによると、クリューゲルは、ヤコブソンを「看板」とするために雇ったのだという。なぜなら「ヤコブソンのことを知っている人ならば誰でも、ヤコブソンは、自分が不正だと見なすことに関わるような行いを絶対にしないと知っていたからである」。しかしクリューゲルは、ヤコブソンが会社に関わるすべてのことについてよく知る必要がある、と主張するようになったことに気づくと、かえって不都合に感じるようになった。そのためクリューゲルは、ヤコブソンが外国の仕事でずっと忙しくなるように仕向け、みかけはきわめて寛大にヤコブソンを他の機関に貸し出すようになった。一九三一年の夏の終わりには、ヤコブソンが会社の帳簿を洗いなおした調査が大きく進展していた。まさにその時に、ヤコブソンはバーゼルのＢＩＳに行ってフルタイムで働くことを要請されたのである。クリューゲルは、この転進をあらゆる方法で推進した。クリューゲルの態度は「もし、ヤコブソンが国際的業務のために必要とされるならば、私はいつでも彼をそこに行かせましょう！」というものであった。イェーネによると、ヤコブソンが外国に行くのを見届けてイヴァール・クリューゲルは大変な幸せに浸った。この見方は、いくつかの他の情報とも一致している。

クリューゲルの自殺のニュースがヤコブソンのところに届いたのは、すでにバーゼルに移ってから数カ月が経ったＢＩＳの土曜日の月例会議の時であった。ヤコブソンは、動揺するスウェーデン中央銀行総裁のイヴァール・ルースと、むせび泣くルースの妻の荷造りを手伝い、彼らがストックホルムへ帰るのを手助けした。ストックホルムまでの列車の旅はとても時間がかかったので、ヤコブソンは日曜の旅の間、何度も電話をかけて、ストックホルム証券取引所を二、三日閉鎖するための打ち合わせを行い、さらにルースの二つの考えを伝えることを約束した。すなわちルースは、民間銀行の通常営業を維持することを主張し、ストックホルムでの打ち合わせで頼りになりそうな人物数名の名前を挙げていた。クリューゲルの自殺は、証券取引所が閉鎖されるまでの数時間、秘密にされた。それでもヤコブソンは、同僚たちにこの自殺のことを伝えなければならなかった。ヤコブソンが最初にクリューゲルの自殺のことを知らせた相手は、イングランド銀行総裁のモンターギュ・ノーマンだった。知らせを聴いてノーマンは「青ざめた」が、彼にとってクリューゲルのことは完全に予想外ではなかったと、ヤコブソンは感じ取った。翌日になってノーマンは言った。「確かに、彼は負債を負っていた。人々を絶望へと追いやるのは損失ではなく負債であるということに私は気づいていたよ」。すべての人が、さまざまな理由で苦悩した。バートレットによると、ヤコブソンが「完全に打ち負かされたようになり、狼狽している」ところを見たのは、唯一この時だけだった。「ヤコブソンは、よく私に、クリューゲルは現代の最も偉大で優れた人物の一人だ、と言っていた」。数日後からヤコブソンは、クリューゲルについては、スピーチ原稿のなかでも日記のなかでさえも決して言及しなくなった。

一九三一年の春には、それらの悲劇はまだ先のことだった。ヤコブソンは、比較的落ち着いた気持ちで、クリューゲル＝トールの営業報告書を執筆していた。ただし、ヤコブソンが「深刻な経済危機」と呼んだものが、彼に不安をあたえていた。それから一年後には、三一年夏の金融危機を経て、「不況」という言葉が姿をあらわしていた。そのときは、不況が十年近くも続くとは誰も予想できなかった。

一九三一年のクリューゲル＝トールの営業報告書のなかでヤコブソンは、深刻さを増していく危機に対処する方法を示していた。そこで、ヤコブソンは「低金利政策と低配当率が――信用と投資のあらゆる分野に適用されなければならない」と主張している。そのころ短期金利はすでに低かったのだが「長期金利は――異常なほど高いままだ」。このような状態をもたらした理由として、ヤコブソンがあげているのは、貯蓄主体と投資主体の分離が進展していることと、中央銀行が、極めてゆっくりとしか普通株と外国債券の利回りに影響を与えることができないことであった。

ヤコブソンの指摘は、とうとう金融緩和政策の大合唱をもたらした。ヤコブソンが金融緩和の主張を盛り込んだクリューゲル社の営業報告書は、この時期に最も広く読まれた出版物となった。一年足らずの後に、この報告書の著者はBISの経済顧問となっており、モンターギュ・ノーマンと協力してまさに金融緩和政策を始めようとしていた。短期金利が低いにもかかわらず、長期金利は非常に強い下方硬直性を示しており、金融緩和が必要とされていた。

一九三一年六月二十日、フーバー・モラトリアムが決定された。この決定は、ヤコブソンを驚かせなかった。モラトリアムが必要だということは、三一年初めにヤコブソンが行った不況の分析や、何度もヨーロッパの都市をめぐった旅から導き出される帰結だったからである。しかしこの時点では、この決定がヤコブソンの経歴にどれほど大きな影響を及ぼすかは自身でもわかっていなかった。

一九三一年六月の間、経済界や金融界では、ドイツ経済の悪化をめぐっての長い議論が続いていた。ヤコブソンは、ポルトガルからの帰路でイギリスに立ち寄り、サー・アーネスト・ロウ＝ダットンのもとを訪ねた。ダットンは、在ベルリンのイギリス大使館の経済顧問であった。ヤコブソンは、ダットンにたいして次のように言った。

しばらくの間は、ヤング案に含まれている応急的な対応策が用いられるべきだ。ドイツは、年間賠償額の五〇％を上限とした支払停止を導入すべきだろう。ドイツのマルクによる支払いは、可能ならドイツ政府債に再投資して、ドイツの財政資金に還流させるべきだ。同時に、BISによってドイツの金融状態が精査されなければならない。秋のうちに経済を回復させるには、十月が終わる前にこれらのすべてが行われていなければならない（できればもっと早いほうがよい）。

この提案にあたってヤコブソンは、ハンガリーの再建案に含まれていたトランスファー条項の原理を用いた。この原理は、ハンガリー再建案に続いて、ソルターによってドーズ案にも盛り込まれたものである。ヤコブソンはこの提案のために数多くの手紙を書いた。そのなかの一つが、『エコノミスト』の編集長だったレイトンにあてた手紙である。その手紙には、BIS

による諮問委員会が必要であることが力説されていた。ヤコブソンは、このように柔軟なトランスファー条項がヤング案から削除されることを常に批判していた。一九二九年の秋というヤング案の初期の段階でさえ、スウェーデン銀行協会での講演でヤコブソンは、トランスファー条項を除外することの愚かさについてはっきりと語っている。

一九二九年にヤコブソンが講演をしていた時、バーデン・バーデンでは新しくバーゼルに設立されるBISの定款草案を作成する組織委員会の会合が開かれていた。W・ランドルフ・バージェスと同僚たち（そのなかには、ウォルター・W・スチュワートとピエール・ケネーもいた）がその草案を作成していた時、彼らが考えていたことは、BISを「柔軟性をもった機関」にすることだった、と七三年にバージェスは語っている。実際、BISの定款は、ヤング案には柔軟なトランスファー条項が欠けているという批判に応えようと努めていた。とはいえ柔軟性があったとしても、どのような機関や条項も三一年の金融の猛吹雪に対応することはできなかっただろう。

一九三一年五月に、オーストリアのクレディットアンシュタルト銀行が支払停止に追い込まれ、突然、絶望的な金融危機が引き起こされた。この金融危機は、アメリカの銀行がそれまでに膨らませていた短期債権を引き揚げ続けたことによって、さらに悪化した。数週間後には状況は深刻さを増していった。

六月にベルリンにいた時に、ヤコブソンは、財務省に賠償金支払いの専門家を訪ねた。そこで彼が分かったのは、すべてが流動的な状況にあるということだった。ヤコブソンは日記にこう記している。「数カ月前には、ヤング案のもとで賠償支払いを停止することは、ドイツの信用を傷つけることだと考えられていた。しかし今では、銀行家たちは皆、ただちに賠償支払いを停止することが必要だという意見になっている。賠償支払い停止によって、どのような状況になっても、民間債務だけは支払われるということが明確になると考えているためだ」。

フーバー・モラトリアムは、七月一日から一年間、すべての政府間債務の支払いを停止することを決定し、この状況を緩和しようとしていた。しかしフーバー・モラトリアムは、単に危機を悪化させただけだった。事実上、完全なカオス状態が生じた。

BISの第二年次報告書も認めているように、当時不確実だった要素は、一九三一年初めの膨大な規模の国際的短期債務だった。三二年になって、国際的短期債務の規模は、五百億スイス（金）フランと推定された。当時としては恐るべき規模である。三一年には国際的短期債務の規模はまだ分かっていなかったので、短期融資は増大を続けていた。しかし、各国中央銀行は金・外貨準備を増加させ始めていた。一九三一年の危機の時には「公定歩合の引上げ（一二％を超える場合もあった）

という、海外資金の引上げを止めるための古典的な手段は無効であった。というのは、流動的な資本は、収益が極めて低いかゼロであっても、安全を求めていたのであり、通貨リスクや信用リスクと結びついた高金利を求めてはいなかったからである」。たった一年で、商業銀行と中央銀行の準備から三百億スイス（金）フランが流出した。準備の残額の大部分は凍結された。大規模な流動的資金の動きは、破壊的な影響をもたらし、資金凍結は経済の停滞をもたらした。資金流出と資金凍結によって、持続的な物価下落とデフレ圧力が生じた。

一九三一年七月には、ドイツの商業銀行の財務状況、特にドイツ銀行とドレスナー銀行の財務状況が不安定になっていた。ロンドンで開催された国際会議では、ヤコブソンが、一カ月前にベルリンでロウ＝ダットンに言った提案にしたがうことが決定された。その時ヤコブソン自身はリトアニアのメーメルにいたが、ヴァレンベリィからベルリンへ戻るように乞われた電報を受け取っていた。ヤコブソンがベルリンに着いた時、街はまだ活況を示していたが、金融危機のあらゆる側面に対処するために、あらゆる分野の専門家が集められていた。ヤコブソンは、ヴァレンベリィとともにカイザーホーフ・ホテルに滞在し、数多くの議論、数多くの問題、数多くの意見の相違の渦中にいた。ヴァレンベリィは、諸銀行のバランスシートを健全な状態に戻し、再びさらなる支援を求めることがないようにすべきであることを特に主張していた。ヴァレンベリィの考えは、あらゆる取引は信認を高めるのに十分なほど大きくなければならない、というものであった。ヤコブソンは後にＩＭＦで同じ原則を用いている。この時の仕事は、大変ではあったが金融危機への対応に重要な教訓を残してくれた。ヤコブソンは、この時、新たに多くの金融界の重要人物たちとともに仕事をする経験を得た。

ヤコブソンは、ベルリンに一週間滞在し、その後メーメルへ戻った。ヤコブソンの家族は、メーメルに近い海辺のリゾート地、サンドクルックでその夏を過ごしていた。ヤコブソンは、家族がストックホルムへ帰る手続を整え、そのあと自分はバーゼルへ向かった。ヤコブソンの妻がストックホルムの自宅に着くと電話のベルが鳴った。ヤコブソンからだった。その知らせは非常に重要なものだったので、国際電話を使用するのに十分に値したのだろう。ヤコブソンは妻に、ＢＩＳの経済顧問に就任する契約書にサインをしたことを告げたのだ。

ヤコブソンの著書である『通貨政策の諸問題』のなかに、彼のＢＩＳでの仕事の始まりの時の様子が記されている〔訳注―原文はヤコブソンの記述を縮約している〕。

私がバーゼルでの仕事を始めたのは一九三一年九月で、それはイングランド銀行が金兌換を停止した九月十九日から二十一日の運命的な週末の一週間前であった。私は週末をジュネーブで過ごしていて、その日曜にロンドンからのニュースが届いた時には、かつての上司のソルターとともにいた。ソルターは一年前に職を辞していて、その時は国際連盟総会のイギリス代表団の一員としてジュネーブに滞在していた。

はじめはショックを受けたが、私は、むしろポンドの為替レートの低下は必要な調整であると考え、ロンドンで慎重な政策が取られていくならば、それほど激しいものでなくて済むだろうとみていた。実際、私はレイトンの求めに応じて、『エコノミスト』に「ポンド――海外での見方」という（無署名の）論文を書いた。一九三一年九月二十六日に発行されたこの論文のなかで私は、購買力平価から見ると、金兌換停止前のポンドは一五％程度過大評価であったこと、また、もし説得力のある手段の採用によって「インフレ理論が排除される」のであれば、ポンド切下げ幅は適正な狭い範囲、例えば二〇％以内におさめられるだろう、ということを示した。

ポンド兌換停止のニュースは、ソルターにはより大きなショックを与えた。彼は、ジュネーブにいるイギリス人たちに電話をかけまくっていた。彼の電話での話し声は、イングランド銀行の金兌換停止という通知内容にふさわしい重苦しさをもっていた。国際連盟事務総長のドラモンドはこの電話に対して、落ち着いて「私は、これは一時的な困難だと思う」と述べていた。ドラモンドの落ち着きは、一部は、他の多くのイギリス人たちの落ち着きと関係があったのだろう。彼らは、ポンドの為替レート低下は、以前のルールや慣行からの極めて重要な逸脱であるが、英国とその海外領土に限っていえば影響は比較的軽微であると見なしていた。

一九三〇年代に、BISは「度し難いほどの正統主義」を用いている、とりわけ古めかしい金本位制に固執している、として非難された。しかしバーゼルの私たちの仲間数名（そこには当時BISの副総裁だったアメリカ人のレオン・フレーザーと総支配人のフランス人ピエール・ケネーも含まれる。彼らは二人とも亡くなった）は、BISと緊密な協力関係にある各国中央銀行に対して、通貨切下げについて、イギリスの例にしたがうべきかどうか検討することを勧める電報を送る、という結論を出した。私見についていえば、ポンド切下げ以降、他の各国通貨建て金価格は低くなりすぎており、それゆえ全通貨に対して金価格が引き上げられることが望ましい、ということを主張した（結局、これは実現された）。最終的に金価格で見た平均の通貨切下げ率は三〇―三三％になった。私の仲間たちについていうと、彼らは、金兌換の停止によってイギリスがある程度まで他国を犠牲にしうるほどの行動の自由を手に入れたのではないか、ということを恐れていたのだと思う。その当時、BIS職員の間で行われた議論を振り返ってみると、金兌換停止がイギリスの通貨当局に与えた自由と力の大きさが、これほど素早く理解されていたということは興味深い。しかし、ロンドンがポンドの信認の維持に関心をもっていたことも理解されていたし、そのために、ロンドンが新たに手に入れた自由を「インフレの荒稼ぎ」を思いのままに作り出すために乱用することはないだろう、ということも理解されていた。

ソルターも私も、この出来事（ポンド切下げ）が、第一次大戦後の歴史のある重要な局面の終わりを画するだろう、ということを認めていた。それまでは、復興と金本位制への復帰、すなわち、できる限り一九一四年以前のシステムを復活させることが問題となっていた。その試みは失敗し、今や、新しいシステムを創り出さねばならなかった。

しかし同時に、ソルターも私も、世界がどれほど新しい方法や新しいアイデアを渇望しているのか予知することはできなかった。それらの新しい方法やアイデアは、アメリカではルーズベルトのニューディールとして、イギリスではケインズの『一般理論』として、ドイツでは軍備の拡大を目指したダイナミックな経済拡大をもたらした、ヒトラーとシャハトの全体主義として現れてきた。

Ⅲ　国際決済銀行

1 中央銀行家のクラブ

一九三〇年代の国際決済銀行（BIS）は、もっぱら中央銀行家のクラブとして、かつ枢要な目的をもったクラブとして機能していた。ヤコブソンはこうした雰囲気があたかも彼自身のために作られたかのように、ここにうまく適応していた。彼はBISの会合がもつ暖かい仲間内の雰囲気や、そのなかでかわされるさまざまなアイデアや意見、他では得られない情報といったものを好んでいたのだ。三〇年代におけるさまざまな知的チャレンジ――乱高下するポンド相場への対処、恐慌を和らげるために中央銀行ができることの検討、などがヤコブソンに一段の努力を促すことになった。彼は自分が影響力の強い人々と関わっており、その人々に政策の妥当性を確信させることができるならば、それが現実の行動に結びつくだろうことに気がついたのである。

もっとも、そうしたことが言えるようになるのはもっと先になってのことだ。ヤコブソンがBISに参加した一九三一年の九月頃、ヨーロッパは金融危機の最中であり、実際彼が就任して一週間後にポンドは金本位制を離脱するに至っている。こうしたなかでBISに新たに設立される金融経済局の局長兼経済顧問〔訳注―チーフ・エコノミストのポジション〕に就任するということは、まだ萌芽の段階にあった中央銀行間の協力体制のアンカーとなることであった。それはヤコブソンの飽くことのない前向きの精神を鼓舞するに十分なものだった。

中央銀行間協力を制度的に実践する機関というのは全く新しい一歩であり、関係者の間で長くその必要を感じていたことへの答えとなった。一九二〇年代を通じてイングランド銀行総裁のモンターギュ・ノーマンが尽力していたことの一つが、主要な中央銀行の間に協力体制を築くことだった。ノーマンは、他の中央銀行とのコンタクトや協力を公式なものに止まらず私的なレベルでも確立したいと願っていたのであり、これがニューヨーク連邦準備銀行のベンジャミン・ストロング、ドイツ・ライヒスバンクのヤルマル・シャハト、フランス銀行のエミール・モローといった総裁たちと会合するための頻繁な出張につながった。しかしながら、これらの会合は常に歓迎すべからざるプレスの反応を惹起し、為替相場の乱高下や投機的な行動を助長することになってしまった。それでも会合によって得られる人的な理解の有益性を考えれば、目立たない形でそうした会合をもっと頻繁に開くことこそが望ましかったのである。これはフランスの影響力の強い「協商」国の間でも同様に経験されたことだった。

「ヤング案」はドイツの戦後賠償問題を解決するという困難な目標を掲げていた。その議論の初期の段階から賠償をあつかう信託機関として機能するヨーロッパの機関を設立することが望ましいという意見があった。ノーマンとシャハトがその案を強く推し、協力してＢＩＳの設立を後押しすることになったのである。

しかしながらすでに一九二〇年代の終わりにはヨーロッパの中央銀行のためにセンターを創立することの必要は極めて強く認識されていた。それゆえ、こうしたセンターの設立には、ヤング案実行のためという理由づけがなかったとしても何か別の理由が見つけられただろうと思われる。つまりＢＩＳは当初から第二の目的をもっていたことになる。すなわち年に十回週末の会合をもつ「中央銀行のための中央銀行」とまではいかないまでも、少なくともクラブであることが予定されていたのだ。この点をいっそうはっきりさせるため三一年五月に開催されたＢＩＳの第一回年次総会の際、二七カ国の中央銀行代表による会合が開催された。そのなかで中央銀行に関する情報を提供するとともに、中央銀行家たちが関与する分野の動きをフォローするために金融経済局を設立することが決定された。

一九七〇年代（本書執筆時）であれば控えめに思われるような仕事だが、これは三一年にあっては極めて大胆な要求だったと言うべきだろう。当時唯一利用可能で曲がりなりにも正確なデータと言えば金利や国家予算、金の生産と保有に関するものくらいだったのだ。短期および長期の信用供与状況についての推定方法は確立されていた。しかし物価統計はまだ幼稚なレベルであり、卸売段階でしか言及されないのが普通だった。国民所得統計は存在すらしていなかった。加えて新しい時代が多くの新しい情報を必要としていた。外国為替の管理、新しい関税や決済のシステム、さらには経済制裁等々マスターされなければならないことが次々に現れたのであった。

スタッフはいずれも高い資質の持ち主であり、なかには後にドイツ・ブンデスバンクの総裁になるカール・ブレッシングなどが含まれていた。金融経済局は八人の局員と七人のサポート・スタッフからなり、ＢＩＳの総職員が一一五人足らずのなかにあって当時としては比較的大所帯だったといえよう。局員たちはさまざまな情報の流れに関して国をまたがった調査を通じて各国の状況を改善する方策を提示することに熟達していった。そうしたなかで彼らは、現在以上に非定量的な情報やその解釈といったものに頼らざるを得なかった。局員たちは自らの仕事に関連する中央銀行やその他の機関をできるだけ数多く訪問するというのが局の方針だった。しかし、得られた情報について最終的に判断する責任は常にヤコブソンが負っていた。

ヤコブソンに与えられた試練と彼がそれをむしろ喜びをもって受け止めたことを示す文章が一九五七年の書簡に残っている。

ＢＩＳの新しいポストにおける責務は、ジュネーブで数年にわたって公共財政の仕事に従事した後、金融という私自身の専門分野に戻ることを意味していた。そしてこの復帰こそは、技術的にも心理的にも多くの含意をもつ新しい時代の到来と軌を一にしていたのである。私にとってそのことの実際的な意味合いは、セントラル・バンキングをはじめとしてそれまで書かれたほとんどすべてのことが突然その意味を失ったと言っても良いほどのものであった。すべての事柄が改めて考察されるべきであったし、とりわけそのなかでもポンドのごとく重要な通貨の相場が乱高下するなどといったことは、当時存在していたいかなる通貨や信用に関する書物においても検討されたためしがなかったのだ。

何事においても中庸を行くことなどよしとしない三十七歳のヤコブソンは、彼がかねて望んでいた「物事の中心」に当たる「排他的なサークル」に属していることで一段と高揚した気分に浸っていたのだろう。

バーゼルでのフォーラムはストックホルムの一国レベルと異なる国際的なものであり、かつそのなかでヤコブソンは彼自身が「下っ端に過ぎなかった」と自嘲したジュネーブの時と異なり、トップに近い位置にいたのである。彼は自らの全エネルギーいや全人格をこの仕事に結集したといって良い。あまりに多忙だったからか、この間二カ月にわたって日記には一行の記述も残していないのだ。

さらに言えば、彼は就任早々金融の新しい問題に関して自身の著作をものそうとしていた。実際、目次と序章の暫定稿、第二章のためのノートまで完成していた。しかし、その後BISの年報の仕事が本格化すると彼は書物の執筆をぴたりと止めたのだ。そのことで世界が失ったものは必ずしも大きくはなかったろう。なぜなら、ヤコブソンはその書きぶりこそ違ったにせよ、彼の「最良の考え」のすべてをBISにそしてその年報に提供したのだから。驚くべきことに、というのはヤコブソンがある意味で極めて控えめな人間だったからだが、彼は一九四〇年にある旧い友人が、自らの最善の考えを公的な出版物として残すべきかそれとも自分自身の名を冠した書を書くべきかという困難な問題を提示したのに対して、こう答えたのだ。BISの年報は実質的に自分の作品であると世界が認めていることで十分に満足していると。

ヤコブソンは自分のありあまるアイデアを周囲に文字通りばらまいてしまい、その習慣によってしばしば妻に叱られていた。彼女は彼が自らの名で著作を著すことによってそのアイデアの出所を記録に残すべきだと思っていたからだ。しかし彼は妻を我慢強くなだめた。「心配無用、私には常に新しいアイデアがある」。BIS勤務の二十五年間を通じてヤコブソンを定期的に訪れる人の流れが途絶えなかったことは、彼の見解やアイデアが常に新鮮でかつ力強いものであったことを如実に物語るものだ。

ヤコブソンが多くの訪問者をさばく能力の典型的な例として、一九三一年以来ＢＩＳを訪れていたルドルフ・プフェニンガーの証言がある。後にスイス銀行の頭取になり、ヤコブソンのスイスにおける最良の友人であったプフェニンガーはこう語っている。


私はＢＩＳの雰囲気がいたく気に入ったので、間もなく会合がある週の金曜日には顔を出すようになった。会いたい人に会うために、そしてほとんどの場合とりわけヤコブソンに会いたいからだった。彼は私より八歳年上なだけだったが私は常に気後れしており、彼はそんな私を気楽にさせるよう気を使ってくれた。

ヤコブソンはいきなり質問を浴びせるようなことはせず、ＢＩＳ年報の彼がものした章を読むようにすすめるのだった。私はしばらくひとりでそれを読む時間を与えられ、しかる後にそれについて議論した。最初に我々が議論したものの一つが購買力平価に基づいて計算された為替相場の問題であり、私はそれについて大学時代にペーパーを書いていて年報の論旨には反対だった。私はそうした反対意見を述べることができる勇気をふりしぼったが、ヤコブソンはそうした反対意見をオープンに受け止めてくれた。これは彼の特筆すべき資質であったと言いたい。彼はスウェーデンとイギリスの双方の経済学派に影響されていたが決して教条主義的ではなかった。彼は常に他人の意見に耳を傾け、常にリベラルなアプローチをとりまた自らのアイデアについて創造的かつ寛大であった。私はこれほど自らの考えについて寛大な人物に会った事がない。彼は実際自分の考えを惜しげもなく他人に提供していたのだ。ＢＩＳで会するさまざまな人々の集団、そのすべてにヤコブソンは何かを与えることができた。シャハトは彼と定期的に会っていたし、ノーマンやフランスの多くの総裁たちも同じだった。一九三〇年代にはフランス銀行の総裁は頻繁に交代していたので、彼らはヤコブソンがいなければ仲間はずれになっていた筈だ。年次総会の際には東欧からの客とも会っていた。皆ヤコブソンが何かあれば相談に乗ってくれると思っていた。このように彼はすべての中央銀行家たちにモラル・サポートと新鮮なアイデアを提供していたのだった。

ヤコブソンは常に極めて的を得た質問を投げかけ、決してもって回ったような遠まわしの言い方をしなかった。会話には常にウィットと独創性が溢れ、暖かくかつ決して尊大ではなかった。また、説教めいた態度をとるには程遠い、極めて人間的でユーモラスな性格だった

その意味でヤコブソンこそはＢＩＳそのものであった。ポ

ストとしてはそれ程シニアではないのに、その精神的な迫力で周囲を圧倒していたのであり、なかにはそうした状況をすんなり受け入れる雅量のない人もいただろう。

一九三五年に私はスイス・フランを切下げるべきであり、そうしないといずれ切下げに追い込まれるだろうと考えていた。国立銀行（スイスの中央銀行）の連中は皆反対していたが、私は切下げの可能性に備えてすべての段取りを整える準備を命じられていた。これについてはヤコブソンと徹底的に議論した。私はスイスの切下げ幅は五年前のポンドの切下げに比べ小幅に止めるべきと主張し、ヤコブソンはそれに対し極めて寛大な見方を示してくれた。

ヤコブソンがＩＭＦに行った時私が期待したのは彼が杓子定規なアプローチでない、新風を吹き込んでくれることだった。その期待は決して裏切られることがなかったのである。

オフィスのくつろいだ雰囲気と月例会合がもたらす知的刺激は、中央銀行家たちにふさわしいものだった。彼らはそこでお互いに深く知り合い、各々が抱えている問題について話し合うチャンスがふんだんに与えられていた。こうしたなかで培われた友情がとりわけ第二次大戦後にいかに大切なものになるか、当時は誰も気づいていなかったようだ。中央銀行家たちはそうしたＢＩＳに対する感謝の念をＢＩＳに十分な仕事を与えるだけでなく、会合の場にまめに出席することで表していた。会合の週の木曜日位には一番乗りの総裁が到着し、最後の総裁が翌週の水曜日にはバーゼルを発った。通常唯一の公式なセッションは月曜日の午前中の短い会合とそれに続く昼食位であり、滞在の合間にさまざまな問題を話し合う時間が十分にあって、どの総裁も席を温める暇がなかった。

ほとんどの参加者が、安全で人目を気にしないですむ、街の散歩を好んだ。ヤコブソンが一緒の時には彼が議論をしばしさえぎり、十二世紀の家屋や十八世紀の豪商の邸宅をみることを勧めたり、エラスムスの家の見学やホルバインの絵の鑑賞に誘ったりした。ヤコブソンはそうした事物のすべて、それらを育んだ旧く美しい街の歴史への深い造詣をもって、彼自身バーゼルの何世紀にもわたる重要な商業都市としての歴史に魅せられていたので、中央銀行の仲間たちにその歴史のあらましを披露し、しかる後に現実の多くの場合切迫した問題に話を戻すのだった。

ＢＩＳのスタッフがそうした中央銀行家やその他のゲストを自宅に招いてもてなすことも重要な仕事だった。中央銀行同士の協力というもの自体まだ緒についたばかりの新しい手法（アート）であり、そもそも多くの中央銀行が一九二〇年代に設立されたばかりだったのだ。関係者の数も限られていて、せいぜい二十数人程度が既知の関係でかつそれほど深く知り合っていた訳でもなく、それ以外はバーゼルで初めて知り合うことになったのである。

ヤコブソンはそうした機会を大いに楽しみ、単なるもてなしを超えたものにした。バーゼルがまだ空路のなかったヨーロッパの主要な鉄道拠点だったことから、中央銀行家たちと並んで、友人、知人が続々とこの街を訪れていたのだ。

妻の完全な同意を得て、ヤコブソンはＢＩＳと中央駅から十二分以内という便利な場所に居を定めた。友人が列車の乗り換えの合間にでも駅の真向かいのＢＩＳオフィスに彼を訪問すると、ランチもしくはディナーに、しばしば居合わせた他の訪問者やＢＩＳのスタッフも交えて招待されるという具合だった。

ヤコブソンは友人たちと家まで徒歩で向かうのが常だった。玄関を入ると御影石の階段が一階〔訳注―ヨーロッパでの一階は日本でいう二階に相当する〕の広く明るい客間に通じている。十人を無理なく収容でき、かつ差し向かいで話す親密さを損なわない部屋だった。そうした雰囲気のなかで普段は怖気づいているような若いエコノミストでも、上司が気のおけない態度でいるのをみて寛いだ気分になるものだ。それこそが少しは酒の助けも借りるにせよ、基本的には環境のなせる業だった。

客間のカーテン付き滑り戸を開けるとほぼ同じ大きさの食堂があり、そこに座ったゲストは隣の客と少なくとも一つの言語や、しばしば趣味、嗜好を共有することを発見するのであり、そうした相互理解のために必要ならば職階などは二の次にされた。供される良質のワインは、ホストがジュネーブ時代に培ったであろうワインについての自他共に許す深い造詣を感じさせるものだった。サインで埋まった多くのゲスト・ブックはヤコブソン夫妻がいかに多くの人々をもてなしたかを示すものだ。実際、六人か八人のゲストを週に五回のランチと三回程度のディナーに招くというのが決して稀ではなかった。

そうした場での話題は必ずしも仕事の話ばかりではなかったし、会話は例え話や名句の引用、冗談や機知に彩られていた。ヤコブソンは極めて真摯な話題の際にも洒落た文句や適切な例え話によって議論を盛り上げた。彼はしばしば使い古されたジョークなどを巧みに会話に組み込むことで生き返らせることができ、それが何年か後に別の人の口から彼自身にリピートされるということさえあった。

中央銀行家のクラブというのはもともとモンタ―ギュ・ノーマンの発明品であり、ノーマンはその成否が友好的な雰囲気の有無にかかっていることを知り抜いていた。実際彼は相互理解と信頼の増進によってのみもたらされる気安い関係を築くことを望んでいた。融通が利かない堅物という評判と裏腹に、ノーマンはＢＩＳの会合では最も魅力的で陽気な一面をみせた。それは多分彼がそこに家を離れた「魂の住家」を見つけたからではないだろうか。

ノーマンのこうした一面とヤコブソン主催ランチの雰囲気を示す格好の例は、一九三三年の年次総会の際スウェーデン銀行総裁イヴァール・ルースと、ノルウェー銀行総裁ニコラス・リッグをノーマン自身と当時イングランド銀行の中央銀行担当部長だったハリー・シープマンに紹介するために催されたものだ。ランチでは何ら仕事の話は出ず、陽気で寛いだものだった。「リッグが言うには、彼が総裁になって間もなくロンドンに行ったがノーマンは出張中で会えなかった。そこでマダム・タッソーの蝋人形館を見学したそうだ。ノーマンはただちにシープマンに向かい楽しそうに言ったんだ。〝二度と他の人を同じ目に合わせないように〟とね」。ノーマンは明らかにヤコブソンの家では寛ぐことができた。それは彼がヤコブソン夫妻の両方と友人関係だったからだ。

ノーマンが女性との交友を必要としたのはその自伝によって広く知られており、実際ヴァイオレット・ヤコブソンとも月例会合の週の月曜日にお茶を飲むことになった。最初の数回はヤコブソンが同席したようだが、じきに多くの人がオフィスで彼を待っていることが伝えられた。ノーマンは必要以上に人目を避ける人間であり、ヤコブソン夫人を訪ねる際はケープ（肩マント）をひらひらさせながらわざと回り道を辿っていたものだ。結局こうした月曜日にヴァイオレット・ヤコブソンは家で一人の客を相手にしたのである。ノーマンは常に女性がそばにいることを求め、かつ彼女等と友人関係になる一種の才能の持ち主であったが、夫人に対して彼自身の不幸な少年時代を語るだけでなく、彼の個人的な悩みや国際的な銀行界での人間模様についても議論するのだった。

ノーマンとヤコブソンの間の友情は極めて予期しにくいものであった。互いに育ちが全く違っていただけでなく外から見てこれくらい対照的な二人というのも珍しかっただろう。ノーマンは細身で、気難しく、几帳面にフォーマルな手続きを重視し、シャイであった。ヤコブソンは大柄で不精気味であり、しばしばカジュアルで疑いなく陽気であった。にもかかわらず二人は多くの共通点ももっていた。高い知性と好奇心、ユーモア感覚と旺盛な仕事力、仲間や、協力者、余所者すべてに示す人的興味、せっかちで怒りっぽい気質、さらにはきびきびした箴言好みといった点だ。ともに生まれつきの優れた直感的な洞察力に多く助けられていた。とりわけ彼らは、世界の繁栄のための必需品である通貨・金融面での安定は国際的な協力体制の下においてこそ確立される、という強い信念を共有していた。その共通の信念のために彼らは人生を捧げ、その実現のためには、甘言、お世辞、賞賛、外交辞令、冷酷、説得等々あらゆる手段を厭わなかったのだ。

ノーマンはヤコブソンより二十三歳年上であり、その影響力は絶大なものだった。クヌート・ヴィクセル、アーサー・ソルター、マルクス・ヴァレンベリィ・シニアといったヤコブソンが崇拝していた他の人たちについてもこれほどその功績を頻繁には語らなかったからだ。

ヤコブソンは生涯を通じてノーマンの発言や政策を引用した。自らの著作にもそれらが多く引用されており、とりわけ日記にはさらに多くの記述があった。ノーマンに対する尊敬と崇拝の念は大変なものであったが、同時に決して無批判というわけでもなかった。彼らは常に何時間も費やして過去、現在、未来の出来事や政策について議論を戦わせていた。ノーマンは極めてオープンに持論の理屈づけや出来事、機関、人物などの判断基準について説明した。ひょっとしたら、彼は若い弟子の将来を見越して通常以上にそれらを明確に述べる労を厭わなかったのだろうか？

ヤコブソン自身がバーゼルとノーマンについてこう語っている。

月例の理事会の際にヨーロッパの主要な中央銀行の総裁たちとコンタクトをとることが、ＢＩＳでの仕事の醍醐味の一部だった。とりわけ私は常にイングランド銀行の総裁と二人きりで一、二時間議論したことが嬉しかった……。いまでも思い出すのだが、一九三一年十一月の理事会の際、ノーマン氏に対しいつもそう呼んでいたように「ミスター・ガバナー」と呼びかけ、彼がポンド・スターリングを強化する「プラン」をもっているかどうか聞いた時のことだ。「いや何もない」との答えが返ってきた。「しかしそれは大変なことではありませんか？」と私は尋ねた。「スターリングの動向が大英帝国のみならず、世界経済全体に影響することを考えれば。そして貴方はどうしたらいいかわからないと言われるのですね！」

「どうしたらいいかわからないなどと言っていない」。彼は答えた。「実際、私は十二ポイントに上る検討事項のリストを作成している。それぞれについて私がやっておくべきことも多くある。そしておのおのについて何らかの改善ができれば全体の状況も著しく改善するだろうということだ――」

後にヤコブソンが自ら政策立案を行う立場に立った時、ノーマンの「十二のポイント」を援用するのが常であった。もちろん、必要となればもっと総合的な「プラン」を作成し、場合によっては公表することをも妨げなかった。こうして彼は国際連盟金融委員会当時の戦略を同時にここでも実行していた。

②　安価な通貨の創造

ヤコブソンによれば、世界恐慌の影響を和らげるために中央銀行ができる主な貢献は短期金利だけでなく長期金利を確実に低下させることだった。金利の期間構造全体が変化することが必要であり、そうして初めて資本コストが低下して投資を刺激することができるというのだ。

すでに一九三〇年に書いた論文においてヤコブソンは、当時の長期金利が、二〇年末時点で利用可能な貯蓄水準との対比で異常に高止まっていると強調している。三一年になるとこうした現象は消滅したが、彼はなお長期金利が意図的に引き下げられない限り下方硬直的になってしまうであろうと考えていた。彼はそうした確信について、習慣というものが極めて強い影響をもつという以外に十分な根拠を示すことができなかったが、その見解の正しさは事実によって示された。三〇年代に意図的に長期金利を低下させる政策を実行しなかった国では、その後貯蓄や流動性が増加したにもかかわらず、それから理論的に期待できるような長期金利の低下を経験することがなかったのだった。

コストの低下を通じて投資を刺激する方策が決定的に重要だった一九三〇年代において、ヤコブソンは資本コストの低下という領域で中央銀行が主導的な役割を果たすべきだと考えていた。もし彼がノーマン総裁に長期金利低下に向けた政策をとることを確信させていれば、恐慌からの脱出に向けた決定的な一歩が踏み出された筈で、それは資本コストを低下させるのみならず、通貨量の拡大にも資するものになるであろう。

ノーマンとヤコブソンは一九三一年の秋頃から金利について議論していた。ノーマンの説明によれば、当時はイギリスの国際収支が季節的に悪化する時期であることから、長期金利はおろか公定歩合さえ低下させることはできないというのだった。利下げは、為替が乱高下しているような状況において決定的に重要なコンフィデンスの回復に水を差すという理由で、公定歩合は当時としては懲罰的な六%の水準に維持されていた。

ノーマンは、議会やマスコミ、さらには行政府からも激しい批判にさらされた。ノーマンに最も近い仲間たちもその政策は誤りだと警告していた。こうした批判はイギリスの国際収支の季節的パターンを軽視していたと言える。実際ノーマンの予想通り高金利はインドなどの金退蔵国からの正貨流入をもたらし、ポンド相場を押し上げ、マネタリー・ベースを増加させることによって拡張的な国内金融政策の実行を後押しすることができた。金融危機の際に実行された中央銀行信用の返済が進んだことを背景に、公定歩合は二月十八日に五%へと引き下げられたのであった。

いまや問題はさらにどの程度利下げが可能かということだった。この点に関してはノーマンとヤコブソンが一九三二年の四月十一日に議論した時点ではまだ解決をみていなかった。

もっと金利を下げるべきだと私は主張し、「そのつもりだ」とノーマンは答えた。「今週ではないかもしれないが、遅くとも来週にはね」……私は、金利をすべての信用体系にわたって低下させるべきであり、当座貸越金利や民間部門の債券なども含めるべきだと念を押した。「民間債の金利は五％だな」とノーマンは言い、私はいや四％にすべきだと主張した。「それは一理あるかもしれない。考えてみよう」とノーマンは言った。

こうした議論の際、常に厄介だったのが、短期金利に加えて長期金利も引下げることだった。短期金利は季節的に国際収支面の脆弱さがない限り、比較的容易に下げることができた。しかしその際、短期と長期の金利差が拡大しないよう金利の期間構成全体をシフトさせるのはずっと困難な課題だった。ヤコブソンはどんなに困難であってもそれを行うことが低金利の投資拡大効果を考えれば必要であるとノーマンに確信させていた。低金利は一九一〇年頃の高い出生率のゆえに大きな潜在需要が見込まれていた住宅投資には間違いなく効くだろうし、産業部門の投資をも促進することも期待される。とりわけ限界的なケースについては決定的な効果をもたらすことになるだろう。ただ、このように産業投資に対する金利水準の重要性を信じているのは当時としてはむしろ例外的であった。多くの論者は長期的な経済に関する展望こそが決定的と考えており、低金利がその展望を改善できるとは思っていなかったのだ。

そしてイングランド銀行のノーマンが、金利水準全般を低下させる公的債務の全般的な借換えという手法を編み出した。その準備には数カ月を要した。ロンドンの金融街シティに蓄積された膨大な金融技術と精神を総動員する必要があったからだ。この間、公定歩合は借換えの際に二％になることを目指して徐々に引下げられていった。そして一九三二年六月三十日、国庫債務の四分の一に上る二十億ポンドの戦時国債を三・五％の金利で借替えることが議会で公表された。

結果として民間債券金利も四％にできるほどの極めて低い金利が選択された。これは完全にノーマンのイニシィアティブによるものだった。イングランド銀行のアドバイザーだったサー・ヘンリー・クレイは「財務省は四％でも満足だったはずだ」と述べている。

ケインズもこの政策を全面的に支持し、論文「繁栄への道」においてその立場を明確にしたのだった。これはケインズ自身が一九三三年三月に『タイムズ』誌に寄稿した四篇の論稿に加筆修正し、議論を捲き起こした論文だった。彼はこの論文で借款により支出を増加させるためには三つの段階があるが、「わが国だけがその第二段階に到達したのであり、これは財務省とイングランド銀行がその移行過程を巧みに処理できたからだ。

一方同じことを最近までは容易にできた筈のフランスやアメリカが苦心しているのだ」と指摘した。ケインズによれば長期金利をすべての健全な債務者にとって十分に低下させるには政府と中央銀行による協調的な戦略が必要であり、具体的には適切な公開市場操作、考え抜かれた借換スキーム、さらには一般に受け入れられる予算政策の策定による金融部門の信認の回復といったものであった。

このようにケインズは金利の問題を十分に意識しており、かつそれに関する優先順位を正しく認識していた。これは彼が第三段階に位置づけていた公共事業の重要性をもっぱら強調する人たちと明確な一線を画するものである。専門の理論派エコノミストでさえ一九三〇年代の論稿のなかでは金利の期間構成の問題を忘却していたのであり、ヤコブソンがその点を強調するのにはもっともな理由があったのだ。では、ケインズは三二年にヤコブソンとの会合で行われた議論にどの程度影響されたのだろうか?

この会合はケインズがもちかけたもので、ヤコブソン夫妻はルース近郊のティルトンにある自宅に招かれた。ケインズはアーサー・ソルターから、夫妻が近くに行くだろうと聞いていたからだ。ケインズは記している。「貴兄がサセックス州に来られる際お話しする機会をもてれば幸いに存じます、なぜなら我々は確かこれまでお会いすることがなかったでしょうから」。

かくして一九三二年八月二日の会合は知的な試みとして成功した。ヤコブソンはケインズに「促されて」ティーからディナーまで付き合うこととなり、議論はさまざまな分野に及んだがやはり金利の問題が中心になったようだ。この会合は歴史的な出来事との関連でも大いに極めて興味を引くものだ。すなわちイギリスの国債借換えの直後であり、かつケインズは翌年初に「繁栄への途」の出版を控えていたのである。

ケインズはもっぱら金利について話し、金利を低下させることが最も重要だと言った。我々はそれこそが一九三三年に開催が予定されていた世界経済会議において最初に決議されるべきという点で合意した。ケインズはホートレーやカッセルのように貨幣数量説のみに依拠する人たちと対照的に、長期金利が重要な影響を与えるという意見をもっていた。当時ケインズは金利に関する理論的な難題に直面してそれにかかりっきりになっていたのだ。ケインズによれば金利を下げるだけでは不十分であり、その過程が緩慢過ぎるのであった。こうしたなかで彼は経済状況が好転するチャンスは十分にあると認めつつも、それが決して保証の限りではないと強調した。

ケインズは、貯蓄の有効活用はいずれ国債によってより大規模になされるべきだと考えていた。イギリスの産業を合理化するための額が大したものでないのに比べ、公的当局の援助によるロンドンの復興に膨大な資金が必要とされるからであった――

ヤコブソンがこうした議論にどの程度貢献しているかは興味深い。ただ、彼はケインズの熱烈な長期金利低下指向に全面的には同調できなかった。彼はその翌日ニーメイヤーとケインズについて意見を交わしており、二人はケインズのこうした態度には何か裏があるという点で一致した。もしかしたらケインズは、それによって過去の多くの失敗を取り繕おうとしているのではないだろうか？

ヤコブソンはケインズの知性を大いに尊敬していたが、いわゆるケインジアンの誘惑には屈しなかった。この二人は以後数年間、折に触れて会い、熱心に意見を戦わせたようだ。議論の中身はヤコブソンの日記にほとんど言及されておらず、いずれにせよ記録は残っていない。しかしヤコブソンはケインズがＢＩＳ年報を好意的に評価してくれることを感謝していた。ヤコブソンはケインズの最も優れているのは半分政治が絡んだ分野であり、純粋に経済学への貢献を考えた場合それがプラスであったかどうかについては疑いをもっていたのであった。

大英帝国が長期金利を低下させた唯一の国であるという状況は長くは続かなかった。大規模な債務の変換というテクニックは、その成功の程度こそ異なれ多くの国で採用されていった。オーストリア、ベルギー、デンマーク、オランダ、フランス、イタリア、スウェーデン、スイスといった具合であり、さらにアメリカを含む多くの国に拡大した。こうした施策を実行しなかった国、実行しても成功しなかった国では長期金利は五％強の水準に高止まりしていたのであった。

かくて長期金利を低下させるためには意図的な政策の実行が必要であるというヤコブソンの主張の正しさが証明されたのだ。彼はかねてから、短期金利の低下のみでは長期金利を低下させることにはならないと主張し続けていたのであり、長期金利は投資行動を刺激し、通貨量の増加を促すために低下させるべきであった。こうしたヤコブソンの主張に説得されてノーマンは一九三二年の大規模な借換えを成功裡に実施したのであり、それが多くの中央銀行によって採用されていくのである。このようにヤコブソンとノーマンの協力によって中央銀行が世界恐慌の影響を緩和するために主要なかつ迅速な貢献を行うことが可能になったのであった。

３　公共事業をめぐる諸問題

ＢＩＳでのヤコブソンの部屋は小さく暗めのものだった。静謐を求めて中庭に面した部屋にこだわったのである。書棚は夥しい書物、レポート、雑誌類等で埋まり、大き目の机も散らかり放題だったので物を書くスペースを確保するのは至難の業だった。二つの小さな脇机もさまざまなペーパーで覆われていた。彼の秘書でさえ余りの乱雑ぶりに書類を捜すことをためらう程だったが、ヤコブソン自身はいつでも必要なものをただちにみつけることができたのだ！

一九三五年一月の午後、心地よい茶色の革張りの椅子に腰掛けながら、ノーマンはイギリスにおける失業者数二百万人の潜在的な意味合いについて論じていた。二人の友人は当時の“挙国一致内閣”が本件について余りに及び腰であるという点で一致した。「年配の紳士が弁明しているようだ」というのだ。彼らの冷静な態度からは、失業に対する処方箋として好ましい公共事業が三〇年代においては理論的、政治的、さらには実行可能性といった点で最も議論が分かれるものであったとは想像できなかっただろう。

ＢＩＳはそれまで公共事業に関して何ら特定の政策にコミットしていなかった。ケインズでさえ決定的に重要と認めるに至った長期金利を低下させる政策の旗振りに成功した後、ＢＩＳの加盟国による政策対応はかなりまちまちであった。ドイツとスウェーデンは異なったやり方ではあったが、ともに公共事業政策を推進した。しかしその他の国では赤字予算の回避志向が極めて強かったため、こうした公共事業政策の実施は、公的部門への信認を決定的に失わせることになったと思われる。加えてＢＩＳは国際収支ポジションと国際的な金融の安定に懸念を示していることが知られていたので、公共事業にも反対であるとされていた。また、ノーマンについても同様に思われていたのだ。

しかしながら大英帝国は公債の借換えを行い、国際貿易の状況は改善しており、十分な外貨準備の下で変動相場制度を採っていた。ヤコブソンはノーマンにこう語った。

保守党の若手議員は政府同様、公共事業の推進に積極的であるにもかかわらず、彼らはそうした意見を議会においてさえ口にするに値しないと考えている。なぜなら彼らによれば、仮に彼らが財務大臣を説得したとしてもイングランド銀行でノーマン総裁がすべてをストップさせてしまうことを知っているからだ。

ノーマンは、その話は聞いたことがあるが、しかしそのことだけで自分が責められるのは馬鹿げていると述べた。なぜならその点だけが彼と財務大臣の見解が異なる点であり、彼自身はむしろより積極的な政策を提言しようと思っていたのだ。

これはヤコブソンにとって別に耳新しいことでなかった。ノーマンの意見はすでに仲間内では周知のものであり、実際、クレイは総裁が意外にリベラルな思想の持ち主で、財務省よりも変化をもたらすことを望んでいることを知りいかに驚いたかを一年程前に語っていたのだ。

財務省が公共事業の推進をためらっていた理由の少なくとも一部は、大規模な国内債務の存在であった。この件についてヤコブソンの態度は柔軟だった。それは一九三四年の六月に彼がイングランド銀行の何人かの局長たちと行った議論に典型的に示されている。局長たちも大規模な国内債務とそのファイナンスを考えれば公共事業に割ける余裕はほとんどないと考えていた。

ヤコブソンは問題の見方を転換した。彼はこう指摘したのだ。もし効果的な公共事業が開始され、景気の回復につながるならば、公共事業は物価の上昇とそれによる公債の負担の実質的な軽減につながるのではないかと。ヤコブソンにとってはこの点だけでも他の面ではうまく行っているイギリス経済にとって公共事業計画に着手する十分な理由になり得ると思われたし、彼とノーマンは同意見だった。

ヤコブソンはすでに数年にわたって、公共事業の活用により恐慌の影響を和らげる可能性について真剣に考えており、この問題について多くの国でエコノミスト、銀行家、企業家、政治家といった人々と論じていた。個別国の事情に関していくつかの研究も行い、それらはＢＩＳ年報のなかでさまざまな政策の一覧として活用され、それ以外にも有用な役割を果たした。

彼はこうした仕事を通じて三つの結論を導き出した。その第一はすべての国に通用する処方箋などないということだ。彼が一九三二年に書いたように、ケインズが語った「我々はより多く、より良質の財政赤字を必要としている」という謳い文句には、すべての患者に同じ処方を勧める医師と同様の誤りがある。ある国にとって財政赤字は有効に機能するが、それが他の国にも通用するとは限らない。その成否は各々の国に特有の状況、経済界の心理的な対応、政策が説明され実行されるやり方、そしておそらく何にもまして公共事業計画が他のいかなる政策との組み合わせによって実行されるかによるのである。

したがって彼の第二の結論は、賃金やその他のコストおよびそれらと物価との関係が決定的に重要ということだった。経済界にとって何がしかの利益が得られて初めて望ましい第二、第三の影響、すなわち公共事業や赤字財政の乗数効果や加速度効果と呼ばれるものが生じるのである。

この点について最も興味深い例は、ほとんど知られてはいないが、一九三〇年代にドイツで実行されたものだ。ヤコブソンは当初からその政策の技術的側面を高く評価していた。同国は金本位制国であったが、金準備をほとんどもっていなかった。したがって生産増加のために信用政策に頼らざるを得なかったのだが、それを除けば極めてオーソドックスな政策が実行されたのである。ヤコブソンはこの点について一九四二年にスイス銀行協会で行ったスピーチで詳述することになった。戦時中に中立国で行われたことによりこのスピーチはドイツ語、英語両方の新聞で論評された。最も詳細な記事を載せたのは『フィナンシャル・ニュース』と『フランクフルター・ツァイトゥンク』だった。

おそらく以下のような疑問が提起されるだろう、ドイツにおいては信用拡張政策が他の国でもたらしたような不幸な影響が生じなかったのはなぜか。この質問は単純なものだが、しばしば誤解されている。ある国において生産要素の完全雇用をもたらし、商品の在庫をより正常なレベルに調整するという条件の下で信用の拡大に依存する場合、インフレを避けるためには全体としての購買力を抑制することが必要である。それはまさしくドイツにおいて実現したことだった。時間当たり賃金の上昇が認められず、一九三六年以降賃金は凍結され、企業の配当は制限され、直接税、間接税両面にわたって増税が実施された。これらの政策の実施が経済の好調と相俟って政府の税収は一九三二・三三年度の七十億マルクから一九三九・四〇年度には二四〇億マルクに増加したのだ。ライヒスバンク（中央銀行）は、特別手形の発行で過剰流動性を吸収することに成功した。貯蓄に関する公衆の信認を維持するために大いなる努力がなされた。通貨への信認を維持するために注意を払ったことがライヒスマルクの切下げを行わなかった重要な理由の一つだった。

こうしたさまざまなやり方で貯蓄の奨励が図られたのであり、ドイツにおける信用拡張政策が奏功した秘密はまさにそこにあったのだ。ドイツにおいては膨大な再軍備計画は生活水準の向上に結びつくものではないことが一般に理解されていた。「銃かバターか」の選択であり、両方を望むことはできなかったのだ。かくしてドイツにおける経済活動の復興は貯蓄の増加をともなわずに成し遂げられたのでは全くない。むしろ逆に高い貯蓄こそがそれを可能にしたのだ。

ヤコブソンは一九三〇年代のドイツの経験を極めて大切に考えていたので、後に彼が自らの手でリサーチ・センターを設立した際、そこから本件に関する本を出版している。

他国の例をみると、通貨切下げの直後に小幅な賃金下落を経験したイギリスやスウェーデンでは工業国のなかで最良の回復がみられた。イギリスの場合財政は均衡していたし、スウェーデンでも赤字は小幅であり、かつたくみに運営されていたのでブームの際に余裕を以って解消された。スウェーデンは輸出が増加し、とりわけ建築ブームが起きていたイギリス向けの建材が好調だった。

アメリカとフランスでは大幅な財政赤字の下で公共事業政策が導入されたが、両国とも賃金の大幅な上昇によって失敗に帰していた。結局アメリカでは失業率は戦争が開始されるまで一五％を上回っていたのである。

国際的なコストの調整において通貨の切下げが重要な役目を果たした。イギリスとポンド切下げに追随したすべての国がその恩恵を蒙った。アメリカの切下げは遅過ぎた。また、フランスを始めとする金ブロック諸国は通貨の過大評価に苦しんでいた。ヤコブソンは赤字財政や公共事業によって輸出需要が創出されるわけではないと繰り返し指摘していた。

ヤコブソンはより多くの購買力が必要との議論に関心がなかった訳ではない。だが、彼はそのために正当化できないほどの賃上げをすることは企業経営への悪影響を考えれば全くの逆効果だと考えていたのだ。追加的な購買力の創出はまずは信用の拡張によって、さらに必要ならば赤字財政によって保証されるだろう。

ヤコブソンがたどりついた三番目の結論として彼がノーマンに詳述したのは、以下のようなものだった。すなわち恐慌の際に産業を活性化させる手段としての公共事業には一段と信頼が置けなくなった反面、少なくともいくつかの国にとって国家の恒久的な施策としてより多くの公共事業を実施するべきであると考えるようになっていた。ヤコブソンがこうした結論に辿り着いたのは、公共事業を景気の良し悪しにかかわらず整斉と実行することが経済に安定的な効果をもたらすと考えたからであった。それはまた、政治的な色がついていない利点をもつビルト・イン・スタビライザーとなり得るだろう。ヤコブソンは不況期に増税によって公共事業を実施することは経済に何ら刺激的な影響をもたらさないことを熟知していた。

すでに述べたようにＢＩＳは恐慌への対処としての政府支出について公式の見解を明らかにしていなかったが、ヤコブソンは第七次年次報告（一九三六・三七年度）のなかに以下のような形で簡潔な評価を巧みに滑り込ませている。

恐慌からの脱出に際して、借入による公共支出が果たす役割について多くの議論がなされている。実際多くの国では赤字予算が組まれており、ほとんどすべての場合、借入によって公共支出が賄われている。こうした国のなかでも景気が迅速に回復する例と回復が遅れる例がみられており、結局、コストと物価の関係を均衡させる一般的な条件が整っている場合に初めて政府支出が回復を助けることになるのだと思われる。そうした条件が整っていない場合かかる支出は総じていえば有害でしかない。なぜならば過剰な支出を賄うための恒常的な借入需要が政策への信認を害し、金利の自然な低下を妨げるからである。

4 同僚たち、そして直面した諸問題

BISが直面した問題の多くは新しいものであり、また古くからある諸問題はその手に余るものだった。為替レートは金ブロック諸国以外については変動しており、それらの変動はしばしば大きなもので、賠償・戦債・公共事業・金利それに通貨秩序の行く末を見定めがたいものにしていた。多くの会議が、慎重に準備されたにもかかわらず失敗した。それらの会議は国際的協力と平行しながらも、各国の経済・財政構造の均衡を回復させようとする一国的な努力によって通貨秩序を再建しようとしていた。しかしこれは各国中央銀行の力をもってしては成し遂げられないことが明らかになり、まずは政府の行動が頼られることになった。一九三二年七月のローザンヌ会議は賠償問題を解決したものの、連合国間債務問題は手つかずのままとなり、三三年に世界経済通貨会議を招集することが提唱されたのだった。

BISはこの世界経済通貨会議を準備する作業に加わり、そのための公式会合が一九三二年の初秋からジュネーブで始まった。三三年一月に開かれた〔注解付きの〕議題準備委員会にて、ヤコブソンは突然に主要な起草委員会の事務局長になることを打診された。当初予定されていた人が病に倒れたため、イギリス財務省のサー・フレデリック・フィリップスがヤコブソンにその代わりになるべきことを求めたのである。ヤコブソンは、フィリップスを二三年から知っておりその性格から彼の申し出に進んで応じたのだった。

ジュネーブでの消耗した二週間にわたる日々の記録は、それだけでも一章をなすだろう。会議ではすべての参加者が何らかのアイデアをもっており、アイデアはしばしば覚書の形になっていて誰もがそれを議題に取り上げられることを望んでいた。起草委員会も自身のアイデアを抱いていた。起草委員会事務局長としてヤコブソンは、自分自身が到達した考えを見失わないようにしながらもみんなに満足していてもらわねばならなかった。とどのつまり、BISは唯一の国際通貨機関だったのだ！さまざまなグループとの交渉が連日にわたった。ヤコブソンは、夕方に口述させ、深夜に執筆し、早朝にも筆を執った。考えをまとめる貴重な時間はほとんどなかった。日記には「睡眠は二時間半だけ」といった記述が繰り返されている。ヤコブソンの忠実な秘書は、すべてを時間通りにタイプ印刷した。準備委員会メンバーや国際連盟の旧い同僚、それにジュネーブの友人たちとの朝食、昼食、夕食もあった。こうして議題註解資料はともかくもでき上がった。

フィリップスとヤコブソンは、親しい友人にもなった。二人は、ヤコブソンにとっては、同時代人ととりむすんだなかでは

珍しく親密な関係を築いていった。一九三〇年代を通してかれらは機会が許す限り頻繁に会った。ヤコブソンのたびたびのロンドン訪問の際には、アイルランドとの往復の途中の短い滞在時を含めて、二人はいつも会うように努め、心やすい雰囲気の際には一緒にゴルフを楽しんだ。ヤコブソンはフィリップスを理論家として認め、第二次大戦中にワシントンでフィリップスが亡くなった際は、個人としての別れを惜しんだだけでなく大英帝国と世界全体にとっての損失とみなしたほどだった。訃報が届いた時ヤコブソンはこう書いている。「私はこう言ってきた……。この人は、私の知り合いのなかで、その論理についていた私が畏怖を感じた唯一の男だ。論証の際には彼に論理的なミスを発見されないようにといつも気を配っていたものだ。しかし高等数学を趣味にしている人に――それはアインシュタイン以上だ！――どんなお目こぼしを期待できようか」。

ロンドン経済会議は一九三三年六―七月に開催され、当初は高い期待を集めていた。しかしアメリカ合衆国が為替レートの安定化についての議論には応じないと一方的に宣告した際に、その期待は撃沈された。ロンドン会議の目標は、金本位を維持している諸国におけるコストの引下げと、通貨を切下げた諸国における信用拡張とによって、新しい均衡に達することだった。アメリカ合衆国の動きによってこの目標は実現不可能なものとなり、混乱と失望が広がった。

休会が大いに議論されたが、会議はだらだらと続いた。ベルギー、フランス、オランダ、イタリア、ポーランドとスイスは為替レートの安定を宣言し、後に金ブロックとして知られるようになった。英連邦の主要諸国は、商品価格の引上げと金の購買力の相対的な安定を宣言した。しかし経済的な諸条件を安定させることも、金融秩序を再建することもできなかった。こうして経済的ナショナリズムが勢いを増した。

ヤコブソンは、ロンドンで過ごした六週間の会議の期間に、個人的には勝利をおさめた。通貨の領域で成功をおさめた唯一の解決案に関わっただけでなく、友人と知己の輪を大きく広げることもできたのだ。この数週間の間に彼が知り合った人々のリストは、当時の金融界の「人名録」の様相を呈した。

ロンドン経済会議が一九三〇年代の堅固な経済的基盤を作ることができなかったのは、ポンドとドルという、二つの最も重要な通貨の間の関係についての明確な政策を欠いていたためである。とはいえ会議は、通貨に関するいくつかの重要な解決策を採択した。それらは三〇年代のＢＩＳの活動にとって基礎となるものであり、通貨問題と通貨政策についての新しい考え方を含んでいた。公式に推奨されたそれらの主要な新機軸は、金本位制にかかわっていたが、金為替本位制や変動相場制にも適用可能なものだった。さらにある一般的勧告は、経済構造の柔軟性を増すために、金準備の最低限を通例の〔訳注―銀行券発行残高の」三分の一から二五％を上回らない水準に変更することを勧めていた。これは国際連盟金委員会報告の勧告の線上にあるものであり、この点では歓呼をもって迎えられたものである。

ロンドン会議の勧告に体現された政策は、議題、とりわけ第五号勧告にもとづいていたが、その通貨についての新しい考えには以下のような二つの新機軸があった。

第一に、金移動は、一国の国際収支の「基礎的均衡」の欠如を反映していない限りは、そして一時的な性格のものとみなされる際には、必ずしも当該国の信用政策に変更をもたらすものではない、ということである。従来は金本位制の厳格なルールのもとでは（それらは常に執行された訳ではないとはいえ）すべての金移動は一国の信用政策の変更に帰結すると考えられていた。

第二に、各国中央銀行は、それぞれの国内政策の枠内で世界経済の発展に好ましい影響を及ぼすために、必ずしも同一でなくても似通った方法で協調行動を取るべく協力することが求められたのである。旧来の金本位のルールでは、各国は個別に行動しても、結果としてしばしば同じ方向に行動することになった。いまや各国は、規制のためにも拡張政策のためにも協調しなければならなくなった。「世界の景気の不相応に大きな減退は、各国中央銀行に金融緩和に向けた政策を採用させるだろう」。

通貨の分野においても拡張政策が公式に仕込まれたことは、考え方の変化がいかに根本的であったかを物語っている。通常、中央銀行家たちは、一九三〇年代に自分たちの固有の領域で信用拡張に向けて自分たちが払った努力について賞賛されることはない。こうした自由化の背後にあったのは、多分にイングランド銀行のノーマンの影響であった。ノーマンは発想の変化が必要だと認識していたのである。三三年五月、すなわちロンドン会議より前にはノーマンはむしろ悲観的だった。次々と困難な事例を聞かされていたからである。ヤコブソンは、ノーマンが以下のように述べてヤコブソンを驚かせたと日記に書いている。

ノーマンは「至るところで社会革命が起きている」と述べた。これに対し、私は会議についての長広舌を披露した。ノーマンは「君は医者にかかったほうが良いよ。君が、政治家がそれをすべてできると考えているならね」と述べた。私は「座ってそうさせることなど簡単です」と応えた。

ヨーロッパをはじめ各地での回復の遅れに衝撃をうけたノーマンは、事態が政策転換によっても打開されていなかったにもかかわらず、ロンドン経済会議の舞台裏で自分自身の影響力を駆使してＢＩＳが提案していた自由化措置に対する反対論をおさえこんでくれた。

通貨の領域で協力する意志を示した声明が出されたことは、巨大な前進への地ならしとなった。それは一九三六年の三国通貨協定への一歩となった。協定は、まずアメリカ合衆国、イギリス、フランスで締結され、後にスイス、オランダ、ベルギーを包含することになる。三八年にアメリカ合衆国とイギリス間で通商協定が可能になったのもこの通貨協定が存在していたからこそである。

三国通貨協定とこれに関連した切下げのもう一つの帰結は、金の廃貨であった。その背景には各国通貨への新たな信認と一九三六―三七年における証券ブームがあった。当時は完全には理解されていなかったが、この未曾有の規模におよんだ金廃貨は、政治的な理由に基づく欧州からの長期的な資本逃避の動きでもあった。東西の諸国における他の廃貨と合わせると三六年の金移動の合計はおよそ百億スイス金フランにのぼった。

アメリカ合衆国、カナダおよびラテン・アメリカは、イギリスと同様に巨額の金輸入国だった。このうちイギリスは、為替平衡勘定によって金輸入の影響を「不胎化」するためのメカニズムを有していた。これによって国内経済は「ホットマネー」の影響から遮断されたのである。同様の措置は他の金輸入諸国でも採用された。

当然のことながら、この金問題にどのように対処するかをめぐっては識者の間で議論が展開し、とりわけアメリカ合衆国では金価格の引下げが推奨されていた。一九三七年五月に刊行されたＢＩＳ年報はこうした措置は、他の諸措置のなかでも多少なりとも均衡状態にあった諸通貨の相対的なポジションに破壊的な効果をもつだろうとデルファイの神託のように論じ、「それは通貨投機の危険をはらんでおり」、それゆえ「通貨の構造に不安定と不信を醸成するだろう」と述べている。

このスタンスは議論を呼び起こした。『ファイナンシャル・ニュース』の海外編集担当だったポール・アインチッヒは金価格の上昇を予言しており、現行の価格が「厄介なほど高い」と言われていることに不満だった。ヤコブソンはこの問題をめぐって公刊されたいくつかの論文に目を通し、友人への書簡のなかで自身の見方を披瀝している。以下は、一つの好例である。

年報が私の個人的意見だけを反映しているなどと論じることは、もちろん完全なナンセンスだ。金に関する章は、Ｌ・Ｊ・Ａ・トリップ博士（当時のＢＩＳ総裁）のみならず、ケネー氏、ベイエン博士をはじめＢＩＳにいる他の常勤スタッフによっても注意深く検討された。それに加えて、いくつかの主要な中央銀行の専門家によっても通読された。

金はヤコブソンの得意とする主題だったことは広く知られており、それだけに彼はＢＩＳの集団的責任を保証することに心を砕いていたのである。ヤコブソンがどれだけ自分の朋友たちを説得できたか、ということはいまとなっては検証できない。

一九三七年の秋にはアメリカ合衆国で景気後退があらわれていた。金価格に変更がなかったことに安堵が広がり、この問題は棚上げになった。金の輸出は前年の輸入六分の一にしかならなかったものの、アメリカ合衆国における金不胎化計画の取り下げに導いた。

これらの問題をめぐって論争を繰り広げた多彩な人物のなかには、謎めいたヤルマル・シャハト〔訳注―ライヒスバンク総裁〕がいた。シャハトは四カ国語でジョークを飛ばす柔和なコスモポリタンだった。ノーマンはシャハトの友人だったが、だからといってノーマンはシャハトの人物像を描くのに手加減することはなかった。一九三三年にシャハトが任命された時、ノーマンはこうコメントしている。「シャハトは非常に優秀な銀行家だ。私はドイツ人がいま彼を望んでいることをよく理解できる。私が思うに、彼は非常に使いやすいだろう。登場の際には皆に歓呼で迎えられるだろうが、彼は彼自身の信ずるところを――他の人々が考えること、ではなく――行うだろう。そして六カ月も経てば、彼は多くの人の足を踏みつけ、人々は自分たちが迎えた者の本当の姿を思い知るだろう」。実際、シャハトは三九年初頭までその職にあった。

ヤコブソンは、シャハトを「明敏だが、近視眼的」と評した。これはヤコブソンが好んで使った表現だが、それがおそらく最も効いたのはずっと後年のことである。五六年にヤコブソンは、当時イングランド銀行総裁だったキャメロン・コボルドと、かつての同僚シャハトのことを話していた。コボルドは自分がいつもノーマンとは、シャハトがそれほど偉大な人物であったかどうかについて意見を異にしていたと力説した。ヤコブソンは常にシャハトの技術的な面での聡明さに感心していたとはいえ、シャハトがある行動の究極の帰結を必ずしも常に見通すことはできなかったという点を強調した。

ヤコブソンがノーマンをどうみていたかということも、二人の密接な関係とそれが世界経済に及ぼした影響の故に特別の興味を引く。以下の人物評は一九五〇年に書かれており、時間によって与えられた全体像を見通せるという利点を備えている。若干の縮約を加えているが、以下のように読める。

モンターギュ・ノーマンの訃報に接す――ノーマン卿は晩年を迎えていたが、それはノーマン卿にとって栄光の日々ではなかった。実に偉大な人物だった。ノーマン卿の偉大さは、これからますます認められていくだろう。彼がいなかったら、以下のことは成し遂げられなかったろう。

一、一九二一―二八年の危機的な時期に、国際連盟金融委員会にそれまでと変わらない支援を行ったこと。
二、BISを存続させ、その影響力を保ったこと。
三、スターリング圏に備わった信認を維持したこと。
四、一九四〇―四二年の危機的な年月に大英帝国の力をそれまでと同様に維持したこと。

私と私の家族――とりわけ、もちろんヴァイオレット――に対するノーマンの友情は、私たちの生活にとっても特筆すべきことだった。

ノーマンの偉大さとは何だったろう。

ノーマンは芸術家だった。ノーマンは一定の行動の帰結がどのようになるか、あれこれの状況の可能性はどうなるか、ということを感知した。ノーマンは国際的な通貨機構が――国際連盟金融委員会とBISが――存在しなければならないということを深く信じていた。そして一度確信を得たら、ノーマンはそうした方向への支援に乗り出した。ノーマンは建設的な精神の持ち主だった。

ノーマンは公衆を怖れるよりも、むしろ戯曲的――劇的な、とさえ言える――だった。ノーマンは誇張を好まなかった。そこには芸術家的な簡潔さがあった。ノーマンの解決策はどれも「複雑」ではなかった。ノーマンは正道をはずれた精神はもっていなかった。……ノーマンは正面切った物言いと率直さを好んだ。それは、もちろん、ノーマンがイギリス財務省のニーメイヤーのなかに見出し、好んだ資質でもあった。

一九二三年に最初に会った時からノーマンは何かと私を気に掛けてくれた……。ノーマンは［BISの］私の部屋に入ってきて、三〇年代風の言い回しでよくこう言ったものだ。「今日は私にどんな文句を言いたいのかね」。

ピエール・ケネーが、パリとニューヨークで金融的なパワーを分け合うことをねらってBISを利用してロンドンを外そうとした時のように、イギリスの国益が関わるところではノーマンが闘いを挑む他ないような譲れない核心があった。「闘い」というのは大げさだろう。ノーマンはたんにケネーを切り捨てたのだから。ノーマンの偉大なところは、ケネーがこの試みに成功するかもしれないのでは、と怖れることはなく、BISへの支援を続けてくれた点にある。

ノーマンの人柄と問題解決法に対するヤコブソンの敬意は変わることはなかった。ヤコブソンは終生、ノーマンから学んだことから利益を引き出し続けた。

他方で、BISの常勤職員についてはは日記にはほとんど言及がない。家庭では、ヤコブソンはかれの部署や他の部署のメンバーがやり遂げる仕事の質についてしばしば好意的に言及していた。もちろん、時たまコップのなかに嵐が起こることはあった。しかし、全体としてBIS職員は非常に忠節を尽くしてくれた。それは大不況の最中にあって、上席のスタッフたちが自ら給与カットを受け入れて職員の解雇につながらないようにしていたことをBIS職員が知っていたことが一因であろう。

一九三九年の初夏にヤコブソンは妻と連れ立ってアメリカ合衆国とカナダを初めて訪問した。後から考えるとそれまで訪米が遅れたことが不思議に思えるほどである。かれは、二〇年代からアメリカ人の友人をもっており、当時ニューヨーク連邦準備銀行の経済顧問だったW・ランドルフ・バージェスとの文通は三二年に遡る。ヤコブソンは、アメリカ合衆国の政治を最大の関心と注意深さで見つめていたが、訪問したことのない国について何かを書こうとはしなかった。

一九三四年から三八年の間は、ヤコブソンはBISでの仕事のほかに、アイルランド銀行委員会で多忙を極めていた。そのうえ、第二次大戦前のアメリカ合衆国への旅行は二つの長い航海を含む船旅だったということを忘れてはならない。飛行機で週末に訪問するという訳にはいかなかったのである。

ヤコブソンは、訪米後は終生、一九三九年にヤコブソン自身がアメリカ合衆国で見出した失望の広がりを演説、論文や会話のなかで強調することになる。当時はまだ労働人口の一五％にも及ぶ一千万人の失業者がおり、この状況について何をなすべきか誰も理解しているようにはみえなかった。ヤコブソンは、ニューディール政策の最も先鋭的な理論的提案者の一人であったアルヴィン・H・ハンセン教授をはじめ多くの人々と論争を交わした。論争相手の人々とは、民間投資の不足を補うための恒久的赤字財政について鋭く対立した。これと対比されたのは、スウェーデンの補完的財政投資、すなわち景気対策の赤字を好況期に払い戻す方式である。最悪の衝突は「コストの調整」に関する見解をめぐって現われた。ヤコブソンは、景気拡張のための十分な企業収益を保証するためには賃金を含むコストを一定に抑えることに最大限の注意を払うべきと論じ、経済政策のこの局面が顧みられていない、と繰り返し強調した。

ヘンリー・モーゲンソー財務長官とのインタビューのなかで、ヤコブソンはこれらの論点を取り上げ、ハンセンやとりわけ連邦準備制度理事会の面々が書いたものに対して反論が不十分だと述べた。ハンセンたちはアメリカ合衆国は完全雇用を保証するに足る資本投資の機会をもはや提供することはできない、という停滞理論を信奉しており、ヤコブソンはこれは危険な理論であるとみていた。

モーゲンソーの答えは予想外に、あきらかに真摯なものだった。外交的な言い振りでない。

モーゲンソーは、財政赤字との闘いに際して、自分にはほとんど支援がなかったと厳しい不平を述べた。マリナー・S・

エックルズ総裁率いる連邦準備制度理事会がテーブルの向こう側におり、A・E・ゴールデンヴァイサー教授が時にはかれの上司〔訳注―エックルズ総裁〕に異を唱えてモーゲンソーに素材を提供してくれたとはいえ、ゴールデンヴァイサー教授はこの闘いの援軍としては頼りなかった。私は、ウィンフィールド・W・リーフラー、ウィリアムズ教授およびウォルター・スチュアートの名前を挙げてみたが、モーゲンソーは、リーフラーはここ二年論文を書いておらず、ウィリアムズ教授は五年も書いておらず、スチュアート氏に至っては何も書いていない、と述べた（ウィリアムズ教授は、実際には何本かの論文を書いていたが、一般に広く知られたものはなかった）。財政出動を求める理論に対して、刊行された回答の唯一のものはナショナル・シティ・バンクの月報に載っており、モーゲンソー氏はこれを数ある銀行月報のなかで最良のものとみなしていた……しかし銀行月報というのは、それがウォール街の住所から出版されているが故に、世論には大きな影響は与えられないものだ……。

モーゲンソーは、続けて、景気が回復した時には自分の影響力は増したものだが、景気が悪くなると自分の影響力はしぼんだ、と述べた。モーゲンソーは、景気動向と政府の政策における自分自身の個人的影響力との相関を力説した。モーゲンソーは私に訊いた。「私の言っていることがわかるかね？」。

景気がいくぶん回復したため、モーゲンソーは過去数カ月のうちに特に課税についていくつもの際立った施策を導入させることに成功した。モーゲンソーはまた、経済に巨額の資金を注ぎ込みかねなかったいくつかの危険な「おもちゃ」について、その誤用を予防することができた。これらの「おもちゃ」には、たとえば新旧の銀の再評価が含まれていたが継続的な監視が必要だった。低金利政策についてはモーゲンソーは、真の景気回復がみられたらただちに「資金は過少になるだろうし、また過少にならなければならない」と断じている。モーゲンソーはまた、ヤコブソンとのインタビューに先立つ三週間前に資金流出の兆候が見られたことを非常に喜んでいた。モーゲンソーは強い流出傾向がほどなく本物になることを望んでいた。

ニューディールの知的雰囲気のなかで活動していた財務長官からこうした予期せぬ見方を示されたことは、ヤコブソンの印象を打ち固めるのに与った。しかしヤコブソンは、アメリカ合衆国は一つの国ではなく、一つの大陸であり、アメリカ合衆国のさまざまな部分は非常に異なった問題を抱えているということを自覚するようになった。ヤコブソンはまた、これほどにも巨大な国が直面している行政上の諸問題にも仰天している。訪米旅行を振り返って、ヤコブソンはこうまとめている。

アメリカ合衆国で過ごした一時期を振り返ると、この国の人々や社会のありようを自分自身が好むようになったことに一段と衝撃を覚える。私はすべての問題がややこしくなりがちな時代に、大国というものに信を置かないのだが、にもかかわらず私はアメリカ合衆国が示しえたアプローチの幅広さ、意欲、そして豊かさに魅了されざるをえなかったからである。

カナダへの旅行も有益だった。私は、そこで人々が問題に取り組んでいる様子を目の当たりにしたからである。それらの問題は制御可能なものにみえた。もちろんカナダ銀行総裁のグラハム・タワーズのような人物は、ほぼどこにあってもそのような印象を与えるだろうが。

一九三〇年代を通してBISは、素早くそして目立たないようにその立場を確立した。ジャーナリストたちはもはや会合を追いかけようとはしなかった――BISの初期にあったそうした試みには、断固たる対応がとられていた。年次総会の後に記者発表があるだけだった。信頼されたジャーナリストたちはBISについて完全な情報を簡潔に与えられ、そのジャーナリストたちはまじめな記事を書き、そしてBISは限られたサークルのなかでよく知られるようになった。しかし「中央銀行のクラブ」のメンバーたちは、BISが可能にした国際協力がなければ仕事ができないということに気づいていた。BISの有するこうした機能が実際に有益であったことがその後の嵐の年月に際してもBISの存続を保証したのである。

5　アイルランドの幕間劇

ヤコブソンは、一九三四年から三八年までの四年間をアイルランド銀行委員会の非常勤メンバーとして過ごした。この四年間は、ヤコブソンの職業生活のなかで最も重要な四つの時期の一つに数えられる。ヤコブソンはダブリンの雰囲気を好み、諸人士の複雑な人柄に戦慄し、意見の衝突からくるこじれた問題にはまりこみながらも、アイルランドの生活が提供してくれた情理にわたるさまざまな機会を楽しんだ。

アイルランド銀行委員会の二人の外国人メンバーの一人であるという仕事は（二人目のメンバーはイングランドのセオドア・グレゴリー教授だった）デリケートなものだった。他の十九人のメンバーは、銀行家、労働組合の活動家、大学教授、金融機関の長、それにローマ・カトリック教会の司教から成っていた。二十一人の全メンバーのなかには六人のプロテスタントがいたが、宗教上の違いが委員会の仕事に影響するなどという兆候は微塵もなかった。アイルランド大統領のイーモン・デヴァレラ氏は、すべての意見が代表されることを望み報告書にもそれが反映されることを期待していた。

公式には検討すべき二つの問題があったが、実は第三の問題もあった。ヤコブソンがすべての問題のうちで最も重要とみなすようになったのは、この第三の問題だった。

第一の問題はアイルランドは中央銀行をもつべきか、というものであった。一九三二年のオタワ英連邦会議ですべての連邦構成諸国に対して中央銀行の設置を求めた決議が提出されたが、アイルランドはこれに反対した二カ国の一つだった。翌年のBIS年次総会で、ニーメイヤーをはじめとする理事会メンバーは、BISがさきの決議に反対した国で中央銀行の設立を後押しすることができるならそれは大変有益な動きになるという意見だった。一九三四年の夏にヤコブソン宛に委員会のメンバーになってくれるよう要請が届いた時、ヤコブソンはアイルランドの西部で休暇中だった。BISの意見を知っていたヤコブソンは、委員会の座長に内定していたジョセフ・ブレナンに、中央銀行の設立は優れたアイデアだとただちに賛意を述べた。中央銀行は政府のアドバイザーとして行動できるし、健全財政を後押しする正しい機構になりうるだろう、と(直近の公債は破綻していた)。

第二の問題はアイルランドの国内的、社会的、経済的な状況認識だった。労働人口の八%を超える十万人の失業者がおり、農業は不況にあえいでいて、潜在的失業人口を抱えていた。産業は高コストに苦しみ、真に繁栄しているとは言えなかった。こうした国内の状態を早急に改善するにはどのような信用・金融政策を導入すべきだろうか。

ヤコブソンの目に最も重要と映じていた第三の問題は、しかしながら銀行委員会の任務の外にあった。イギリスとの経済戦争はこの国に大変な重荷になっており、これが終結しなければアイルランド経済の国内的諸問題の解決は覚束ないほどだったのである。

ヤコブソンが自分自身に課した予定は、ヤコブソンが年数回、スイスからダブリンへ往復しなければならなかっただけに最もハードなものだった。ヤコブソンは土曜の深夜にバーゼルを発ち、月曜早朝にダブリンに着き、そのまま委員会に出るという具合だった。ドーバー海峡とアイルランド海はヨーロッパの海のなかでどちらがより悪い天候か、あたかも張り合うように荒れて船旅はしばしば不快なものになった。復路も同様だった。しかし、ここが最も重要なのだが、ヤコブソンはアイルランドへの行きか帰りのどちらかでロンドンで一日を費やした。これらの小休止はロンドンが空になる週末がほとんどだったが、イングランド銀行、財務省、その他の重要な機関の人々との面会にあてられるのが普通だった。アイルランド問題が話されただけでなく、ロンドン金融界の全体がヤコブソンがアイルランドに関心を抱いていることを知るようになった。

ヤコブソンは、時間をみつけてはアイルランドの生活を楽しんだ。ヤコブソンの妻は可能な限り頻繁に同行し、ヤコブソンがアイルランドを訪問している間、アイルランドか、娘たちがいる寄宿舎があったイングランドに留まった。ヤコブソン夫妻は二人で一緒に楽しみ、もてなしを受け、アビー・シアターに通い、新刊の本や詩をめぐる談話に熱中するようになった。ゴルフをプレーし、小噺がやりとりされ、ことわざが交換された。銀行委員会メンバーのために用意されたアイルランド周遊旅行では、良き道連れができた。生活は忙しかったが、ヤコブソンと妻は他のどこよりも寛いでいられた。一九三〇年代におけるヤコブソン夫妻の生活のうちで最も思い出深い時期はアイルランドで、とりわけダブリンで過ごされた。ヤコブソンは、ケルト風の温かい魅力のもとで胸襟をひらき、後年、それが自分自身に及ぼした人間味溢れる効果を懐かしんだ。

銀行委員会が会合を開いた部屋の雰囲気にはアイルランドが抱える矛盾が凝縮されていた。

委員会の部屋はずいぶんと狭かったが、それはブレナンには似つかわしかった。ブレナンはまず自分自身の心地よさを最優先で考える人物だった。場所についていう限り、それは悪くなかった――通貨委員会、アイルランド銀行とトリニティ・カレッジの近くにあり、ジャメッツという、当地で最も好奇心をそそるレストランの一つも近所だった。このレストランは高価で良質の食事を供し、レマスがお膳立てした保護主義のおかげで富をたくわえた「ニューリッチ」でにぎわっていた(一九五九年にアイルランドの首相に就任すると、ショーン・レマスは保護主義政策の終焉を導いた)。

座長のジョセフ・ブレナンは遅刻の常習犯で、午前中の委員会に十五分か二十分以内に現われることはほとんどなかった……。委員会の仕事を振り返ると思い出される――朝、座長を待っている間に、私たちは意見を交換し、小噺を交わし、その日の朝刊紙面のいくつかの段落を見せ合い、情報を収集した。もしも毎朝私たちが十時三十分きっかりに、あるいは十時三十五分に開会していたら、と考えると不思議な気がする――座長の遅刻がなければ、我々から最も有意義な時間が奪われていたかもしれない。されば座長閣下、ありがとう!

委員会の所轄事項は広範囲に及んだため、銀行の諸問題だけが論じられたわけではなかった。雇用、投資、農業、それに貿易収支・国際収支のサーベイもあった。ヤコブソンが委員会レポート公刊後に発表した回顧論文で指摘しているように、こうしたサーベイは、通貨問題の報告としては異例のことであった。しかし彼はこれらのサーベイを本質的に重要なものとみており、これがあたらしいスタイルとして定着することを望んでいた。当時は統計その他の情報が一般的に不足していたので、こうしたマクロ経済的アプローチには、分厚いあらたな基礎研究と統計技術が必要だった。必要なもののなかには、アイルランドの国民所得と賃金指標が含まれていたが、委員会が卸売物価指数の提供を可及的速やかに行うよう勧告したのは一九三八年になってからであった。

幸い、農産物価格、輸出入価格、それに生計費指数が入手可能だった。それらによってイギリスとアイルランドにおけるコストと価格のかなり正確な比較が可能になった。その結果委員会は全会一致で、主要な貿易相手国の通貨であるポンド・スターリングとのリンクは維持されるべしとの強い勧告を行うに至った。

一九三四年に委員会が設置された際には、アイルランド政府は当時切下げたばかりのドルにリンクする考えに惹きつけられていた。委員会に寄せられた数多い提案のすべてが、すでに巨額におよんでいた公共支出を増やして赤字公債を増加させることを呼びかけており、切下げかフロート化によってスターリングとのつながりを絶つことを陰に陽に見通していた。こんな警告があった。「貿易業者が為替レートをフロートさせることにともなうリスクを避けるようにすることは、もちろん重要である。……それゆえ外国通貨の取引にかかわるすべてを統制することが必要なのである」。

ヤコブソンは、終始、予算を均衡させることと赤字公債を増加させないことを主張し、大統領デヴァレラにこう直言した。「社会的予算措置をどんなに採用しても、雇用指標の改善は具体化しませんよ」。ヤコブソンは、こうした措置は活力あるビジネス社会の信認を崩壊させる、と確信していたのである。世論が予算拡張とその帰結にもっと用心深くなかったら、もっと多くの時間が失われただろう。当時すでに過去十年に赤字公債が七七％も増大したことについて関心が高まっていた。生産的な企業に振り向けられたのはそのごく一部であったが、それはこうした企業の投資額を三倍に増やしていた。それでも統計局長は以下のように考えていた。

デヴァレラの工業化政策の成功は、輸入の減少ではなく、増加に帰結するだろう。おそらくは原料輸入と半製品の輸入増につながるだろう。私は、統計局長に失業について聞いてみた。彼はいわゆる失業救済法（一九三三年）は困窮救済法と呼ばれるべきだ、と述べた。真水の雇用は、昨年の一九三三年にくらべて二万四〇〇〇人増えたという。

国内での拡張的信用政策へのヤコブソンの疑義は工場を訪問した際に深められた。彼のみたところ、適切に経営されているとみられるものはほとんどなく、多くはコストを度外視したところに建てられていた。こうしたことは、アイルランドが一九三二年に導入した関税障壁があってこそ可能であった。関税はアイルランドを「自給自足」国にすることをねらいとしていたが、同時にイギリスはアイルランドの輸出品（主に農産物）に対する関税・輸入割当を課していた。この経済戦争はアイルランド経済を蝕んでおり、デヴァレラが地盤としていたアイルランド西部をはじめとして大規模な移民流出を招いていた。ヤコブソンは「経済計画」を好んでいたことを認めていたが、かれが「経済的非計画」と名づけた政策の帰結にはショックを覚えていた。

しかしながら別の政策があった。イギリスとの経済戦争を終結させることである。これはアイルランドに関税障壁なき輸出市場を保証してくれる。そうすればこうした措置がコストを安定させ、国内の購買力が恒久的に増加するだろうという希望が生まれた。

四年間を通してヤコブソンは自分の主張を力説した。委員会の内外で、ヤコブソンは成功にいたるための重要な措置案をもっていた。そのことはかつて委員会の事務局長として活躍したアレック・W・ベインが一九七二年に述べた次の声明にも明らかである。

大まかに言って、一九三四年の銀行委員会は、教育的な効果があったことが主な値打ちだった。三〇年代初頭には、世界全体に通貨改革に関する曖昧な考えが数多く存在していたが、そのほとんどは三九年に戦争がそれらを葬る前に亡びてしまった。銀行委員会の報告書は私たちの考え方がアイルランドで達成される際の基準だった。私自身についていえば、貨幣がすべてではないこと、そして新しい産業を興すにも良いビジネスやしっかりした農業を始めるにも、それらを興すに必要な巨額の資本財源が備わっているからと言って単に命令しただけではできるものではない、ということを学んだ。私たちには資源があったが、技術的なノウハウ、訓練された労働力、良い経営経験とよく研究された市場を欠いていた。私たちがこれらの空隙を埋める点に到達するには十五―二十年はかかると思われた。

銀行委員会の委員の大多数は〔訳注―ヤコブソンの案に〕説得された。赤字公債をこれ以上発行するべきでないという提案に公式に反対していた委員の何人かさえも、少なくともヤコブソンの言うところによれば、多数派にしたがった。ヤコブソンはダブリンおよび国内のその他の影響力あるサークルを回って、自らが推した案について広く対話し支持を見出した。ヤコブソンが提案していたのは政治的措置であったから、最後のステップはデヴァレラその人を説得することを意味していた。

委員会報告の五カ月前、すなわち一九三七年十一月一日に決定的な会見が行われた。デヴァレラとその側近、モーリス・モイニハンとの昼食の席で、ヤコブソンはアイルランド情勢のすべての局面を議論する機会をもち昼食は一時十五分から五時近くまで続いた。ヤコブソンは自分自身に与えられた課題を注意深くこなした。それは直後に口述されたとみられる八本のタイプ印刷された覚書にあらわれている。この長大な議論の主な部分だけをここで引いておこう。

デヴァレラの最初の主要な論点は保護主義だった。ヤコブソンが指摘したのは、確かに農業保護は戦時にはアイルランドをより独立した国にするだろうが、それでも石炭、金属、その他の産品が必要になるのだから、イギリスの海上輸送から完全に独立することはできないだろうということだった。原料と半製品は、農業に用いられようが工業向けであろうが、輸入関税の対象にするべきではない。他のすべての保護主義国もこの原則にしたがっている。最終製品に対する保護については、ヤコブソンの考えでは、高率関税や他の手段で保護されたいと望む人々がいるかどうか疑わしい。ヤコブソンは「若干の工業保護措置は、おそらくは雇用を創出するのに役立つだろうが、不釣合いにコストを引き上げるものは、利益以上に害をもたらすものだ」と述べた。

デヴァレラは「アイルランド自由州で十万人が失業したままでよいかという問題はまだ残っている」と述べたが、ヤコブソンは「信用政策以外にも、失業者数を改善する影響をもちうる措置がある」と論じている。アメリカ合衆国の前例にしたがうべきであり、そこでは就業人口の二五％が農業で雇用されているに過ぎないが、農産物の輸出機会を含んだ貿易協定を締結した。同じことが人口の五〇％が農業に雇用されているアイルランド自由州でできないだろうか。

この指摘は経済戦争の問題を呼び起こし、私たちはイギリスとの紛争に関連したさまざまな問題について長い議論を交わした。

私は、この経済戦争には少なからぬ危険な効果があることを述べた。それはイギリス当局がこの紛争で完全な勝利をおさめることができる、という事実とは全く別の性格のものだ。

一、自由州の産業部門のなかで諸外国の生産と競争できる産業部門は、一連の輸出関税と非常によく似た措置に置かれていた。これはいかなる国も課すことのできる危険な関税の一つに数えられるものであることは明らかだ。

二、所得が減少した農家は設備を良い状態に保つことができず、建物や機械を修理しないまま朽ちるに任せている。このことの帰結は極めて緩慢にしか明らかにならない。

三、当然のことながら当局は、大なり小なり人為的な措置によってイギリスの関税がもたらす悪影響を取り除こうと試みた。こうして一つの人為的な措置が別の人為的な措置に加わり、その結果は予見するのが難しいながら非常に危険なものになることだけは確かである。

デヴァレラ氏は、経済戦争の効果を好む者はもちろん誰もいないが、解決に至るのは非常に難しいと述べた。

私は、イギリスとの間で経済的問題を先行して解決させ政治的問題は当面は埒外に置くように、いくつかの試みを急いで講ずることを希望する、と述べた。

デヴァレラは、この長い昼食の際には言及しなかったとはいえ、ヤコブソンが常にイギリスの有力なサークルと連絡を取っていたこと、そしてヤコブソンならこの政策が歓迎されるだろうということを信ずるに足る理由がなければ、こうした政策を主張するようなことは決してなかったろう、ということを知っていたに違いない。

銀行委員会は一九三八年三月二十三日に報告書を提出し、その一カ月後にイギリスとの経済戦争を終わらせる協定がロンドンで三八年四月二十五日に調印された。ヤコブソンはいつも、これら二つの措置は相互補完的なものであり、それらは同じ政策の部分をなすとみなしていた。協定は戦争のため一年と有効ではなかったが、この短い間でさえもその有益な効果がみられた。長期的な効果がこれほど好ましいものでありえたかを判断することはできないが、初期の効果は正しい方向にあり、輸出主導の成長を通じた波及効果もあり得たに違いない。

銀行委員会は新しい通貨当局を設立すべきであると勧告し、それはアイルランド中央銀行法案につながった。法案は一九四二年十一月四日に成立した。

ヤコブソンがノーマンに語ったところによると、ヤコブソンは個人的に中央銀行に関する問題に責任を有しており、かれのやり方で中央銀行の主要な活動の一つは政府に助言を行うことである、ということを示そうとした。この活動はおそらくは国民所得総額の二五%に相当するものであり、一国の通貨と信用にとって非常に重要なものだった。

これらの事項については中央銀行に助言を求めなければならない……。中央銀行がもつであろう現実の影響力は、もちろんその地位と、それについて語る者たちの道義的・技術的な資質に依存するだろう……しかし重要なことは、当面の経済・金融の出来事を解釈することである。信頼に足る有益な解釈を得るためには、少なくとも一人の第一級の人物が必要である。大勢のスタッフを抱える必要はない。

中央銀行に関するこれらの控えめな要請は、実際に一九三〇年代の欧州の普通の中央銀行が行っていたことである。

アイルランド人がヤコブソンに見出した魅力の一部分は、かれがアイルランド人を本当には理解しなかったということだ。ヤコブソン自身が、一九三九年と四〇年にかれのアイルランド時代について書いたなかでこのことを認めている。説明すべきことがいくらもあった。なぜアイルランド人は世界最良の牧畜業をもっていたのに、自分たちの農業に誇りを抱かなかったのか。デヴァレラでさえ、畜産業は人民を粗野で効率の悪いものにしたと述べていた。しかしヤコブソンは、これこそアイルランドの想像力の源泉だと考えていた――アイルランド人は座って牧草を食む家畜を見つめ、空の雲を見やりながらスペインに城を建てていた。

要するにヤコブソンは、アイルランドではいつも夢と戦っていたのだ。「いつの時代にも、消えていく夢もあれば生まれ出てくる夢がある」。これは一九一六年から三九年のアイルランドにも当てはまるだろう。夢は如何にして現実になり得たのだろうか?。

6　いくつもの岐路

ヤコブソンは、一九三〇年代を通じてずっと他の常勤・非常勤の仕事への誘いを受けていた。ほとんどの新しい依頼は家族には長い間ためらいながら過ごす時期をもたらした。――それは、バーゼルで落ち着いて暮らすことさえも難しくした。ヤコブソンはＢＩＳでの自分の仕事を愛していたが、祖国から離れた暮らしは家族に社会的な孤立と共同生活の欠如をもたらして痛切な困難を味わわせたことに気づかされた。

それゆえ一九三八年にスウェーデンから魅力ある誘いがあった時は、ヤコブソンはストックホルムにアパートを借りるほどまでに招請を受け入れる寸前だった。しかしヤコブソンは、ＢＩＳの同僚たちにそのことを打ち明けるまでは契約に署名することを拒んだ。彼が枢要な人々にその意向を伝えたのは六月の総裁会議の際だった。

七月の総裁会議では、ヤコブソンを翻意させるために共同行動がとられた。シャハトとニーメイヤー（ノーマンが病欠だったため、出席していた年長のイギリス人）が説得の試みを主導した。

ヤコブソンを翻意させようとした人々が用いた議論は練達のもので、深い感情にも訴えた。シャハトはヤコブソンの勇気に呼びかけた。ヤコブソンが残り十年をのんびり過ごしたいなら、スウェーデンに帰るべきだ。しかし十分な勇気があるなら、国際問題にかかわり続けるのが良いだろう、そしてその場合はＢＩＳに留まった方が良い仕事ができるだろう。シャハトは、戦争はすでに不可避のようでありかれ自身が戦争を避けることはもはやできない、と強調した。ニーメイヤーは、賞賛とお世辞を使うことを選んだ。ニーメイヤーはヤコブソンの役割についてノーマンと交わした長い会話を教えてくれた。ノーマンはヤコブソンに呼びかける時のように、「ジャック」はBISのリンチピン〔訳注─車輪を車軸に止めるくさび〕の一つだ、と述べた、と言う。そしてニーメイヤーは、ヤコブソンが詩を好んでいることを知っていたので、オリヴァー・ゴールドスミスのバークに寄せた『応答詩』から数行を引いた。

……born for the Universe, narrow, 'd his mind
And to party gave up what was meant for mankind

メール・コクランは以上のような話をさらに強調した。コクランは、パリ駐在のアメリカ財務省代表として一九三〇年代にBISの総裁会議に常に出席していた唯一のアメリカ人で、ヤコブソンの旧友でもあった。コクランはニーメイヤーが六月の総裁会議で述べた指摘を単に繰り返した。「ジャックがBISを去るなら私も辞めると思う」。

最愛の妻が「心の真の奥底でスウェーデンに帰りたいという夢をもっていた」ことを知っていたヤコブソンをして、BISに留まることを決意させたものは何だったろうか。同僚の説得はいくばくかの効果をもたらしたろう。ヤコブソンは、自分自身をバーゼルでの仕事に残しておくための「強い言葉」を記録してこう述べている。「……私の仕事を評価してくれた判断が繰り返されたことは、私に若干の影響を及ぼした。バーゼルのポジションにあって私は大きくは世界に対して、そして私が仕える機関に対して、何ほどかの役に立てることを確信させられた」。賞賛は確かに役立ち、ヤコブソンは少なくとも多くの人々がそうであるように、それ以上とは言わぬまでも褒め言葉に弱いところがあった。同僚たちはとても強いトランプのカードをもっていたのだ──かれらはヤコブソンを、有益で必要だと説得することができたのだから。

しかし同僚たちが知っていたかどうかは別にして、彼らを成功に導いた他の要因があったはずである。ヤコブソンは、知的にはリベラルだったが私的・個人的な生活面では本質的に保守的だった。かれは決断を下さなければならないことを嫌がった。バーゼルに留まることは大いなる不決断であったのだ。スウェーデンでの仕事については、意識下のどこかに疑念が潜んでいた。それは産業調査に関わるものになるはずだった──四十四歳のヤコブソンにとっては新しい領域である。ヤコブソンが一九二九─三〇年にスウェーデンで過ごした最初の十八カ月の間、日々の業務と比べて、研究職に感じた不安をどのくらい憶えていただろう。国際的な生活の広い視野にどれほど馴染んでいたか、理解していただろうか、そして仕事の領域を狭めることを熟慮して躊躇したのだろうか。これらすべての要因が貢献したとはいえ、もっと深いところに何かがあったはずだ。

ヤコブソンの人生における四つの岐路をみると、理性を超えた何かが関与していることがうかがえる。自身の存在の核心においてヤコブソンは、天賦の才をどのように守るか、そしてどの領域で最も天賦の才を発揮できるかということについて、本能的な知見をもっていた。それは、ヤコブソンが人生のあらゆる場で幸運な男女たちと分けもっていた性格である。通常、世間はこうした直感を芸術家にしか認めない。岐路のうち二つについて、ヤコブソンはかれの判断を瞬時に下した。最初は国際連盟に加わる時、そして次はＢＩＳに異動する時である。その他の二つの機会については、決断は苦悶のすえに、何週間も何カ月にもわたる思索を経てまた激しい反対に抗して下された。それは一九三八年にＢＩＳに留まった時と、五六年にＩＭＦに行った時である。

一九三〇年代を通して、差し迫る戦争の噂は一段と頻繁に流れるようになってきた。ヤコブソンは三四年末には、事態を憂慮して「経済学と平和」という私的な覚書をしたためている。最初の段落を引こう。

国際的紛争の根本にはいつも経済的衝突がある、と信じられていた。物事を動かす力は、こうした経済的衝突なのであり、それは特定の歴史的な舞台それ自体に登場する役者たちによって考え出されたようなイデオロギー的上部構造よりも、ずっと根本的に重要である、とかれらは言う。歴史に関するこうした経済的な観点一辺倒の解釈は、あまりに偏った見方である。私はこうした見方に同意しない。しかしながら、経済的要因がしばしば非常に重要な役割を果たすということを否定するのも、同様に誤りだろう。幸いにこれらの要因は、状況によっては戦争をもたらすだけでなく、平和をもたらすように作用するのである。

覚書ではこれに続けて、ヨーロッパの微妙な地点で交わされた議論が述べられ、最後にグラフが登場して、政治的に敵対する諸国がいかに経済的に緊密に結びついているかが示された。結論は短いが読ませるものである。「政治的敵対関係と貿易戦争にもかかわらず、ヨーロッパ諸国は経済的には非常に似通った窮境にある。それら諸国は同じように繁栄し、しかしまた同じように苦しんでいる」。

ヤコブソンが明確に見抜いていたのは、人々が「ヒトラー支持の群集」を軽く見ることの危険性だった。ヤコブソンは、いろいろな意味で群集は賢明だと強調した。証拠を見せろ、と言われればヤコブソンは、ヒトラーの書物『わが闘争』に書かれていることと、すでに実現したことを較べてみることを相手に勧めた。しかしヤコブソンでさえも、この本に書かれていたことがすべて実行に移されるとは信じていなかった。ヤコブソンは、シャハトはフランスとドイツの相互理解に非常に関心をもっていたことを知っていた。

軍縮のために働き、事実そのために戦いもしたヤコブソンにとって、戦争は回避されるべきであった。ヤコブソンは一九三八年九月のミュンヘン合意に多くのことを期待した。この合意はイタリアそしてとりわけドイツの世論が平和を望んでいることを示していた。しかし幻滅は早足でやってきた。三九年五月から六月にニューヨーク郊外で開かれた晩餐会で、ヤコブソンは何を最も恐れているか訊かれて、こう答えている。

最も恐れていることはドイツとロシアが突然合意することだ、と私は答えた。アメリカ人の友人たちは、この考えに極度に驚きを示したことを憶えている。アメリカの友人たちは気づいていなかったのだ。ドイツ政府（そして特にドイツ軍部）が、二つの戦線での戦争を防ぐことに最も注意を向けていたこと、そしてそのことはソ連との合意を必要としたことを。アメリカ合衆国に関する限り、ドイツの指導者たちは現金払・自国船法の適用を重視していた。それは、かれらの考えによれば、アメリカが英仏にあらゆる支援を行うことを少なくとも困難にするものであった。

ロシアとドイツの恐るべき合意が締結され、ポーランドが攻撃されて三日後、一九三九年九月三日の日曜日に、イギリスとフランスはドイツに宣戦した。

ＢＩＳは、戦争の苦難にもかかわらず機関として存続できるようなコネクションを確立していた。ＢＩＳとヤコブソンに寄せられた次の賛辞は、イングランド銀行史家でもあるリチャード・Ｓ・セイヤーズ教授によるものである。

年月が経ち、バーゼルに常駐する人たちが経験と地位を得るようになると、ＢＩＳはヨーロッパの、そして実際、世界の通貨情勢についての情報拠点としてますます重要になってきた（この点についてのＢＩＳの有益さは一九三一年の恐慌の際に実証されていた）。とりわけペール・ヤコブソンは、情報豊かなＢＩＳ年報の設計者、そして主要な書き手として抜きん出ており、ペール・ヤコブソンとノーマンの間に育った友情はバーゼルとロンドンの間の絶え間ない信書の流れを保証してくれた。こうしたなかで、ＢＩＳが一九三二年から三九年までの間に日常業務としてあまりやることがなかったという事実は、さしたるハンディにはならなかった。この機関の基礎はしっかりしていて、それは戦時に紛争の外側に立ち、戦後の再建期には西側世界の通貨構造における重要な柱になるのである。

Ⅳ　平和の陰に

1　戦火への対応

第二次世界大戦が勃発した日、ヤコブソンはバーゼルのBISで職務に従事していた。八月下旬、戦争が不可避であることが誰の目にも明らかになった時、ヤコブソン夫妻は家族全員でスイスに帰国することを断固として主張した。

ヤコブソン一家は閑静で魅力的な南ブルターニュで休暇を過ごしていた。フランスを横断しての帰国旅行は、悲惨な前途を予感させるフランスにおける総動員体制導入の夜に行われた。リヨンを経由し、家族はようやくジュネーブまでたどり着いた。「プラド美術館の至宝展」はまだ公開されていた。多くの人を魅了していたこの展覧会の扉は、要望にこたえるべく、夜間も開かれていたのである。「これは我々が目にする最後の文化ではないか」とすべての来場者が自問していたにちがいない。

BISは、ただちに業務継続のための手段を見出さなければならなかった。中立的な業務上の処理に関する特別ルールは、完全に本書の対象外である。唯一指摘すべきは、ルールが金取引をはじめとする被占領国とのあらゆる取引に関する特殊な保護規定を含んでいたという点である。これは、BIS職員に対していかなる強制的圧力も加えられないことを担保することを目的としていた。一九三九年三月に、BISがチェコスロヴァキア国立銀行保有の金をドイツ・ライヒスバンクに移転する正式の指図を受けた際に起きたような事態を繰り返させないためだった。数人のBIS加盟国中央銀行総裁への意見聴取の後、彼らのBIS理事としての権限に基づいて命令は実行されてしまった。それは拳銃を突きつけられたチェコスロヴァキア側の関係者が作成させられた命令書に基づくものでり、そのことをBISが把握したのは、取引が行われた後のことであった。

チェコスロヴァキアは、ブレトンウッズ会議においてさえ、この金移転についてBISを非難せず、BISの清算に一票を投じることもなかった。しかし、雑誌『ファイナンシャル・ニュース』の政治担当特派員をしていたポール・アインチッヒをはじめとするBISの敵対者は、この資金移転をBIS攻撃の格好の材料として強調した。とはいえ、かくして決定された中立ルールは、絶えず厳格に運用されることとなった。

月例会議の開催など問題外であった。開戦前最後の会議は、七月に開催されていた。ヤコブソンは会議の中止を残念がっていたが、いわゆる「にらみあい」が終わりかけていたのに、バーゼルのオフィスを訪れる人の流れは続いていた。一九四〇年五月から六月にかけてのデンマーク、ノルウェー、オランダ、ベルギー、そしてフランス侵略の後でさえ、その状況は変わらなかった。彼の友人や知人のなかには、戦争終結まで、毎週のように姿を見せるものもいたのである。ほとんど常に彼らの姿がみられたし、もしくはヤコブソンが個別にもてなしていたのだ。一九四〇年五月十四日、バーゼルの一部地域が強制退去の対象となった。その夜体調の不良を感じたヤコブソンは、比較的早く午後六時三十分に帰宅した。午後七時、彼はBISのアメリカ人総裁トーマス・H・マキットリックからの電話を受けた。そのなかでマキットリックは、都市部の軍司令官から連合国国籍をもつBISスタッフが今夜中にバーゼルを退去すべきだ！との警告を受けたと告げ、自身以外で唯一の中立国国籍を有する高官として、ヤコブソンに支援を要請したのである。あわただしい五時間であった。映画館にいた者、友人と夕食をとっていた者もいたし、退去に必要な金をもち合わせていなかった者、車の燃料を切らしていた者もいた。ヤコブソンは深夜に戻り、すべてのスタッフがすでに連絡を受けており、ただちにバーゼルを離れつつあったと語った。バーゼルを離れることのできる一般市民は退去を始めていた。道路は車で渋滞していた。退去のために車両を増結した最終列車は深夜に二時間以上遅れ、女性や子供で立錐の余地もない状態で発車した。

　退去の理由は、ドイツ軍がスイス全土を進軍するという噂だった。ドイツ軍、連合軍の双方が同じうわさを流していた。ドイツ軍関係者は、スイス国境沿いにできるだけ多くの連合軍兵力を引きつけておきたいと考えていた。他方、連合国軍関係者は、スイス陸軍が最高度の動員状態を確約することを望んでいた。

　結果的には、BIS本部全体が五カ月にわたってシャトー・デックスへの退避を余儀なくされた。この場所は、いわゆる「国家要塞」と名づけられた、スイスがあらゆる犠牲を払っても死守すべき最後の地域に属していた。ヤコブソン一家にとってこの引越しは、美しいシャトー・ド・ルージュモンにおける生活を意味した。城は主として十二世紀の創建で、グリュイエール家所領の修道院であった。マキットリックのアメリカ人の友人所有となっていた建物は、廃墟であったことを微塵も感じさせないほど美しく改装されていた。すべての寝室にバスルームが備えつけられていた。家具調度品は、グランドピアノやブロケードで飾られた壁面をのぞくと、すべてが十七世紀から十八世紀にかけて製作された国宝級であった。兵隊たちに食事を提供できる規模の台所には、ガス、電気それに薪を燃料とする料理用レンジが備えられていた。かつて残忍な利用のされ方をした巨大な地下牢は、BIS職員のこどもたちが懐中電灯をもって金貨型チョコレートを探す舞台となった。古びた壁面に子供たちの笑い声が響いていた。

　家族をアメリカに残していたマキットリックは、ヤコブソンに自分以外で唯一の中立国出身上級職員として城を共用するよう依頼したのである。これはヴァイオレットが城主の奥方となることを意味していた。城に常駐したスタッフは七人という必要最小限であったし、何人かはほとんど役立たずで、誰もこの城で再び生活することを望んでもいなかった。

シャトー・デックスという小さな村への避難によって、驚くべき調和がもたらされた。多様な国籍からなるＢＩＳスタッフは、閉ざされた空間においてたとえ隣人が交戦国出身者であったとしても衝突することはなかった。戦争勃発をうけて各職員は、所属する中央銀行から、ＢＩＳの業務継続のため友好的に協力するようにとの通達を受けていた。多くの家族がもともと長年にわたる友人関係を有していたこともあり、城内ではすべての家族が近接して暮らすなかで、公式な休戦状態が維持された。多国籍な会員構成にあったＢＩＳスポーツクラブの活動再開が決定されたのも、こうした職員間の調和の存在によるところが大きかった。しかし、中立国国籍を有するものが会長を務めなければならなかった。当然のようにヤコブソンは会長就任を打診され受諾した。家族の不安をよそにヤコブソンは単に義務的にではなく、むしろ喜んで職務をこなしたのである。マキットリックはヤコブソンの努力に感謝の念を示した。

一九四〇年秋、ＢＩＳのバーゼル復帰に際して、ヤコブソン夫妻は大きなアパートに居を構えた。ＢＩＳまで徒歩十二分程度だった旧居同様、通勤に便利なロケーションであった。数カ月後には、イギリスの新総領事で極めて有能だったジョセフ・パイク氏が二階下に入居したほか、ＢＩＳのロジェ・オーボワン総支配人もこの建物の最上階に住んでいた。ほどなく、非常に心地よい、しかも非公式の訪問パターンができ上がった。隣人が友人となったのはヤコブソンの人生においてこの四年間のみであった。

この頃のヤコブソンは週末になると落着かなかった。というのは、彼のお気に入りのゴルフコースが国境を越えたフランス側にあったからである。筆者も同行した散歩の際、時間の半分が鉄条網の先にゴルフ場を見るために費やされたのだ。時々彼はサッカーの試合を観戦した。帰宅する途中、彼は必ずお気に入りの書店を訪れ、彼の嗜好を満たす最新の本を買った。疲れた日の夜には、彼は西部劇などの映画を見に出かけた。しかし、たいてい家にいた。午後九時のロンドン発のニュースを聴くのが日課となった。最後に国歌が流れると、どんなに疲れている時でも、ヤコブソンは肘掛け椅子から立ち上がり、直立不動の姿勢をとった。

戦争が始まって数カ月、ヤコブソンは、最新の金融に関する多数の出版物を読みふけり、経済学に没頭していた。彼は、「金の生産とその価値」に関する四回の講義を一九四〇年一月にロンドン・スクール・オブ・エコノミックスで行うことを約束していた。戦争のためにキャンセルとなったが、かかる講義に代わって「金と雇用の諸問題」と題された五回の講義が四四年にジュネーブ国際研究大学院で行われた。日記には、ノート形式で、カバーすべき未解決の諸問題の長い概要が書き込まれている。引用すべき著書および著者、そして今後読まねばならない著作がそれぞれ見出しをつけて言及されている。それは後にヤコブソンが出版を断った最終原稿にくらべてはるかに明晰で凝縮された作品となっている。この研究は困難な作業であった。しかし彼は、かつてクヌート・ヴィクセルの語った、経済学の科学的な研究ほど時間を要するものはないという言葉を想い起こして、自らを慰めた。

一九三九年十二月および四〇年一月の二回にわたりヤコブソンが行ったスウェーデン旅行は通常の出張であった。それぞれの旅行で、彼は公式の講演をした。一つは景気循環に関する講演で、十一月にスイスで行った講演を若干補正した内容であった。いずれの場合も、彼はベルリンに立ち寄って、ライヒスバンクの関係者およびスウェーデン公使館の関係者と会っている。最初の旅行の帰途、彼は、三九年初めライヒスバンクの職を解かれたシャハトにも会った。シャハトはいまや極めて注意深くなっており、会談を始めるに先立って保温用のティーポット・カバーを電話に被せていた。

最初のスウェーデン旅行における事件が、ヤコブソンのストックホルム到着二日後におきたロシアの対フィンランド宣戦布告であった。第一次冬期戦争が続いている間、ヤコブソンは、国籍のいかんを問わず、自分の会う人がすべてフィンランド側に立っていたことを——なかには、個人的な見解であることを強調する人もいたとはいえ——発見した。早春に平和が訪れた時、ヤコブソンは大喜びであった。「フィンランド戦争は終った。フィンランドに栄光あれ！」。後に再び戦雲が覆った時、ヤコブソンは改めてフィンランドの大義に思いを致した。

一九四〇年三月の最終週、ヤコブソンは国際商工会議所（以下ＩＣＣ）の会合のためハーグを訪れた。これは、四一年のアメリカ行きの招待をもたらした点で、思いがけない大きな成果を生んだ旅行となった。彼は、あれこれ細かな計画を正確に立てたうえで、ともかく戦争がそれぞれの国に広がらないうちにオランダ、ベルギー、そしてフランス各国の首都を訪問することができた。イギリスもアメリカも代表がハーグに現われず、その結果、ＩＣＣが講和を実現できるという観測——ヤコブソンにとって信じられない話であった——は完全に否定され、ＩＣＣが長期的な計画をもたねばならないことが明確に理解された。

ヤコブソンが金に関する自分の最初の新しい考えを書き込んだ年報の執筆、およびＢＩＳの劇的な避難のために、春のすべてと夏のほとんどが費やされた。この頃、ヤコブソンは閉塞感を抱き、自分が能力以下の仕事しかしていないと感じ始めていた。彼は、スウェーデン公使館訪問のためベルンへ行き、またジュネーブへ赴くなど、何度か旅をした。

ハンガリー銀行も、戦前の誤った借入を繰り返さないよう調査をするといういささかあいまいな口実で、訪問を求めてきた。中央銀行の当局者は、外部からの刺激の必要を感じ始めていたのだろう。彼らはまた、中立なオブザーバーによる西側への報告を望んでいたのかもしれない。ヤコブソンは忠実にそれに応えた。この訪問は興味深くかつ楽しいものであった。ハンガリー銀行総裁のレオポルド・バラナイは、政治、財政、および経済について広く知的な接近方法をもっていた。ヤコブソンはバラナイについて、「道徳的資質と道徳的立場をそなえた……ある種の真の偉大さ」をもった人物と総括的に評価している。バラナイはその長い余生をワシントンで過ごした。

一九四〇年十月にBISがバーゼルに戻った時、その雰囲気はがらりと変っていた。夏のもろもろの出来事は人々に、バーゼルが前線に位置する町であること、またドイツとフランスが双方とも数マイル以内にあることを否応なく納得させていたのだ。数年来、航空機と対空高射砲の音は日常茶飯事になっていた。時折誤爆が発生したのは、ジュネーブおよびイタリア系住民居住区と同様、バーゼル周辺では通常灯火管制下にあった郊外で、航空機を撹乱させるため明かりが点けられることがあったのも一因だった。数週間に一回、欧州のあちこちから超満員の列車に乗って学童たちが仮親のもとで三カ月を過ごそうと到着した。にこにこした身なりの良い子供の一群がバーゼルの連絡駅から出発した翌日、顔色も悪く身なりもみすぼらしい子供の群れが入れ替わりにやってきた。配給制がますます厳しくなっていたものの、これらの子供たちを十分に食べさせるため、すべての人々が協力した。

バーゼルでは、ジュネーブやその他の都市と同様に、人々は募り行く時代の緊張と共存することを学んだ。暮らしにはスパイ小説の要素が入り込み、連合国・ドイツ双方の工作員の少なくとも何人かはあまりによく知られていたので、道で出会えばそれと判るほどであった。連合国側の諸国、ドイツのそれぞれが専用のレストランをもっていたことは周知の事実だった。どこからともなく噂が立ちのぼり、翌日に別の噂で打ち消されることもあれば、噂が本当だと判ることもあった。スパイや工作員ばかりでなく慈善活動の看護師や医師たちが国境をひそかに出たり入ったりしていることは常識であった。普通の市民はもっぱら自分のことにだけ専念した。

亡命者たちは次から次へと集団で国境をこえてきた。ポーランド人は太鼓を叩き、国旗を靡かせて行進しながら入国したが、その他の国の兵士たちは戦争末期に命からがらやってきた。十六歳から十七歳のドイツ人の若者たちは、強い衝撃を受けて当惑している様子で日々到着した。ドイツ軍がイタリア戦線で後退するにつれて、イギリス軍捕虜が北イタリアから徒歩でアルプスを越えてやってきた。民間人亡命者も、ごつごつとした岩石と険しい斜面、雪渓と氷河、凍りつくような流水のアルプス山中を歩き通した。そのなかには、十歳から十二歳の少女たちが含まれていたが、その何人かはたった一人の旅をしなければならなかった。後にイタリア大統領となり、イタリア銀行総裁にもなったルイジ・エイナウディ教授は、彼の妻ともども、六十歳をこえた年齢であったにもかかわらず、この行進を敢えてした。

中立のスイスはすべての人々の役に立っていた。

2　スイス人との友好

その後の数年間、ヤコブソンはバーゼルに暮らしている間にできた多数のスイス人の友人を大きな誇りに思うこととなった。他のすべての外国人と同様、ヤコブソンもこの町に到着した時、新たな家族がここで受け入れられるには三世代かかるだろうと告げられたものであった。しかし、彼がバーゼルとスイス全土の人々によって愛され歓迎されたという事実は、彼にとって幸福と喜びの不断の源泉であった。

一九三〇年代を通じて、ヤコブソンはスイス人と友人関係を築くだけの時間をほとんどもてなかった。たびたび旅行をしていたし、外国人の訪問客は引きも切らずであった。当然のこととして、彼はバーゼルとスイスの銀行家や、実業家、小さな地元のゴルフ・クラブの会員といった人々と知り合いになっていた。ヤコブソンがスイス人をよく知ろうと本格的に努力するようになったのは、戦争の最中それまでよりはるかに長くバーゼルにとどまるようになってからであった。全く偶然の出来事がヤコブソンに機会を与え、それを彼は両手でしっかりと捉えたのである。

スイス国立銀行総裁エルンスト・ヴェーバーからヤコブソンに、スウェーデンの政策に関して小文を書いて欲しいとする要請がＢＩＳに届いた。これは一九四〇年十一月、スイス経済協会での討論にヤコブソンが参加したことの結果であった。その席で、「私はスイスの財政・経済政策について話すことはできなかったので、スウェーデンで我々の成し遂げたことを語った。しかし、私は一語一語スイスにも当てはまるように話した。これは成功だった。聴衆はこのユーモアを十分に理解してくれて大笑いをした」。マキットリックはすぐさま同意した。というのも、ヴェーバーが、たえずＢＩＳの業務を支持し、戦争に由来する困難な事態の発生をうけても支援の手をさしのべてくれたからであった。また、スイスに助力することはＢＩＳの利益でもあった。「『君がチューリッヒに行きたいのなら、月に二回だろうと三回だろうと、あるいは毎週だろうと、私は賛成する』とマキットリックはいった。こうして、それは私の仕事になった」。ヤコブソンはこうして月に三―四回チューリッヒに旅した。彼はスイス国立銀行の問題の処理を助けた。そして、当時、国立銀行のロンドン駐在代表であったプフェニンガーは、スイスに帰国するといつもヤコブソンを訪ねた。

しかしヤコブソンは、できる限りの助力をするために、スイスの国民や経済、財政や政策について、あらゆることを学ぶ本格的な努力を惜しまなかった。彼は、あらゆる種類の立場の指導的な人々、またあらゆる種類の意見を代表する指導者たちと親しくなった。彼はまた、政府の座である首都ベルンを無視することもしなかった。

バーゼルでヤコブソンはますます多くのスイス人と昼食をともにし、晩餐にのぞんだ。彼自身の人となりや、常に何か新しいことを言ってくれるという事実に加え、ヤコブソンのユーモアのセンスは大きな資産であった。バーゼルの人士も独自のブランドのユーモアを心得ており、それは多くの場合、簡潔で鋭いものであった。彼はジョークの形をとる限り、ほとんどあらゆることを口にできると知った。バーゼルにある二つのカントン〔訳注—スイスの地域名称〕に与えられた公式名称は「バーゼル・シュタット（町）とバーゼル・ラント」であるが、彼がしばしば繰り返した版は「バーゼル・ラントとバーゼル・ドルフ（村）」であった。しかし、おそらくヤコブソンはこの冗談を口にして無事でいられる唯一のアウトサイダーであった。

一九四〇年秋のある日、「ゴシップ・クラブ」なるものが生まれた。ヤコブソンと何人かのスイス人の友人が毎金曜の夜、仕事を終えてお決まりの居酒屋に集まって、一杯飲むことに同意した。スイス人の中心は『ナツィオナール・ツァイトゥンク』紙編集者のうちの三人であった。名前をあげると、国際政治潮流にすぐれた感覚をもっていた編集長のアルフレッド・コーバー博士、もともとは神学者であった音楽・歌劇評論担当者オットー・マーグ、そして芸術・演劇・映画の評論家としてもよく知られていた外信部長ハインリッヒ・クーンの三氏である。その他にも数人の人々がいたが、なかでも実業家で美術品蒐集家のロベルト・フォン・ヒルシュは最も足繁く参加した人物であった。

クラブの取り決めは都合の良い時に来るというだけの形式張らないものであったが、みんな非常に楽しく過ごしたので、誰もがあらゆる努力を払って参加した。ヤコブソンは金曜夜の夕飯にはいつも遅れた。そして彼は帰宅するなり、バーゼルの最新の噂話をさも嬉しそうに語った。この「ゴシップ・クラブ」は、若干の変化はあったものの、ヤコブソンがＩＭＦに発つまで続いた。彼はその後、存命中ずっとこのクラブを懐かしく思い出すことになる。

チューリッヒで楽しむことができ、またバーゼルでも時折楽しむことのできた催し物の一つに政治的志向をもったレビュー「コルニション」の上演があった。その出し物は、方言こそ使っていたものの、いずれも極めて時評的であってヤコブソンにとって、また家族にとってすら参加は義務的なものとなった。一九四四年以降の歳月（その大半の期間、彼はバーゼルで一人暮らしをした）には、彼は地元の劇場に行くのを楽しみにしており、大学時代の楽しみの一つを復活させていた。土曜の夜には、彼は滞在していたドライ・ケーニゲ・ホテルでのダンスパーティにしばしば出かけた。ヤコブソンは若者たちのパーティに参加したが、その中核になっていたリタとルドルフ・ズーター＝ケルン（ルドルフは後にミグロス〔訳注―スイスの大手スーパーマーケット・チェーン〕の理事となり、国会議員ともなった）は、ヤコブソンの次女ビルイットの友人であった。ヤコブソンは若者たちとの交際を好み、いっしょに冗談を言い合い、ダンスをした。後にズーター夫妻は、ヤコブソンがこうして最もくつろいでいたように見えた時、米日間交渉が進行していたことを知って仰天した。

バーゼル・ロータリー・クラブから入会の誘いが届いたことはヤコブソンを大いに喜ばせた。彼は同僚のロータリアンたちに対し、仕事のため出席がおそらく不規則になるであろうが、その埋め合わせとして他人より多目に講演をするであろうと「警告」したのだ！　彼は旅行の後とか、特別な国際問題や財政問題が発生した時などには、決まって講演を依頼された。彼はしばしば急な話であっても、簡単なメモだけを用意して、時には全く何ももたずに講演をした。

ヤコブソンにスイス全土から、しかもあらゆる種類の協会や機関からますます多くの講演依頼が来るようになったことに彼はほとんど当惑し、断ることを考えた。なぜなら彼は外国人で、しかもＢＩＳの幹部であって、あまりに多くのスポットライトを浴びるべきでないからであった。ＢＩＳの同僚やスイス人の友人たちはともに彼がスイスに奉仕しているという理由から続けるよう忠告した。ある時彼が、例によって表面的にはスウェーデン事情を語る間接的方式で講演をした後、彼のもとには次の意見が寄せられた。「スイスはこれまで、かくも友好的かつかくも優雅なマナーで、かくも多くの平手打ちを顔面に食らったことがなかった。それは広い世界から送り込まれた新鮮な空気であった」。

一九四三年十二月、スイス産業協会向けの講演のテーマとして「小国と世界経済の再建」を選んだ時、ヤコブソンは自らの名声を危機にさらす恐れがあった。会場に到着すると、そこには、明らかに、さめた空気がただよっていた。しかし、ひとたび講演が終わると、嵐のような拍手がおこった。ヤコブソンは聴衆が恐れたような小国叩きではなくて小国のもつ多くの有利さを強調したのだ。たとえば、小国は大国がもっていたような、途方もない誤りを犯すだけの規模をもっていなかったのであり、このことは小国に特権的な立場を与えていた。小国にあっては国民が互いを熟知しており、そのせいもあって、行政はより容易である。一例として、一九三〇年代不況の際に小国が示した目覚しい良好な実績があげられる。小国の失業は大国にくらべて相対的にはるかに少なかった。小国はしばしば想定されていたような、小さな国内市場に由来する苦しみを患ってはいなかった。関税が低く輸出が可能で、最も安価なところから原料を買える可能性があるならば、「輸出か、しからずんば死か」の原理は小国に優位性すらもたらし得る。その場合、輸出産業の労働組合は、当該国が競争力と安定を優位に獲得するように行動するからだ。

結果として、小国ははるかに多くの柔軟性をもち、不均衡を早急に是正できる。このことは輸出入に当てはまるだけでなく、金融にもあてはまる。さらに小国は、債務国からの輸入を許容しなければならないことを理解している。この点は多くの大国がまだ学んでいない教訓であった。加えて小国はコスト調節の必要を理解しており、必要な措置を講じる用意ができていたので、そうした柔軟性は小国が戦後の状況に再適応する際の助けとなった。その一方で小国は、戦後における金融面、実務面の再建に十分に参加することを求められるだろう。

講演は、将来に関して壊滅的悪夢しか提示しない戦争中、欧州大陸を駆けめぐった「広域経済圏」概念に対抗するヤコブソン・キャンペーンの意識的な一部であった。以下は彼の戦略の具体例である。スイス人聴衆の反応は、ヤコブソンの考え方がいかに多くの人に受け入れられていたかを示している。

おそらく、ヤコブソンを特別に喜ばせた二つの講演依頼があった。というのは、これらの依頼が普段は決して外国人を招待しない筋から来ていたからである。一つの依頼はスイス銀行協会からのもので、彼は一九四二年九月、「金と通貨の諸問題」と題してサンモリッツで講演した。この講演について、国際的な反響がすぐさま現われ、イギリスの『ファイナンシャル・ニュース』紙およびドイツの『フランクフルター・ツァイトゥンク』紙の双方がこれを論じた。そこには二つの主な論点があった。まず第一に、国際通貨制度は、その基礎が如何なるものであるにせよ、戦間期の緊張に耐えることができなかったと分析され、そして第二に、金こそ戦後の通貨制度の基礎となるであろうと指摘された。

もう一つの講演依頼は、当時、軍の要塞地であったアンデルマットで士官たちに話すというものであった。旅行は軍用切符で手配され、ヤコブソンは陸軍第三軍団および第九師団の参謀を聴衆として「戦後の金と通貨」に関してドイツ語で講演した。彼は、冒頭、ある男が債権者からいつになったら債務を返済するかと問われて、「私は予言者ではない！」と答えた話しから始めた。この逸話はこの夜の講演全体を通じて繰り返し用いられた。ヤコブソンはこの聴衆の質の高さに非常に大きな感銘を受けた。カクテルと立派な晩餐の後、愉快なアマチュア劇団による二十五の出し物が続いた。この間、ヤコブソンは主として真向かいに座った、ラーデリという名前の連隊司令官と会話をかわした。彼はヤコブソンに、まもなく退役になるので嬉しいと話した。なぜならば、彼によると軍隊には直近の勝利者のやり口を真似るという傾向があり、そして「いまイギリスが勝ち進んでいる。まだ現役の親愛なる同僚諸君はモンゴメリーの真似をして、半ズボンをはいたまま戦車の上に腰掛けなければならないことになる。スイスの山中では、どれもこれもさぞむずかしいことだろう！　ラーデリはそこでクスリと笑ったのだ」。

ヤコブソンがふだん控えめなスイス人との間ですぐに作り上げていた気さくな友達付き合いは、この集まりの寛いだ雰囲気づくりにもあきらかに寄与した。

ヤコブソンがフランス語とドイツ語の双方を完全にマスターしていたことが、大変役に立っていた。しかし、彼はスイス方言を決して学ばなかった。数年後、バーゼル大学の学長が彼にスイス方言を話すかと尋ねた時、彼はすぐさま応えた。「いいえ。文化的言語だけです」。ヤコブソンは自由に使える四つの言語をすべて駆使して冗談をいい、洒落を言い交わすことができたのである。

このユーモアは彼がいかによくスイス人を知っているかを判らせる最上の手段であった。彼はヤコブ・ブルクハルトをはじめとしてスイスの文献を読み、スイス史を勉強していたので、スイス人の強さと美徳とともに、彼らの弱さと弱点も知っていた。スイス人は、著名な外国人がスイス人と彼らの諸問題について本当に熱心に関心をもっていることを知って喜んでいた。

３　国際的な合流点

ＢＩＳそしてとりわけヤコブソンが、どの程度まで情報を結びつける磁石となっていたかは、戦争に由来する通信の途絶によってかえって浮き彫りになった。

中立国人として、ヤコブソンはあらゆる国籍、あらゆる見解の人々と会うことができたし、また会っていた。訪問客の流れは安定しつつも細々としたものとなったが、訪れる客の質は高く、いずれもニュースまたとりわけ新たな意見に渇していた。ヤコブソンはほとんどいつもこれらの訪問客と単独で会い、また彼らが自ら進んで情報の蓄積に貢献してくれることを知った。

まず第一に、ＢＩＳ年報がその恩恵を受けた。情報は利用しやすく配列され、戦時下通貨金融システムの諸原則が明らかにされた。一九四二年から四六年までのすべての年報は戦時情報を含んでいるが、特に興味を引くのは一九四三・四四年度をカバーする第十四回年報（実際の発刊は、一九四五年初頭であった）であり、信じられないほど包括的な、国内、国際双方の戦時における政策と措置の概観となっている。

当時のBIS総支配人ロジェ・オーボワンは自らの最後の著作において、これら年報の編纂の功績を以下のように記した。

「年報に責任を負う経済顧問はペール・ヤコブソンであった。彼は、スウェーデン国籍をもち、通貨および経済に関する深遠な知識を有していたことから、ほかの誰よりも利用可能な情報を収集し、分析するのに適した立場にあった」。

驚いたことに、年報が技術的文書とされていたので、双方の交戦国に向けて発送されたにもかかわらず、ほぼすべてが名宛人に届いたのである。年報の価値は戦後多数の書簡によって確認された。これらのBIS宛書簡は、年報が世界の経済および金融情勢に関する主要な情報源であったこと、また、その写しが人から人へと回覧されたことなどを告げていた。他のいかなる機関も同様にグローバルな概観をまとめることができていなかったのである。BISは、おおむね推定に基づく戦争中の数字について訂正する特別報告の発刊を検討したが、結局、こうした誤謬が相対的にわずかなものであったことから、この案は見送られた。

外国人訪問客は異質な人々の集合体であった。大多数の欧州諸国の中央銀行は、ハンガリーやルーマニアをふくめて、年に一度ないし二度、一人から二人の代表を送ってきた。フランス銀行総裁、そしてドイツ・ライヒスバンク副総裁エミール・プールは、特に戦争の後半になるとかなり定期的な訪問客になった。商業銀行家も時おり現われ、またそれより間遠ながら実業家も訪問した。スペイン、ポルトガル、スウェーデンからの訪問客の後、フランス、ベルギー、イタリアの客が訪れた。往々にして同一人物がスイス到着と同時に訪れ、そして出発に際してもう一度訪ねてきた。態度や見解の変化は戦争の進行とともにますます顕著になった。多くの名前が記録されておらず、多くの対話はいまとなっては推測する以外にない。

ベルンの各国公使館、特にイギリスおよびアメリカ公使館は、しばしば関係者をヤコブソンのもとへ差し向けた。これらの公使館はそれよりさらに頻繁にヤコブソンを招待し、そうした折々に、ヤコブソンはその機会を利用して他の公使館を訪問した。一九四一年秋、真珠湾攻撃直前にヤコブソンはイギリス公使と昼食し、さらに同じ日に日本公使と夕食をともにした。日本公使はイギリスが戦争に勝つと確信していた。

日本との接触は外国為替課に派遣されていたBISの同僚吉村侃を通じて維持されており、吉村は一般的な諸問題について話し合うため三カ月に一度ほど訪ねてきた。彼は、ヤコブソンについて、「寛大な心」の持ち主であると述べた。戦争の後半、BISの理事の一人である北村孝治郎がローマからベルンへ居を移し、バーゼルへの定期的訪問客となった。こうした流れがやがて合流していくのだ……。

ヤコブソンは、アメリカ戦略事務局（ＯＳＳ）の欧州支局長であったアレン・Ｗ・ダレスとは、彼がベルンに到着した数日後に出会った。この出会いは極めて不似合いな場所、すなわちイギリス・アメリカ両国の公使夫人により設定された慈善パーティーで実現した。その一九四二年秋以降、彼らはしばしば会合することになり、この友好関係が後に日本の和平交渉への関与につながった。

ヤコブソンの人気は彼がスイスにおける最も情報に通じた人物の一人であったという事実のみでなく、彼が情報を解釈し有効な結論を引き出す能力をもっていたことにもよるものであった。ヤコブソンの主要関心事は平和の素地の造成にあった。実際彼は「平和の大義」に関する著作の概要を作成していた。しかし、彼はまもなく自分が実際的な、地に足の着いたまずまずのでき具合の、政治的に実現可能な提案をする方がより多くの影響力をもつであろうと決意して、この著作を断念した。

特定の軍事上の情報は記録のどこにも見当たらない。しかし、ヤコブソンの耳にこうした情報が全く届かなかったとは考えにくい。市井の人間にも貴重な情報が偶然にもたらされてしまう。スイスとはそうした取引所のようなところだったのだ。連合国・枢軸国双方の複数の人物が、ヤコブソンの義弟アーチボルト・ナイ卿が英参謀本部の副将だったことを知っていた。ヤコブソン家には特定のメッセージがやり取りされた言い伝えがある。英領事ジョセフ・パイクが二階下に住んでいて気安く付き合う仲だったことも、やり取りを容易にした。

しかし戦後の日誌のなかには、一九四〇年二月、ストックホルムで投函されたアーチ（アーチボルト）・ナイあての手紙の内容について具体的な言及がある。四六年一月二日ロンドンの日付で、ヤコブソンはその前の日曜日、アーチといっしょの散歩の際に交わした会話の長い説明を書き記している。その一部は次の通りである。

次いでながら、私はアーチに一九四〇年二月の私からアーチにあてた手紙（私のベルリン訪問後の手紙）が役立ったかどうかと尋ねた。その手紙のなかで、私は、イギリスとフランスによるフィンランド支援について、それがロシアのドイツ側にたっての参戦を引き起こすであろうとの理由から反対であると警告していた。戦争の終結に先立って、イギリスとロシアは同一の側で戦うかもしれなかったのである。

アーチは手紙が大きな価値をもっていたと応えた。彼はその手紙の写しを外務省、情報局その他へ送っていた。当時の情報部は、重要度の異なる区々な情報、しかも全般的な状況のなかにどうおさめられるか判らない情報を受け取っていた。あの種の直接的な情報こそまことに価値があったのである。

ヤコブソンと彼の義弟は、戦間期の多くの休暇をいっしょに過ごしていたこともあってよい友人であった。二人は何時間にもわたって議論をし、また互いに相手を尊敬していた。ウィンストン・チャーチル首相は当時のアーチボルト・ナイ少将について次のような所見を書き記している。

多くの観点から見て、彼は素晴らしい大英帝国参謀総長になっていたことであろう。第一級の頭脳、偉大な性格、自分自身の信念に基づく勇気、非常に鮮明なビジョンをもった活発な働き者——しかし、参謀総長として、彼は階級が高くないだけに非常に大きなハンディを背負ったことであろうし、そのためウェーベルやオーチンレック、アレクサンダー、モンティ、ページェットなど、彼より階級の上の連中を扱うのに何がしか苦心したことであろう。

そして、この人物にこそ、ヤコブソンはあの重要な手紙を送っていたのである。

戦後の適切な秩序についての彼のスケッチは、戦争の進行につれて微妙に変化した。しかし、そのエッセンスはすでに一九四〇年に抽出されていた。「『人身保護令状』はいかなる国においても文明の必要な基礎である。それは『民主主義』より重要であり、しかしある意味でそれに近い」。

一九四〇年九月二十六日、ベルンのイギリス公使館における昼食会の席上、ヤコブソンは、ハンガリーで学んだことを踏まえての議論のなかで、イギリス公使デヴィッド・ケリー卿および商務担当参事官に対し、イギリス側がその戦後政策を説明する必要があることを話した。人々はもしドイツが戦争に勝てば、そこでは少なくともあまり居心地のよくないものであるにせよ、秩序が生じると思っている。しかし、もしイギリスが勝ったならロシアがフリーハンドをもつことになり、共産主義が広がり、そのうえ、欧州大陸においてはいかなる適正な権威も存在しなくなるとする恐れが人々のなかにある。イギリスは、欧州の諸問題について、本腰を入れないだろうと見られている。まず第一に、確固たる政治的権威がなければならない。長い討論の末、彼の招待者たちは、ドイツが流しつつあった、戦後にイギリスは欧州の面倒をみないであろうとのプロパガンダに反駁するのに、一瞬たりとも遅過ぎることはないと同意した。

その一週間後ヤコブソンは、戦後ただちに欧州へ食料を送るとのイギリスの計画について、同国の経済戦争相が放送するのを聴いて満足した。さらに、経済戦争相によると、イギリス政府は欧州に真の秩序が確立されるよう手を打つであろうし、すでにこの目的の実現に向けて計画が進められているとのことであった。

いかにして可能な限りの戦後秩序を提唱するかについて、イギリスとの間で、そして後にアメリカとの間でも多くの討論が重ねられることになった。ヤコブソンは、すでに一九四〇年秋の段階で、アメリカを戦後計画の立案とプロパガンダに引き入れるよう示唆していた。

ヤコブソンが大いに苦慮していたのが、戦争の終了後に、講和会議を二年間遅らせることが賢明かも知れないとする当時流布されていた見方であった。それはこの間に怒りが静まることも可能であろうし、また十分考え抜かれた講和を確保することができるかもしれないという理由からだ。ヤコブソンは、この見方が政治的には一理あることを認めながらも、もし二、三年不安定な状況が放置されるならば、経済・金融の観点から好ましくないと結論を下した。そのような状況は、おそらく公的信用そしてそれ以上に民間信用の動員を妨げるであろう。彼は、一九四〇年以降、主として民間信用に基づく商業活動を可及的速やかに復活させることのできる手段を考案すべく多くの計画を作成した。「私はしばしば、食料および原材料輸入のための早急な取り決めが、欧州をボルシェヴィズムから救えるかもしれないと希望している」。

欧州において最悪の心理的問題の一つであり、そしてヤコブソンが居を構える多元的国家スイスで特に目立っていたのは、万事が永久に統制されることになる、あるいは、個人が真の自由を享受することは二度とありえないといった感覚であった。それは戦時における厳しい統制措置による面もあった。配給や価格統制があっただけでなく、夥しい枚数の許可証なくして旅行も不可能であった。貿易には貴重な封鎖海域航行許可証をはじめ大量の文書を必要としたし、銀行取引には資金移転許可証を必要とした。新聞やラジオは当然のように検閲を受けた。官僚制はその重い管理の蓋をあらゆるものの上にかぶせた。ますます多くの人々が軍隊や戦争生産に関与するようになると、官僚制は人々を一つの愚かしい泥沼からさらにもう一つの泥沼へとじわじわと引き込んでいったのである。より重要な背景として、ドイツが欧州に対し「広域経済圏」や「政治的調整」の概念を押しつけたことを指摘しなければならない。膨大な地域の政治統合は、危惧されていたように大部分が武力と統制に基づくものとなった。次いで、一九四一年秋になると、ドイツの官僚たちは明らかに戦後期に向けた計画立案作業を禁止され、時間のすべてを戦争問題の解決につぎ込むこととなった。既存のアイデアが進化も変化もしないなかで、個人個人が将来についてますます深く懸念するようになった。

ヤコブソンは、彼自身のアンテナでこうしたメッセージを感じ取った。意識的にこうした支配的な考えに対抗し、将来への信念を築くために彼はまもなく、連邦制の政治体制とリベラルな経済解決策を追求する断固とした立場をとるようになった。

ヤコブソンは信念と本能から経済問題に対するリベラルな態

度をつねに採ってきた。自由市場体制は、きちんと管理されるならば最大多数のための最大善を生み出すはずであった。彼はまた、自由市場体制が個人的な自由の保証であると信じていたし、その正反対の事象を実験室のような環境で経験しつつあった。したがって、彼は、ジュネーブ国際研究大学院のヴィルヘルム・レプケ教授が一九四二年、『現代社会の危機』を出版して自由市場経済の政治的および社会的必要を詳細に説明した時、大いに喜んだのであった（ヤコブソンは、個人的には、同書の経済学的内容の一部を遺憾とした）。レプケの著書は大当たりとなって、出版から一年で三万冊を売ったと噂された。それはすべてのドイツ語圏で極秘裡に売れたことを意味した。実際自尊心のある銀行家、実業家または政治家は、例外なく四二年にはすでに、それを読了したことを証明できない限りこの著作を抱えて休暇をすごしていたものだ。ほかのグループでも、この著作は人の手から手へとわたり、熱心に討議された。それは、戦争中においてすら、事実上すべての欧州言語に翻訳された。それは、フリードリッヒ・A・ハイエクのイギリスで発刊された著作『隷従への道』に似ていたが、はるかにより大きな知的および政治的インパクトを欧州大陸に与えた。一九四五年以降のリベラルな経済解決策を求める彼の戦いにおいてヤコブソンは、レプケの著作がリベラリズム復活に果たした役割をつねに認めていた。それは人々の心中に深く意識されていたニーズに具体的な表現を与えてくれたのであった。

戦後期の受容可能な政治解決策がどのような形をとるかという問題は、戦争中ほとんどの期間を通じてヤコブソンが抱えていたもう一つの関心事であった。彼によれば最も深刻な危険は、数十年にわたる独裁制の後、責任ある政治的思考と政治的行動が失われてしまったことであった。個々人が草の根の水準にいたるまで全般的に教育され、再教育されねばならないであろう。連邦制に基づく解決策は、州レベルに最大限の力を残すことで、すべての必要条件を満たすことになるであろう。

一九四四年になって、ヤコブソンは、アレン・W・ダレスとその同僚たちおよびイギリス公使とその同僚たちの双方と会談し、連邦制に基づく解決策について持論を展開した。彼は確かに連邦主義の唯一の提唱者ではなかったが、彼の多くの論点のいくつかは痛烈であった。そのうえ、彼はドイツ人を含むすべての国籍の人々に自説を試してみることができたし、さらに彼らの反応（ほとんどすべて好意的な反応だった）を折り返し報告することができた。

ドイツについての連邦制に基づく解決策、および特殊な協力形態を織り込んだ欧州における善隣政策は、ヤコブソンが一九四六年二月、アメリカ・ペンシルヴェニア州ゲティスバーグ・カレッジで名誉博士の学位を受ける際に行った講演の主題であった。「欧州の再教育」と題されたこの講演は、彼が戦争中に発展させたもろもろの考えを体系的に表現したものであった。ヤコブソンは、ドイツを含めて欧州に希望が与えられねばならないこと、希望こそ欧州再生の諸力の前提となる必要条件であることを力説した。おそらく、ドイツにおける懸命な努力および政治的に賢明な解決策が、欧州問題の一部としてのドイツ問題を解決するであろう。ヤコブソンはこの講演のなかで、別々の表現で数回、つぎのことに言及した。「過去においても、欧州の偉大さは、そのさまざまな構成部分の多様性、そして異なった才能をもつ人々の精神の相互作用に大きく依存したのである」。いかなる欧州問題の解決策もこうした優位性を維持しなければならず、一方で国を越えた何らかの存在への新たな忠誠心が芽生えることも許容しなければならないであろう。

④　一九四一―四二年訪米の旅

「アメリカへ行きたくはないかね」とマキットリックはヤコブソンに向かって切り出した。ヤコブソンにとって生まれて初めて真に驚嘆した瞬間だった。一九四一年十一月四日、ＢＩＳの元頭取フレーザーの署名入り電報が届き、カーネギー財団の経済再建委員会（ＩＣＣと協力していたグループ）の研究活動との関連で、ヤコブソンを二―三週間「非公式に」アメリカ合衆国へ招待したいと伝えてきた。「マキットリックは、銀行のなかよりも外にいる時に私がより大きな価値を実現すると考えていると言った！もちろんその意味は、銀行の諸問題より世界の諸問題に関する私の見解がより価値があるということだと私は思う」。

フランス、スペイン、ポルトガル、合衆国のビザが大至急取り寄せられた。出発の前日、ヤコブソンは次のように記している。

あす合衆国へ出発する。はしゃぐような気持ちではないがある意味で私は嬉しい。今回旅行するのは賢明である。しかしながら私にはこれから仕上げたい考えがたくさんある。私の課題は次の通りであろう。

（一）再建委員会に出席する。
（二）アルヴィン・Ｈ・ハンセンやジェイコブ・ヴァイナーなどのエコノミストの意見を知る。
（三）これらエコノミストに影響力を行使して、財政赤字に基づく支出に関する固定観念を放棄させる。
（四）欧州資産凍結に関するアメリカの見解を知る。
（五）スイスとスウェーデンを賞賛する。資産凍結をめぐり両国への処遇を改善する価値があることを示すよう努める。

（六）不遇な児童を援助するホーデル計画を推進する。
（七）BIS年報について、アイデアやデータを集める。
私が価値ありと期待しているのは、欧州を外から見る可能性、しばらくアメリカの目で世界を見る可能性である。

アメリカ往復の旅路は、それなりに冒険であった。列車でフランス、スペイン、ポルトガルを通ってリスボンへ。そこでは、アメリカ行きの飛行機「クリッパー」がはるか先まで予約が一杯であったため、ヤコブソンは船で行くと決めた。かくて、彼は一九四一年十二月七日、真珠湾が攻撃された時、アメリカの船に乗って航海していた。そのうえ、戦争のために彼の欧州帰還は数カ月遅れることになった。

ニューヨーク到着の当日、ヤコブソンは欧州に関する質問に答えるため多くの時間を割くことになるのに気づいた。行く先々で、彼は絶え間ない質問を浴びせられた。人々は最新のニュースばかりでなく、最新の意見を知りたがっていたからだ。ヤコブソンは繰り返し小国を擁護し、賢明かつ早急な経済平和とリベラルな経済解決策を擁護し、自由な為替相場制への早期復帰と関税引上げへの抵抗を説明した。ニューヨークとワシントンのどちらにおいても、彼のこうした見解は大多数の人々にとって斬新なものであったようだ。しかし、彼は各種の集団のなかで広く理解と共感があることを知った。それらの人々のなかにはコクラン、ソルター、フィリップス、ヴァイナーのほか、イギリス、スウェーデン、スイス、フィンランドの大使館関係者がいた。

連邦準備銀行では、アレン・スプラウル総裁との間で数回の長い討論が行われた。議題にはヤコブソンから出された、戦後信用について誰が債務者であるべきかについての質問が含まれた。この問題がアメリカにおいて提起されてこなかったことは明らかであった。しかしヤコブソンとしては、暫定的な信用計画において当初商業信用が利用可能になるまで、中央銀行が一定の役割を果たしうると考えていた。スプラウルは、そうした解決策が一般的支持をえられないと考えつつも注目に値すると応じた。

経済再建委員会においては、意見の衝突がすぐに表面化した。準備会議での説得は容易であった。経済的解決策は、政治的および社会的解決策と調和するべきである。経済、金融、財政の諸問題はすべてそれぞれ等しく重要であり、それぞれが他を補完するのであって、たとえ便宜上異なる見出しのもとで討論されるにしても、別々に扱われるべきでない。しかしヤコブソンは、公共事業や予算政策との関連においてしばしば使用された「拡張主義的政策および持続的所得」という表現について手放しで容認することができなかった。ジャスティス・フェリックス・フランクフルターやジャン・モネに長々と説明したように、ヤコブソンはインフレ傾向で特徴づけられる戦後ブームが発生するとすでに確信していたのである。

私は、たとえ何がしかの犠牲を払うリスクをおかしても、より大きな力点が「調整」に置かれるべきである、と述べた。社会主義社会も資本主義社会と同様の費用＝価格構造の均衡を必要とするのであり、もし事態が悪化した際には同様の調整が必要となる。しかし人々は調整を回避できるとか、また財政赤字に基づく支出が必要な雇用を確保できるなどと考えているように見える……。我々欧州人は労働市場の秩序、すなわち労働力の移動の可能性、および異なる産業分野における賃金の（一定の）均等性は回復の必要条件であると考える。我々は、アメリカ人が何らかの特別な天啓を与えられていてこれらの厄介な問題に取り組むことを回避できるとは考えない！財政赤字に基づく支出は、それが債務状況を一層悪化させるばかりでなく、解決を求められている現実の諸問題から注意をそらすがゆえに危険である。それは政治家にとって口にしやすい、いわば安易な出口を与えてくれる。完全雇用達成のために採らねばならないより厳しい措置を強調することは、エコノミストの義務である！

この委員会の司会をつとめたジェームズ・T・ショットウェル教授はこうした議論に深い感銘をうけた。

経済に関する「十人委員会」――ウィリアムズ、フランク・A・サザード・ジュニア（後のＩＭＦの同僚で、一九六二年から副専務理事）、ショットウェル、そしてハンセンを含む――の総会においては、ハンセンとヤコブソンの間で長い議論が行われた。この議論はワシントンで続行され、さらにニューヨークでも再開されることになる。また、同じ論議が他の多くの人々との間でも繰り返し行われることになる。経済拡大は赤字財政支出ばかりでなく、さまざまな方法によって獲得されうる。コスト調節は回避できず、また労働力の移動性も必要である。「私はコスト調節と財政拡大が、ハサミの二枚の刃同様に片方だけを使っては上手く切れないという比喩を用いた」。この比喩はたびたび使われ、たとえばナショナル・シティ銀行のランドルフ・バージェスも連邦準備銀行の昼食会にゲストとして招かれた際、この比喩にふれていた。

ヤコブソンは、ニューディールの影響について承知していたものの、アメリカ在住エコノミストたちの見解の均一性に驚かされた。アメリカ経済学界の会合を司会していたゴットフリート・ハーバラー教授の要請に答え、ヤコブソンが経済再建委員会で唱えてきた線に沿って若干発言した時、フリッツ・マハループ、ハーバラー、ルートヴィヒ・フォン・ミーゼス、アントニン・バッシュを含む多くのエコノミストから大いに感謝された。彼らは、自らは、そうしたことを言えなかった。なぜなら彼らはアメリカで生活している外国人として、礼儀上公然とニューディール政策に反対することができなかったからである。それだけに、彼らはヤコブソンが公に発言したことをとても喜んでいたのだ。

ヤコブソンはアメリカについて自分の知識を着実に蓄積して行った。彼は、かつてワシントンには無秩序状態があったが、いまや秩序が築かれつつあり、素晴らしい成果が上がるであろうと確信した。しかし、ニューヨークとワシントンの間の緊張関係は隠しようがなかった。ワシントンでは、特に大部分がニューディール派の財務省が銀行家の観点を理解しておらず、理解したい様子もなかった。しかも、ニューディーラーの間からも不協和音が聞こえてくるようであった。金融政策についての理解は極めて乏しかった。短期金利は〇・三％で、長期金利は二・五％であった。多くの人々は、ハンセンを含めて恒常的で不変の低金利を望んでいた。彼らは物価と金利間の長期上昇傾向の連関を認めず、物価が政府規制によってチェックできると考えていた！労働組合は排他的であったし、彼らの目標は労働界の特権的諸集団の地位維持におかれていた。建設労働者はこの範疇に属し、彼らの政策である入職制限と高賃金は建設業を制約しつつあった。

そしてヤコブソンは、外交問題評議会での演説に際し、二つのテーマに関する演説を一つに纏めることができた。彼は欧州情勢を中心に話した。しかし出席者は、ヤコブソンが実のところアメリカ人に対してより多くを語りたがっていると理解した。その雰囲気を察したヤコブソンは、いつものやり方でこの機会を利用して最初のアメリカ批判を行ったのだ。そのほかにも公式・非公式の多くの講演依頼がまいこんだ。連邦政府の省庁、銀行、スウェーデン協会、そしていくつかの大学から講演依頼があり、彼はこれらすべての依頼に応じた。そのテーマは大体同じであったが、プレゼンテーションは聴衆によって変化した。ハーバード大学では二回の講演を行い、一回はハーバラー、もう一回はヴァシリー・レオンチェフが討論に参加した。ヤコブソンが行った先々では、多くの時間が戦後の再建についての考えに当てられた。それについては後にケインズ案およびホワイト案への反応との関連で論じることとしたい。

ヤコブソンは、合衆国を辞去するまえに時間を見つけてラブデイなど国際連盟の旧同僚やセントルイスからニューヨーク旅行にきていた一人の従兄弟、そしてスイスの友人たちの娘その他の縁者など、多くの旧友に会った。彼が欧州に帰った時、新しい情報や考えをもちかえっただけでなく、親戚のニュースや個人的な挨拶を多くの家族や友人に伝えることとなった。

5 平和と繁栄、だがいかにして

スイスにもどったヤコブソンは、引く手あまたとなった。誰もがアメリカについて知りたがっていた。少数の悲観論者を除く大多数の人々は、アメリカ合衆国が本格的に努力するであろうし、ドルがその金平価を維持するであろうとの確信を新たにした。同時にBIS年報は記録的な速さで執筆されねばならなかった。それはヤコブソンが留守にした四カ月近くの間に欧州で起こっていたことに追いつくことを意味した。彼を訪ねてくる訪問客たちはいずれも、自分たちが提供できる情報を喜んで提供した。

そのような訪問客のなかでも最も著名な人物は、アレン・ダレスおよびドイツ・ライヒスバンクの副総裁エミール・プールであった。プールは特にドイツに対する合衆国の態度を知りたがった。もしお差支えなければお聞かせ願いたい、とプールはつけ加えることを忘れなかった。

「ヤコブソン」私は三点をあげた。

（一）多数の人々が、「ヒトラーとナチス」を「ドイツ」とを区別していた。プールは「ヒトラーとの講和なし」は「綱領となっている」と述べた。

（二）別の人々は、すべてのドイツ人は悪だ、彼らは覇者になりたがっている、と口をそろえた（これについてプールは論評しなかった）。

（三）別の人々は、大多数のドイツ人がまともな人々であるけれども、彼らは政治的に未熟であってヒトラーのような冒険家に抵抗するとは信じられないとも語った（プールは、それが有名な「服属精神」への批判に似たものを含んでいるのかもしれない、と述べた。しかし一方で、ドイツの民主主義がいかに大きな困難に直面しているかを忘れるべきではない）。

スイスの他の場所での交渉を終えドイツへ帰国の途上、バーゼルに立ち寄った際プールはきっぱりと断言した。「アメリカは戦争に負けるはずがない――アメリカ人は別の形で何らかの妥協を受け入れるかもしれないが、しかしそれが限度であろう」。

ヤコブソンはこうした見解や反応についてその時だけでなく、他の多くの折にもアレン・ダレスと話し合った。ヤコブソンはその第一点、すなわち「ヒトラーとナチス」と「ドイツ」の区別について同意した。

ダレスは一つの問題に関して、自国政府の政策を否定することはできないとしつつも、事態を改善するためにはいくつかのポイントを考慮する用意があることを示した。それはフィンランド問題についてであった。同国は対ソ「継承戦争」に余儀なく引き込まれたのであり、したがってドイツ側に立たされていた。大多数の人々は何処でもこれが異例の出来事であるとみなしており、フィンランドには多くの同情が寄せられていた。しかし、北部フィンランドにはドイツの大軍がおり、南部には多数の政治ボスがいる状況では、この国は事実上助力のしようがなかったのだ。ヤコブソンはベルン駐在フィンランド公使と多くの討議を重ねたが、その結論はいつも同じであった。すなわち、フィンランドが戦争から抜け出すことは不可能であった。一九四三年にフィンランドを訪れた際、ヤコブソンは当局者に対してこの点を繰り返すことしかできなかった。しかしヤコブソンは、フィンランドが実際のところ非常に低レベルの軍事行動にしか従事していないと信じるようになった。

フィンランドから帰国すると、ヤコブソンはアレン・ダレスとの間で繰り返しフィンランド問題を取り上げた。フィンランドは他の交戦国と同様の罪を犯しておらず、同国は他の多くの諸国とは別格に扱われて当然である。フィンランドとの講和は本当に「無条件降伏」によるものでなければならないのだろうか。ロシアの同盟国は、フィンランドをより寛大に扱うようロシアを説得できないものであろうか。

そしてアレン・ダレスが所用のためアメリカ合衆国に帰国した一カ月後、一九四四年の初秋に休戦協定が締結された。四五年初めのフィンランド講和条約は「無条件降伏」条項がなく、相対的に穏当であった。何よりも、フィンランドは混乱に落ち込むことはなかった。どの程度までアレン・ダレスの報告が影響したかはなお判然としないが、それが全く聞き入れられなかったわけではないであろう。

一九四二年夏、ヤコブソンはまず公式にドイツ・ライヒスバンクに招かれ、次いでイングランド銀行とイギリス財務省を訪問するよう招待を受けた。ドイツへの招待は十二月にスウェーデンとフィンランドへの訪問計画が完了するまで応じられなかった。しかし、彼はドイツのＢＩＳ理事パウル・ヘヒラーに対して、十一月にプールがＢＩＳを訪問する際、ヤコブソンのイギリス人の義弟であるサー・アーチボルト・ナイ少将が大英帝国参謀本部次長に任命されたと伝えてくれるように頼んだ。「ちょっと奇妙な微笑」を浮かべて、プールはヤコブソンが彼にその情報を与えてくれたことに感謝した。

プールはそのことを聞かせてもらったことを喜んだ。我々はこの件についてそれ以上言及しないとの紳士協定をヘヒラー、プール、そしてヤコブソンの間で結ぶかもしれない……。こうしたことはあらかじめ知っていればはるかに扱い易い。誰か新聞記者がそのことを嗅ぎつけてしまうかもしれず、それが新聞に大々的に書き立てられるかもしれない。

私はロンドンの新聞紙上で私の書いたものがあまりに親独的であるといわれた時、これらの新聞記者たちはきっと私の親族が誰であるかを知らなかったのであろうと指摘した。

しかしプールは、ヤコブソンが一月にベルリンで「オフレコ」演説をするかわりに、ライヒスバンク理事会報告者——つまり、理事会で提起されたさまざまな質問への回答を準備する人々——に対して話をするほうが、当面の状況下ではより適切でないかと示唆した。

十二月七日、ライヒスバンクのプールの心地よい部屋での昼食の直前、驚くべき会話がもち上がった。ヤコブソンはいつものように友好的なプールと一人で会っていた。

私はイングランド銀行と財務省に招かれてロンドンに行くことになったと彼に告げた。私が飛行機でストックホルムからロンドンへ飛び、その後ストックホルムに戻った後、ベルリン経由でバーゼルに帰るという案はどうだろう、と私はプールに彼の考えを尋ねた。プールはしばらく考えた後、ロンドンからベルリン経由の帰国は勧められないと思うと答えた。新聞はその事実を掴むかも知れず、また誰が君の義弟かを突き止めるかも知れない。それはＢＩＳにとって大いに不利になるのではないか。ＢＩＳ総裁は現在アメリカ合衆国におり、彼が戻ってくるだけでも、すでに十分厄介である（マキットリックは一九四二年秋に発って、四三年春に帰った）。「正確に理解して欲しい」とプールは続けた。「私は君がイギリスへ行くことに何ら反対でない。きみがロンドンへ行くのはＢＩＳにとってよいことなのかも知れないと私は思う。だが、それはベルリン経由であってはいけない。スイスとしてはロンドンへ直行便を開設してはどうだろう？　なぜそうしないのだろう？」。

私はこの議論の最中、一言も言葉を発せず、プールの発言を最終的なものとして受け入れた。私は、ＢＩＳの将来はプールがベルリンでの立場を維持できる可能性にいかに依存しているかを十分心得ていたのだ。

ロンドン訪問は一九四五年春まで実行できなかった。ヤコブソンはケインズ案とホワイト案を討議するため、四三年五月、三日間にわたり再びベルリンを訪れた。その後間もなく、ドイツ占領下の領土を横断することはもはや安全でないと警告されることとなり、その結果彼は四五年三月まで事実上スイスに閉じ込められることになった。

将来の国連事務総長ダーグ・ハマーショルドとはこの年のクリスマス・シーズンにストックホルムで、主として晩餐会の席上極めてしばしば会うことになった。将来双方が時に対立し、時に協力する事実にかんがみ、ヤコブソンのハマーショルド観――それは決して本質的に修正されることはなかった――はいささか興味のあるところである。

ダーグ・ハマーショルドは類まれな人物である。彼は財務省の権力源泉に最も近いところにいるし、その発言は重みをもっている。ヴィークフォッシュ〔訳注―当時のスウェーデン財務相〕は取り扱わねばならない一般政治問題が非常に多く、そのため彼の時間は実際上ほとんどすべてそうしたことに取られてしまうと語っていた。ハマーショルドは財務省を管理する立場にある。しかし、重要問題において決定するのはもちろんヴィークフォッシュであって、それには疑問の余地がない。ハマーショルドは官僚上がりの保守であって、若干、家父長制への志向をもっている。彼は実際に保守党的であって、期せずして国家に守護神的役割を存分に果たさせることができる。彼は「リベラリズム」なる用語に嫌悪を感じている様子で、「資本主義」も彼にはアピールしない。家庭にあっても自分自身の人生においても、彼は、実際、どんな規模であれ「カネの問題」の面倒をみる必要に迫られたことがなかったし、それには何が必要なのかも知らない。一家は財産をもっていない。

七年間にわたり彼(ハマーショルド)はヴィークフォッシュのマジック・サークルのなかで生活しており、ある程度までその影響を受けた。そしてこれらの若者たちのなかでは、一九三〇年代を通じてそして戦争開始以降実践されてきた路線が事実上正しかったことを証明する必要があるのであって、それを批判することは非常に悪く受け取られている。そうしたやり方で、彼らはヴィークフォッシュ主義の擁護者になっている。ダグ・ハマーショルドはできるだけ早く「一州の総督」になり、ヴィークフォッシュのマジック・サークルを去り、いくつかの会社の取締役会に入り、そうした形で新しい知己をもつべきである。それもあまり老込まないうちに。

その後の一九四三―四四年の二年間を通じて、ヤコブソンはそれまで作り上げてきた政治と経済の諸原則をさらに追求し、深耕した。彼はスイス内外における大きな交流の輪をひきつづき維持した。スイスへの訪問客の数は、四四年半ば過ぎまでほとんど減る様子を見せなかった。

経済問題はますます重要となった。この二年間のBIS年報は、それまで以上に戦後経済情勢のあり得べき姿を論じている。ヤコブソンは、ますますアメリカおよびイギリスのほとんどの論者たちと見解を異にすることになった。この立場は、BISおよびヤコブソン自身によって唱導されるすべての自由主義的戦後政策の基礎となるものであった。ヤコブソン自らの説明が、彼の態度を最も適切に定義づけることができるであろう。

一九四四年、戦闘行為がまもなく終了するかも知れない兆候が見え始めた時、戦後の景気動向についての討議が盛り上がった。合衆国では商務省のS・モリス・リヴィングストンが四三年に経済概観を発表し、不況と失業の傾向を予測した。ニコラス・カルドアは四四年にイギリスで出版されたいわゆるベヴァリッジ報告のために作成した付録のなかで、ほぼ同様の予測を行った。私の同国人であるグンナル・ミュルダール教授は、一九四四年刊行の「平和楽観主義への警告」と題した著書のなかで、戦後の景気動向について、約六カ月から三年以内に恐慌が発生するであろうとすら主張した。彼はさらに付言して、この恐慌が二〇年代初期のデフレと一九二九—三二年の経済不況の組み合わせに相当するかもしれないと述べていた。

BISは、一九四四年末に出版された『第十四回年報』の以下の引用（十九—二十ページ）にみられるように、異なる見解をとった。

政府が経常収入で経常支出を賄うことが再び可能となり，平時における財の供給がより豊富になった時点で、「新しい状況が生じる」であろう……。しかしながらここで強調すべきことは，政府統制が成功して物不足に由来する価格水準の上昇を阻止したすべての国において、現在の物価情勢は前大戦の頃とは大きく異なっていることである。このことは当に、戦争終結にともなう生活必需品の供給増加が生じても，物価の顕著な下落は「ない」という以前とは逆の期待を保証するであろう……。

……アングロサクソン諸国においては、生計費指数で計測された価格水準が顕著に下降することはありえないものと推測される……。

……個々の企業は、生産パターンを再調整するため、またとりわけ新たな機械設備を入手するために、銀行に信用供与を求める、あるいはそれ以上に、すでに手元にある資金を使用する、といった行動をとるであろう。いずれの場合においても、結果は「流動的資金の積極的活用」である。実際のところ、すべての企業が希望する投資を実現するためには，現状の貯蓄水準が十分でないという事態が生じうる……。

……不確かな未来に起こりうる事態について憶測を逞しくすることは避けなければならないとしても、過渡期の第一局面後においてでさえ、多くの投資機会が存在すると予想されうる。政治的安全およびその他のいくつかの条件が満たされるなら、戦後数年間について「資本活用機会の不足」はおそらくないであろうし、その限りにおいて、かなりの好景気を合理的に予想することができる。経験の示すところでは、経済の重要セクターにおいて積極的な信用需要が存在する時、信用システム全体の機能を維持することは相対的に容易となる。

この予測は、戦争直後の不況という考えを拒絶したうえ、「過渡期の第一局面の後において」も「かなりの好景気」が現われるとまで示唆するものであった。しかもこの結論は、起こりうる事態の慎重な検討なしに導出されたものではなかった……。

戦後の事業活動がひきつづき高水準にあった時、不況が近いと主張していた人々の多くは、なお数年間も、自分たちが誤ったのは「タイミング」についてだけであったとする考えに固執し、したがって極端な低金利の維持やその他をふくめて不況対策措置の持続を勧告したのはまことに奇妙な事態であった。BISの我々にとって（そしておそらく同様な見解をとった他の人々にとっても）、繁栄状態の継続は、当然のことながら一九四四年に我々が表明した諸見解の正しさを確認するように思われた。これによって我々は、より柔軟な金利政策の提示、安易な信用拡張政策などへの警告、といった諸行動に関する心理的自由を獲得した。なぜなら我々は、こうした安易な信用拡張政策が各国の国内経済におけるインフレ傾向と国際収支赤字をもたらす、と確信していたからである。好景気および統計から明らかな継続的物価上昇のもとにおいて、適正な「反循環政策」とはさらなる刺激策でなく、抑制策だったのである。

6 米日間の橋渡し役

第二次世界大戦の最終局面において、交渉を通じた和平実現を目的とする組織的ではなかったものの半ば公的な努力の末、日本はヤコブソンに援助を求めた。日本は仲介者を求めており、実際に橋渡し役を得たのだった。

ヤコブソンは一九四五年七―八月の仲介者としての活動を自らの経歴におけるハイライトの一つとみなした。この仲介活動についての説明は、ヤコブソン執筆の多くの文書のなかで彼が唯一出版を希望した部分であった。彼はほとんど毎日、ポケットに入れてもち歩いたに違いない紙切れにメモを記していた。それはレストランのテーブルや空港で、早朝にまた夜半に暇をさいて書き記された。ヤコブソンの死後これらのノートは編集され、アレン・ダレスの序言をそえて出版された。この刊行物には、交渉参加者の一人である北村孝治郎の論文の翻訳が収録されていた。この著作は草稿の早い段階で両氏によって通読され、コメントを受けており、また当時生存していたその他の交渉参加者ゲロ・フォン・S・ゲーベルニッツおよび吉村侃による同様の助力を受けた。これによって、全くありそうにない冒険物語とみられかねなかった話が、真正の証言であるとお墨つきを得たのだった。その説明はまた、ジョン・トーランドによって、彼の日本についての記念碑的著作のなかで引用され、言及された。以下の要約はそのうちの最も主要な出来事と見解のみを強調するものである。

一九四五年七月初め、ヤコブソンは二人の日本人銀行家に訪問された。一人はBIS理事・北村孝治郎、もう一人はBIS外国為替課長・吉村侃である。双方とも、もとは横浜正金銀行の所属であった。中立国国籍と多様なコネクションを有するヤコブソンに、対日講和とりまとめの手配をして欲しいが、その用意はおありであろうかと、二人はベルンの日本公使館つき武官・岡本清福中将の代理として尋ねてきた。岡本は日本陸軍参謀総長梅津美治郎大将の友人であり、そして梅津は直接昭和天皇のもとに伺候することができる人物であった。最も重要なポイントは、交渉が極秘であることを別として、皇室の護持であった。加えてこの段階でこれら二人の銀行家たちは、一八八九年明治憲法が維持可能かどうかについての情報も欲していた。

ヤコブソンは、接触すべき人物として、当時、アメリカ戦略事務局の欧州支局長であり、親しい友人であったアレン・ダレスの名前をあげた。二人は同意した。

二日経たないうちにヤコブソンはダレスの側近スタッフ二人（うち一人は親密な知り合いであった）と接触した。その後、彼は日本の友人たちに対して次のように報告した。日本において皇室が有する極めて重要な意味についてはアメリカにおいても、またそれ以上にイギリスにおいても、十分理解されている。だからこそ情宣活動で皇室に言及することを避けているし、爆撃機は可能な限り皇居を迂回している。憲法問題はこれとは次元の異なる交渉事項である。しかしいずれにせよ、「無条件降伏」は受け入れられねばならないであろう。「無条件降伏」は交渉の可能性に道を開くことになるのであり、主として軍事用語として理解されるべきである。

三日後、ヤコブソンはコンタクトのあるダレスのスタッフの一人と夕食をともにした。その接触相手はすでにダレスに電話を入れていた。

二人とも、今回の動きが、アメリカにまず最初の動きをさせようと試みている東京発のものかどうか知りたがっていた。これについて私は心配無用だと告げた。今回の仲介の動きは、スイスからの発案である。主たる問題は東京における戦争派と平和派の間の微妙なバランスである……。〔私の客人は〕私が非常に楽観的であると考えた。いずれにせよ、もし日本の接触相手が権限を付与されるならば、彼らはそれなりの敬意を払って意見を聴取されるであろう。

七月十日までに、ダレスのドイツ生まれの副官で、イタリア派遣全ドイツ軍部隊の降伏を指揮したゲロ・フォン・S・ゲーベルニッツとヤコブソンの会談が行われた。ゲーベルニッツは、無条件降伏からの抜け道はないであろうと強調した。皇室の安全の保証は疑いなくアメリカの政策であるが、その旨の声明を入手するのは困難であろうと彼は述べた。トルーマンとチャーチルだけがそうした保証を与えることができる。それに双方がいろいろな政府省庁および個人と協議するとなると、何週間もかかることになりかねない。ヤコブソンは尋ねた。

「アレン・ダレスから、ダレス自身の印象がいかなるものであるか告げることはできないものであろうか?」

「彼はそうする権限を与えられないであろう」

「あなたがたは権限の付与なしに何らかの行動をとったり、発言したりしたことはないのか?」

もしダレスがかかる意見表明を行い、それがリークされたとすると、彼の立場したがって彼の有用性も危険に瀕することになるであろう。しかし、ヤコブソンは日本の関係者に対して、自分がイタリア派遣ドイツ軍部隊の降伏に責任を負ったアメリカ人と直接接触したことを強調することもできた。またヤコブソンには、彼が彼自身の印象として合衆国政府が日本国皇室を尊重する意図であると付言するのに反対はないように思われた。しかし、フォン・S・ゲーベルニッツはまた次のように警告した。アメリカ人武官経由にせよ、何らかのスイスのコネクション経由にせよ、他のルートによる働きかけは、事態を混乱させるばかりなので、すべきではない。

二人の日本人銀行家とベルンにいるその仲間たちから、こうした彼らからみて厳しい条件への同意を取りつけるには、長い交渉が必要であった。ヤコブソンの議論の筋道は二つであった。一つは、天皇と国家を救うことは面子を立てること——たしかに日本社会においてそれが大切にされることはあるにせよ——より重要であること。もう一つは、もしリークが発生した場合は、ソ連が動き出し万事がいっそう難しくなること。ヤコブソンの聴き手たちはこの危険を十分承知していた。彼らはその場でただちに二通の覚書を書き、それをヤコブソンに渡した。一通は、即時停戦を日本政府に進言する電報に対する東京の予想される反応についてであった。もう一通は、彼らがアレン・ダレスに彼自らの「個人的見解」として表明して欲しい諸点のリストであった。その第一点は、「日本の天皇制が護持されるのは実際に確かであるか」であった。

七月十四日土曜日、二通の覚書を身につけたヤコブソンは、アレン・ダレスに会うためウィースバーデンへ連れて行かれた。ダレスの主たる関心事は、日本側交渉者の誠実さであった。彼は、今回の一件が日本における戦争派による陰謀――アメリカ側がいかに理不尽であるかを示すことで士気を鼓舞する陰謀――ではないのか、と尋ねた。

ヤコブソンは、日本人の銀行家とベルンの関係者が不誠実かつ無責任である、とでも言いたげなこの発言に憤慨した。ヤコブソンは、自分がダレスのような交渉の経験をもたないことに同意した上で、自らが説得のエキスパートであることを強調した。「私は一九三五年から三七年にかけてデヴァレラに対してイギリスと交渉するよう説得したことすらある」。彼らは長時間論議したが、何の結論も導き出せなかった。翌朝、ヤコブソンは夜のうちに自分の議論を点検した後、自らの見解とりわけ皇室についての見解を再度表明した。天皇は自らを軍部から切り離すことができるし、そのうえで、もし講和の動きを打ち出すならば、その時は何かが生み出せるかもしれない。そうなれば、アメリカの大衆は皇室と戦争派を区別できるようになるであろう。

討論は続いた。時折、熱いコメント以上のものが行き交った。後年、ダレスは次のように書いた。「私は生きている限り、あの七月の暑い夜ウィースバーデンで行った議論を決して忘れないであろう」。「ポツダム会談開始の忙しい日に当たっていたことを考えると悪くはなかった」とする八時間におよんだ会談の後、ヤコブソンは、もし天皇が率先して降伏を担保し、かつ軍隊を外国から引き揚げさせるならば、アメリカは彼に統治を継続させることになりそうである、とするダレスの個人的な見解を受け取って辞去した（唯一、天皇の命令だけが軍の降伏を引き出すことができると正しく理解されていた。それでもなお、実際に命令が発せられた時、将校たちのなかには天皇が圧力を受けたと信じるものがいて、散発的な蜂起が発生した）。

ヤコブソンと別れるとただちにアレン・ダレスは感謝の意向を表明した。「我々は、あなたがここへ来てくれたことに大変感謝している。決して、感謝していないなど思わないでほしい」。

バーゼルに戻ったヤコブソンには、二人の日本人銀行家たちを説得し、彼らが岡本中将や日本公使加瀬俊一の双方に日本へ打電してくれるよう説得しきるだけの論拠を提供するという大仕事が待っていた。「無条件降伏」は受け入れ難いようであった。彼らは必死に書面での言及を求めていた。ヤコブソンは詭弁を弄してこう彼らに告げた。今回、アメリカは一切を文書化しないことにした。なぜならアメリカは発言内容を遵守する意志を有しており、第一次大戦後における文書化した約束の破棄という行為を繰り返したくないからである。

七月十八日、ついに岡本中将は東京へ打電し、また七月二二日夜には、加瀬の電報も外務省へ送られた。岡本の電報はかなりの長文で、ダレスがこの交渉を「当面の最も重要なもの」とみなしていると強調し、ポツダム会議に言及して終っていた。そのトーンはヤコブソンに届いた報告によると、力強く前向きであった。

これら二通の決定的に重要な電報の本書を追跡する試みは、これまでのところ失敗に終っている。戦後の混乱、東京の関連する建物の部分的ないし全面的な破壊、そして指導者たちの死去のため、それらが再び日の目を見ることはなさそうである。

七月二十日、アレン・ダレスは、トルーマン、スターリン、そしてチャーチル（自分の賓客としてクレメント・アトリーを同伴していた）が会談していたポツダムに飛んだ。ダレスは、友人の国防次官補ジョン・J・マックロイを通じて国防長官ヘンリー・L・スティムソンと会う手はずをととのえていた。ダレス自身もスティムソンと面識があり、また彼のために働いたこともあった。著作『仲介』の序言のなかで、彼はスティムソンとの会見を次のように説明している。

ペール・ヤコブソンが日本人から聴いた通り、私がスティムソンにその話を伝えると、スティムソンは注意深くそれを聴いていた。他の筋からの情報で、私は日本降伏の問題全体および天皇の扱い方がポツダム会議の重要問題のなかに入っていることを知っていた。また私は、現在国務省におり、真珠湾以前駐日大使をつとめたジョセフ・グルーがすでにグルー自身の見解を提示したことも知っていた。私はスティムソンから注意深く私の話を聴いてもらったが、私は答えをもらわなかったし、またもらうことを期待していなかった。それは、あれだけの権限をもっていたスティムソンですら、一人で決められない案件であったからだ。

この会談があったことを裏づける二重の証拠がある。スティムソン自身が、日誌のなかでこの会談を次のように記録している。「午後遅くアレン・ダレスが現われ、私は短時間、彼と話した。彼はスイスのアメリカ戦略事務局にいて、多くの地下情報の中心になっている。彼は我々に最近、日本から彼のもとに届いた案件について話してくれた」。スティムソン日誌のなかのこの「我々」は第三者の出席に言及したもので、アレン・ダレスによると国防次官補ハーヴェイ・H・バンディであった。

スイスでの交渉の参加者たちは当時、もしも原子爆弾の最初の実験が成功したならば、それは日本に対して使用されるとの決定がいわゆる「暫定委員会」により一九四五年六月一日に下されていたことを誰も知らず、アレン・ダレスですらその事実を知らなかった。原爆実験は、七月十六日、アレン・ダレスがスティムソンに会う四日前に行われていた。それから約二週間後、原爆が広島に落下することになった。アレン・ダレスは、「もしも日本側の交渉者がもう少し早く来ていたならば、そしてもっと明確に政府を代弁する権限を与えられていたならば」、原爆投下は起こらなかったかもしれない、と示唆している。

しかし、交渉は全く役に立たなかったわけではない。吉村は七月二十一日、ヤコブソンに向かって、ヤコブソンがダレスと話し合って以降、アメリカ合衆国からの電報のトーンが変わったことに驚いていると告げた。これらの電報は日本に対して適切な扱いをする可能性があることを示した。アレン・ダレスがワシントンへ送った情報は、おそらく、そうした立場を強めるのに役立ち、適切な扱いを促したり天皇の中枢的役割を強調したりする人々を勇気づけたのであろう。

さらに重要な点として、スティムソンがすでにワシントンから受け取っていた天皇の中枢的役割に関する情報を、日本筋からの情報としてアレン・ダレスのメッセージが確認した事実があげられる。この情報は、ワシントンにおける支配的で重要な指導者グループの見解と矛盾するものだった。

トルーマンは一九四五年八月十日、検閲を逃れるためモールス信号によって、ある通信社経由で東京から送られてきたメッセージを受け取った。彼はただちに四人の顧問たちを招集した。スティムソンはそのうちの一人であった。メッセージは天皇が何ら影響されないとの理解のもとで、ポツダム宣言を受諾するという内容であった。トルーマンは顧問たちに天皇がその地位に止めおかれるべきか否かについて意見を求めた。スティムソンは、極東全域と日本本土、および太平洋諸島に当時散開していた日本軍の降伏を確保するには天皇の助力が必要であることから、それに強く賛成すると述べた。ウィリアム・D・レイイー提督およびジェームズ・V・フォレスタル海軍長官も同意した。その理由は、日本軍の降伏こそが重要であり、連合軍が原爆使用に訴えたのも、降伏を実現するために必要な軍事作戦をすべて実行すれば、双方に夥しい死者が出るだろうという予想に基づいたものだ、というものであった。

さらにスティムソンとフォレスタルは、直近の人命喪失について当惑していた。トルーマンは異議をとなえ、当初外交経路を通じる公式な降伏を欲した。すべての連合国に送付される回答のテキストに同意した後、スティムソンとフォレスタルは人道的見地から空軍と海軍のすべての行動を停止する試みを再開した。二人は、少なくとも、八月十三日と十六日に予定されていたさらに二個の原爆投下の中止を確保することに成功した。

ヤコブソンにとって、彼が二個の原子爆弾投下のまえに仲介者として和平を実現できなかったことは、当然不本意であった。彼は天皇がその地位に止めおかれたこと、したがって多くの生命が救われたことについて、自分が貢献したかも知れないと信じた。彼は、その人柄からして、日本人銀行家の要請をむげに拒絶することは良心にかけてできることではなかった。彼は岡本中将についても、同じような、ただし多少痛みの軽いジレンマを感じたことであろう。岡本は、他の多くの日本人と同様、あの八月にハラキリをして果てたのであった。

交渉の最初の三週間には、ヤコブソン自身が書いた探偵小説の一つにあるような要素がすべて揃っていた。そこには秘密があり、尾行からの逃避があり（少なくとも日本人は見張られていた）、真夜中の会議があり、さらには偽の名前を書き込んだ本物の旅行証明があって、彼を「ヤコブソン神父」に仕立てたり、秘密の任務のため、または通常の約束に間に合うための助けとして時に提供された不正規の輸送手段があったりした。ヤコブソンは仕事以外の行動を非常にうまく秘匿することができていて、彼の個人秘書ですら何か特別なことが起きているとはわからなかったのは自身が二冊の探偵小説を書いていたためであろうか。

ヤコブソンは、メッセージ伝達の必要がある場合や、あるいはさらに議論が求められる場合にいつでも応じられるようにするため、交渉の最も重要な六週間にわたり進んでバーゼルを離れることはなかった。彼はいくつかの興味ある出張を辞退した。彼はまた、七月二十三日のストックホルムにおける次女ビルイットの結婚式――相手はアメリカ人で、ＮＢＣの戦争特派員ビョン・ビョンソン――に残念ながら出席しないと決心していた。

ヤコブソンのただ一度の日本訪問は一九五八年九月、インドで開催される予定であったＩＭＦ年次総会の準備交渉後の帰国途上だった。東京訪問はまさに凱旋であった。レセプションがあり、講演会が開催され、セミナーが催された。多くの旧友が出席し、そのなかに北村も吉村もいた。あまり予期しなかった一人が宮内庁式部官長原田健であった。ヤコブソンと原田は一九二〇年、ともにロンドンの国際連盟に勤務しており、最初に出会ったのもロンドンであった。ジュネーブ転勤の後、彼らは近くに住むようになって、連盟への行き帰りに一緒に歩くこともしばしばであった。原田は四二―四六年、駐バチカン大使となり、次いで五二―五五年、駐イタリア大使となった。そして大いに盛り上がったこの日本訪問を手配してくれたのは、原田その人であった。五八年一月二十四日、ヤコブソンは天皇、皇后両陛下に拝謁した。

天皇は東南アジアの発展状況全般についてヤコブソンがどのように考えているかと尋ねた。ヤコブソンは次のように強調した。

これらの諸国は公的な資金源にばかり依存してはならず、したがって高い信用力を維持しなければなりません。また，彼らはインフレを避けねばならないのです。さらに、新しい世代に属する人々が技術者および管理者として訓練されるなかでのみ国家の発展が進行しうるのですから、特に管理者育成を忘れるべきでありません。それこそが社会的発展です。そのためには、とりわけ新中産階級の育成が必要でありましょう。課題はあるにせよ、東南アジア諸国が急速な発展をとげていることは確かです。

一時間の拝謁のなかで、ただ未来についてのみ話し合いが行われ、きびしい過去は言及されないまま後景に止めおかれた。しかし、前進すべき道はただ一つであった。それは、可能な限り健全な金融的および社会的基礎のうえにたって、将来に向けて建設することであった。

7　アメリカ・イギリスによる戦後通貨構想

一九四三年、アメリカ・イギリスによる戦後通貨構想についてのヤコブソンの見解がベルリンやワシントンにおいても議論されていた。その年の春にケインズ案の改訂版が発表され、修正ホワイト案の草稿が出回ると、ヤコブソンの周辺で議論が起こった。ヤコブソンは一年三カ月前、ワシントンに滞在していた時に、この問題を議論したことがあり、今回の議論においても明らかに中心的な存在であった。

ドイツ側は、ケインズ案とホワイト案について特に情報や意見を求めた。ドイツ側は、ドイツ・ライヒスバンク副総裁プールを団長として、小規模な銀行幹部のグループを派遣するほど熱心であり、このグループとヤコブソン、パウル・ヘヒラーは、一九四三年五月一日にチューリッヒで秘密裡に面談している。ヘヒラーはヤコブソンに強調した――「もし英米による戦後通貨構想を議論するためにスイスにいることをドイツ側に知られると、プールが疑われることになるでしょうが、彼は当然ながらまだ敵国側と調整できることを望んでいるのです」。スイスでの別の面談の後、ドイツの銀行グループは、団長プールを通じてヤコブソンに六月一日にベルリンで商業銀行家に講演を行ってほしいと依頼してきた。この講演はその後スイスで知識人の集まりやロータリークラブに向けて何度か行われることになっていて、その講演内容は無数の非公式な議論を惹起した。七月八日の決定稿は、アメリカ公使館によって翻訳され、全文がワシントンに電送された。

長く消耗する議論が続いた。しかし、当初からホワイト案が好まれているようであった。対案のケインズ案はとても「複雑」であったし、バンコールは結局「ドルの問題を覆い隠すもの」で、どこかアカデミックでもあった。そしてヤコブソンが指摘したように、ケインズ案で想定されていた巨額の信用創造を連邦準備制度理事会が支持するとは思われなかった。連邦準備制度は、アメリカ経済の再建をはじめとして、援助や再建にかかわる信用供与の要求が増加することを懸念していただろう。

ヤコブソンは、インフレ的傾向をともなう戦後ブームが起こると確信していた。そのためヤコブソンは、ケインズの思考が一九三〇年に公刊した『貨幣論』や、三三年の『繁栄への道』の四つの論文を執筆した頃のアイデアに戻っていることを強調した。しかし実際の状況は（ケインズが）予想したものとはかなり変化していた。「ケインズによるアイデアは、商品価格が下落し、経済学者の多くが金の不足による危険を確信している時に展開されたものであった。それゆえケインズは国際的な通貨の創造を提案したのだ」。したがって最終的には、政治だけでなく経済的な観点からもホワイト案に近い決着となるのではないか。

ホワイト案においてドルにはもちろん特別なポジションが与えられていた。それはドイツ側にとって、特に受け入れ難い部分であった。ヤコブソンは、「全世界がアメリカの圧倒的な経済・金融的ポジションを受け入れざるを得ない」と考えていることを強調した。「アメリカは全世界で生産された工業原材料の四〇％を利用しており、したがってアメリカの原材料への需要が、世界の卸売物価水準を決定するのである」。当時ドイツは、もし連合国が大戦に勝利したら生み出されるはずの「広域経済圏」が間違いなくアメリカによって支配されるのだが、アメリカには世界をリードしていく能力がないというプロパガンダを展開していた。そこでヤコブソンは議論のなかで繰り返し指摘した。ケインズ案、ホワイト案において構想されている機関は、為替相場と同様に重要な事柄について議論する場になるだろうし、それはすでに一定の成果だ。ヤコブソンは間もなく以下のようなアイデアを提示したのだ……。

国際協力の構造、それは他の国々が、最も力のある国アメリカだけではなく、それ以外の主要国の政策にも影響を与えるものであり、それは比較的健全な政策を開始するにあたり必須条件であろう。そうした影響の及ぼし合いはアメリカの利益でさえある。なぜならば、世界中で生起する事象について自らの先導的役割に見合う政策を考案し、それを実施していくことはアメリカにとっても困難だろうからだ。そのためにも国際的な機関が必要であり、かつ複数の機関にすればすべての卵を一つのかごに入れないですむ。そしてドイツ側にとっても、政治的な機構より専門的機関を通じて影響を及ぼす方が容易であるとわかるだろう。

ヤコブソンの議論は整合的で明らかに受け入れられるものであった。ヤコブソンはアメリカとイギリスの安定的な為替相場をめぐる相互の利益が、ホワイト案、ケインズ案においてともに考慮されていることを指摘した。しかしながら大戦直後に固定される相場が適切にならない可能性をふまえ、それぞれの案は、当初に設定された平価を変更する可能性を想定していた。ホワイト案は、この点でケインズ案ほどフレキシブルではなかった。なぜならアメリカは、一九三〇年代の「競争的な」切下げの経験からこの点に敏感になっていたからである。

ヤコブソンの議論は繰り返し紹介された。講演の核心は以下のように要約できる。一九三〇年代を通じて小国は為替相場を変更することで経済回復に成功したが、アメリカはドルを切り下げても経済回復ができなかった。しかしこの異なる経験は、他国の貿易政策が不変である限り小国の切下げが世界価格にほとんど影響を与えないという事実を前提としている。これは小国のグローバル貿易に占める比率が比較的低いことによるものだ。複数の小国が同時に自国の通貨を切り下げれば、大国にとっては不快な影響が生じるだろう。大国については切下げによるメリットはあまりない。世界の市場価格はたいてい自国市場の表記になっており、大国の行動は、世界の貿易政策の変化を引き起こすからである。そのため、経済的な先進国は、当然のこととして安定した為替相場のメリットを強調するのである。

しかしながら、もし先進国が安定した為替相場を望むのであれば、小国が大国の経済成長に依存するということを忘れてはならない。大国が物価や生産量が過度に変動しないような方法で対応してこそ小国にはこれが望ましい形の依存となる。もちろん不健全な金融政策によって個々の国が自国通貨を切り下げざるを得ない状況に陥ることもある。しかし、二〇―三〇％の国内コスト調整が必要な場合は当然であるが、一〇％程度のコスト調整で済む程度のわずかな不均衡に際しては、平価の変更を行うべきではない。国内のより小さなコスト変化に対応するためにも、労働組合を含むすべての重要な経済セクターが政策に関与し、これに協力しなければならないのである。

為替相場についての議論の核心からはそれてしまうが、ヤコブソンは過去百年間の歴史において、通貨価値の番人であったのは、多かれ少なかれ独立した中央銀行であったということを指摘した。なぜなら、「これまでの経験によれば、政府が――共和派であろうと王党派であろうと、民主主義的であろうと権威主義的であろうと――いつでも通貨を望み通りに確保するために通貨システムを濫用したからである」。だからこそ、特にアメリカの利害からは通貨協力のためにできる限り中央銀行を頼りにするべきであった。しかしホワイト案は主に財務省を、ケインズ案は中央銀行を頼りにしていた。

極めて重要なのは、ドル／ポンド相場であった。「ユニタスやバンコールがあろうとなかろうとポンドとドルの安定的な相場は国際通貨秩序の基盤として必要である。そうすれば『際限のない複雑性』に代わって、安定的なクロスレートが存在することとなり、ドル地域かスターリング地域に属しているかどうかは問題ではなくなるだろう」。

ヤコブソンはこうした方法によって達成できる以上のことを、安定基金や通貨政策上の手段に過大に期待してはならないと強調した。第一次大戦後には金融の安定を達成するのに七年から十年かかったが、政府財政も正常化されねばならず、今度はずっと早期に再建を進めなくてはならなかった。グローバルなアプローチが存在するのは、金融、財政、経済上の政策措置が相互に強化し合うからである。ケインズ案もホワイト案も長期的展望に立った解決であり、戦争直後の困難には対応していなかった。ヤコブソンによれば、この困難には特別な救援措置かつ再建手段によって対応するべきであり、通常の外貨準備は、この目的のために使用されるべきではなかった。ヤコブソンは大戦で破壊された国々への救済の必要性を強調した。それはアメリカにおいても、ヨーロッパにおいてさえも、大戦の終結がもたらす問題がどれほど深刻なのか、理解が欠如しているためであった。

ケインズのように、戦後すぐに貿易取引が通常通りの状態に戻ると予想するのは、ヤコブソンにとってあまりにも楽観的であった。輸入を必要とする国々は数多いが、そのような国々は輸出をすることができない。これはアメリカが自らの資産を利用できないと危惧している理由である。金本位制下でさえも金での決済を拒むことができた――たとえば、スウェーデンはこれを実行した――それは多くの国々が金を信用していなかったからではなく、金の決済を受け入れることで過大な国内の信用拡大を引き起こしかねないからだった。政府が望んでいたのは商品の輸入だったのだ。

早くも一九四三年七月に、イギリスの報道機関は、若干留保しつつもイギリス政府が原則としてホワイト案を受け入れることを勧めていた。ヤコブソンは安定したドル／ポンド相場を必須条件とみなしており、アメリカとイギリスが張り合うことで基金の設立を妨げるべきではないと考えた。

一九四四年のブレトンウッズ会議では、アメリカとイギリスの通貨構想が実現可能だとみるような相対的に楽観的な評価は、部分的にしか認められなかった。ブレトンウッズ協定においては個々の国々による批准を条件として国際復興開発銀行（以下IBRD）とIMFが設立されることとなったが、IBRDとIMF、特にIMFが十分に機能する可能性について疑問を抱いていたのはヤコブソンだけではなかったのだ。

一九四五年にヤコブソンはイギリスを三回訪問し、ブレトンウッズについての議論に参加した。誰もが提案はアメリカでは全般的な支持を得ており、受け入れられるという意見であった。ヤコブソンはイギリスでも提案が受け入れられるだろうと思っていた。ただヤコブソンの友人のなかには、特に労働党が政権に復帰した後について疑念を抱く者もいた。

ヤコブソンは、イギリスにはどんな留保があるのかと友人に尋ねたが、その答えは得られなかった。ヤコブソン自身はブレトンウッズ提案の裏にさまざまな思惑があり、それに反対する多くの理由が存在することも理解していた。とはいえヤコブソンはイギリス政府がブレトンウッズ協定に調印するだろうと確信していたが、その一方でイギリス側が実態不明なものに署名をしようとしていることに驚いてもいた。ヤコブソンは、結局のところイギリスの視点からは、ブレトンウッズ協定はスターリング地域全体での介入のための法的な根拠であり、ほとんど貸出をともなわない為替協定にほかならないと理解したのだ。

約三年後、スターリング地域に起きたことの教訓が明らかになっていた。ヤコブソンはイングランド銀行総裁コボルドに対し、彼から見るとエドゥアルド・M・ベルンシュタインIMF調査局長やIMFのスタッフが、まるで均衡を達成するためにコントロールを望んでおり、スターリング地域で築き上げてきた相対的に自由なシステムに理解がないかのように思えると言った。コボルトは答えた。「その通りですが、その傾向は再び変化しています……。サザード教授（当時、アメリカ財務省で国際関係を担当）、アンドリュー・N・オーヴァビー（IMF専務理事代行）は、スターリング地域についてもっと理解がありますと」と。

ケインズは、ブレトンウッズ会議全般について「会議が目指しているものすべてを守り抜くと私に期待してはならない！」と発言した。しかし、ケインズはその多くについては支持していた。それはドル中心外交に対抗するものであり、債務国にも債権国と同じ地位が与えられていたからだ。さらに、財務省と連邦準備制度の善意は信用できるので、アメリカ側が真剣に構想が機能するように取り組むことが期待できるだろう。

ヤコブソンは、ワシントンでアモス・E・テイラー商務省内外商務局長と昼食をともにしたが、その際に一見特異なブレトンウッズ機関の構造について説明を受けた。「アメリカ議会がIMFとIBRDを一つに統合せずに、二つの機関の設立を望んでいる理由の一つは、IMFとIBRDが相互に監視し合うようにという、アメリカ特有の願望であった」。多くのアメリカ人と同様に、テイラーは、IMFの複雑なシステムがどのように機能するのかを予見できなかったのだ。

IMFとIBRDの両理事会の最初の会合がサバナで開催されたのは、専門家たちの多くがこうした悲観主義に陥っているなかでのことであった。外交上の礼儀が前面に押し出されたが、その裏では、厳しい闘いが起ころうとしていた。二つの新しい機関の本拠地は、ワシントンに置くべきかニューヨークに置くべきか、ワシントン駐在のイギリス財務省代表ロバート・ブランドは、サバナ会議に出席していた時、以下のように述べている。

意見の相違は深刻だった。アメリカ側はワシントンに機関を設置し、その機関が経済の趨勢を調査し世界の通貨情勢を議論して何らかの結論を出すとしている。そしてどうするか？これは不確実な点だが、しかし信用を配分し、ローンを授与することなどで彼らは危機的状況が打開されるという見方なのだろう！

他方、イギリス側は加盟国の通貨当局と密接なコンタクトをとる機関を思い描いていた。各国からの援助を引き出し、信認を得、それを通じて行動し、徐々に獲得した信頼によってさらに本当の影響力を勝ち得るのである。ブランドは次のように述べた。「サバナでは、『中央銀行または通貨当局』という言葉には、一度も言及されなかった。まるで、このような機関が存在しないかのようであった」。

こうした問題点はあったもの、ヤコブソンはＩＢＲＤの見通しについては極めて楽観的であった。

しかし、ＩＭＦについてはとても楽観的になれなかった。それはオーストラリア連邦銀行経済顧問のレズリー・G・メルヴィルが、サバナからの帰国途中に示した態度から明らかである。メルヴィルは、ＩＭＦがそもそも収入を得られるのかどうか疑問に感じていた。少なくともオーストラリアは、ＩＭＦを利用しないように最善を尽くすだろう。確かにイギリスが十分なドルを供給できなければ、オーストラリアはＩＭＦから一時的に引き出すかもしれない。というのは、戦後にこの国は何もかもを必要としているからである。さもなければ、ＩＭＦ資金はポンド、金残高に次ぐ、第三の防衛ラインでしかない。ＩＭＦはほとんど何もできないはずだから、理事会のメンバーは別としてもスタッフの給与さえ払えないであろうと考える者もいた。

ＩＭＦの状況、さらに当初は期待されていたにもかかわらず、ＩＢＲＤの状況も一年半後になってもほとんど変化しなかった。一九四七年秋、二つの機関はロンドンで共同の会合を開催した。ニーメイヤーは、この会合で何を達成できたのかと尋ねられ、簡潔に、彼らしく意見を述べた。「我々は二週間もの間、ＩＭＦとＩＢＲＤが現時点では何もできないと世界に宣言するために、多大な犠牲を払って会っていたのです」。

8 ブレトンウッズ会議――ＢＩＳの清算か

ブレトンウッズ会議の結果についてはちょうど休暇が始まった時に知らされた。ＢＩＳの清算！それについて思い悩むことはしなかったが、さまざまな考えが浮かんできた。

ＩＭＦとＩＢＲＤが設立されることで、ブレトンウッズ会議ではＢＩＳが清算される可能性が浮上した。ＢＩＳの幹部は、ベルサイユ条約がもたらした状況に強く関与していることでＢＩＳの存在に異議があることを知っていたのだが、この結果は本当に予期せぬことだった。ヤコブソンが一九四二年にアメリカ旅行をした時、連邦準備制度理事会調査局の国際部門を率いていたウォルター・Ｒ・ガードナーとアメリカ財務省のベルンシュタインがＢＩＳの清算について指摘していた。メール・コクランはＢＩＳの問題を異なった形で指摘した。すなわちＢＩＳは、実際には安定のために活用されることはないだろうというのだ。問題は、「ＢＩＳの構造が特定国の政府が支配的な影響力をもつ一方で、ほかの国の意向がほとんど反映されていない」ことである。しかし、プフェニンガーはより否定的な印象をもった。プフェニンガーは、ワシントンから戻った後にマキットトリックに対して次のように報告した。ベルンシュタインにとって「ＢＩＳの存在自体が、ハリー・ホワイトとベルンシュタインが想定したＩＢＲＤ、ＩＭＦのような新しい機関のための構想に合致しないのだ」。

攻撃を受けている最中、ＢＩＳは一貫して「我々はＢＩＳの業務に関する監査に喜んで応じる」という態度を示した。そして、チェコスロヴァキアの金問題がＢＩＳ批判の理由となっているにもかかわらず、ブレトンウッズ会議において「チェコスロヴァキアの代表がＢＩＳへの攻撃に加わらなかったことに満足していた。もし、金を移送されたことについての非難に実体的な根拠があるならば、チェコスロヴァキアはまず会議の場において、ＢＩＳへの攻撃に加わるはずではないだろうか」。友人や賛同者からの意見をまとめると、一九四五年一月の時点でイギリスを含むヨーロッパ諸国がＢＩＳを強く支持していることが確認できた。しかし、ヨーロッパ側が遅ればせながらＢＩＳを擁護したにもかかわらず、ワシントンの態度はいぜんとして変わらないままであった。

アメリカ財務省がＢＩＳに対し反感をもっていたことは、一九四六年一月、ニューヨーク連邦準備銀行の外国調査部長がヤコブソンに伝えた事件によって説明できる。

ニューヨーク連邦準備銀行は、ＢＩＳに書籍購入などの名目で、約二百ドルを前払いしていたが、その決済のためにライセンスを求めたところ許可が下りなかった。多くの困難の末、ニューヨーク連邦準備銀行は拒否する理由を発見したのだ。すなわち、財務省はＢＩＳは清算されるはずであり、そのような時にほかの債権者に優先して、ＢＩＳに支払うことは正当ではないと言ってきたのだ。しかし、最終的にはライセンスが認められた。

ヤコブソンの暮らしぶりは、ＢＩＳの清算が取りざたされていることや、国境が再び開放されるという平和への展望によって大きな影響を受けた。家族はバーゼルを離れることになると予想し、一九四四年秋には自宅を処分した。ヤコブソンはホテル暮らしを始め、バーゼルにいる時はいつでもドライ・ケーニゲ・ホテルに滞在した。このような状態は、新しい家を所有するまでほぼ六年間続いた。

長期にわたってヤコブソンは一人暮らしであった。ヤコブソンの妻は婚礼や孫をはじめとする家族にかかわる用事等で不在がちであった。ヤコブソンは妻の不在を寂しがった。ヤコブソン夫妻は揃って海外にいたが、ヤコブソンの妻は一年半続けてバーゼルを不在にした。特に一九四五—四六年、ヤコブソンに口頭や書簡でたくさん来ている仕事のオファーを引き受けるように勧め、そうすれば身を落ち着けて家をもてるのだと激励した。

ヤコブソンは例によって個人的な事柄についてはかかわりたくなかった。ＢＩＳの行く末を見届けたくもあった。それ以上にヤコブソンは妻の不在を寂しがりながらも、手軽なエンターテイメント、魅力ある人々、数多くのイベント、そして責任を負わないで済むホテル暮らしを謳歌していたのだ。

一九四四年から四六年にかけて、ヤコブソンの同僚や友人たちは、ＢＩＳの将来について極めて悲観的であった。個人的なレベルでも、ＢＩＳについての懸念からヤコブソンには多くのオファーが寄せられた。ヤコブソンは、最初のオファーがプフェニンガーから届いたことに最も感動していた。プフェニンガーは、アメリカから戻ってきてスイス銀行の経済顧問になっていた。プフェニンガーは、ヤコブソンを失いたくないため、スイスにおいてヤコブソンに教授ポストが用意されるだろうと説明した。それからは、いくつものお世辞を含んだオファーが舞い込んだ。そのなかには一部は一九四四年に、それ以上に彼が滞在中の四五年に母国スウェーデンから寄せられたものが含まれている。

ヤコブソンはフルタイムのオファーを断り、スカンジナヴィア銀行のグスタフ・セーデルルンド取締役からのオファーを応諾した。それはヤコブソンがグスタフ・カッセルの後任として、複数の言語で刊行されていたスカンジナヴィア銀行の四季報に、巻頭論文を寄稿するという職務であった。ヤコブソンは一九五六年にＩＭＦ専務理事に転出する際にこの職務を辞任するまで、十一年以上にわたって一年に四本の論文を寄稿し続けたのだ。

ヤコブソンが望んでいたようなオファーを受けたのは、一九四六年十月二十一日のことであり、それはＩＢＲＤ経済顧問のポストだった。スウェーデンがブレトンウッズ会議のメンバーではなく、ヤコブソンがＢＩＳに在職していることを考慮するならば、これはとても良いオファーであるとヤコブソンは考えた。ヤコブソンはこれについて何人かの友人たちに深く感謝し、全く不満を言うべきではないと感じていた。

この時までに、少なくともＩＢＲＤは機能するというコンセンサスが醸成されていた。事実、一九四六年十一月にＢＩＳの新総裁となったベルギー国立銀行総裁モーリス・フレールは、ＢＩＳとＩＢＲＤとの協力の基礎を確立した。こうしてＢＩＳの将来が保証されることとなった。ヤコブソンはＢＩＳに留まることになり、四六年十二月九日に大戦後初めて開催された理事会で、フレールの提議により執行役員に指名された。

ヤコブソンはＢＩＳの理事たちから大いに祝福され、満足げにコメントをした。「ある意味で私は懸命に働き、いつでも自説を押し通してきました。かと言って私は洞察力や計画性があるという証拠を強いて示すことはありませんでした。むしろ私は時折、自分よりも強い何かの力に突き動かされていたように感じました」。ヤコブソンは生活できるだけの十分な資金がある限り自身の金銭的な報酬にはこだわらなかったし、お金が足りない時にはいつでも原稿の執筆や講演でやりくりできる見込みがあった。しかしヤコブソンはそうした活動が認められることを期待はしていたが、そのように画策したのではない――これほど「キャリア志向」が薄い人もいなかっただろう。とはいえＢＩＳが清算されるのかどうか、自らが仕事に就けるのかどうかという不確実な状況が二年間続いた後、ヤコブソンは己に相応しいと感じる地位を確保できて喜んだ。

ＢＩＳの幹部は、ブレトンウッズ会議以来二年間にわたってそれぞれのやり方でＢＩＳの復興に貢献した。ヤコブソンの貢献には、二つの年次報告の執筆が含まれる。一九四四年秋の第十四回と、有名な四五年の第十五回（一九四四・四五年版）年次報告である。この第十五回年次報告は戦時経済のサーベイが充実しており、複雑なブレトンウッズ体制についても積極的に説明されていた。ヤコブソンは、全世界が国際的な金融機関を必要としていることを詳細に説明し、真の協力的な体制を成功させるために議論を呼びかけた。

この二つの年次報告については、世界中で極めて前向きな反応が得られた。いつもは簡潔な報告を求めるニーメイヤーでさえも、第十四回年次報告を絶賛した。Ｊ・ウィリアムズによると、第十五回年次報告についてケインズが絶賛していたということであった。Ｊ・ウィリアムズはケインズと一日をともに過ごしたが、その時にケインズは次のようにつけ加えたそうである。「ヤコブソンはすべての国を母国としている、真に国際的なエコノミストである」。一九四六年夏までに、ＢＩＳ存続についての見通しはかなり改善された。ＢＩＳは、加盟国がヨーロッパ全体をカバーする唯一の専門機関であった。皮肉にも戦時中にはＢＩＳに否定的に働いていたことが、いまや存続の切り札となったのだ。イギリスとほかの連合国は存続に向けてＢＩＳを強く擁護した。

アメリカの態度が変化したのは、ほとんどひとりの人間によるものだったと判明したのは、ほぼ三年後のことであった。その話はニューヨーク連邦準備銀行のワーナー・ノーク副総裁から確認した。ヤコブソンはアメリカでの講演旅行から帰国する日に、アンドリュー・Ｎ・オーヴァービーと話した。彼はその時ベルギーにいたＩＭＦ専務理事カミーユ・ギュットの代理として、ＩＭＦ理事会議長を務めていた。

私は、オーヴァービーにＢＩＳがどのように救済されたのかを尋ねた。オーヴァービーは、私に前財務長官フレッド・Ｎ・ヴィンソンが、ハリー・ホワイトのグループに強く影響されていたのだと話した。ジョン・Ｗ・スナイダーが財務長官になった時、オーヴァービーはニューヨーク連邦準備銀行の副総裁補佐から財務次官補に転出した。スナイダーとイギリス財務相ヒュー・ドルトンの最初の会合のため、財務省のメンバーはＢＩＳについてメモを基に説明をした。その際ＢＩＳの清算は当然とみなされており、いつどのような形で清算されるのかが問題であったが、オーヴァービーは言ったのだ。「私は、ＢＩＳの清算問題を交渉のなかでの極めて瑣末なものにすることができたのです」。

ヤコブソン――「なぜ、そうしたのでしょうか？」

オーヴァービー――「それは公平感からでした。私は長官にＢＩＳは決して公平なヒアリングを受けておらず、ヒアリングは一方側からのみであったと述べました。私は連邦準備銀行にいたのでＢＩＳ側に多くの言い分があることを知っていました。長官はこれを聞いて、ほどなくして私と同意見になったのです」

ヤコブソン――「ＢＩＳはあなたが言ってくださったことをけっして忘れないでしょう。もしＩＭＦがＢＩＳと連携したら、ＢＩＳがＩＭＦにとって有用な機関であるとわかるはずです。ＢＩＳは友人に忠実で有用な機関です。さもなければ生き残ることなど不可能なはずです」

輸送手段が復旧するとすぐに月例理事会が再開された。一九四六年十二月九日、クリスマスパーティも兼ねて最初の会合が開かれた。参加者は誰もがまたＢＩＳに戻り、会合で再会できた喜びを分かち合った。総裁たちは、共有する難題を互いに語り合い、さらにＢＩＳのスタッフたちとともに議論できるということを理解していた。ＢＩＳは、アドバイスや精神的なサポート、援助が得られる場であった。

ニーメイヤーと友人たちは、前イタリア銀行総裁・前ＢＩＳ

理事会メンバーであったヴィンチェンツォ・アッツォリーニが釈放されたという知らせを受けて喜んだ。ヤコブソンはニーメイヤーにアッツォリーニの所在を伝え、ニーメイヤーはただちに彼に書簡を送った。

この再会の喜びに満ちた一日への前奏曲として、一九四四年九月七日という暗黒の日があったのだ。ヘヒラーがベルリンから戻ってきて、「シャハトは名誉ある投獄中」との報せをもたらした。同じ日にアッツォリーニの家族がイタリア人のＢＩＳ幹部ラッファエーレ・ピロッティ総務局長に電報を送り、アッツォリーニが獄中にいるだけではなく、その立場も容易ではないと伝えてきた。

アッツォリーニに対する嫌疑は錯綜したものであった。最も深刻なのは、イタリア銀行の金塊が消失したことについて、その責任を問われていることである。事実、ドイツ側がすべてのイタリアの金塊について移送の指令を下す前に、ピロッティはイタリア銀行の金塊の一部をアッツォリーニの全面的な了解と支援によって、自家用車でスイスに移送していた。残りはミラノに隠蔽された。ピロッティはこのためたびたび旅行をしていたが、その際通常のビジネスに従事している民間人であるかのようになりすますことができた。これらの金はスイスでは安全に、ＢＩＳの監視下で、イタリア銀行のために分別管理されていた。

ただちに行動が開始された。イタリア政府に影響を与え得る誰もが、当時としては当然に複雑な手段を利用して電報を打った。ヤコブソンは、スウェーデン外務省とローマのスウェーデン公使館を通じて財務相ソレリに電報を打った。ヤコブソンはソレリと国際連盟の配給委員会でともに働いたことがあり、面識があったのだ。

二日後、イタリア紙は国内の事柄に外国が介入してきたことを憤慨した論調で報じた。イタリア紙は、特にＢＩＳとＢＩＳ関係者によるスウェーデンからのルートで介入があったことに言及した。介入には何らかの効果があった。「アッツォリーニは懲役三十年であったが、この判決は変えられる！私はスフォルツァが威信をかけてアッツォリーニの有罪を要求しているのだと感じた。この段階では、アッツォリーニが死刑にならなかったことが重要なのだ」。アッツォリーニからヤコブソンに書簡が送られてきたが、そこにはメモが添えられていた。

あなたが私のことを気にかけて下さることにとても励まされ、公判記録の英訳をお送りします。――その記録は、ＢＩＳ理事会やＢＩＳの一員であった者の悲劇的な人生について執筆しようという者にとっては役立つかもしれません。

中央銀行総裁が理事会に見出している価値の大きさと、ＢＩ

Sによる再建への貢献は、ほどなく財政面に反映された。営利機関であるBISは、その収益を政府からの援助に依存しておらず、単にビジネスを必要としていたからだ。戦後初期において、顧客は中央銀行であった。BIS勘定は一九四五・四六年のみ赤字を計上したが、この赤字は準備金の取り崩しによってカバーされた。一九四五・四六年以外の年は、短期の高い流動性業務取引により利益が得られた。営業局の高いスキルはすぐに国際的なコミュニティにおいて不可欠となった。

一九四七年、BISはベルギー、フランス、イタリア、ルクセンブルク、オランダによる決済協定のための代理機関となった。この協定は、マーシャル・プランの下で始まった最初のヨーロッパ域内決済・相殺協定であった。当初IMFは、四七年十一月八日に開催されたパリ会合にオブザーバーを送り出す予定であった。しかし、この協定が調印された時、「理解しがたい」理由でオブザーバーは欠席であった。IMF正史のなかには、このできごとについて、わずかな記述がある。「IMFの代表が欠席しているところで……この機能を引き受けるというBISからの申し出が受諾された」

一九五〇年、BISは欧州決済同盟（EPU）において、欧州経済協力機構（OEEC）の代理機関になった。BISは複数の要因によって〔清算の危機から〕救済された。しかし最も重要な要因は、BISを最も良く知るセントラルバンカーたちがこの機関を必要とすると決定したことである。セントラルバンカーたちは、BISが単なる親睦クラブというだけではなく、重大な政策決定機関になると予測していたわけではなかった。ヤコブソンはそのことに確かな貢献をすることになったのだ。

9 マーシャル・プランへの緊急支援

ヤコブソンが戦時中に予測し、その早い時期から唱えていたように、戦後期の問題は緊急手段によって対応しなければならなかった。ヤコブソンにとって緊急支援と再建への援助は通貨の安定とは別々に行うべきであった。その理由は援助の規模にもよるが、そもそもこのような支援は長期的な安定プランのために必要な通貨・金融政策上の手段とは基本的に性質が違うことからであった。

一九四一年から四二年にかけてアメリカを旅行した後、ヤコブソンは、アメリカ側に援助の用意があると確信した。ヤコブソンがアメリカ側に提案した一つの可能性は、フォートノックスにある合衆国金塊貯蓄所にある金の一部五十億ドルを、上院が主張したように「何らかの国際機関」を経由して貸与する、あるいは、ジョン・ウィリアムズ教授が主張したように単純に贈与して流通させることであった。

大戦終結から二年たった一九四七年頃には荒廃、特に秩序の崩壊が深刻であった。どちらも二〇年代から慣れ親しんだ言葉ではあるが、この状況はまだ改善されておらず、予想以上に深刻で広範囲に及んでいた。そのために最後の希望としてマーシャル・プランが構想され、ヤコブソンは計画全般に密接に関与することになった。

三年もの間、アメリカ、イギリス、カナダ、スウェーデン、さらにその他の諸国は、戦争で荒廃した国々への緊急支援を、共同であるいは個別に貸与ないし供与した。イギリスはもちろん援助を必要としている国でもあった。

二つの主要な緊急手段が、一九四六年末までにいずれも使い果たされていた。第一の手段は、国連復興機関（ＵＮＲＲＡ）による大規模な信用であった。この機関による援助は極めて重要であったが、最悪の被害だけを修復する程度で、荒廃を緩和するほどの効果はなかった。第二の手段は、アメリカ輸出入銀行の融資能力が大幅に増強されたことである。しかし、アメリカの（輸送を含む）商品・サービスへの需要は極めて大きかったため、輸出入銀行の貸出力も四六年十二月末までに使い果たされた。

双務的な通貨・決済協定によって多国間の広範囲な「信用」ネットワークを構築することで、実質的に通常の貿易取引を回復しようとする動きがあった。ヤコブソンにとっては専門外であるが、そのシステムがもつ固有の困難を指摘した。

双務的な協定について生じる困難は、システムがとても複雑なので、少数の専門家を別にすれば十分に情報をもった者でさえも、全体像を把握し実際に何か起きているのかを察知して行動できないという点である。幸運なことに、イギリスは標準化された方式で協定を締結しており、その機能について適切な見通しを得やすい。

ヤコブソンは、このような複雑で連結したシステムを解体したいと考えていたが、その実現にはとても時間がかかった。ヨーロッパで必要とする再建の規模について十分に認識していたにもかかわらず、ヤコブソンは一九四五年十二月にアレンジされたアメリカからイギリスへの融資三七億五〇〇〇万ドル（九億三五〇〇万ポンド）の条件は適切であると考えていた。ヤコブソンの態度はアメリカやそれ以外の国々と同様であり、次のようなものだった。

イギリスは我々のための戦争で財源を使い果たしてしまった後、資金を必要としている。その上条件はおおむね受け入れられるものだ。この融資で最も好ましいのは条件が付されていることである。イギリスに自由市場経済を導入させるよう求めている。すなわちイギリスの意志に反してでも、その自助努力を助けることになる。ロンドンは、自由の中心地としてのみ生き続けられるからだ。

この点でヤコブソンは新しい労働党政府の社会的・政治的性向について判断を誤っていた。ヤコブソンは、経済再建に優先順位が与えられていないということを認識していなかった。というのはヤコブソンが他の専門家同様、世界貿易にとって自由な交換性をもつポンドが不可欠だと考えていたからだ。

融資協定には、ポンド債務について詳細で楽観的な条項が含まれていた。その残高は、一九四六年末で三五億ポンドという膨大な金額に達していた。さらにポンド残高が議会による批准の一年後から無差別でいかなる通貨圏でも経常取引に使用可能でなければならないという重要な条件があった。決定的な日は四七年七月十五日とされていた。そしてヤコブソンが驚いたというよりはむしろ大いに失望したことに、経常勘定の交換性はその六週間後、四七年八月二十一日に停止されたのだ。

イギリスでは必要な措置が実施されなかった。一九四七年春イギリスが危機に陥った初日に、ヤコブソンは日記のなかで長く自問している――「連立政権」が解決策だったのだろうか。それぞれの閣僚が示した関心事項や実施した措置に関する長大なリストについて考察した後、ヤコブソンは「まやかしの反対理由と解決できない問題」の表を挙げて日記を書き終えている――すなわち、補助金の削減、ポンド残高問題の解決、最終的に避けがたい物価上昇によって国家債務（年間で二十億―三十億ポンド）の一部を「一掃する」といった不可欠なことに専念するのでなく、イギリス財務相ヒュー・ドルトンは、低金利政策に全力を注いでいたのだ！

ヤコブソンは、政府演説にビジョンがないことを嘆いた。なぜなら「ビジョンがなければ、汝は堕落する」からである。さらにヤコブソンは大衆の政治的なストレスを懸念した。大衆は安価な食料のような明らかなメリットを与えられ、首相によってさえ折にふれて賛美された。以下の引用に見られるように、ヤコブソンは労働者を敵対視していたわけではなかったが、もっと賢明なやり方があると考えていたのだ。

これは最も危険なアプローチである。労働者は別のシステムの下ではいっそう暮らし向きがよいのかどうかという問いを発することができなくなってしまうからだ。政府はメリットに目を向けさせる一方で、大衆が何を失ったのか認識する想像力、比較力を奪っていく。労働組合に特権を与え、特別な利益を主張して、全般的な問題から目をそらすことは、政党にとっては都合が良いのかもしれないが、国家にとっては極めて好ましくないことだ。

こうして一九四七年夏にポンドの交換性回復は不可能となったのである。

一九四七年九月初旬、ヤコブソンはイギリスにいたが、ポンドをめぐる出来事の背景を知った。イングランド銀行総裁カトー卿によれば以下のようなことだった。

交換性回復はもう少しでうまくいくところだった。輸出入における危機、そしてアトリーが公表した政府の政策がなければ、うまく行ったはずだ。もちろん、私は交換性の付与によってもっとポンドが保有されるように望んでいた。しかし、信頼の欠如から人々はポンドを手放すことになったのだ。

ヤコブソン――「その事実は、イギリスにおいてさえも信頼がコントロールよりも重要だと示しているのです」

カトー――「私は次のように考えています。信頼なくしてコントロールすることはできない。事実、信頼がなくては何事も進みません。すべてのことが信頼の上に築き上げられているのです」

これは、イングランド銀行で昼食をした時の会話である。その時には八人が同席していたが、四人は外部の者でフランス人、南アフリカ人、イギリス財務省の官僚を含んでいた。つまりカトーは自身の見解が流布することを明らかに許容していたのだ。

カトーによると、ポンドが交換性回復に失敗したのは政府の政策が原因であった。政府は失敗を望んでいるかのようだった。財務省のエドワード・プレイフェアによると、その理由は次のようなことだった。「閣僚は交換性の停止を本当に恐れていた。彼らは皆ポンドの切下げをさらに恐れていたのだった」。ヤコブソンは、ポンドの価値が一ポンド＝四ドルより低く、おそらく一ポンド＝三ドル程度とみられていることを考慮に入れなくてはならないと考えていた。「過大評価された相場を維持しようとすることは誤りだからである！コントロールを信じている人々はこの点について見解が違う――私自身は長期間にわたってより維持しやすい相場を選ぶことにメリットがあるという見解である」。ヤコブソンはロンドンへの旅の終わりに比較的短いサーベイを作成したが、そのなかでポンドの交換性が停止された対外的要因を三点にわたって列挙した。ポンド残高の封鎖ができなかったこと、信頼の欠如、それに深刻なドル不足である。国内的要因としては予算の補助金を大幅に削減する必要があり、それには三つの理由があった。

一、予算と税制上の理由――補助金は貧困層だけではなく富裕層も支援することになり無駄がある。一方で、課税上の損失は最も深刻である。もし税制を維持するならば、財政上巨額の黒字が必要である。

二、補助金はアンバランスな物価構造をもたらす。卸売物価は一〇〇％上昇するが、生計費の上昇はわずか三二％である。そのような上昇率の違いは結局のところ維持できない。

三、補助金は大衆全体の購買力を増加させる。一方で、貨幣賃金を十分に制限することも大衆全体に影響せざるを得ない。おそらくバランスを回復する唯一の方法は、賃金を抑えつつ、必需品の価格を上昇させることである。

同様の理由は翌年のＢＩＳ年報に、さらに外交辞令的な文言で述べられている。

ヤコブソンには、ポンド残高の問題が甚だ不公平だと感じられた。そのため一九四七年十月にはスカンジナヴィア銀行の四季報に巻頭論文を寄稿してこの問題を十分に議論した。イギリスが世界の債権国家になっていく十八世紀末の数十年間に始まる明確な歴史的構図を背景に、ヤコブソンはイギリスの戦後債務の大部分が、戦争という政治的な要因によって発生したことを指摘した。多くの債権者との困難な関係を考えたとしても債務は半減すべきであった。ヤコブソンはある種の一般的決着を構想した。そこではポンド以外の債権保有者でさえも数年以上の期間、戦時中に獲得した金やドルをイギリスに支払うことになっていた。

結局、交換性回復のための政策は、イギリスでもそれ以外のどの国でも実施されなかった。第一次大戦後に時間が必要であったように、交換性回復には時間を必要とした。しかし、時間だけではなく資金も必要だったのだ。緊急のクレジットはすべて使い果たされた。道路や橋が再建され、設備が稼動し、ドイツを除くどこの国においても生産は一九三八年水準に到達するか、それを凌駕していた。しかし食料、原材料、燃料を購入するための資金は不足していた。ヨーロッパ諸国は、財政破綻の瀬戸際にあったのである。

マーシャル・プランは、アメリカによる寛大な回答であった。しかしアメリカ人はこの援助が本当に必要な資金であり、政治的なまやかしではないと説得されなければならなかった。アメリカには社会主義的なヨーロッパをサポートする準備はなかった。そのためヤコブソンは、アメリカにおいて全力でヨーロッパを救済するアイデアを広めていた。ヤコブソンは「ヨーロッパの社会主義の国々」という質問に対し、「ええ、我々にはそれほど社会主義のようには見えませんが……」と手短かに返答した。ミズーリ州セントルイスで開催された外交問題評議会での会合に、二十――二十五人の有力な人物が参集した。議長はフレデリック・デミングで、後に彼がミネアポリスに移り、連邦準備銀行総裁に就任してから親交を深めることになった。デミングはその後アメリカ財務省通貨問題担当次官になった。一九四八年三月、ヤコブソンはアメリカ大陸全土にわたって講演を行った。三週間で少なくとも十二の都市を回った。ヨーロッパ人で同じ目的のために同じように選ばれたのは、ジェフリー・クローサーのみであった。クローサーは、エコノミスト誌の編集者であった。

専門家たちは、ヨーロッパにおいてさらに多くの資金需要があること、アメリカがその資金を供給できる唯一の国であることを長らく実感していた。一九四七年六月五日、国務長官ジョージ・C・マーシャルによって行われた決定的な演説は、周到に準備された。演説において、マーシャル・プランとして知られるヨーロッパ経済復興プログラム（MRP）が提案された。しかし平均的なアメリカ人は、心底ヨーロッパの状況にうんざりしていた。ヨーロッパ十六カ国にドイツの西側占領地域を含めたヨーロッパ協力委員会（CEC）が、四七年九月二十二日に公表したレポートにおいて、寒く長い冬によってさらに悪化したヨーロッパ大陸諸国の悲惨な状況が明らかになった。四七年十一月にフランス、イタリア、オーストリアに暫定援助が実施されたことで、緊急性が強調された。

マーシャル援助の規模については議論があった。ヤコブソンはこの議論に少なくとも公的に関与することを拒否した。ヤコブソンがチェイス・ナショナル銀行副頭取マキットリックに指摘したように、補助金廃止のような確実な手段がすぐに実施できるはずであった。しかし、税制の改革には複数年を必要とした。それはマーシャル援助が複数年に拡大された理由の一つでもあった。ヤコブソンは強調した――マーシャル援助は一年ごとに決議するのが正しい。前もって複数年分の経常収支赤字を予測するのは不可能であった。赤字は、その後に実施される政策によるところが大きかったからだ。講演後の議論のなかで、アメリカがヨーロッパの国内的、国際的政策についての保証を要求すべきでないかと問われた時、ヤコブソンは一年毎に供与を決議することで、アメリカ側は効果的な、しかし巧妙にビルトインされた保証を確保できると指摘した。

ヤコブソンが講演の旅を開始する前に、ジョン・J・マックロイIBRD総裁は、マーシャル・プランへのサポートの六〇―八〇％は人道的な要因、残りは戦略的な要因であり、ヨーロッパでの橋頭堡を保つこと、部分的にはビジネス上の理由やロシアへの脅威に対して実施されると断言した。マックロイは正しかったのだろう。しかし、アメリカ人たちは本当にマーシャル・プランに賛成していたのだろうか。どのくらいアメリカで感情が変化していたというのだろうか。

ヤコブソンはさらにアメリカ西部を旅して、講演後の議論が全体として政治的になっているとこれまでよりも頻繁に感じるようになった。ヤコブソンは、ミネアポリスでその当時大統領候補であったハロルド・E・スタッセンに伝えたことを何度も繰り返すことになった。「大陸は左傾しているのではありません。国有化に反対しており、ヨーロッパで理解されている意味でのリベラリズムを好んでいるのです」。

イギリス政府の国有化政策については、うまく説明するのが一段と困難であった。ヤコブソンは他の方向に議論を向け続けようとしたようである。クローサーとヤコブソンが講演の旅を終えてメモを比較するために会った時、両者が合意できなかったのは、国有化と労働党政府の二点のみであった。

クローサーは、一九四八年二月に行われたアメリカのタイム誌とのインタビューのなかで、次のように断言した。クローサーがどのように発言し、執筆したとしても「彼の心はすべての善良な心同様わずかに左側にある」。この物言いを「心が左側、頭は右側であり、クローサーは両者の間で決心ができなくなった」と言い換え、ヤコブソンはその表現を頻繁に使うことになった。ヤコブソンにとって政府が当該国経済の面倒を見ている限りにおいて、どのようなレッテルを貼っても良かったのだ。講演の旅を通じて、ヤコブソンはクローサーがいて労働党政府の政策を批判してくれたのは、どれほど幸運だったことかと強調した。

多くの特に西側の人々は、彼らが真実を知らされておらず、マーシャル・プランは、それ自体のメリットにより通過したというより、社会主義や共産主義、ロシアへの恐怖から性急に通過したのだと感じていた。一九四八年四月十八日に予定されたイタリアの選挙において、実際に共産党が政権の座につく恐れがあった。前年にイタリアに滞在していたヤコブソンは、そのような事態にはならないだろうという根拠をいくつもの議論で示した。しかし一方で、ヤコブソンは繰り返し述べた。もし四月十五日、選挙の三日前までにマーシャル・プランが議会を通過したら、それはイタリアにとってすばらしいことであると。マーシャル・プランは四月三日に議会を通過した。

アメリカの景気減速がマーシャル援助への支援が欠如していることの理由として繰り返し挙げられた。人々のビジネスにおいてしだいに困難が増していた。所得税の負担感や、物資不足が深刻になり、必要とする燃油を手に入れられなかった。ビジネスマンは景気後退を予想した。彼らのなかで最も客観的な意見は、これが景気後退を実感する前に議会を通じてマーシャル援助を得る最後の機会であるということであった。

議論のなかで最も話題にのぼる経済問題は、ポンド切下げの可能性であった。こうした状況下、ミネアポリスでヤコブソンは語っている、

私は、イギリスでコストと物価が大幅に上昇しているので切下げが実施されそうだという意見を述べた。これは、通常戦争によって引き起こされるような事態である。第一次大戦後、物価は四〇％から六〇％上昇し、ポンドの切下げが不可避と

なった。いまや物価は二倍に上昇している（誰もが賛同しているようで、私はそのまま講演を続けた）。

しかし、イギリス側はもう一つの大国でもコストや物価が上昇していることに気づくはずだ。その国も金価格が唯一不変であるというルールの最初の例外とはなり得ないのではないか。いずれ抜本的な通貨調整が行われれば、販売市場があり、インフレ的な傾向が続く限り、それ以上の調整を考慮する必要はないことになるかもしれない。イギリスについては輸出できるすべての商品をまだ販売できる状況だ。為替相場の変化は、生計費を歪め賃金上昇圧力に結びつくため、これらは当面避けるべきである――しかし、この状況は永遠に続かない。金価格の変化が起こったら、イギリスはおそらくどこの国よりも大幅な調整をしなければならないが、それはイギリスだけの問題でないだろう。

（この部分を話した時、聴衆は沈黙していたが手応えがあった。私は決してアメリカや合衆国、ドルの名前に言及しなかった――しかし、誰もが理解していたのである）

ヤコブソンの講演は実質的に同じ内容だったが、ニューヨークからデンヴァーまでどこでも温かく受け入れられた。「すばらしい、すばらしい――長く望んでいた最初の希望の光だ！」。ヨーロッパ諸国での前進を説明することで、ヤコブソンは、特にポンドの交換性回復が失敗した後、アメリカで広範に信じられていたように、ヨーロッパが受け取った援助が「ドブに捨てられて」などいないことを示すことができた。ヤコブソンは緊急援助が本当にヨーロッパの再建に大きく貢献したのだと論証した。「ヨーロッパの誠に素晴らしい復興は、諸外国、何よりもまずアメリカの援助があったからこそうまく成し遂げられたのです」。このようにヤコブソンは、講演の冒頭で確固たる意志表明をした。しかし、ヤコブソンはそれを表明する前に次のことを説明した。戦争直後の時期において最も破壊的なのは人命や物質的な被害ではなかった。秩序の混乱、政治体制の崩壊、永続的な赤字予算、通貨インフレ、貿易の断絶――これらが最悪の問題だった。こうした破壊は「時限爆弾」として遅れて影響しかねなかった。それはアメリカにとって、第一次大戦の四倍もの犠牲を払った一九三〇年代タイプの不況へとつながりえただろう。マーシャル援助はヨーロッパの再編に息をつくスペースを与えるようにデザインされた。この状況があってこそ、西ヨーロッパ諸国は繁栄する。特に主権国家が再建のために必要な国内の金融・財政政策を実施すれば、低関税地域として共同で機能し、早期の復興が可能となるだろう。このことは、ヤコブソンたちがかねてから追求していた政策変化が導入されたことを意味していた。

一九四七年六月と、とりわけ七月、ＢＩＳはマーシャル・プランについて議論し、このプランについて確固たる姿勢をとった。BISは、主にプランが作動するために必要な条件について懸念していた。オーボワンとヤコブソンが各自で作成したノートを合体させた完成版が、最終的にBIS理事会メンバーと数名の関係者に送付された。そのなかには、マックロイ、カミーユ・ギュット（IMF専務理事）、ウィリアム・L・クレイトン（アメリカ国務省経済担当次官）も含まれていた。クレイトンはマーシャル・プランのもとで立ち上がる三つの委員会の一つである超党派の十九人委員会を実質的に監督していた。オーボワンとヤコブソンのノートは、スプラウルやバージェスを含む友人にも送付された。クレイトンはすぐにコピーを国務省、パリ、ローマにいる知人に送った。ヤコブソンは厳しい反応を覚悟していた。

火に油を注いだようなものだ。オーボワンも私もこのノートが原子爆弾になりうると感じている。

さまざまな国々が商品の貸与を好き勝手に利用しつつ、そのつけをアメリカが支払うかのように話している。イギリスはルール地区についての議論を好まない。イギリスは石炭・鉄鋼業を社会化したいのだ。誰もが、金融の再建がもたらす結果をおそれている……。

再建なくして経常収支の永続的均衡はないのであり、ランドルフ・バージェスはこのことを知っている。

BISはこのようにして、意図的にマーシャル・プランの実行を監視する人たちの関心を金融財政面での再建に向けさせた。幹部たちは、この領域で効果的な手段を実施しなければ復興は成功しないと確信していた。オーボワンは、第一次大戦後にルーマニアの財政再建を経験し、ヤコブソンは国際連盟の金融委員会のメンバーであった。二人はもちろんのこと、他の同僚たちもそうした確信を共有していたのだ。

十九人委員会は九月にヨーロッパを訪問し、事前に文書で取り決めていたように、ヤコブソンはこの委員会とともに作業にかかわった。当時パリにいたオーボワンとジャン・モネ（当時計画庁長官）も、ヤコブソンが全面的に支援するよう促していた。十九人委員会の代表は、クリスチャン・R・ハーターであった。ヤコブソンは一九四七年九月十八日木曜日に面会した。以前、委員会のメンバーと議論をしたことがあり、委員のなかには古くからの友人もいた。

不運なことに、イギリス財務相ヒュー・ドルトンは十九人委員会に対して極めて不快な印象を得た。しかし、さらに悪いことが続いた。ドルトンは、ニーメイヤーがマックロイの招待でIBRDを短期的に訪問するのを阻止していたのである。ヤコブソンは、この事実を詳細に書き留めている。

以下は、スキャンダラスなことだ――ニーメイヤーが出発する前、彼は財務省で反対があるのかどうかを尋ねた。その答えは、財務省（すなわちドルトン）は、ニーメイヤーのＩＢＲＤ訪問が時宜を得たものとはみなしていないということであった。

ヤコブソン――ドルトンによる拒絶は、それが知られてしまったことで多くの人々に極めて悪い印象を与えた！フレールは大いに憤慨していた。私にとっても不愉快であった。このことをアルフレッド・コーバーに話した時、彼は述べた。「イギリス政府を信頼しない！の一言に尽きる」と。

現在の時点でドルトンの拒絶の意味を十分に理解するためには、ニーメイヤーが健全な通貨政策のシンボルであり、その政策がアメリカや十九人委員会、ＢＩＳ、それに多数の大陸諸国から是認され、積極的な支持を得ていたことを知らねばならない。イギリスの国際的な名声を得た専門家に、ワシントンのＩＢＲＤにアドバイスをさせないようにしたことは、ニーメイヤーにとっての個人的な屈辱に止まらず、ドルトンの評判を貶め、イギリス政府の政策への不信を高めることになった。

この間ＩＭＦの見解は、いかなる問題についてもマーシャル・プランについてさえも聞こえてこなかった。ＩＢＲＤは、マックロイを通じて関与した。マックロイは「すばらしい講演」を行い、議会の委員会の前で証言をした。

ヤコブソンは講演の旅から戻ると、一九四八年三月にＩＭＦで講演を行うだけではなく、四十人以上のエコノミストを抱えたＩＭＦがどのように機能するのかについて、オーヴァビーから意見を求められた。オーヴァビーはベルンシュタインに「抑圧されたインフレ」について関心をもってもらうことができたとつけ加えた。

その後、ヤコブソンはどこか皮肉たっぷりに、彼はＢＩＳからＩＭＦへ勇気、モラルの強さ、新しい考えを与えることに成功したと考えた。

ヤコブソンのアドバイスは、当時の重要な通貨問題に集中した。この問題は三つあった――ドイツの通貨問題、ポンドの交換性回復、ヨーロッパ全般の通貨問題である。ＩＭＦは、ヨーロッパで委員会の作業に参加することでこの問題に関与すべきであり、幹部職員たちは出張に出かけなくてはならない。このようにして初めてＩＭＦが本来の役割を果たしてくれるようになるのだ。

Ⅴ部　自由は健全な通貨に宿る

1 健全な経済政策

一九四五年に終戦を迎えてからほぼ十年間、健全な経済政策とは何かをめぐって激しく苛烈な論戦が繰り広げられた。論点は、経済システムにおける金利やマネーサプライ、金融政策の位置づけや役割であった。五〇年代半ばになって初めて、西側先進国は何らかの形で金融政策を活用するようになった。五六年までに多くの国は経常勘定で事実上の交換性を獲得しており、五八年には交換性は公式に回復された。

ヤコブソンとBISの同僚にとって、健全な経済政策とは政治的に中立なものだった。柔軟な市場経済では金融政策や金利を含むあらゆる経済政策の手段は、生産量を増大しそれによって市民に分配される量を最大化するために用いられるべきであった。これは、特に強いインフレ傾向をともなう完全雇用の状況で当てはまるものであり、ヤコブソンたちは一九四二年からこの可能性を予想していた。戦争がすべての市場、とりわけ貿易や決済システムに混乱をもたらした後では、金融の再建が喫緊の課題であった。市場における秩序を確保するためには、きちんと機能する価格体系が必要であった。すなわち、適切な利益を含めたコストが物価を越えるべきでなかった。これは、あらゆる政治体制にとって不可欠な条件だ。

この考え方をとるヤコブソンとBISは特異な立場に立たされていた。一九七三年当時にIBRDで、またそれ以前にはIMFで活躍したアーヴィング・S・フリードマン教授は、四五年当時の世論を振り返ってこう記している。「何よりもまずインフレを心配する者は、金本位制の「規律」に戻ろうという主張を支持する傾向があった。しかし、この見解をとったのは少数の研究者や金融スペシャリストに過ぎず、四五年までほとんどの者が、こうした懸念を単に時代遅れなものと考えていた」。最悪の危険はインフレであるという考えの支持者は主に商業銀行および中央銀行のバンカーや、ICCに所属するような実業家であった。また、大陸ヨーロッパ諸国でかなり急速に見受けられるようになった。学界や政界の反応はゆっくりとしか得られなかった。

学会からの反応を得るのにどのくらい時間がかかったかは、次のような事実が示している。一九七四年のアメリカ経済学会年次総会で二人の最も著名な金融理論家が議論から脱線して、「通貨の重要性についての目覚しい再評価」を力説した。フランコ・モディリアーニもまた、主に非マネタリストがマネタリストに近づいていったと指摘している。ミルトン・フリードマンは二十五年前、つまり四九年には、ほとんどすべてのエコノミストたちが「『マネー』を全く受動的な量に関する単なる五文字の単語」としか考えていなかった、と強調した。政策担当者たちが新しいケインジアンの財政政策をとり続ける限り、すべてはうまくいくのだから、金融政策の唯一の機能は低金利を維持することにある。これらの発言は、四九年頃ＢＩＳやヤコブソンが提唱していた政策が明らかに少数派であったことを示している。

一九四五年には、「ケインジアン」あるいはニューディーラーの経済学者が多数いた。彼らは、しばしば中道左派の「社会」党や「民主」党に、多くの場合実際に知的戦力として結びついた。彼らは戦後すぐに深刻な不況を予測していた。戦時期の直接的な物的統制は、愛国心や忠誠心を背景としたもので比較的単純な戦時経済においてはかなり有効に機能したが、変化に富み複雑な平時経済においても、それを維持しうると考えられていた。とすればこうした管理統制は、かなり長期間、価格メカニズムの機能の多くにとってかわるであろう。平時としては空前規模の予算や、軍事支出に置き換わった社会福祉が民間部門の生産能力を削ぐとは予想されていなかった。主要な経済政策のツールは予算政策（赤字はそれほど危険とは考えられていなかったが）であり、特に課税政策と考えられていた。社会正義の名目で、負のインセンティブ効果を考えることなく極めて高い税率が課された。金融政策は有効に活用されず、低金利の変更は望ましくないと考えられていた。

ヤコブソンは、自らの信念である反インフレーション政策の熱狂的な擁護者となった。みなぎるような体力と気力に支えられ、忍耐とスタミナに恵まれた彼は、まさに「喜び勇んで闘った」のだ。

ヤコブソンは、あらゆる手段を講じて、金融政策の必要性に関する情報を広めた。彼は抵抗を感じると個人的な議論を強く展開し、演説の回数や書簡の本数が増していった。ＢＩＳの年次報告にも当然同じテーマを盛り込んだ。これには当初から反対の声が上がった。多くの批判者のなかでトーマス・バロは一九四五年に警告している。「ＢＩＳの報告書は金利に関する見解の表明に、より慎重であるべきだ。少なくとも金利の変更が金融政策の手段として使われることは再びないことは確実である」。こうした経験を経て、ヤコブソンは何かラディカルなことが必要だと確信した。そこで彼はＩＣＣの金融関係委員会による自発的な支援を促した。ＢＩＳの報告書がさまざまな種類の専門家にしか届かないのに対し、ＩＣＣのパンフレットは世界中の何百万人ものビジネスマンやバンカーに届いた。すなわちＩＣＣの会員は自国内で重要な圧力団体を形成し得たのである。

『今日の世界における金融問題』と題するヤコブソンによって起草された決議と報告書が、一九四六年十二月に公式に採択された。この金融政策の青写真は、その後も多年にわたりヤコブソンによって多数の国々に合うように書き直された。

金融政策のみならず、経済・財政政策にとって柔軟性は命であり、そのいづれかについて柔軟性を否定することは、その他をも否定することになる。つまり、経済政策全般に拘束服を着せて縛り上げることだ。未来は不明瞭で、しばしば期待や予想と異なるものとなる。このような未来に関しては、「教条的な考え」は場違いだ。「硬直性は安定性と同義ではない。事実、これら二つはしばしば相矛盾するものである」。

この報告書は、ほぼ一年かけて準備された。金融関係委員会はその間に何回か会合を開いた。議長はヤコブソンの旧友のW・ランドルフ・バージェスであり、当時ニューヨーク・ナショナル・シティ・バンクの副会長を務めていた。また、委員会の十四人のメンバーのなかには、BISの前総裁で当時チェイス・ナショナル銀行の副頭取を務めていたマキットリックがいた。つまり、アメリカ合衆国のメンバー三人のうち二人がヨーロッパ問題のスペシャリストであった。他方、ヨーロッパのメンバーは、全員が主要な商業銀行やプライベートバンクから選ばれていた。報告書の結論については満場一致が得られた。

しかしヤコブソンは、ケインズ学派の信奉者とりわけ、無批判に偏った理論を吸収した公務員や政治家とは生涯最悪の苦闘を経験した。通貨学派のエコノミストはケインズの著作と、とりわけ『一般理論』（その後、一般的な理論でないことが認められたが）を勉強していた。ヤコブソンもそのうちの一人で、彼の使い古された蔵書には、赤、青、鉛筆書と少なくとも三回にわたる注解が見られる。しかし、当時ケインジアンの経済学者のなかで、ケインズが『貨幣論』などで金利と貨幣に関する理論に大きく貢献したことを認める者はほとんどいなかった。ケインジアンたちは、『一般理論』のなかから選び出した指針を基に閉鎖的な「モデル」に基づくシステムを構築した。それらは戦時中の統計学の進歩により、初めて統計的な検証が可能になった。経済システムは発展しつつある分析手法によってコントロール可能であるとされ、モデルに適合しない不都合な事実は無視された。モデルへの知的陶酔と、失業再発への恐怖、それにともなう苦痛の間で、ケインズ主義が宗教と化し、闘いは十字軍となった。

「ケインズは非常に賢明だったから、いま生きていたらケインジアンにはならない！」が、ヤコブソンのスローガンとなった。とはいえ彼のケインズに対する賞賛は、いささかアンビバレントなものになった。それは一九四六年ケインズの訃報を受けた際、日記に記したケインズ評に明らかである。要約すると以下のようになる。

ケインズが死んだ！　あの聡明な人物が。彼は科学的な才能と文才を兼ね備えていた。数学者でありアーティストだった。しかし真に偉大な経済学者だったかどうかは疑問だ。経済思想を豊かにし、アイディアに溢れ、そのアイディアを発展させ得た。彼は最新流行のアイディアがどの方向を向いていくか察知する能力があった。しかし、システムを構築する才能には恵まれていなかった。彼の一般理論は一般的な理論ではない！　貯蓄性向とか流動性選好といった彼の表現の多くは永遠に生き残るだろう。彼は政治に片足を突っ込んだ分野では最高だった。彼はその熱意ゆえにこれからも敬愛されるだろう。BISの報告書について誰よりも寛大に評してくれた！　私は彼に会えばいつも最善を尽くしたし、彼もそれを喜んで受け入れ、可能な時はいつでもお返しをしてくれた。

彼に出会えて嬉しかった。業績について手放しで褒めはしない。一九二一年の「平和の経済的帰結」について、それが特に合衆国に及ぼした危険な影響を指摘したのは私を含めごく少数だった。ケインズの影響が最終的に良かったのか悪かったのかは言い難い。あんなに心温かく、知的でアイディアに溢れた人間が、すべてを考慮すると悪影響となりうるなどと考えるのは奇妙なものだが、この質問に最終的な解答は得られないだろう。

とはいえ、我々の世代で最も才能に恵まれ、最も芸術的な人物の一人は、経済学者――メイナード・ケインズだった。このことに私も、多くの経済学者もとても満足している。

ケインズは、彼の死後七、八年経って起こったような戦後問題に関して、見解を表明することなく亡くなった。しかし、彼は遺作となった論文「アメリカ合衆国の国際収支」を残したのだった。

この作品はその後しばしば厳しく展開した議論のなかで一つの切り札となった。たとえば、一九五二年七月にオックスフォードのクライストチャーチで行われた第五回国際金融サマースクールで、R・F・カーン教授とヤコブソンとが衝突した。論題は「銀行業と外国貿易」であった。カーンは貿易増加の利点を論じたが、「ドル・ギャップ」が残存しているなかでそれはドル圏の外に制限されるべきだと考えた。したがって全般的な交換性の回復は不可能になる。

翌日論壇に立ったヤコブソンは、カーンが一国内での均衡を達成する必要性に言及し損ねたと指摘したうえで、続けてケインズの論文を引用した。

皆さんは、彼の著名な論文を覚えていらっしゃるでしょう。彼の死後、一九四六年に、『エコノミック・ジャーナル』に公刊された論文です。そのなかで、ケインズは、アメリカ合衆国でのコスト増加はヨーロッパとアメリカ間の均衡回復を助けるだろうという見解を述べています。この論文は急いで書かれたものではありません。つまり、ケインズは何年もの間、ハーヴァード大学教授で連邦準備銀行のウィリアムズ氏に対して、この考えや類似するアイディアについて話してきました。明らかにケインズは、不況期に書き上げられた行動計画が戦後期には適していないことを悟り始めていたのです。彼の信奉者の大半は、まだ、同じ結論に達していないように見えましたが。わたしは、ケインズが今日存命であったら、ケインジアンにならなかっただろうと確信しています。

議論のなかで、カーンは以下のように説明した。ケインズの死後カーンなど共同受託者がケインズの残した書類のなかからこの論文を発見した時、これを公表すべきか否か長い真剣な論議を行った。彼らは、ケインズはそれを病床で書いたのであり、書いた通りのことを意図してはいなかったとはいえ、「師の」最後の完成された仕事を握り潰すことはできないと感じた。しかし、その内容を真剣に受け取るべきと考えていた専門の経済学者は一人もいなかった。

予想どおりヤコブソンは腹を立て、ついにはカーンの知識人にあるまじき不誠実さを糾弾した。それに対してカーンもまた立腹した。テーブルを叩く音、椅子のぶつかり合う音、そして叫び声が大学の中庭にまで響き渡ったに違いない！　その場に二百人近くが居合わせたが、ヤコブソンの意見の方が受け入れられたのは拍手喝采を聞けば疑いの余地が無かった。

ヤコブソンは、とりわけスウェーデンにおいて、多くの公務員や中央銀行関係者と会った。彼らはケインズやストックホルム学派のモデルに傾倒していた。財務大臣のエルンスト・ヴィークフォッシュに深く影響を受けたダーグ・ハマーショルドは、スウェーデン銀行の理事会議長として、スウェーデンのオピニオンリーダーであったばかりでなく、政策決定も行っていた。ヤコブソンとハマーショルドとの間で長期戦が繰り広げられた。そのほとんどは、スウェーデン銀行総裁、イヴァール・ルース宛の数多くの書簡を通してだったが、ヤコブソンはスウェーデン政府の政策の誤りについて講演や出版物で取り上げる形で間接的にも戦っていた。ヤコブソンは、自分の母国が現実的な状況判断に反して低金利政策に依存し過ぎており、金利安定のため政府債券ばかりか抵当債券まで購入していることに心底気分を害していた。彼は繰り返し、かかる政策が国内経済と国際収支にもたらす危険を指摘した。

多くの経済学者が、コストや賃金や超低金利のもつインフレへの影響に注意を払わなくても、経済をコントロールできると信じていると、ヤコブソンは感じていた。彼は頻繁に、これらはすべて二次的な問題であると告げられた。連邦準備制度理事会のあるエキスパートのように、「本当に困惑した」面持ちで、「あなたは口を開けば『均衡』のことばかりですね。我々はむしろ、望めばほぼ何でもできるという考えなのですが」とまで言う者はほとんどいなかったが。ヤコブソンが、著作や政策勧告のなかで警告しようとしたのは、そうした考えとは対立するものだった。

もし、ヤコブソンが、彼自身の考えをモデルとして提示していたとしたら、なだめにくい理論家たちをもっとうまく説得できた可能性はある。それが欠けたことが彼の大きな間違いの一つであり、もしそうしていれば「完全な近代経済学者」になっていただろうと指摘されてきた。ヤコブソンが、マネーサプライや金利、その他の金融要因などに加え、適切な実体経済の変数やパラメーターを含んだモデルを作り上げていたら、それは明らかに素晴らしいことだっただろう。しかし、この任務をやり遂げるために諸機関が二十年以上を費やしてきたことを考えると、ヤコブソンの多忙な人生のなかで、彼にそんな時間があったとは思えない。とはいえ、多くのアカデミックなケインジアンが将来の経済学者、ビジネスマン、そして政治家たちに与えた重要性や影響を予見していれば、彼は時間を作ったのではないか。

すべての経済学者が金融・財政政策の利用に反対したという印象をもつのは誤りである。ヤコブソンは一九四八年十月、ロンドンの政治経済クラブの会合にはるばるバーゼルから参加した後、「優れた経済学者たちは誰しも」国有化と統制とに反対しており、それは、彼らがそれ以外の方法による管理に賛成せざるを得ないことを意味する、と判断した。そのリストのなかには、デニス・ロバートソン、ライオネル・ロビンズ、フリードリッヒ・A・ハイエク、J・E・ミード、ジョン・ジュークス、M・J・ボンの名があった。彼らは、アメリカ合衆国やとりわけ大陸ヨーロッパ諸国で、ヤコブソンと意見を同じくして働いている人々と通ずるものがあった。

少なくとも最初は、誰もが一九四六年のICCレポートの国際的勧告に同意した。その最終目標は、物価安定か、世界物価が同じ傾向で動くかの二者択一だった。これによって維持可能な為替レートや、経常的支払いのための自由な為替市場、投機的でない正常な資本移動が可能になり、貿易と富が増大していく。そうした条件が速やかに満たされれば、公的な信用を補う商業信用が即座に入手可能になるのである。

国内経済政策こそが論争の種であった。戦時統制経済は依然として、それが破壊された場合を除いて国内政策の鍵を握っていたのだ。ヤコブソンは、最も深刻な不足が克服されたらすぐに、物価の直接統制は市場の諸力によるコントロールに道を譲るべきだと考えた。巨額の助成金はただちに減額され、廃止されるべきだ。それは、費用・価格機構を歪めるだけでなく、国民所得勘定が真の均衡を達成するのを遅らせうる。そして、その間に、国際収支赤字を増大させることになる。

しかし、金融面で多くのインフレ要因があった。大きく積み上がった戦時購買力は、赤字財政と低金利によって増大し続けた。したがって中央および地方の政府予算は均衡されるべきであり、「銀行券を刷りまくる」印刷機は停止されなければならなかった。ブームには節度をもたせる必要があった。そして「一般に認識されている健全財政政策の原則によれば、ブームの間の国家財政は実質黒字であるべきだ」。政府歳出は総点検され削減されるべきであり、税制は再検討され、通貨準備は再建されねばならない。そして必要であれば、こうした問題すべてに対処するための真に包括的なスキームが構築されねばならない。

一九四八年に発行されたBIS年次報告書は、直接統制に替えて金融による調節を強く支持した。「最大の誤りは、平時における再建が、戦時経済のしばしば即興でとられた手法をただ永続させることによって達成されると想像していることである」。また物価や貿易、資本市場に対する直接管理は効果が無いことが自ら立証された、と述べている。必要なのは、購買力の総量をコントロールすることである、というのが決定的な基準であった。いくつかの国々で、この報告書は新聞各紙によって「爆弾」として受けとめられた一方で、他国では無視された。ヤコブソンは、それが社会党政権の諸国に対する攻撃であることを否定せねばならなかった。そしてここで提唱された政策は、社会主義者であるアンリ・スパークが中央銀行の理事会議長を務めるベルギーで実施されていると指摘したのだ。

ヤコブソンは、ICCの金融政策素案を各国に適合するよう書き直すために数年を費やした。彼は、特に包括的なスキームであることを重視した。さもなければ賃金の変動といった不都合な要素をわざと見過ごすことが極めて容易になるからだ。彼は、国家による指導や介入に反対ではなく、それを不可欠なものと考えていた。しかし、それが一定限度に保たれ、民間部門が自由に機能できるよう望んでいた。彼が好んだ言葉に、「私たちは管理され過ぎた経済を避けるためにこそ通貨管理を行わねばならない」というのがある。「管理され過ぎた」は、ヤコブソンにとって統制経済と同義語であった。経済は金融による調節でなく直接管理された場合、また財政が国民所得の大き過ぎる部分を占めた場合、統制されることになる。国民所得の増加を促すことが実際にできるのは民間部門だけであった。

予算が過大になればその結果は甘受されねばならなかった。ヤコブソンはイギリスに関しても、一貫して一九四八年の春にニーメイヤーから新予算についての見解を問われた時と同様の主張を以下のように繰り返した。より多くの貯蓄を確保するために、「補助金は七〇%くらい削減されるべきだった。税金は削減可能だった。それはより高い賃金を意味したかもしれないが、それなら非常に結構なことだ。その結果は、一ポンド＝四ドルというレートにはならなかっただろう。新しいレートが受け入れられるべきだった。なぜなら、それはイギリスに自立しうるシステムを与えるだろうからだ」。その後同じ年に、ヤコブソンはジェフリー・クローサーに対してさらに話を進め、転覆しかけたイギリスの状況を安定させるプログラムの一環として、たとえそれが切下げを必要とするとしても、より高い賃金を提案した。

ヤコブソンは、政治的な色彩の強い問題である国有化については、公の場では慎重に扱った。彼は一九四七年にはすでに、国営企業に営業損失が発生していれば、それは当該企業が規模に応じた役割を果たしていないのみならず、実際には国民貯蓄の一部を費消することで全体の成長を減速させる、と指摘している。言い換えれば、国営化は不必要に低いレベルへ均衡を導いてしまうのだ。

戦後多くの国でとられた低金利政策下での金利据え置きが、ヤコブソンを最も激怒させた。これは、彼が低金利そのものに反対だったからではない。彼は、一九三一―三二年に、できる限り低い長期金利への転換が必要だとイングランド銀行総裁ノーマンを説得するにあたり大きな貢献をした。また、二五年三月には、三五年頃には金利が「巨大金融センターであるロンドンやニューヨークでは、おそらく三―四％辺り」になると予測していた。

ヤコブソンは、金融の安定を確保するために金利は常に柔軟であるべきだと考えていた。さらに戦後ブームのような拡大期には、強制的に維持された低金利は価格機構を歪め、インフレーションを引き起こした。

戦後の数年にわたり、イデオロギー的な理由もあって多くの国が戦時中と同様の低金利を維持してきた。公式な理由づけとしてあげられていたのは、公債の負担軽減、銀行や金融機関のバランスシート問題の回避、さらに住宅ローン金利上昇による生計費指数上昇の回避などであった。ヤコブソンは即座に、金利がより高くなるとおそらく一％ほど生計費指数は上昇するが、それはインフレーションによって生じる三％かそれ以上の上昇よりずっと小さいのだと指摘した。

低過ぎる金利が選択され、それを維持することは誤りだったにもかかわらず、各国の中央銀行は、金利維持のため、国債を購入することを強制され、少なくともスウェーデンでは住宅ローン債券まで購入させられた。結果として大量の通貨が経済に注ぎ込まれた。わずかな金利変動が債券価格に大きく影響するので、債権保有者が債券を売却せずに保有し続けることを好む。その結果インフレ圧力は軽減されるだろう。そうした見方は諸国の中央銀行を少なくとも理論上は納得させたかに見えたが、経済学者たちはこれがさほどの善をもたらすものとは信じなかった。

「金利に何が起きているのか」と題する講演を五月に行ったデニス・ロバートソンでさえ、七月時点では小幅な金利変更の有効性について懐疑的であった。彼は金利の金融効果ではなく費用効果を考えがちであったため、確信に足る根拠を必要とした。しかし、ケインズとは対照的に開放経済を想定していたクヌート・ヴィクセルの議論がもち出されたことで、ついにロバートソンはこの理論を受け入れたのだ。すなわち、

ヴィクセルが、彼の著書の講義録のなかで述べているような、過度に緩和的な政策が極めて過剰な投資を惹起するという事例を我々は目の当たりにしている。ヴィクセルなら以下のように述べただろう。信用供与により新規の支払い手段が創出されると、それは貯蓄に裏づけられない購買力に結びつく。この「過剰購買力」は、必ずしも物価の顕著な上昇という形で顕現するとは限らず、むしろ「外国へ向かい」、貿易収支に「好ましくない」影響を及ぼすのだ。

ヤコブソンは、完全雇用を確実にするための十分な生産的投資をインフレーションをともなわずに達成するためには、十分な経常貯蓄が必要であるというテーマに繰り返し立ち戻った。多くの国々が実際の貯蓄（および利用可能な外国借款や援助）が許容するよりはるかに大きい額を投資していた。貯蓄を奨励するために、積極的により多くの活動がなされるべきだったが、そうした活動は不幸にもしばしば軽視されていた。これはインフレーションや重税の結果でもあったが、それに加えて一九三〇年代以降引き継がれてきた貯蓄の危険性に関する矛盾する感情の結果でもあった。そうした恐れを心に抱く理由は全く無かった。なぜなら、戦後期は超完全雇用の時代だったからである。

一九四五年以来、ＢＩＳは一貫して公的・民間両部門の追加収入、すなわち総合的な購買力の追加として定義される貨幣購買力の追加が、流通する財やサービスの供給の増加を上回った場合、対外的に自然な均衡を達成するのはより困難である、と公式に指摘してきた。これは、削減と抑制という管理統制が撤廃されれば国際収支赤字が生じるということを意味した。こうした問題は「完全に理解された」と考えられていた。

しかしヤコブソンは、自らが絶えずこの問題を説明せざるを得なくなったことで、本件が議論の先鋒に据え続けられるべき問題だと理解した。したがってマーシャル援助が終わりに近づいた時、彼は財政赤字を通貨膨張で賄うことによって投資資金を供給することや消費を増やすことはもはや不可能と指摘したのだ。こうした資金調達は金利政策で制御することは不可能であり、その結果としての国際収支赤字は、もはや外国援助では補填され得ない。これは特にマーシャル・プランに関連したすべての国に当てはまったが、そのうち二国のみが外貨準備の積増しのために援助の一部を用いた。すなわちベルギーとイタリ

アであり、両国経済は不利な立場に立たされた。なぜなら両国は、マーシャル援助資金の一部を外貨準備の積増しのために用いたので、その後の資金割当ては、割当て額全額を遣い果したた他の国に比べ減額されたのである。このように、外貨準備の補充について正当な評価に欠けたことが、マーシャル援助の最悪の側面だとヤコブソンは考えた。それは、国内の経済均衡問題をますます切迫させただけであった。

戦後インフレの期間を通じてヤコブソンは、自分が通説と戦っていると感じていた。その通説とは、ケインズを楯に「有効需要維持」を促す為の賃金上昇を正当化するものだった。これは、ヤコブソンが一九四二年にアルヴィン・ハンセンとの間で論争したものでもあった。

ヤコブソンは、BIS報告書や、論文、演説のなかで、ケインズは費用と価格の間に適切な関係を維持する必要があると気づいており、実質賃金は大不況を克服するためには下落せざるを得ないと書いていたことを指摘した。この見解を裏づける材料として、ヤコブソンは、一九五三年までにL・アルベルト・ハーンとジョン・ヒックス教授の著作のなかの新しいケインズ解釈と、アルヴィン・ハンセンの新刊、『ケインズ経済学入門』を見出すことができた（ヤコブソンは、ハンセンの著書のなかに関連する一節を見つけた時、実際に跳ね上がってジグダンスを踊ったほどだった。彼はハンセンほどの大物ケインジアンが、そうした解釈を公にする誠実さをもち合わせていたことを知り、たまらなく幸せだったのだ）。彼は、ハンセンがケインジアンの世界をより良い方向に導く大きな影響力をもつことを期待した。

一九五三年の論文のなかで、これら三人の高名な経済学者を引用することで、ヤコブソンは、彼らが非常に異なったバックグラウンドをもつにもかかわらず、彼らもまた、費用の問題への関心がケインズ理論の一つの核心であると強調していたことを示すことができたのだった。

論文は以下のように続く。

ケインズの体系によれば、通貨価値を安定させ、不況に陥っても完全雇用政策が現実に可能な選択であることを保証するのは、貨幣賃金の安定性である。……ケインズは、労働者は貨幣賃金の減少には強硬に反対するが、生計費に目立った上昇がない限り現行賃金の継続を黙認するだろう、と考えていたようだ。これが、労働組合が強力な影響力をもつ時代に現実的な見方かどうかはまた別の問題である。……しかし、「計画的な」賃金政策にも欠点がある。それは、報酬の望ましい差別化を妨げ、結果として異なる職業や業種間の適切な労働配分への障害となる。ケインズ自身は、自分が視野に据えた目標を達成するために「管理統制」に頼りはしなかった。「コントロール」という単語は、『一般理論』の索引には全く現れない。

一九六三年、ハンセンはヤコブソンに書簡をしたためた。それは、ヤコブソンが生前に受け取った最後の数通の一つだった。要点の抜粋は以下のようである。

あなたはいく度か、拙著『ケインズ経済学入門』の、拡張期における賃金安定性についてのケインズの考え方を引用されました（それはすべて正確で、私はあなたがそうされたことを嬉しく思っています）。これは重要ですが、おそらくつけ加えるべきことがあります。この関連で、『ケインズ経済学入門』の四年前に出版した拙著『貨幣理論と財政政策』の一一九―一二一頁に言及したいのです。すべてを考慮すると、安定的な「生産性賃金」がおそらく最良であります。もし、貨幣賃金がブームの間中安定的に保たれ、他方で一人一時間当たりの生産性が急速に上昇したら、利益が著増して過剰投資ブームが引き起こされ、その後の過剰生産能力と深刻な景気後退をもたらすだろうと懸念します。しかしながら、拡大期の初期においては賃金上昇が遅れるのは望ましいものでもありましょう。

かくして、二人の主唱者は幅広い中立の領域を見いだしたのである。しかし、一九四〇年代末から五〇年代初頭にかけてヤコブソンが問題としていたのは、ハンセンの書簡で言及されていたのではない状況、つまり、インフレーションについてであった。

健全な通貨をもつことの根本的な重要性は、経済の機能に限られはしなかった。歴史的パースペクティブを好んだヤコブソンがしばしば指摘したように、最高の文化的偉業は、商業活動と安定した通貨とに結びついている。アテネはその繁栄の頂点で、実質的に安定した通貨である令名高きドラクマ銀貨を百年にわたって維持した。その二千年後、イタリアの商業都市がこれに倣った。ヴェネツィアのグロッソは二百年近く価値の低下に苦しめられなかったし、フィレンツェのフローリンは重さと純度でヨーロッパの模範であった。その後、アムステルダムやロッテルダムが揺るぎない通貨的基盤のうえに築かれた商業や銀行業で先導的役割を果たし、それが芸術、建築、国際法（グロティウス）、寛容な哲学（スピノザ）の世界にも及んだ。続いてイギリスが、二百年以上にわたってほぼ不断に価値を維持したポンドを基盤にしてはるかに大量の貿易を行った。そしてこの安定性に培われた精神的風土のなかで、近代的な議会や金融慣行、労働組合も含めた近代的産業システム、経済発展や功利主義の思想、いくつかのスポーツ、クラブ、救世軍、ボーイ・

スカウト、その他多くの活動が発展し、世界中に広がっていったのだ。

金融の理論と慣行における戦間期の発展の一部は、景気変動に対応する意図的な調整によってもたらされた。政権を担った者たちは、公約した行動指針を実践し、決済の自由の回復を通じて健全な金融関係を回復した。そしてそれは貿易の自由や、おそらくより精神的な意味での自由にとっても回復の前提条件だったのである。

2　大陸ヨーロッパの安定化

ヨーロッパの状況は、終戦直後の数年間に極めて急速に変化し、部外者にとっては、出来事に追いついていくのがはなはだ困難なほどの目まぐるしさだった。当時幅広く信じられていたように、一九四五年のイギリス労働党政権の存在が、大陸ヨーロッパの共産化を妨げていたのかもしれない。こうして終戦直後、共産主義ロシアと資本主義アメリカの中間に社会主義ヨーロッパが存在していた。しかし、四七—四八年の選挙で、この図式は急激に塗り替えられた。四八年までに、マーシャルプランを受けた十六カ国のうち十三カ国で非社会主義勢力が多数派を占め、イギリス、ノルウェー、スウェーデンのみが、議会で労働党が多数派を占めていた。社会主義の批評家でさえ変化を認めていた。

ヤコブソンは、マーシャル援助の執行者たちが政治的変化のもつ意味を理解しうるように、アレン・ダレスに対して長い書簡を書き送った。同じ趣旨の書簡と同様、それは関心のある多数の友人に回覧された。これは、ヤコブソンが非公式のレポートを提示する際に用いた方式であった。重要なポイントは、「アメリカ人たちはネオ・リベラリズムについて何も知らないようだ。それは、イタリアではエイナウディ総裁、ベルギーではフレール氏を通して支持を集め始めている」というものだった。この二国は、戦後期のインフレ傾向を抑制するために、財政・予算政策の支援の下に金融政策を用いた先駆けであった。それにより、賃金、物価、配給制、割り当て、その他の「シャハト的手段」として課された法的統制を、極めて速やかに取り除くことが可能になった。

ヤコブソンは、ＢＩＳでの調査・諮問活動を通じて、全ヨーロッパ諸国および重要な非ヨーロッパ諸国と接触し続けた。またそのなかで各国について多数の専門的調査を行った。これらのうち特に重要であるのが、一九四七—四九年のイタリア、四八—五一年のオーストリア、四八年のオランダ、四八—四九年のフランス、四九年のイギリス、五〇年のドイツ、五三年のポンド圏に関する論考であった。ポンド圏に関する論考はその客観性から幅広く賞賛され、彼の他の業績同様、日本語にも翻訳された。

入手可能なこれらのレポートのうち、ほんの一部しかここでは論じることができない。ＢＩＳの年次報告書のなかにはサーヴェイが見られるし、一九五〇年十二月にヤコブソンがカイロで行った講義のなかでは、非常に多種多様な金融手段の目的が、賞賛すべき明晰さと簡潔さで解説されている。

ヤコブソンが現実の経済状況を問題とする時、その指針は、「政治経済学。すなわち自分がなすべきと考えること！少なくとも自分にとって非常に重要なこと！」であった。他方でヤコブソンは経済学を一つの科学の名称と定義していた。それは、「原因と結果を探求し、政治的信条に関係の無い広大な領域にまたがり、過去に基づいた」科学であった。彼は、公式に、あるいはＢＩＳの仕事の一環として、ある特定の国のアドバイザーとして仕事をする際、経済的、政治的、社会学的なすべての要因を考慮しようと努めた。また彼は、自分が対処すべき状況についても、人間の力についても限界を心得ていると確信していたため、通常は改善が部分的に止まっても特に傷つくことは無かった。しかし、それは自分が最善を尽くしたと感じた限りにおいてであった。

諮問業務において、ヤコブソンは前章で述べた政策を推奨した。その理論は徐々に受け入れられ始めたものの、ヤコブソンがしばしば指摘したように、ある問題の存在を理論的に知覚することと、それを解決するために必要なステップをとることとの間にギャップが存在した。よって、包括的な戦略は、各国の必要に合わせて調整されねばならなかった。

ヤコブソンの考えでは、イギリスも含めてほぼすべての国の予算が国民所得に比べて過大だった。その規模自体が、結果として輸出や投資、貯蓄と比べて小規模な製造業に大き過ぎる緊張を課していた。すべての国が、たとえばイタリアが実施した補助金廃止などによって予算を削減することを望んだり、そうできたわけではなかった。

複数為替相場は、フランスのケースのように、ヤコブソンが受け入れねばならなかったもう一つの慣行であった。しかし、彼が奨励した他の手段が実行され幸い良い成果を上げると、レートは歩み寄るようになり、彼は政策が正しい軌道に乗っていることに満足した。

経済の直接統制は、ヤコブソンが対処せねばならなかった問題のなかで最も難問の一つであった。フランス、イタリア、ベルギーを除くほぼすべての国が、国内市場に統制をしいており、ほぼすべての国が外国貿易に制限を課していた。ヤコブソンの考え方はこうだった、

直接統制が、緊縮期には財の流入を抑えることができることは否定しない。しかし輸入制限は、豊富な貨幣購買力に対

して無力である。もし輸入が抑制されれば、多くの人は国産の財を買おうとするだろうし、それにより、輸出向け財は減少するだろう。そして、生産者が顧客を見いだすために外国市場に目を向ける必要性もまた減るだろう。

彼は、為替、貿易の管理、物価統制、原料割り当て、配給、その他からなる複雑なシステムは、一時的で限られた効果しかもたないことを確信していた。よって、諸国の当局に金融・予算上の抑制政策をとるように説得する際には、統制の必要が消えるか、できる限り速やかに一掃されることを期待した。オーストリアやドイツのケースでは、新たな信用・金融政策が用いられたお陰で直接統制が徐々に撤廃されていったため、ヤコブソンはいくつかの直接統制の持続を容認した。しかしイギリスについては、過剰な通貨供給と統制の両方に関してより速やかに大幅な削減ができたはずだという考えから、一九五二―五三年には我慢の緒が切れ始めた。

ヤコブソンの諮問業務全般の鍵になっていたのは、各国の指導層との緊密なコンタクトであった。しばしば彼らはヤコブソンと意見を同じくし、異なる信条をもつ者を説得するために必要な議論で彼を助けた。通常ヤコブソンは、レポートを書く前に議論を試みた。各国に関する特別レポートが、同様の基本政策を勧告しているのにもかかわらず、その提出方法が非常に多様であるのはこのためである。

ヤコブソンは、特命事項に関する研究のなかで必要と考える政策を提示する際、基本的に三つの異なる方法を用いた。まず第一に、政治的にも心理的にも政策の施行が最も確実となると彼が思う方法が選ばれた。時間や人的資源、統計面でのアベイラビリティは副次的な要因だった。自ら主張する政策協調を施行することで得られる総合的な結果について、彼自身はつねに極めて明晰な見解をもっていた。実際にはそれらが常にそうした形で提示されたわけではなかったが。

ヤコブソンが好んで提示したのは、国際連盟金融委員会が用いた全体的スキームに似た包括的プランであった。そこで彼が目指したのは、財政や、信用、外国貿易、外国為替システムにおいてとられる政策の間の「内部調和」であった。後述する一九四八―四九年に彼がフランスで行った助言は、この方式の好例である。

彼が最も好まなかったが、しばしば使うことを余儀なくされたアプローチは、政策でとるべき方向性を十から十二点ほど特定し列挙するというものだった。彼は、この方法では政治的理由などで不都合な場合、政策のなかに無視されたり考慮されないものが出る可能性が高いと感じていた。これでは、その国の状況を最大限改善することはできない。このことで、個人的にどれほどいらついたにせよ、ヤコブソンは、自分が現実的かつ理性的で達観していなければならないこと、また、時には限られた成功しか可能でないことを経験から学んだ。

ポンド圏に関するレポートは、このリスト形式の勧告の良い例である。いくつかの勧告が、あたかもそれまでの議論の自然な結果のように、レポートの末尾に如才なく置かれている。レポート自体は、一九三一年以降のポンド圏の多様な様相を、この自発的な機構が維持されてきたやり方への十分な賞賛を込めて、幅広く歴史的に検証している。本文は、五三年の時点では目新しく、ごく一部でしか知られていない事実や数値情報を含んでいた（制限された範囲内ながら、ＢＩＳの特別レポートは通常六カ月後に要請に応じて入手可能であった）。

勧告が広範囲に及んだことは、いくつか例をあげればわかる。たとえば、アメリカ合衆国が特定の原材料についてより多くの輸入が必要になるとみられていたので、「ポンド圏はその資源を開発することが賢明であろう」という提案がなされた。ポンド圏に属する領域がその発展を加速すると、予想より早くポンド残高の決済が要求されるかもしれないという警告が発された。イギリスが十分な外貨準備を積む必要があるという当然の勧告がなされたが、その実行は困難だった。

通貨の均衡は、ポンド圏全体が通貨供給をコントロールすることで、生み出されねばならなかった。物価と賃金の変動を許容し、またいまや国民所得のより大きい部分が賃金所得者に向かうという事実にもかかわらず、ポンド圏諸国は国民所得と通貨供給の関係について、現状に満足する根拠がなかった。なぜなら、ポンド圏外の国々は、通貨の均衡を取り戻すための流動性削減に向けて、より大きな進歩を遂げていたからだった。浪費の危険があるため信用貸付の拡大は許されなかった。いくつか手が打たれたが、はるかに多くの手段が講じられねばならなかった。

ヤコブソンは第三の選択肢として、ある国の諸問題を最も効果的に提示するために、政治的にも心理的にも喫緊かつ最重要な問題で現実的な治療に結びつくものを、一つ二つ選んで取り組むという方法をしばしば決断した。これはオーストリアで用いられたやり方であった。ヤコブソンが、この方法を用いることができると感じたのは、一つか二つの事柄（たとえば予算と信用政策）が是正されれば、金融面での改革が国内や外国貿易の直接管理といった諸条件を予想より早く解消させるものだと確信していたからであった。もしそれが付随的な問題ならば、政治的に困難な改革のために闘っても意味がない、と彼は考えた。通常彼は、発展が正しい方向、つまり自由化に向いていることを請け合うことができた。しかし、彼は必ずしも政策のこの部分を強調しはしなかった。彼は、とりわけ戦時の欠乏や差し迫った混乱が克服された後は、予算面でも銀行システムにおいても、金融改革が重要な課題であると考えた。

これらの特別レポートは、各国のニーズと彼らが抱える問題に沿った内容だったが、付随して多くの部門的な調査報告も含まれていた。アイルランドで着手された政策の追跡調査はその一例となった。これらは、国内リソース、すなわち農工業生産、雇用、賃金、物価動向をカバーし、また通常国内生産が固定資本・流動資本に対する短期・長期需要をどの程度まで満たすことができるかを予測していた。それから、国際収支に対する影響が、輸出や借款の見込額、補助金、マーシャル援助、そのほかの入手可能な資料を考慮して検討された。この関連で適正な予算、信用、金利、為替の諸政策が検討された。通常問題となる国々は深刻な国際収支赤字を抱えており、赤字支出の削減あるいは除去と、より緊縮的な信用政策の双方が必要とされた。後者は銀行貸出の特別なコントロールと銀行金利の引上げを含むこともあったが、必ずというわけではなかった。求められた結果を得るために、それぞれの政策についてどの程度実行すべきか、慎重さを要する決定であった。

これらの特別レポートやBIS年次報告書の価値の一部は、実際に与えられた数値の背後に含まれた情報にある。多年にわたりヤコブソンは、専門家が書いた原料価格や供給に関する定期的なレポートを、BISが入手できるよう取り計らってきた。またより短い周期で彼に向けて個人的に書かれた一連の書簡のなかで、追加的な情報を受け取っていた。彼は常に最新の賃金情報を掴んでいた。数値に関して優れたセンスに恵まれており、そのお陰で直観的かつ即座に、得られた情報を整理し調整することができた。こうして戦時中のBIS報告書を、更新の必要がないほど正確なものにし得たのである。

雇用に対するヤコブソンの態度が極めて頻繁に問題視され、実際にヤコブソンが金融改革を強調していることで、驚くほど多くの人が彼は失業に対して冷淡だったと考えている。その点について実際の事例を見る前にここで彼の態度を明確にするための記述をつけ加えたい。

戦後のブームは需要過多の特徴をもった。したがってほとんどの国で、「過度に完全な」雇用が問題となった。需要を抑え、可能ならば物価も抑える必要があるという理由で直接統制が提唱された。もし成功すれば、統制は、当時是が非でも必要とされた貯蓄をも生み出すことになる。戦後になると多くの国で直接統制は効果がなくなり、あった場合でさえあまりに長く延長されれば市場メカニズムを阻害した。ヤコブソンは、そうした条件下でもし貨幣的な均衡が確立されたら、市場メカニズムは（抑制された）有効需要を満足させるために、よりスムーズにより速やかに機能するだろうと考えた。

そうした条件の下で、過度の低金利政策の廃止により達成される回復は、雇用の可能性を改善するだろう。ヤコブソンはこうした問題について、イタリア、ドイツ、ベルギーに関して慎重に考察しなければならなかった。これらの国はすべて、失業を抱えていた。ベルギーでは、労働組合により汲々と守られてきた実質賃金の高い上昇率が、根本的な原因だった。イタリアとドイツでは、失業は物的資源や工場、原料の欠乏によるもので、貨幣需要の欠如によるものではなかった。適切な治療法を見つけるためには、失業の原因を正確に特定する必要があったのである。

イタリアの問題

ヤコブソンがイタリアを訪問した二回とも、同国の最も重要な問題は、国際的な信用の必要性であった。しかし問題の具体的な詳細は、その都度大きく異なっていた。一九四七年に必要とされたのは、イタリアが国際金融界から信用を得るための全般的な安定化政策であった。すなわち、同国は原料や石油を輸入するためには信用適格でなくてはならなかった。他方で、四九年の二度目の訪問時には、イタリア当局は、失業問題に対処するために、広く国内外でエコノミストやケインジアンによって唱導されていた低金利政策ではなく、世銀の借款を欲していた。

二回とも、イタリア銀行やヤコブソンの賛同者たちは、彼が提唱した政策を受け入れるよう反対者たちを説得するために、ヤコブソンの国際経済アドバイザーとしての身分と名声を活用した。

戦後最初のＢＩＳ理事会の際に、ヤコブソンは、イタリア銀行総裁ルイジ・エイナウディから、イタリアを訪問するよう招待され、早くも一九四七年一月に出発した。「エイナウディが何十億リラという単位で話を始めたとたん、実際の金銭感覚を失ってしまった」というニーメイヤーのコメントが、彼の耳に鳴り響いていた。

当時イタリアは金融混乱の最中だった。一九四六年に、農業生産と工業生産は、推計でそれぞれ戦前レベルの八〇％と、五五―六〇％に落ち込むなか、卸売物価は戦前の六十倍のレベルに高騰し、インフレが猛威を奮っていた。国民所得は戦前の七〇％程度に過ぎなかっただろう。国富の二割が激しい戦闘で破壊された。しかし、北部の重要な産業センターは比較的軽いダメージに留まり、原料や石油が入手可能となり次第生産を再開できた。こうした必需品の購入のために、占領期に得た外貨は使い果たされた。同国の国際収支と予算はともに深刻な赤字で、課税システムは混乱し、複数為替相場制が存在した。バチカン法王庁の専門家によると、共産主義者は「窮乏を国有化」しようとは望んでいないため、復興を妨害はしないだろう、とのことだった。最も衰弱した箇所に必要なものを与えるために、また、特に南部で失業率が高かったので、いくつかの補助金が存在した。それらの構造は問題だらけだった。たとえば、パンに対する補助金は、農民が小麦栽培から得る収益があまりに低いなかで、より利益の上がる産品に急速に転換していくことを意味したのだ。

イタリアが早急に外国からの信用を受ける保証がない限り、それまで実施されてきたような復興は、すぐに中断されてしまうばかりか原料や石油の輸入が継続されなければ産業の被雇用者は職を失うことになる。そうなればこの国の政治的将来はどうなるのか。しかし、国際的クレジット・ラインは実際枯渇し、もし貸付がなされたとしても、どの貸手も貸付金が無駄遣いされないような保証を求めるだろう。

ヤコブソンは通常通りのやり方で、ローマとミラノで集中的な議論を闘わせた。彼は当初から、予算は均衡すべきだと主張した。これにはほとんどの人が賛同したが、政府歳出の半分しか実際の歳入で賄われていないというように、非常に大きな困難が指摘された。通貨の交換は全く不可能だということが判明した。なぜなら、国の不安定な状態は、国民が通貨を兌換するために交換所にもち込むのを危険極まりなくしていたからであった。しかし、全般的かつ包括的なプランが必要とされた。これは関係者全員が協調して努力した末に策定され、実施された。

後年この計画を説明する際に、ヤコブソンは、「我々はイタリアのマネーサプライを減らすことができなかったので、イタリアがそれに適した経済成長を遂げるまで、マネーサプライを安定的に保たねばならなかった」といったものだった。

安定化計画は、一九四七年九月末から実行に移された。五月にデ・ガスペリ政権が再組閣し、この時共産党が政府を去った。エイナウディが副首相と予算大臣を兼任した。計画の真髄は、銀行による将来の流動資金拡大に対して、厳格な制限を課すことであった。こうした措置は、イタリア銀行の公定歩合を四から五・五％に引き上げることによって強化された。主要な結果は以下の二つだった。第一に、民間保有の金・外貨は激減した。第二に、積上がった必需品在庫の処分が促されたため、この措置が導入されてから半年の間に公定価格が一五％下がり、闇市場価格は四〇％近く下落した。

この結果、インフレをともなわずに予算赤字を賄うことがより容易になった。商業銀行から、つまり当座預金から資金が流入し、激烈なインフレのもとで急上昇していた貨幣の流通速度は、通貨への信認が戻ったことにより急速に低下した。

特に注目すべきは、賃金が一九四八年初頭以降安定化されたことである。四八年夏にわずかに増加しているが、これはパンや他の必需品の補助金が廃止された時であった。補助金の廃止は予算の問題も軽減した。四八年五月、国会は「全国民の感謝の思いに唱和して」、政治的に自殺行為になり得る政策を敢行した勇気の持ち主、エイナウディを大統領に選出した。六一年に彼の訃報を聞いて、当時ＩＭＦにいたヤコブソンは、「ルイジ・エイナウディが八十七歳にして逝去した。イタリアの戦後を作った男は三人いる。デガスペリ、エイナウディ、そしてメニケッラだ。エイナウディは堅い信念をもち、その誠実な人格から信頼を抱かせる人物だった」と記した。

一九四九年、ヤコブソンの二度目のイタリア訪問時には、イタリアは前回と全く違った雰囲気に包まれていた。当時のイタリア銀行総裁は、ドナート・メニケッラであった。その時までにイタリア経済はマネーサプライに見合った規模に成長し、物価は安定していた。予算は依然として赤字を抱えていたが、実質貯蓄によって多かれ少なかれカバーされていた。最重要課題は失業で、完全失業は一五〇万から二百万人、さらに正確に測定するのが不可能な多数の実質的な失業者が存在した。

予想通り、失業を救済するために低金利の融資を大量に求める強い需要があった。こうした傾向は一九四九年に出版された、いわゆるデイトン・レポートにあらわれた。このレポートは、イタリアにやって来たアメリカの諮問スタッフメンバーの一人から出ていただけに、この問題を深刻に受けとめねばならなくなった。当局はこれ以上のインフレを望んでいなかった。彼らはＩＢＲＤからの借款を希望していた。

しかし、このことはＩＢＲＤに対してもイタリア国民に対しても明確にされねばならなかった。ヤコブソンはうだるような暑さの八月を通して、昼寝の時間さえ返上して通常どおり働きに働いた。それを咎められると、彼は「わかっているのか？　もし私が働かなければ、我々が目にした日曜日にイスキアのリゾートでのんびりと日光浴をしていた人たちは職を失うのだ！」と答えた。

主として一九四七年のレポートを更新した内容と政策の成功に関する記述からなるレポートの目玉は、低金利政策が失業を含めすべての問題を治療すると考える者たちへの回答であった。

イタリアの失業は、ケインズが『一般理論』のなかで思い描いていた状況から、根本的にかけ離れていた。三〇年代には工場も原料も、資本も、男も女もすべてが活用されていない状態だった。これは、貨幣需要の深刻な落ち込みによるものだった。イタリアでは十分な貨幣需要があった一方で、資本設備を増強するという緊急の必要が存在した。こうした目的のための金融緩和は、消費財の国内生産増加か、外貨を必要とする輸入の増加をともなわねば物価を上昇させるだけであった。イタリアの問題は、他のすべての生産要素に比べて労働が過剰なことだった。他の生産要素は、国内貯蓄であれ外国から得られたものであれ、経常的な収入から生じた貯蓄が投入されることによって初めて増加し得るのだ。

レポートは、世銀との交渉にとって好都合な時期に発表された。ヤコブソンが受け取った多くの感謝状のなかでも、彼に最大の賛辞を贈ったのは、当時イタリア銀行調査局長であったパオロ・バッフィ博士からの書状であった。彼は急ぎのレポート作成を助けるために、バーゼルで三週間を費やした。書状は特に、ケインズの失業問題とイタリアのそれとの違いの分析について、ヤコブソンを褒めたたえている。

例によってヤコブソンは、活動した国で彼の主張を進んで認め、理解し、共鳴する人物を幸運にも見出したのである。しかも、この時はその数は複数であった。

一九六六年十一月九日にローマで開かれたペール・ヤコブソン基金の会合の場で、当時イタリア銀行名誉総裁であったドナート・メニケッラは、イタリア国民を代表して基調講演を行った。かれは、四六―四七年のイタリアの政策から、直近の金融政策への結論を引き出しながら、ヤコブソンとエイナウディを賞賛した。イタリア危機におけるヤコブソンの様子について、彼は以下のように述べる。

彼は、一片の知識を吸収すると、その二倍を吐き出すと言われていた。そして、若々しい全盛期の彼にめぐり合う幸運に恵まれた我々のなかで、彼の性格と仕事について、そのような気の利いた表現に同調しない者はいなかった。だから、二度の機会に彼が我々との間に維持した強い関係から、我々がどれほどの恩恵を得たかを想像されたい。

フランスの問題

「自由化政策に関する史上初の集大成」。ヤコブソンはフランスに関する大著を書き終えた時に、それをこう評した。彼は一九四八―四九年にかけての冬を、クリスマスも含めて、この記念碑的分析の執筆に費やした。同書は四四年の自由化を詳細にわたって回顧し、また戦前との比較も含んでいた。この調査研究の最大の理由は、フランスがマーシャル援助で大きな配分を受ける資格があると認められたがっていたことであった。しかし、ヤコブソンたちが行う審査のために、フランスは援助について実際の必要を証明するだけでなく、同国の政策が援助資金を水泡に帰すようなものでないことを示さねばならなかったのだ。

フランスでは、政策はすべて自由主義に基づかねばならなかった。その理由は単純で、「同国では、解放の時まで、占領政権への不服従が愛国者の義務と感じられていた」ためであった。そのため、賃金や物価の統制や配給制はもとより、どんな規制も全く不可能であった。かなり大規模な予算が、インフレ的な手法で賄われていた。そのなかには、フランス銀行からの多額の直接借入や、為替安定化基金の迂回的な金・外貨取引を通した多額の資金が含まれていた。商業銀行の信用政策は、過度に自由であった。当然、物価は上昇し、一九四八年末には三八年の九・五倍になっていた。したがって賃金も一五

—五〇%の範囲で常に上昇した。一方、企業収益は極めて大きかった。国内の分配システムが分断されていたことによる財とりわけ農産物の不規則な供給は、市場が「満たされて」いないことを意味していた。「非必需品」輸入は可能な限り制限され、フランは切り下げられ、変動相場制がとられた。しかしこれらの措置は、多額の持続的な国際収支赤字を削減できなかった。情勢は不安定で、改革無しには他のヨーロッパ諸国がフランスをマーシャル援助の候補者とみなすのは難しそうだった。

ヤコブソンは「財政の分野でとられている諸政策と、信用システムや外国貿易分野、外国為替システムとの間の内部調和を」目指した。こうして一九四九年初頭、インフレ的な財政補填を廃止し、金融調整が導入された。マーシャル援助の見返り勘定にいくらか蓄えができると同時に、市場への財の供給は非常に増加した。豊作、工業生産の増加、マーシャル援助のもとで受け取った財やサービスのすべてが貢献した。また、外国貿易の分野でいくらか自由化が実現したこともプラスになった。

複数の為替レートをもつ変動相場制は、国際的な政策に統合するに際して、困難な要素の一つだった。一九四八年の通貨切下げにより、フランスには、銀行券に対する相場を含め、為替レートが四つ「だけ」残されていた。ヤコブソンは、公的な為替安定化基金はより自由で柔軟であるべきだと強く提案した。なぜなら、そうすることで人目につかずに相場の調整をすることが可能になるからであった。また、銀行券市場相場を公定平価により近づけるために、同様のもっぱら技術的な手段が用いられねばならなかった。この主な理由は、国際金融界も含め経済社会のあらゆる部門が、銀行券相場に対し非常に大きな注意を払っており、両者の差異の縮小が、経常取引が公式レートで行われるサインと受けとめられ得るからであった。そうした手段により、外国為替システムが単純化、強化、調整され、統合されて政策と斉合的なものになっていくだろう。

しかし、問題の核心は為替レートではなかった。フランスは、切下げがそれ自体では十分でないことを示す最も決定的な例であった。財政均衡に関する国内状況が正常でなければ、為替レートを調整してもそこから生じる便益はほんの一時的なものに過ぎない。

当時、フランスには失業が存在せず、同国は帰還した戦争捕虜を容易に吸収できたばかりか、七万五〇〇〇人余りのドイツ人戦争捕虜もまた自由意思でフランスに留まっていたことは強調されるべきだろう。問題は、いかにして生産効率を引き上げるかであった。一週間の労働時間平均は、二年で一時間以上増加した。しかし、必要とされる近代化は時間を要する。その時でさえ、フランスの労働人口はごく少なかった。そこで、より自由な移民受入れ政策が部分的な対処法として提案された。

ヤコブソンがニーメイヤーに語ったように、彼はフランスで、意図的に国際連盟金融委員会の原則を適用しようと試みた。何よりもまず、財政政策、信用政策、通商政策といった主要な政策と、外国為替システムとの「内部調和」を目指した。彼は移行期の間は、複数の変動為替相場と直接統制を受入れた。しかし、これらは過剰需要と「超完全」雇用があるこの時期には、二つの基本条件さえ揃えば不必要となる、という主張に常に立ち戻った。その二要件とは、第一に、財政がよく計画されていて、予算が大き過ぎず均衡がとれていること、第二に、最も重要なこととして、金利政策を含めた金融政策が、経済の変化するニーズに対応し得るように柔軟であることであった。

3　ドイツの外国為替危機

一九五〇年から五一年にかけてドイツで外国為替危機が起きた時に、ヤコブソンは、この危機によって危うく精神的にもキャリアのうえでも大きな痛手を受けるところだった。世界中が認めているように結局はヤコブソンの判断が正しかったのだが、それにはヤコブソンが根気強く決断したことに加えて、ヤコブソンの判断を揺らぐことなく信じ続けた妻による心の支えが大きかった。ドイツの貿易収支が改善に向かうまでの数カ月間、ありとあらゆる友人がヤコブソンにキャリアと名声を失わないためにはドイツへのアドバイスを考え直すように求めた。ヤコブソンにとって常に誠実な友人であったスイス銀行総裁、パウル・ケラーがアドバイスを取り消すように求めた時ほど、ショックを受けたことはなかった。そのうちヤコブソンさえも自身のアドバイスに疑問をもち始め、妻に揺らぐ思いを口にした。ヤコブソンの妻は、アドバイスが正しいと思うならば、決して引くことなく、それ以上結果を考えないようにと語った。

ヤコブソンは、一九四八年六月のドイツ通貨改革には積極的には関与しなかったが、この改革に賛成した。戦後インフレが進行した後、安定した価値をもつドイツマルクが導入されて、ドイツでは新たな生活が始まった。ドイツの工業生産と農業生産は、三六年水準を約三三％下回っていたが、五〇年秋までにその水準から二〇％も増加した。投資は部分的に自己資金を、また他方で信用をベースに大きく増加し、実質的に二倍になった。このように投資が大幅に増加した一方で、物価は安定していた。雇用は増加していたが、それと同時に避難民が流入していたため、求職者数はほとんど変化しなかった。輸入は、まず四九年から五〇年の冬にかけて、ＯＥＥＣ地域への自由化措置により驚くほど増加したが、輸出はその二年間で四倍にも増加した。五〇年春、この状況は誤った投機にもとづいたものであったために自動的に収まった。

一九五〇年六月、朝鮮戦争が勃発し、世界の政治・経済情勢に大きな動揺を与えた。当初、ドイツのポジションは強力に見えたため、十月になって初めて事態が深刻化したといううわさが広まった。ヤコブソンはドイツ・レンダーバンク総裁フォッケから電話を受けて驚いた。その日、十月二十三日月曜日の朝に聴き取ったヤコブソンのメモは、次のように始まる。

フォッケ博士が私に電話をかけてきて、（EPUが）ドイツの現状を判断する専門家としてケアンクロス氏と私を派遣することになると聞いたと伝えてきた。フォッケは、ケアンクロスがどんな人物であるのかを知りたがった。私はフォッケにケアンクロスはイギリス商務省のエコノミストであった人物で、OEECに一年ほど在職しているが、十月末で退職予定であり、グラスゴーで教授職に任命されることになっていると伝えた。フォッケは私にケアンクロス氏はケインジアンなのかどうかと尋ねてきた。私はケアンクロスのことを一途なケインジアンとはみておらず、とても賢明な経済学者であると返答した。

フォッケ博士は、ドイツでの難題として次の三点を指摘した。

一、信用ポジションについて、信用サイドでレンダーバンクが引き締め政策を実施しているにもかかわらず、州中央銀行が引受けによる信用供与量を拡大できる状況にあること

二、十月十二日以来固定しているシーリング枠が高過ぎること

三、金融機関が「貿易為替手形」の発行によって、固定された引き受けのシーリング枠を回避できること

ドイツ政府は、パリでEPUから輸入自由化を停止するように勧告されていた。

暫定的な貿易データ、同様にはっきりしない政府と関係機関による政策について議論をし、ヤコブソンは次のようにメモを締めくくった。

彼（フォッケ）にとって明確なのは、いまや通貨供給を減少させる政策こそが事態を改善するということである。最悪なことは、未決済の輸入契約残高がどれほどであるのかを誰も把握していないということである。輸入業者は週末にかけて金融機関に報告することになっているが、レンダーバンクはまだそのデータを受け取っていない。私は、フォッケにおそらく現在の状況が、事態の解決にふさわしい政策を実施する好機となるだろうと伝えた。

ヤコブソンは金曜日にストックホルムで講演をすることになっていたが、天候が不順だったため列車に乗り、水曜日はフランクフルトで過ごすことができた。公式には、ヤコブソンは土曜日にフランクフルトでケアンクロスと会うことになってい

た。

ヤコブソンは火曜日の深夜にフランクフルトに到着し、水曜日の朝五時まで話した。幸運にも筆者〔エリン・E・ヤコブソン〕は、偶然フランクフルトに数日間滞在していた。専門家たちの知識が乏しかったので、情報は限定されていた。特別な口座、すなわちアメリカで蓄積され、主にアメリカ軍のドイツでの支出を管理する第二口座には、わずかに残高があったが、利用できる外国資金はほぼ使い果たされていた。内閣でさえ数日前までこの口座の存在を把握しておらず、フォッケ自らがヤコブソンに公式にその存在を知らせたのだ。未払いの輸入ライセンスの金額については実質的な情報がなかった。専門家たちは、その数値が総額で四―六月平均水準の少なくとも二倍もあるのではと懸念していたが、その見積りは驚くほど正確であった。

その火曜日にジャン・カティエがフォッケと会談し、アメリカ高等弁務官マックロイがドイツに貿易コントロールを実施し、輸入自由化を停止するべきという意見であると伝えたが、ヤコブソンはこの事実を関知していなかった。カティエは、マックロイの有力な金融アドバイザーであった。マックロイはドイツが外国為替を節約するために、必需品のみを購入するべきという意見であった。この輸入自由化を停止する方針は、ドイツに滞在したアメリカ財務省関係者によって作成された報告書にもとづいていた。この財務省関係者は、ドイツにわずか三週間滞在した程度で「外国為替割当」を提案したのだ。ただこの財務省関係者は、ドイツの政策においてコントロールが不可欠とする一派の考え方を参照していた。その主な提案者のひとりはバロであった。

その晩オーボワンに宛てた書簡のなかに、ヤコブソンが水曜日にどれほど慌ただしかったのか、が描写されている。

フランクフルト、一九五〇年十月二十五日

親愛なるオーボワンへ

今夜、貴兄の自宅に電話をかけたのですが、応答がありませんでした。

本当に日程がぎっしり詰まった一日でした。私はフォッケ博士に二回、合わせて三時間、さらにマクドナルドとレンダーバンク理事会議長ベルナルトに会いました。明日はフォッケや関係者が出席してボンで閣議があります。アメリカ側は（カティエを通じて、マックロイの名前で）、フォッケにドイツの輸入自由化を停止するようにアドバイスしました。ドイツ側は、それが〔EPU〕理事会の見解であると知らされてきました。フォッケは今朝、自由化停止に前向きでした。

私はドイツの状況が判断されているよりも実際には良好であるという、極めて暫定的な結論に達しました。私にはフォッケの見解を理解できます。フォッケは誠実なバンカーでありたいでしょうし、決済できないかもしれない商品を購入したくないのです。しかし、輸入自由化の停止については、極めて重要な事柄だけに大いに熟慮し、分析を重ねたうえで実施をするのかどうかを判断すべきです。私はフォッケにドイツ政府は専門家からの報告書を待ってから、最終的な決定を下すべきだと提案しました。最近の決済ポジションは、ここ四日間悪化しておりませんし、フォッケは、事実上十一月三日までの十日間様子を見ることに賛成してくれました。

（私が促したわけではないのですが）マクドナルドはフォッケに輸入自由化を停止しないようにアドバイスをしました（それは電話でのアドバイスで、私はちょうどその時フォッケのオフィスにいたのです）。私は後でマクドナルドに会いました。マクドナルドも、現状は見た目よりも良好であると判断しており、私がドイツ政府に専門家からの報告書を待つべきだと提案したと知り喜びました。ヴォルフも同じ意見でした。フォッケはボンで二人の閣僚と会談し、閣僚たちも、輸入自由化の停止について現時点で決断をしないことに賛成しました。しかし、アデナウアーは自由化についての決断を先送りすることに、なおも同意していませんでした。

その一方で、私は決定的な印象を与えるような公定歩合の引上げを求めました。フォッケは私に明日引き上げるべきか、決定を先送りするべきかを尋ねました。ベルナルトも私に同じ質問をしました。私は、もし、ドイツが何もしなければ、大変遺憾な印象を与えるだろう、と述べました。ベルギー、オランダ、スウェーデン、カナダ、デンマークが公定歩合を引き上げたので、もし翌日ドイツ政府が何の行動も取らなければ、好ましくない印象を与えるだろうと指摘したのです。しかし、もしドイツが自ら行動をとるならば、事態は解決しやすくなります。フォッケは明日の成功を強く信じているかのように見えました。

アメリカ側は、私に高等弁務官が「この事態はドイツ側の責任」だと述べていると話しました。マックロイ氏は不在でした。私は一時間半ほどアメリカ側と会談し、ドイツの貿易動向について良好な傾向があることを指摘しました。そしてもしドイツが輸入自由化を停止するならば、四七年のポンド交換性回復時のようにまたしてもアメリカ側によってヨーロッパに押しつけられた手段が、不適切で不可能だったと示すことになるとつけ加えました。

私はドイツが適切な措置を実施するならば、状況はおのずと改善するはずだと伝えました。

アメリカ側はさらに援助資金を融通しなければならないことを恐れました。アメリカは、もう一度議会にいくことはできないと言っています。おそらく、そうでしょう。フォッケは、アメリカが突然態度をひるがえしたと言っています。――輸入自由化停止に関する通告を受けてから、何も言わなくなったのです。興味深い文書を入手しましたので、明日、スウェーデン行きの列車のなかで検討しようと思っております。私は土曜日の朝、フランクフルトに戻るチケットをもっています。飛行機は十二時三十五分に到着し、ケアンクロスや関係者と一緒に昼食をする予定です。貴兄は、この書簡を読む前にどんな措置が実施されたのかを知るでしょう。しかし、この書簡によって、貴兄はその実施の背景を認識することになります。皆さまにどうぞよろしく。

ペール・ヤコブソン

翌日の木曜日、レンダーバンク理事会が開催され、そこに連邦首相と閣僚も参加するという異例の事態になった。会議が八時間にも及んだのも、これまでに前例がないことであった。状況がどれほど深刻であるのか理解されていなかったために多数の反対があったが、最終的に公定歩合を四%から六%に引き上げるという結論にたどりついた。

ヤコブソンの書簡に書かれていたマクドナルドは、ヤコブソンが到着する前にフォッケと関係者に公定歩合の引上げを含む厳格な金融コントロールを唱えていた。マクドナルドは、連合国銀行委員会のイングランド銀行代表であり、後にBＩSでヤコブソンの同僚となった。ヤコブソンは水曜日の打ち合わせについて、マクドナルド自身は気づいていないが、彼にどれほど助けられたことかと日記に書いた。

土曜日の朝、予定していた通りにヤコブソンの妻とBＩSのスタッフがフランクフルトに到着し、ケアンクロスも補佐役とともに到着した。ヤコブソンは（飛行機の到着が遅れたため）、昼食の後にストックホルムから戻ってきた。レンダーバンクが用意してくれた小さなゲストハウスは銀行の所有物件であり、一九五〇年の状況からすると最上の待遇であった。ほとんどのホテルは廃墟のままであった。ゲストハウスは、レンダーバンクとはマイン川を挟んで対岸にあったが、川の上流遠くに橋が一つしか架かっていなかったため、時間がかかった。わずか五分程度の距離なのに、ガラ空きの通りを長いこと三十分も自動車で移動した。レンダーバンクは所有している二台の公用車のうちの一台を専門家チームに譲り、もう一台の公用車も必要であれば利用できるように手配してくれた。

ケアンクロスとヤコブソンは毎日多くの会合をこなし、情報や意見を収集して関係者を説得した。昼食会と晩餐会が続き、昼に関係閣僚とボンで会合をし、夜のレセプションではここ十日間の緊張がさほど感じられず、リラックスしているように見える連邦経済相のエアハルト博士と同席する、といった日々が続いた。ボンへの往来にはケルンを経由したが、往復の運転は路面が凍って滑りやすかった。〔ドイツ国内は〕どこも再建中であり、もし原材料さえあれば長期にわたって十分に雇用が確保できるように思えた。

ほぼ毎晩、深夜までもヤコブソンとケアンクロスは作業を続けた。それぞれがゲストハウスの大きなダイニングテーブルの両側にいた。報告書の草稿は一週間以内に完成した。ヤコブソンとケアンクロス、そのスタッフは、EPU理事会に報告をするためにパリに向かった。

二人が揃って行った口頭での報告をもとに予備的な報告、最終報告を経て、EPU理事会からOEEC理事会へ提案がなされ、それに基づきOEECは、「原則として」一九五〇年十一月十四日にドイツに一億二〇〇〇万ドルの特別信用を与えることを承認した。このクレジットは五一年四月までに月々の赤字額の三分の二をカバーするために引き出すことができた。残りの三分の一はドルで決済されることになった。五一年五月以降、クレジットは月々二千万ドルずつ返済しなければならなかった。特別信用の承認は条件つきであった。ドイツ政府は国際収支の均衡を回復するために、国内経済の再建に向けての政策をとりまとめたプログラムを提出するように求められた。この経済再建プログラムは十二月初旬に提出された。同時にEPUは、加盟国に対し自由化リストにドイツにとって受け入れやすい商品を含むこと、輸入割当の利用によってドイツへのプレッシャーをできる限り緩和するように奨励した。

ヤコブソンは、パリでのすべての交渉過程において、ケアンクロスが同じ方針でサポートしてくれることが、最も重要だと考えていた。なぜならば、ケアンクロスが（イギリス）労働党政権のアドバイザーとして活動していたことを知っていたからである。いまやケアンクロスはリベラルな政策をサポートしていた。事実、すでに明らかなように、ケアンクロスはドイツ当局が公定歩合を四％から六％へと引き上げた二日後にフランクフルトに到着した。この措置は実施されたすべての信用・金融政策的手段のなかで、最も重要だった。その当時ケアンクロスは、自分がフランクフルトに到着する前に公定歩合引上げのような措置が実施されたことに強く反発していた。彼自身、公定歩合引上げを全く好んでいなかったと明かしている。ケアンクロスは一九七四年になっても、なおもこの引上げに賛同していなかったことを強調している。引上げは、最も重要な輸入センターで短期貸出率が一二―一四％のレベルに達することを意味していたからである。それにもかかわらずケアンクロスは、プログラム全体を全面的に支持したのだ。

ヤコブソンは、ケアンクロスに対し、簡潔に感謝の気持ちを記述している。

私はアレック・ケアンクロスが大好きだ。ケアンクロスは、問題点を心のなかにしまっておくことができる。彼は現実的であり、もし相手が自らの見解に合わせて一定の譲歩をする精神を認めるならば、自身の見解を調整できる人物である。ケアンクロスはおそらく崇高な理論家ではない。ケアンクロスはまだ直接的コントロールを好んでいるが、まちがいなくドイツにとって公定歩合引上げが有効であると受け入れるだろう。ケアンクロスにはユーモアもある。――仕事が速く――草稿作業の進め方を理解していた。

しかし、ヤコブソンはドイツの案件についてEPU理事会の同意をとりつけるために、ケアンクロスが貸してくれる力を過少評価していた。このことは、ドイツによって実施された適切な通貨・信用政策について、OEEC諸国が異なる認識をもっているということをヤコブソンが十分に理解していなかったことによる。ケアンクロスにとってドイツの収支問題は通貨・信用政策と自由化のテストケースではなかった。ドイツの収支問題は「健全な経済における、単純な流動性危機」であった。ケアンクロスは、それゆえドイツの健全性について生産、投資、雇用といった、どのOEEC諸国であっても重視する要因が着実に改善していることを強調した。ヤコブソンとケアンクロスは、危機の最中にあるヨーロッパの国ドイツをヨーロッパ自身が援助するという自助努力の重要性と、それがドイツで長期的に好ましい反応を産むことを指摘した。さらに戦術のうえで重要だったのは、これがEPUによる最初のクレジットだったことである。誰もがこの信用供与が成功するのかどうか、その行方に注目していたのだ。

その後のリサーチが示すように、一九五〇年の第三四半期、現金と信用ファシリティが大幅に増加した。複数の要因がこれに関与していた。最も重要だったのは、貿易業者・生産業者による輸入ファイナンスへの需要であった。複雑な連邦中央銀行システムを通じて商業銀行が短期信用を拡大し、この需要に応えた。政策全般が、実施された信用供与にともなう措置により、五一年五月までにドイツの貿易収支が黒字に転換することを前提にした賭けであった。契約済み分の決済を考えれば収支の赤字が予測されていた。緊張は春にやってきた。

十二月の赤字は予測よりも少なかった。しかし、ヤコブソンがクリスマスにカイロでの講演を終えて戻ると、フォッケは神経質になっていた。信用が拡大し、将来の赤字予測が修正され、その数値に失望したからであった。ヤコブソンとフォッケは輸入自由化を断念することさえ話し合った。誰もが神経質になり非難の応酬となった。二カ月以上もの間、フォッケとヤコブソンは電話をかけ合ったが、時には日に何度もかけ合うことさえあった。フォッケは後にヤコブソンによる精神的なサポートがどれほど大きかったのかを語った。望みをもっていたのは、ドイツで活動しているバラナイ前ハンガリー銀行総裁だけのようであった。バラナイは、以前の信用拡大の影響がまだ残っているが、事態は正しい方向に動いていると説明した。一九五一年一月末、短期信用への規制がさらに強化された。二月初旬までに緊張は極限状態に達した。パリではフランク・フィギュアスが、報告書のなかで「まだ明確な動向が見えない」と述べた。フィギュアスは、OEEC貿易・金融局長であり、有能で快活な同僚として知られた人物であった。ヤコブソンは膨大な数の手形が民間で決済されていることを示す数値を提示したが、バーゼルでの月例会合で誰もが事態を懸念していた。絶え間なく更新される予測によれば、二月の赤字が八千万―九千万ドルに達し、このままの状況が続けば、三月中旬には、ドイツがEPUからの脱退を余儀なくされる状態であるとされた。実際には、赤字はわずか四八〇〇万ドルだったのだ。三月のBIS月例会合では、ヤコブソンと言葉を交わそうとさえしない者もいた。ヤコブソンはその時ほど孤独だったことはないと書き記した。

二月下旬には、傷心のヤコブソンはドイツが輸入自由化を再考するだろうと見ていた。ヤコブソンはドイツに違う形でのアドバイスができたのかどうかと自らに問いかけた。少なくとも一九五〇年十一月の経済再建プログラムはまだ不変であった。三月にパリで開催されたEPU理事会において入手できたのは三月第一週の数値のみであったが、EPUにおける赤字は減少していた。ケアンクロスは予測よりも実際に良くなっていると説明し、安堵のため息をついた。フランス代表ピエール・カルヴェは、あえて「楽観的にならないように」と挑発的であったが、それでもドイツの状況が明らかに改善していることを認めた。

一九五一年二月、ドイツのEPU決済尻は月間を通じて黒字となった。これは輸入ライセンスへのコントロールによる影響が出る前のことであった。三月のEPU加盟国からの輸入量は二月よりも多かった。それ以降輸入の削減が、ようやく日々の収支に影響を与えるようになった。ドイツは五月末までに特別信用を完済した。五一年末までに累積赤字は解消され、EPUにおいてわずかな黒字さえも記録した。五二年初頭、ドイツはOEECの取り決めにもとづいて輸入自由化を再開した。誰もがドイツの収支状況は、特別信用と金融政策、十一月の経済再建プログラムによって好転し、流れが変化したことを実感した。ヤコブソンは称賛された。ヤコブソンはBIS年次総会において、フレールの推薦によりベルギーの勲章を授与された。

一九五三年には、これまで金融政策を十分に活用してこなかった工業国もこの政策を発動し始めた。そのなかには、スウェーデン、アメリカ、イギリスさえも含まれていた。しかしながら、イギリスでは長期金利がすでに過去一年以上ゆっくりと上昇していた。

困難な時期もあったが、通貨・金融政策を活用するための戦いは勝利した。ドイツの貿易収支危機によってBIS、特にヤコブソンによって擁護された政策は、あらゆる疑念を乗り越え、極めて有益であり、どのような国においても政策手段として不可欠であると証明された。経済をコントロールするために通貨・金融政策を活用することで、これまで維持されてきた戦時コントロールの解除が可能となった。戦時コントロールは、平時には十分な効果がないことを誰もが認めた。このことは、規律ある北ヨーロッパの国々にもあてはまった。コントロールの解除によって官僚的な形式主義や多くの書類の整理が減少するばかりではなく、それ以上のことが得られた。すなわちイニシアティブという新たな精神が本来の姿を現すことができるようになったのだ。このイニシアティブの精神こそ一九五〇年代にヨーロッパ諸国が経済的な成功をおさめた要因であり、六〇年代にアメリカがそのモデルをイギリスではなく、大陸ヨーロッパ諸国に求めた要因ではないだろうか。アメリカとイギリスは、ケインズのメッセージをいち早く、最も積極的に取り入れたが、戦後両国の状況が最も良くなかったのは、アンドリュー・ションフィールド〔訳注—ポストケインジアン〕にとっては、パラドックスであった。大陸ヨーロッパ諸国は完全雇用を達成し、高い経済成長率を誇り、さらに非常に安定した通貨を保持していた。おそらく、そのことが（大陸ヨーロッパ諸国を）魅力的なモデルにしたのではないだろうか。社会党の閣僚や専門家による助力と賛同を得たネオ・リベラリズムが、大陸を支配したのである。

しかし、ヤコブソンは新たなキャンペーンを進行中であった。ヤコブソンが次に着手した主要プロジェクトは、ここ数年のうちに通貨の交換性を回復することであった。

4　交換性のモメンタム

「交換性とは、事前に当局の許可なく外国為替を購入できる可能性である」。ヤコブソンは、戦後の経済・金融上の再建による当然の帰結である交換性の回復を、このように定義していた。しかし、国内レベルでも国際的レベルでも、そのモメンタムは失われていた。多くの国でヤコブソンが擁護した金利・信用政策が活用され、朝鮮危機の金融的緊張は、予想以上に容易に収束した。しかし、ヤコブソンは、国際金融界が誤った自己満足に陥っていると感じていた。国際貿易決済には、まだコントロールや制限的措置が実施されていた。それらを自由化することは多くの人々が不可能と感じており、その他は自由化を必要と思っておらず、望ましくないとさえ思っていたのだ。一九三〇年代、戦時期、戦後期に経験が限られた世代にとっては、自由な貿易決済が実際に機能するのかどうかが疑わしかった。自由な貿易決済システムが世界貿易の成長を確保し、国内インフレを抑制するために最も重要であるということは、十分に認識されていなかった。とすればなぜ交換性について、リップサービス以上のことを行う必要があるだろうか。

交換性を回復するためには起動力が必要であり、BISにおいてヤコブソンとその同僚たちは、この動きを促進させようと決心した。この問題について、すべての訪問者に十分に事情を理解してもらおうとした。こうしてICCは決議文を提示し、OEECの否定的態度も緩和された。ヤコブソンは一個人としてアメリカやヨーロッパで講演を繰り返した。講演の聴衆は多様であり、労働組合さえもがヤコブソンに講演を依頼してきた。ヤコブソンの論説は幅広く配付され、メディアで議論された。こうして交換性が主要な課題となった後の数年間、ヤコブソンは交換性が一夜にして導入できるものではないと説明することに時間をかけた。永続的な交換性を生み出すためにも、段階的なプログラムである必要があった。国際的な手段は十分でなく、そのために各国がその政策を適応させなくてはならなかった。経済の柔軟性を回復するためには、特に投資を実質貯蓄によってカバーする必要があった。さらに予算も削減しなければならなかった。一九五六年までに多くの国で事実上の交換性が回復された。

ヤコブソンは交換性への最終段階が、完全に新しい形ではなく、すでに存在している状態を追認するような方法で達成されるべきだと考えた。これは各国が必要とされる手段を実施するよう説得するために、ヤコブソンが繰り返してきた議論であった。各国は実施するべき多くの段階を、絶え間なく認識し続けなくてはならなかった。朝鮮危機の間とその後に実施された金利の段階的な変更は十分ではなかった。その一方で高金利を失業の元凶の幽霊に仕立て上げるような風潮があり、イングランド銀行総裁コボルドがマンションハウスの講演でそれを指摘したことをヤコブソンは喜んだ。「交換性問題が勢いを失っている」ということは、たびたび繰り返されたフレーズとなり、ヤコブソンは例にもれず行動した。ヤコブソンはパリのICC事務局のコンタクトポイントであるリチャード・バートンに書簡を送り、速やかに交換性を回復できるようICCがプログラムを準備するべきだと提案した。ICCの専門アドバイザーとして、ヤコブソンはバートンが自らのやり方に合わせて活用できるような一枚の紙片を同封した。そこにはパラグラフごとに各国の商工会議所委員会による行動が暗示されていた。大衆の前で打ち出したり、政府を駆り立てる際に活用すべき一連の理由づけが記されていた。これは、ヤコブソンが言及したように彼の「戦略」であった。ヤコブソンは、その秘密をサー・エリック・ロールをはじめとする人々に伝えた。一九五二年十月、ヤコブソンはロールにカレー・ドーバー航路の船上で遭遇した。その当時、ロールはＮＡＴＯのイギリス代表団長であった。

ロールには、イギリスが必要な国際的手段を実施できるのかどうかが疑わしかった。とりわけ、朝鮮危機後の再軍備がどの国でも始まっているのに対し、（イギリスが）特に二億ポンドにまで防衛費を削減できるのだろうか。しかし、アメリカが外貨準備のために行動を起こす用意があると聞いた時、ロールは次のように述べた。「そういうことであれば、その戦略は公平だと言える」。

まさにその日、ニューヨーク連邦準備銀行のアレン・スプラウル総裁がロンドンを訪れていた。ヤコブソンは、イギリスの外貨準備のための援助の約束を再確認した。二月にヤコブソンは援助の約束を取りつけてアメリカから戻ってきていた。そしてこの情報をチャーウェル卿に伝えた。チャーウェルはチャーチルの友人で、内閣官房の国庫局長官であった。それは次のような趣旨であった。

> アメリカにいる時、私は何度も強調した。イギリスが国内の均衡を回復するために必要な手段を実施し、そして交換性回復のための方法を準備するならば、アメリカ政府は、イギリスに（金で）三十億ドルを二十五年間無利子で、イギリスの外貨準備を強化するために貸与するべきだと。貸与額をもっと増やすべきとの意見もあったが、十億ポンドを超える額はかなり大規模な追加であった。非公式の仲間うちではそのような増額への支持がみられ、私も時々次のようにも言った。おそらく十億ドルがポンド残高の払い戻しを加速させるために追加されるべきだろう。

一九五一年にワシントンで公表されたゴードン・グレイ氏の報告書において、まず国内政策的手段を実施し、その後にローンを供与するという原則が確立された。

ヤコブソンがチャーウェル卿を訪ねた理由はほかにもあり、それは、完全な安定化プランが採用されるように説得することだった。イギリスとポンドはかつてのポジションを失いつつあった。対策が講じられなくてはならなかったし、いまがまさにそのタイミングであった。なぜならこれは政府が前任者から引き継いだ危機であり、実施された厳しい措置はいまだに非難の対象となっていたからである。これは、ヤコブソンがチャーウェル卿と十分に話し合った最初の会談であった。会談は時には三時間にも及んだ。

最初の会談のコピーが、ドナルド・マクドゥーガルに送付された。マクドゥーガルは、首相の統計部門のチーフ・アドバイザーであった。書簡には次のような一節が含まれていた。

> 私が特に望んでいるのは、政府がポンド残高の払い戻しに

ついてあいまいな状態を放置するべきではないということだ。「対価なきな輸出」のような言葉の重要性はほとんど理解されていない。大衆にとっては全く理解されておらず、現在の負担がどうなのかという十分な印象を与えない。私はポンド残高払い戻しのための支出が予算に計上されることを望む。そうして初めて問題の難しさが関係者に明らかにされるからだ。

同書簡の結論部分の一パラグラフによればヤコブソンはイングランド銀行の友人たちと彼の見解について議論できなかった。「だからあなたは誰も責めてはならない。むしろそんな見解を述べた私を責めるべきなのだ」。これは悲痛なコメントであるが、ヤコブソンが「正しい政策」と考えたことを裏づけるためにこうした発言がなされなければならなかったほど、政策当局内部には疑心暗鬼が存在していたのである。そしてこのことを述べるために、ヤコブソンはアメリカからの帰途の最中、イングランド銀行の友人たちに一切会わなかったと思われる――これは全く例外的なことだった。

しかし、イギリス政府は一九五二年春になっても、そのような措置を実施しなかった。それでも、ヤコブソンにはまだイギリスで見解を公表する機会があった。幸いにしてヤコブソンは政治経済クラブの外国人名誉会員に選出されたのである。ヤコブソンは、クラブでの六月会合で講演を行った。その演題は「なぜ低金利政策は廃止されねばならなかったのか」であった。このようにしてヤコブソンは同じ専門分野の人々と自身の見解を議論する機会を得た。そのなかにはヤコブソンに同意する者もいた。ヤコブソンはできる限りこうした会合に出席し、このためひんぱんにロンドンへ特別な旅をした。

一九五三年二月二十四・二十五日にパリで開かれた会合で、ICCは「速やかな交換性回復のための行動プログラム」という決議を採択した。そこには商業・金融政策委員会の分科会によるレポートが添えられていた。ヤコブソンはいつものように報告者であった。「交換性を回復すべき国」と、すでに交換可能通貨をもつ国の両者が、交換性の回復のために「同時に」行動を起こさねばならなかった。交換性回復を目指す国にとって、最初に国内金融の安定、次いで貿易自由化政策および経済の現実に見合った効率的な外国為替市場が必要であった。「過去にいつでもそうであったように」、通貨当局はありうべき為替相場の変動限度を設定するために介入しなければならず、外国為替の資金フローが両方向から国内信用に望ましい効果をもつように確保しなければならない。

交換可能通貨を保持する国々は、貿易を自由化し、信頼回復のために十分な交換性のための基金を保持し、稀少通貨への需要を減らすために外国為替市場を支援しなければならない。両グループが実施すべき手段には、「金融安定の促進」と三角貿易に加えて再軍備支出の公平な分配も含まれていた。存在する国際機関――OEEC、BIS、そしてIMFを最大限に活用することが求められた。IMFの活動については、次のように定式化された。

合意された内容は、必要な金融的調整を可能にするだろう。最近IMFによって決定された協定は、一段と柔軟な方向を示している。すなわち前文に示された目的に照らすならば、IMF協定はIMFの資金が真の金融安定が達成されることを促進するために当該国が必要な措置を採用している場合において使用可能であると解釈できるし、必要ならばそのように改正されるだろう。

まず必要な措置が実施されて、初めて通貨安定のための金融支援が行われる。こうして「決議」はその表現さえも響き渡る勝利の宣言となった！一月に公表されたヤコブソンの論説「交換性と国力」のなかで、ヤコブソンは交換可能ではない通貨の危険性について論じている。規制に支えられた「保護」の背後でコストや物価が上昇傾向にあり、制限的システムを実施している国家の競争力は減少していた。「ヨーロッパの産業は脆弱になる傾向がある」。そしてそのような国は、基軸通貨国としてのポジションを失っていた。国内均衡を回復するために真剣な措置が実施された場合にのみ、外貨準備を強化する追加的支援が与えられた――「なぜなら、そのような支援を浪費されてはならないからである」。

OEECもこの動きに巻き込まれた。この組織のセントラルバンカーのなかで最も活動的であったのは、ベルギー国立銀行理事のユベール・アンシオであった。ヤコブソンは一九五三年一月の月例会合でアンシオに会えなかったため、彼に書簡を送って遺憾の意を述べた後、すでに始めていた議論を続けた。

私はすでにお話したように、OEECが交換性の回復について主にその困難を強調するのではなく、積極的に支持する印象を与えるよう切に望んでおります。もちろん私は困難が存在しており、それを無視するのは愚かであることを承知しています。しかし、もし貴兄が困難を克服する方法を見出すことができれば、それは、貴兄の機関に多大な利益をもたらすでしょう。私はこのことをむしろ強く感じています。というのは、OEECはその専門委員会や政府代表からなる理事会をもち、適切な政治的組織であり、もしそのような組織が維持されず、発展しないならば惜しいことだからです。アメリカ人やカナダ人が理事会の準会員として支援しているという事実は、OEECを支援するうえで大きな魅力です……。

今度バーゼルに来たら、ぜひ一緒に食事をしましょう。

ヤコブソンは真剣にOEECから交換性への支援を得ようとしていたが、OEECを強引に説得するつもりはなかった――ヤコブソン自身が実際のところすでに手一杯であったのだ。その反面、ヤコブソンは頻繁にパリにいて明らかにあらゆる機関から歓迎される客であったのに、決してOEECには招待されなかったという事実についてはしばしば皮肉っぽく、言及していたのだ。

BISでは、ヤコブソンや同僚に面会に来た多様な訪問者は、交換性について詳細な説明を受けることとなった――しかし、ヤコブソンはいつでも彼が熱烈に関心があるテーマについて話した。モンターギュ・ノーマンは「時々私を宣教師だと言った」ほどだ。ヤコブソンはもちろん交換性について話した。しかし正確には二人として同じ話をしたわけではなかった。一九五〇年代初頭、ヤコブソン夫人の健康状態が良くなかったため、筆者［エリン・E・ヤコブソン］がヤコブソンに同行し、その表現の使い分けを知る絶好の機会を得たのだ。ビジネスマンには簡潔な説明をし、ジョークと日常会話を織り交ぜながらその職務から具体例を引き出した。外部からの客人（ヤコブソンは他の分野から多くの友人を得た）は、情報の「さわり」を教えてもらうことでもち上げられたような気分になったものだ。情報を繰り返すことに制限はなかったので、この集まりが事実上関係者のなかで中心的な会話の場となっていった。専門家と仲間内のあいだでは、よりデリケートで複雑な問題や最も困難な結果について議論ができた。

最も多い質問は「ドル不足」であった。ヤコブソンはドル不足について常に他人の引用や「いわゆるドル不足」という表現を用いて言及していた。なぜなら彼はドル不足が存在しているとは全く信じていなかったからだ。戦後の困難が克服されればただちに個別国の国内金融が安定し、十分な貿易の可能性が生まれるだろう。世界的な需要によりこの状況が軌道に乗り、国際決済バランスが再確立されるだろうとヤコブソンは考えた。ヤコブソンは年次報告において早くもこの方向性から言及しただけではなく、一九四九年一月に「『ドル不足』の問題」について執筆した。二年後に朝鮮戦争が終結すると、ヤコブソンは状況の変化をふまえ、再びこの問題を議論した。この問題は、ヨーロッパに利益となるように変化していた。いつでもコストが購買力平価の、すなわち貿易においては実際の基準であると信じ、ヤコブソンはアメリカとヨーロッパの間の絶対的なコストの違いを議論した。「アメリカの工業労働者の週当たりの平均賃金は、およそ六十ドルである。スイスでは二十五ドルから三十ドルの間である。イギリスでは二十ドル、ドイツでは十五ドルから十八ドルの間である」。ケインズは、死後に出版された論文において、何と正しかったことだろう！

ヤコブソンは、いつでも賃金格差の最新の数値を知っていた（この数値を知らない人々や専門家が多いことは、驚くべきことであるが）。もちろん比較賃金を議論するに当たり、ヤコブソンはヨーロッパの非効率性を考慮に入れたが、一方でヨーロッパ人はすでに完成された生産方法を導入できると指摘した。効率性では劣っているはずなのに、貿易数値はヨーロッパの既製品輸出の持続的増加を示していた。

どれほど速やかに「ドル不足」を解消できるのか、そして多くの者にとってはこれがどれほど予期しないことであるのか。このことをヤコブソンは、一九五六年四月にイギリスの友人のひとりに宛てた書簡のなかでこのように書き記した。ロンドンで前年の五五年秋に開催された会合で議長を務めたある商業銀行の幹部は、ヤコブソンの講演への答礼スピーチのなかでヤコブソンの見解について嘲笑した。しかしながら、四九年から五五年までの六年間に、アメリカを除く国々の金と短期ドル資産保有量は一三〇億ドル、ほぼ三分の二程度増加し、いまや総量で二九八億ドルという安心できるレベルに達していたのだ。もちろん西ヨーロッパ大陸諸国は、その総獲得量の六〇％を占めている〔訳注―本訳書では表は割愛した〕。

交換性回復への近道として、とりわけ南アフリカの関係者のなかには金価格の引上げを唱える者もいた。ヤコブソンは、新しいアメリカ人アシスタントであるウォーレン・マクラムに、このテーマを研究させていたが、ヤコブソンはアメリカが決して金価格を変えないと信じていた――唯一政治的にあり得るとすれば、重要な国内価格の下落というありそうにないケースのみであったのだ。

ヤコブソンは特にこうした問題を論考した。彼が失業の可能性はないと確信していたことを想起するべきである。日記のなかに自ら思考をめぐらせた部分がある。その最も典型的な一節は次の通りである。

私はカーンだけではなく、ドル不足を恐れ、さまざまな方法でそのことを証明しようとする者の著作を読み、彼らが実際には――たぶん半分は無意識のうちに――次のように考えているのではなかろうかと思ったのだ。

すなわち彼らは皆、完全雇用のために豊富なマネーサプライが必要なのだと信じ込んでいる。厳格な輸入コントロールで国際収支への影響を中立化できると予想しているが、そのことがうまくいくなどと確信しているのだろうか。国際収支の赤字があり、これを金とドルの流出によって処理しなければならないという疑念をもっていないのだろうか。要するに問題が自らが唱える完全雇用政策自体の帰結であることを認めるかわりに、彼らは「ドル不足」について好んで語っているのだ。おそらくそのような説明が、アメリカ人のドルへの自信を産んでいるのではないだろうか。国連の委員会は、国際的側面において完全雇用政策を「試着」しているのではないだろうか。

読者にとっては明らかだろうが、ヤコブソンは「豊富なマネーサプライ」を完全雇用の不可欠な前提とはみなしていなかった。事実ヤコブソンは、マネーサプライが失業を引き起こすケースが多数あることも確信していた。一九五六年六月、ヤコブソンがいわゆるドル不足について論考していた時に、ある国がヤコブソンとBISに、その存在について執筆するように圧力をかけてきた。ヤコブソンは日記の余白に「(ドル不足について)執筆するくらいならば、職を失った方がましだ！幸運なことにオーボワンは真実を知っているし、でたらめが大嫌いなのだ」と書き残した。しかしBISの人々は知っていたし、その気になればわかったことだが、五五年三月までにアメリカには約一二〇億ドルの対外負債があったのだ。ニューヨーク連邦準備銀行経済顧問のロバート(ボブ)・ローザによると、連邦準備銀行の部外者には、ローザが「多額」とみなしたこの金額に悩んでいる者はほとんどいなかった。

この時に議論された交換性へのもう一つの近道は、変動相場制の導入であった。ヤコブソンは多くの会話、講演、一九五四年に執筆した論文のなかで、変動相場制の下では市場が為替相場を決定すると想定されていると指摘した。しかしあらゆる一時的な変化が為替相場に直接影響を与えるような状況を甘受するような国はない。「したがって、全くコントロールされていない市場で需要と供給によって単純に決定される自由な変動相場について語るのは無意味なことである」。変動相場は貿易一般、とりわけ長期の契約にとって問題となり、投機的な資本移動の危険が増す一方、中央銀行は対外準備において変動する外国為替をもちたがらず金に固執するだろう。国内の反インフレ的な政策措置が必要な場合でも、そうした措置をとらずに季節的な脆弱性といったささいな理由で通貨を切り下げる傾向も生じるだろう。

自由で安定したドル／ポンド相場の維持は、過去にそうであったように、将来他の国々にとって確固たる軸となる。「そのために重要な問題は、大きな犠牲をともなわずに、安定した為替相場の維持に必要な条件を実現できるかどうかということである」。世界価格が比較的安定し、世界貿易への大きな障害はなく、その背景に新しく、よりフレキシブルなIMFの政策がある。安定した為替相場を維持するうえで、大きな困難はありそうになかったのだ。

ヤコブソンは、交換性の目標を推し進めるうえで、一九五三年秋と五四年の講演を通じてさらに貢献した。講演がどんなタイトルであっても、英語で、ドイツ語で、フランス語で、スウェーデン語で行われようとも、そのすべてが「西ヨーロッパにとっての交換性問題」というテーマに関連していた。これはチャタムハウス（王立国際問題研究所）での講演とその後の『国際問題』誌に公表された論説のタイトルであった。同じ日の晩、ヤコブソンはロンドンの銀行協会で講演した。九月にはストックホルムとウィーンで講演した。ウィーンでは、勤労者商工会議所へ向けた講演を行い、大きな成功をおさめた。

スイスでは外国調査研究所における公式的なものから、ロータリークラブでの友好的なものまでさまざまな講演を行った。ヤコブソンはBIS年次報告の執筆に時間と精神的な耐久力を保持するべきだと感じており、春には講演を控えていた。年次報告の執筆は、それだけ「猛烈な仕事」であったのだ。しかし、交換性というテーマについては、ヤコブソンはこの原則を破ってさえも講演に出かけた。

ヤコブソンはBBCで放送に出演することもあった。講演を録音するのは初めてのことであり、ヤコブソンは企画全体について不安になった。さらに収録は、年次報告の執筆で最も多忙でプレッシャーにさらされる五月十四日であった。筆者（エリン・E・ヤコブソン）がヤコブソンとともにバーゼルラジオにいき、講演はそこからロンドンに中継放送された。収録が終わった時、ヤコブソンは聴衆がいない状態で講演をするのがどれほど難しいことなのかと不満をもらした。

ラジオでの講演は繰り返し放送された。その内容は『リスナー』誌に再録された。この内容はヤコブソンの友人であるトーマス・バロを大いに刺激した。彼はBBCが講演者の選択を誤ったとして激しく非難した。

バロは、イギリスの社会主義者向け週刊誌『ニュー・ステーツマン・アンド・ネーション』のなかに、「偏った不偏性」というタイトルで書簡を公表した。バロは、ヤコブソンのことを「怪しい理想」の持ち主であると非難した。そして次のように続けた――。

> 彼は……為替相場のコントロール廃止が、「全体主義的な政府に対する防衛」だと発言して、聞き手を脅した。彼はこのように全体主義という概念を乱用しているが、実は単に進歩的な、さもなければ社会主義的な政府という意味で使っている。共産主義者は為替コントロールを必要としていない。民間資本は必要とせず、貿易については直接計画を立てているのだ……。

さらに多くのことが書かれていたが、バロの論調を伝えるにはこれで十分であろう。交換性についての段階的なプログラムの目的は、国内的な通貨の均衡である。一九四九年にヨーロッパ諸国の大半がイギリスとともに通貨切下げを実施し、「対外均衡」をもたらした。しかし、それは貿易・外国為替コントロール、資本移動規制のおかげで成立したのだった。

OEEC加盟国は、常に貿易自由化率を高めることによってコントロールを解除するように促されてきた。こうした措置に並行して、金利政策によって国内マネーサプライの増加を阻止しなければならなかった。それによって有効な国内貯蓄と海外からの援助の範囲内で投資を維持することができた。そのメカニズムは、金利をコストとして使うというよりも、当時は好景気だったので金利メカニズムを通じて負債を流動化したのだった。

この政策に関連していたのが国内予算の均衡であった。これは数種の補助金廃止によって達成された。たとえ均衡していたとしても、ほとんどの国で予算規模はあまりにも大きかった。予算が国民所得対比で高くなり過ぎており、結果として経済の有益な部門を縮小させていた。特に一九五四―五五年、建設部門へのさまざまな形態の補助金が廃止された。こうした廃止によって、各国は国家予算の規模を縮小できた。

以上、各国で実施された手段について短く概観したが、極めて重要なタイミングの要因を省略した。これは政策の順序づけという点で極めて重要であり、この点について関心をもつ向きにはBIS年次報告に詳細な記述がある。

国際的にはベルギー、オランダやドイツのように、特に際立っていた訳ではない諸国が一九五四年までに完全に交換可能な状態に到達していた。同時にフランスでは、交換性がもたらすIMFとの関係についての思惑から政治的抵抗が起こった。さらにフランスは、どのようなレートで交換性を回復するのかという点についても何の見解も保持していなかった。

しかし、これに加えて、さらに取り扱いに慎重を要する領域もあった。それは明らかにロンドンのシティという金融世界の中心にかかわる問題であった。一般人にはほとんど感知できないし、特に目立たない形だったが、交換性への着実なステップが進展していた。五三年にイギリスは商品市場を開設し続けていた。七月には、短期よりも重要な長期金利が四・五%から四%に下落した。五四年三月、振替可能勘定地域が創設され、ドル地域外で事実上すべての非居住者ポンド勘定を完全に振替できることになった。

ポンドの価値は、すべての市場で上昇した。同時にベルギー・オランダ両国が居住者に対しても多様な形態ながら交換可能な状態になる一方で、ドイツは「制限つきの交換性」を導入した。

一九五五年春に執筆された年次報告〔訳注―二九頁〕では、次のように述べられている。

国際貿易決済の今日の状況は、ほんの数年前とはかなり違っている。ドル地域とそれ以外の世界との障壁を除いて、すべての障壁がなくなる段階まで徐々に近づいてきた。為替コントロールを撤廃し、一国一為替相場への復帰の土台が整ってきた。外国為替部門で進行するこの過程と並んで、多くの国々が柔軟な信用政策を実施して公共財政の弱点を除去し、貿易自由化を進めてコストと物価構造を他国のそれと同列にしようとすることで、国内均衡を維持する努力を続けた。教訓が活かされて、いまや数年前に考えられていた以上に、こうした事柄について、統一的なアプローチが実現しているのである。

交換性は大陸ヨーロッパ諸国だけではなく、イギリスにおいても主要な政策課題であった。一九五六年までの三年間に段階的な手続きがとられた。こうしてヤコブソンは、他の難題に充てる時間をもつことができ、五二年から、自身の研究センターを設立していた。ヤコブソンがなぜそれを所有することになったのかを説明しなければならない。

5　ヤコブソンのための研究センター

晩年の数年を除きヤコブソンの心には、彼が「真のエコノミスト」と呼んだアカデミックな経済学者と彼自身との違いに関する思いが去来し、彼を深い不安に陥れた。そんな時、一九三一年にケネーが彼をＢＩＳに選んだ理由が、まさにこの特質ゆえであったということを彼は忘れていたのだ。

彼は自ら明言しなかったが、自分の存命中に関する限り、ジョン・ケネス・ガルブレイスの分析が的確だと認めていたのではないだろうか。つまり、「経済学の序列システムは、現場で日々の政策に携わる者を最下位に格づけしている」ということを、ヤコブソンは自ら痛感し、他人からも感じさせられ続けたのだった。こうしたヤコブソンのような人物の下す政治的・倫理的判断は、彼に広い世界との接触をもたらし、それは同族的グループやその序列システムへの脅威になった。彼の業績は仕事上の仲間によってではなく、外部の人間によって評価された。このため彼を専門分野での序列に取り込むことは困難になり、彼が底辺に取り残されるのは容易過ぎる成り行きだった。

ヤコブソンの、どちらかと言えば説明し難い行動の背景には、こうした不安が横たわっていた。彼は常に経済学に関する書物を書いていた。ＢＩＳの年次報告書や、膨大な論文、演説、特殊研究は、彼とその妻にとって書物と同じカテゴリーには属さなかった。彼は博士号をとらなかった自分を決して許さなかったし、それは多くの名誉博士号を得たことでは完全に埋め合わされなかった。

しかし、より深刻な側面があった。彼は一九五二年十一月にロンドンで異常に荒々しい気分で以下のように記している。

私は、なぜこんなに簡単に経済学者と口論してしまうのだろう。ヴァレンティン・ワグナー、ジョン・ウィリアムズ、ベルティル・オーリン、エリック・リンダール、そしていまはエリック・ダメーンと。

おかしなことだ。（フロイト的にいえば）これは私は自分が大学を去り、一介の「小物」エコノミストでいるという事実に、決して満足していないということなのか。「未来永劫癒されることのない傷」（フリョーディング〔訳注―スウェーデンの詩人〕）。それはまるで自分の過去と言い争うかのように、私のなかから湧き出してくる。――私が真に抱いている夢は決してかなうことはない、私の才能は小銭につぎ込まれ、いかなる財産も蓄積せず、当然「経済学」の領域にも財を築き上げず――日々、自分の才能の中身を散逸させていただけだ――という感情として。

そのため、「真の」エコノミストに会うと、フランス語の"envie"の意味する憧れなどよりもっと深い「嫉妬」を感じる。彼らが達成し成功をおさめてきたことを、自分もまたやりたかった、という妬みだ。

それにもかかわらず、ヤコブソンのロンドンでの葬儀やワシントン大聖堂での追悼式には、才能についての寓話が朗読されたのだった。

彼の師であり上司であったヘックシャーは、この苦悩を非常に正確に診断していた。一九四六年のストックホルムでの会合で、ヤコブソンが大股で闊歩しているのをみながら、ヘックシャーは、「もし、誰かがヤコブソンをおとなしく座らせておくことができたら、彼はどんなに素晴らしい本を書くだろうか！」と述べた。実際、その年初め、ニューヨークでのＩＣＣの準備委員会で、議長のバージェスは報告担当者のヤコブソンを空室に閉じ込めてレポートを書かせたのだった！それは第二次世界大戦後初めて行われた国際会議の一つで、三〇年代以来会っていなかった新旧多くの友人たちが集まっていた。ヤコブソンは会場をめぐって人々と歓談した。

ヤコブソンを、少なくとも一定期間「じっと座らせておく」ことを真剣に試みたのは、ロックフェラー財団だった。同財団の社会科学部長、ジョゼフ・Ｈ・ウィリッツは、一九三二年以来ヤコブソンの知り合いで、彼をＢＩＳの仕事から引き離そうと繰り返し試みた。二年間のサバティカルや個人的教授職、その他の彼を魅了するような計画などさまざまな可能性が試された。しかし、ヤコブソンはヨーロッパにおける現在の経済・金融政策の実施に個人的にも非常に深く関与しており、ＢＩＳでの仕事から離れたり、一時的な休暇を意味するようなことには一顧だにしなかった。

ついにウィリッツは妥協案を提示した。これに対し、驚いたことにヤコブソンは、慎重に考えると約束したばかりか、彼らしくもなく最後にはそれを受諾したのだ。これが、バーゼル経済・金融研究所の起源であった。

この案はニューヨークで一九五二年二月に提示された。「若者たちがやってきて、指導を受け、有意義な仕事ができるようなセンターを作るべきである」。この提案の背景には、多くの機関が――ナショナル・シティ・バンクをその具体例として――、研究にふさわしい人材の確保に困難を感じつつあったことがあった。そこで大学院上級レベルの経済学研究の問題がもち上がった。一つの答えで解決される問題ではなかったが、センターは試してみる価値があった。大学院上級生の研究を指導したり、議論を通じて教育するかたわら、ヤコブソンは自分の本を執筆することになる。彼は齢五十であり、「いましかやれる時はない」という考えだった。彼はまた、「もしマキャヴェッリがフィレンツェ外交使節から解雇されていなければ、『君主論』は執筆されていなかった」とも指摘した。

同センターは、ヴァレンティン・ワグナー教授を通してバーゼル大学と連携していた。ワグナー教授は、「信用問題に関連した彼の研究の本流」に戻る機会を得ることを喜んでいた。一九三七年、彼は、先鋭的な著作『信用理論史』を出版し、その鋭い洞察力に基づく分析はヤコブソンの賞賛と友情を勝ち取った。しかし、ワグナーは周囲が考えた以上に病が重く、彼の貢献は早過ぎる死によって短い幕を閉じた。自らの個人的論文の扱いを絶対の信頼をもって任せられる人物を得るために、ヤコブソンは筆者〔エリン・E・ヤコブソン〕をセンターのマネージャーに任命するよう主張した。その職務範囲は、調査活動の監督にまで拡大された。部下として、時期によって異なるが五―十人の多国籍のスタッフが置かれることになった。

会計・法務アドバイザーも必要になり、ヴァルター・S・シースという人物が採用された。彼は、豊かな国際的実務の経験と、とりわけアメリカ合衆国との緊密なつながりをもち、信頼できる活力源となった。センターは慈善団体から資金供与されていたので、彼は無給で勤務してくれた。シースは、基金はもとよりあらゆる種類の地方当局との折衝をこなしたばかりか、理事会において非常に重要な安定化装置であった。彼は、ヤコブソンと筆者にとって、生涯信頼できる助言者であり親友となった。

「オフレコの」ディスカッショングループは、センターが発展させた活動のなかで最も成功したものだった。バーゼルを訪れる高名な訪問者たちは、センターのスタッフやBISのエコノミスト、バーゼルだけでなくジュネーブやストラスブールといった遠方からも訪れる選りすぐられたゲストに向けて講演するよう依頼された。

ミルトン・フリードマン教授は、シカゴから来た貨幣数量説の理論家で、当時はまだそれほど著名ではなかったが、彼の講演はとりわけ印象深く記憶に残るものだった。ヤコブソンはその晩、議長の立場を超えて議論に十分に参加することができた。夜が更けるにつれ、議論はいよいよ激しく痛烈になっていった。ヤコブソンは、フリードマンを頑固すぎると非難した。すなわち、マネーサプライは実際の必要に合わせて調整されるべきだというのである。一九四七年のイタリアでは、インフレーションに歯止めをかけ、物価を下落に転じさせるためにマネーサプライを安定化させる必要があった。一方、フランスでは、フランス銀行で中期の手形を再割引できるため中央銀行のハイパワードマネー流通が促進されており、マネーサプライの安定化が不可能であった。貨幣の流通速度が変化することもマネーサプライを調整する際に考慮されるべきだ、安定のためには柔軟性が必要だ、と、ヤコブソンはフリードマンを批判した。それに対して、フリードマンは科学的調査によって得られた証左を提示した。とうとう最後には、二人とも立ち上がり、大声を張り上げ、激しく手を振り回し、いすを床の上でばんばん鳴らした。どうやら一時休憩するにふさわしい時がきたようだった！

その後一九六〇年代初頭、ヤコブソンは著者に、自分がセンターのディスカッショングループに常に大いに満足し感謝してきた、と語った。議長を務めることで彼は会合を主宰する経験を積んだ。五六年にＩＭＦに赴いた時、彼はそれが得難い経験であったことに気づいたのだ。

センターのスタッフは、こうした環境の下でできる限りよく働いた。ヤコブソンは新しいメンバーには必ず会い、彼が望む作業について前もって簡単な指示を与えた。しかし、多忙なヤコブソンにとってスタッフの作品を読む時間を捻出するのは極めて難しかった。著作について彼のコメントが聞けるまでに通常何カ月もかかった。彼の善意にもかかわらず、少し前に起こった経済の歴史よりも時事問題のほうがはるかに彼の関心を引きつけたというのが事実であった。

実際、センタースタッフの全員が、いつしか時事問題に関する仕事の手伝いに巻き込まれるようになった。ヤコブソンの他の活動で人員不足が生じると、センターのスタッフが緊急の間だけ駆り出された。公式の研究計画には役立たなかったが、動員されたスタッフにとって、当然ながらその経験から学ぶものも多かったのだ。

「彼自身の名前を冠した本」の出版は、センターの二つの主要目的の一つであった。ところが間もなく、ヤコブソンには自分の書物を書いている時間は絶対に作れないことが明らかになった。妥協策として、論文や講演を集め、書き下ろしの序論をつけることが提案された。論文の選択と編集など、序論を除くすべてのお膳立ては一九五三年末までに整った。しかし、約束された序論は上がってこなかった。五五年に、出版社は原稿をもらわなくてはならないと訴える電報攻めでヤコブソンを追い立てる必要に迫られた。しかし、これも役に立たなかった。ついに五八年、彼がＩＭＦに赴任した後、彼の妻が苦労して彼から原稿を手にいれた。六六年に書かれた彼女の記述は、この偉業を以下のように記している。

私は、彼がこの仕事をするよう追い込むために、懇願し、腹を立て、説得し、激怒し、口うるさく小言を言い……と、あらゆることをせねばなりませんでした。娘は各章のゲラ刷り校正を行いましたが、主人から本を完成させるために必要な文章をもぎ取るのは、脅しと哀願と話し合いと約束という、極めて困難な仕事でした。しかしついに、ゴルフをするのにもってこいの休日に、彼はやるべきことをやって本を完成させました。その時、誰あろう彼が一番幸せでした。

出版されてみると、あらゆる問題の種だった序論「背景一九一七―五八年」は、ほんの五十五ページの分量だった。その書物、『通貨政策の諸問題』は、ついに五八年に出版された。関係者全員、ようやく安堵のため息をついた。が、ヤコブソンは例外で、彼は喜びに満ち溢れていた。

センターはヤコブソンがＩＭＦに行ってからも、表向きは抱え込んだ仕事を終わらせるために存続した。新たにバーゼル大学に着任したゴットフリート・ボンバッハ教授が理事会に参加し、これにより大学との連携は確保された。ヤコブソンもまた理事会に残留し、センターがさまざまな資金源から補助金を得られるように助力した。

ヤコブソン自身は引退した後バーゼルに戻り、著作に励みたいと考えていた。さらにＩＭＦにいた期間に、センターの存在そのものが、彼の仕事において、彼により大きな独立性を与えてくれたことに気づいた。なぜなら、彼は必要とあればいつでも駆け込める、周知の避難所をもっていたのだから。一九六三年四月にヤコブソンが書いた最後の文書には、引退後やりたい仕事のプランが書かれていた。

二十一年間の存続期間中、センターは十冊の書物と多数の論文を生み出した。また、一九六三年五月のヤコブソンの死後、私文書の予備的な仕分けを安全に行い、それらをふさわしく処分するに当たり最適な手段が取られ得るための、法的・金融的枠組みを与える場ともなったのである。

6　六十歳代のヤコブソン

ヤコブソンの人柄や性格は変化し、円熟していった。段階的な交換性回復プログラムによって、仕事上のプレッシャーが以前に比べて和らいでいくにつれて、彼は文学や哲学、宗教、人つき合いや政治により多くの時間を割くようになった。

プレッシャーが軽減する前から、二人のスウェーデン人の孫が夫妻と同居することになった。彼らに時折、というよりほぼ毎日会うことでヤコブソンは変わっていった。読書をしていると、彼を完全に信じきっている孫の一人がよじ登ってきて何やら質問するのを、家族は信じられない面持ちで眺めた。するとヤコブソンは、どんなに重要なものを読んでいたとしても、それを机に置き、五歳のペーターや三歳のカリンにかみ砕いた言葉で答えた。カリンの場合は、確か揺り木馬乗りのような小さな遊びが続くのだった。ペーターとは鉄道駅まで夕方の散歩を計画した。ヤコブソンは、当時、毎日二十紙程度の新聞を読んでおり、いつも駅までたくさんの新聞を買いに行っていた。道すがら彼は、照らし出された広告を頼りにペーターにアルファベットを教えた。

彼らのもう一つの共通関心事はサッカーだった。ヤコブソンはいつもバーゼルサッカークラブ会長で警察部隊長でもある人物からチケットをもらっていた。警備のオートバイが併走する車に乗り、他の招待客は後部座席に座り、自分は接待役の膝のうえに座って家に帰ってくると、ペーターはとても興奮し、ヤコブソンと同じくらい熱狂して試合について語り、寝る時間が過ぎるのも忘れてしまうほどだった。

それほど頻繁ではなかったが、ヤコブソンはアメリカ人の六人の孫、イギリス人の三人（彼の死後四人になった）の孫に対しても同じように心配りをした。彼のアメリカ人の娘婿ビョン・ビョンソンは、一九六三年のヤコブソンの死後、以下のように述べている。

自分勝手だとは思うが、わが子が祖父をよく知らずに成長するのが悲しい。彼が小さな子供たちに見せてくれた陽気でおどけた様子や、年長の子供たちの発達する好奇心に対して示してくれた愛情溢れる関心を、私たちは大事に胸にしまっておこう。子供たちが成長した暁に、彼の周囲を和ませるユーモア、いつもその場にふさわしい話をしてくれたこと、豊富な知恵と閃くような機知の持ち主であったことを畏敬の念とともに思い出してほしいと願ったものだった。わたしのなかに永久に住み続ける彼は、親切で、寛容で、陽気で人の善い友情に満ち溢れている。

ヤコブソンの人間性がかくも際立っていたので、彼を知る者はまず最初にそれを口にした。一九五〇年代前半にＢＩＳで数カ月を過ごし、五九—六一年にＩＭＦの理事を務めたウィルフリート・グースは、故人略伝の記事のなかで、ヤコブソンは、全くもって人間味溢れる存在だったため、彼の業績について語る前にまずは人としての彼を説明せねばならないと強調した。

彼の優しさと説得力、輝く知性と機知、思いやりと共感の絶妙の配合は、実際に会ってこそ理解できるものだった。

ヤコブソンとの会話は常に、彼が蓄積した話題を巧みに使うことで効果を高められた。この事実も、グースの記述のなかで紹介されている。こうした多くの話は活字ではうまく伝わらない。なぜならそうすると、それらは当時の文脈から切り離され、とりわけ、巧みな語り口で話を印象づけた際ヤコブソンがどれほど楽しんだかがわからないからだ。しかし、いくつかの事例は興味深いかもしれない。

すべての人にとって最悪の経済的な仕事とは何かご存知だろうか？

それは、自らのグロス（絶対値）の習慣をネット（差引後）の収入に釣り合わせることだ。

本書の冒頭で触れたタヌムへの講演旅行は、ヤコブソンの若き日の昔話をたくさんよみがえらせた。宿屋の主人の語るいくつかの話のなかで、ヤコブソンが好んだのは、以下のようなものだった。

私には理解できないことがたくさんある。しかし、そのなかでも最たるものが、禁酒家が一体全体どうやって友人を作るのかということだ。

一九五三―五四年のアメリカ合衆国の景気後退はごく短期で終わり、ヨーロッパには影響しなかった。そのさなか、ヤコブソンは、次のように言って回った。

経済学者が景気後退の治療法を発見する前に不況が終わらないように祈ろうではないか！

こうした話は、ヤコブソンが聞いたり、読んだり、さらには自ら考え出したものだった。多くの人が考えたように、ヤコブソンが特別な小話の本をもっていたわけではない。彼が日記に書き留めたり、何度か繰り返すことで、そうした話は記憶のなかにしまわれ、適切な場面で顔を出したのだ。

ヤコブソンの記憶は抜群で、新しい事実を把握し、新しい考えを吸収する能力は死ぬまで衰えなかった。数字や図形を一度見たら決して忘れなかった。もっと良い表現が見当たらないが、水平的記憶法とでも呼ぶべき方法で、ほとんど予想もしなかった取り合わせの情報を結びつけ、新しい答えを導き出した。彼は、経済学や金融ばかりか、文学、歴史、哲学について知っていることをすべて、人物や政治に関する彼の知識と融合することができた。

ヤコブソンはわずかな睡眠しか必要としなかった。しかも彼は独りではいられなかったので、家族にかかる緊張は相当なものだった。最も身近な協力者たちが「第二線」の話し相手として控え、もし彼らもいなければ、列車のなかや商店で初対面の人に、さらにはタクシーの運転手にも何らかの口実をつけて話しかけたものだった。ヤコブソンが見知らぬ人に声をかけずにはいられなかったことを、アントニオ・ライノーニは、彼の目立った特徴として回顧している。ライノーニは一九四六年十二月、戦後初のBIS理事会の際にスタッフとして参加し、ヤコブソンの協力者のなかでも一番長く彼のために働いた人物であった。彼は、戦後のヤコブソンの主要な海外出張、つまり、イタリア、フランス、オーストリア訪問に随行した。四八年のオーストリアでは、ヤコブソンは知り合いを探してすべての高級ホテルを回った。彼はまたしばしば初対面の人に話しかける機会をとらえて、「私は中立ですよ！ここには二十年以上前にいたことがあるんです」と強調した。友人や知人を見つける時もあったが、より頻繁に、全く初対面の人が彼に話しをするよう仕向けた。ライノーニは、ヤコブソンが彼らから引き出す情報量の多さと、この仕事がいかに有用で興味深いかということに驚嘆させられた。ライノーニはいまや自分も同じことをしていると認めつつも、ヤコブソンには特殊な能力が備わっていたように見えた、と強調した。

協力者たちは長時間の残業を行っていたが、それに腹を立てていたようには見えない。年次報告書の執筆にてんてこ舞いの大詰めの時に、また、場合によってはその他の時にも、イギリス人アシスタントのマイケル・ドールトリーは、夕食後に書き直す必要のある書類について話し合うためにやってきた。食堂には、十分に大きなテーブルと照明器具が置かれ、彼とヤコブソンはよく冷えたシャンパンのボトルをもち込み、そこに腰を据えた。ヤコブソンは歩き回りながらスウェーデンの詩を朗唱したため、仕事は途絶えがちになった。マイケルはそれがどれほど美しいか、理解できただろうか。

一九五四年あたりから、日記の性格に顕著な変化が出て新たな傾向があらわれてきた。哲学的味わいをもつより多くの話、格言が書き込まれたのだ。五三年のクリスマスから始まる日記は、二つの引用の書かれた小さな紙が付されている。すなわち、「悪魔が繰り返し行うペテンのなかでも最も美しいものは、彼がこの世に存在しないと我々人間を説得することである。シャルル・ボードレール」と、もう一つは、「最悪の罪業は絶望である」。この引用は、彼がいつも、物思いにふけっている時によく使った。彼は、スウェーデン、フランス、ドイツの詩に精通していた。彼が最も熟知し、おそらく一番愛したのはイギリスの詩であった。ウィリアム・シェイクスピアからラディヤード・キップリング、そしてT・S・エリオットまで、その範囲は非常に広かった。彼は極めてロマンティックで感傷的なところがあり、自分の好みに忠実で、詩人が時代の寵児であるかどうかは気に掛けなかった。かといって重要な新鋭の詩人を無視するわけではなかった。

ヤコブソンがイギリス詩に精通していた理由は、毎年、翌年の年次報告書のための新しい語彙を仕入れるため、より多くの新しい英語詩を読んでいたためである。少なくとも一冊の新しい詩集が、クリスマスプレゼントとして欠かせなかった。そしてそれは、しばしば数冊になった。

古いスウェーデンの習慣で、クリスマスプレゼントには贈る人にも受け取る側にもふさわしい詩をつけねばならない、というのがある。このため彼は、毎年家族の一人ひとりに少なくとも一つの詩を書いて贈った。その多くは、クリスマスの前の晩に書かれたもので、出来栄えもさまざまであったが、後年の詩のなかには驚くほど良いものもある。

一九五七年、彼は、ロジャー・バニスター博士と結婚していた娘のモイラに裸体画に関する書物を贈り、それに添えて以下のように記した。

下品で無礼な男が来て
何でヌードを描くかと画家にきいた
その画家は手と頭を使える人物だった
答えて言った
「なぜ仕立て屋が作った物を描かなくてはならないのだろう、
神が創りたもうたものを描くことができる時に」
描けるものは二つある
モイラ、それがお前のできること

日々接していても明らかではなかったが、この時期の日記でとても顕著なのは、ヤコブソンが人々の個性に向けている強い関心である。ウプサラ大学で人間を理解するために学ぼうと決心して以来、彼は、人間の所業に影響を与える諸要素にますます関心を向けていった。いまや彼は、さらに幅広い関心を人間そのものに向けていた。死の数年前、彼はルシウス・P・トムスン＝マッコーランドから、日曜日に郊外の家に招待された。ヤコブソンは一九四五年以来、イングランド銀行やBISでの会合を通じ彼と知り合いだった。典型的なイギリスの田舎の休日を家族や家族の友人と過ごし、邸宅と、とりわけ高名なハンフリー・レプトンの設計したロマンチックな庭園を見たヤコブソンのいとまごいの言葉は、「いまでは君のことがずっとよくわかったよ」というものだった。こうしたせりふは、三十年、いやほんの十五年前の彼の性格からは全くかけ離れたものだった。

ヤコブソンが六十歳を迎えた頃に経験した顕著な成熟は、すべてとは言わないが、何かしら、彼の広範な読書に負うところがあったに違いない。彼の趣味は幅広かった。この時期は、スイス人歴史家でイタリア・ルネッサンスと歴史哲学について執筆していたヤコブ・ブルクハルトに、再び、そして長く熱中した時期であった。毎食後、ヤコブソンは、その著書をしばしば長く引用し、分析し、批判し、議論した。ついには、家族全員がブルクハルトの本を開く必要がないほど知り尽くしてしまうことになった。一息つくと、新しいお気に入りを見つけ、どんなことをやる時でもそうだったように、全身全霊をかけてそれを追求した。一人の著者に傾倒している間も、哲学や経済学から詩や探偵小説に至るまで、たくさんの書物を読んだ。彼が息をひきとった時、彼の書斎には五千冊以上の蔵書があった。そのうち三分の一が経済学関連書であった。ヤコブソンは読んだ本にはどれも注釈をつけていたので、彼は、九割以上の本のすべてであるいは一部は読んだことが容易に立証できる。

ヤコブソンが哲学書を読んだのは、それ自体に興味があったためだけでなく、彼が受け入れられるある種の宗教や信仰を模索していたためでもあった。一方、心理学の業績は哲学と宗教の間をつなぐものと捉えていたようである。しばしば彼はある学問分野でのアプローチを用いて、他の分野の概念を説明したり新たな光を当てようとした。なかでも彼は、ベネディクトゥス・デ・スピノザの寛容かつ自由で前向きな思想を好んだ。彼は、主要な哲学者の著作を読んだ。より近代の哲学者のなかには、フリードリヒ・ニーチェ、ゲオルク・ヘーゲル、ジョン・ロック、アルトゥール・ショーペンハウエル、イマニュエル・カント、カール・マルクス、アルフレッド・ノース・ホワイトヘッド、アンリ・ベルクソン、ジョン・スチュアート・ミル、バートランド・ラッセル、ウィリアム・ジェームズが含まれる。最も好きだったのは、ウォルター・バジョットで、ヤコブソンはしばしば会話や議論のなかだけでなく、論文や講演のなかでも引用した。

しかし、多くの人がそうだったように、これらすべての哲学も一九三〇年代のユダヤ人の絶望的な苦境が引き起こす心痛からヤコブソンを救えなかった。彼はドイツで起こった出来事だけでなく、バーゼルや、ニューヨークやワシントンのいくつかの団体、同様に数え切れないほどの場所でユダヤ人が見舞われた社会的な追放を悲しんだ。また非ユダヤ人の友人が彼のユダヤ人の友人に会うことを完全に拒絶しないまでも恐れていることを、嫌々ながらも実感し悟ることになった。

ヤコブソンはますます頻繁に、友人や初対面の人に「ユダヤ人であるとはどのようなものですか」と尋ねた。答えは、問うたびにさまざまだった。彼にとって、一番印象深かった解答は、宗教的に深遠でかつ極めて哲学的な説明であった。それによってヤコブソンは、哲学、宗教、そして心理学に引き戻された。

彼は六十歳の時、カール・グスタフ・ユングの思想に特に感銘を受けた。彼が行き着いた考えは、「苦悩に対して個人的な答えは存在しない。その答えは詰まるところ、個人は自分の運命を、善と悪のせめぎ合いが持続的に展開する事象の一部とみなすしかない、という単純なものではないか」というものだった。

長い間、広範に模索し続けたにもかかわらず、彼は森羅万象を統べる何らかの力が必ず存在する、と認識する以上の答えを見いだすことはできなかった。毎年の誕生日やニューヨークで、彼は「実在する諸々の力」に感謝し、自分より強い力によって導かれていると感じると、しばしば口にした。

筆者は時々、「何がヤコブソンの間違いだったか」と尋ねられる。彼とともに極めて長い間仕事をした娘として筆者は、彼には欠点があり、間違いも犯してきたことを知っている。ヤコブソン本人が最初にそれを認めるだろう。

ＩＭＦに行く前年の一九五五年のある晩、ヤコブソンは「二つの忠誠心」についての話に筆者を誘った。話している時、彼は、哲学・宗教について彼が学んできた思想すべてを具体化しているように見えた。彼がこれほどの深みにおいて語るのを耳にしたのは、あとに一度、死の数カ月前のこと、六二年秋のバーゼルでのささやかなディナーパーティーの席であった。彼は談話のなかで、「寛大な」新約聖書によって引き起こされた多面的な問題について触れた。それは、新約の「汝のごとく汝の隣人を愛せよ」という、旧約の一連の行動規範に比べ拘束性のゆるい戒律が引き起こしたものだ。すなわち新約では戒律の解釈が基本的に個々人に委ねられており、その重みはしばしば各自の知性や情動的肉体的な能力を凌駕してしまうのだ。

一九五五年に、ヤコブソンは、人生に限りがあるという時間的要素は、それだけで避け難い選択――たとえ無意識だとしても選択には変わりない――を迫るのだと主張した。彼自身、自らが最善を尽くし得ると考えることに人生を捧げたことで、個人的、私的な生活に当然払うべき注意を払い損ねてしまったことに気づいていた。彼は自分の選択を身にしみて後悔し、家族との触れ合いに欠けたために自分が失ったものを深く悔いた。また、娘たちやその伴侶についてほとんど何も知らないことを残念に思った。おそらく、彼の孫たちへの愛は、家族を無視してきたことを少しでも埋め合わせようとしたものではなかったか。少なくとも孫たちと一緒の時、彼は仕事をすべて忘れ、子供と過ごすのを楽しんだ。

そうだ、もし運命が一人一人の人間に「加重平均してみれば」特定の数の間違いをすることしか許さないのだと仮定したら、ヤコブソンの間違いは、仕事よりもプライベートな私生活において多かった。そして、それらはほぼすべて不作為の間違いだった。彼はしばしば他の状況や出来事にかまけて個人的、私的な生活の真に重要な局面に注意を払う時間やエネルギーや関心を見いだし得ないことがあった。ポンドやドイツマルク、フランにプレッシャーがかかっていた時や、これまでと異なる、より良い政策をとるように同僚を説得する良いアイディアが浮かんだ時には、彼と個人的な問題を話し合うのは、どんな問題であろうが全く不可能だったのだ。

ヤコブソンは私生活で行動を推し進めている時には、問題を解決することに完全に意識を集中した。それが主に実践的、機能的な問題なら、彼は経済政策の場合と同様見事に解決した。しかし、心理的、感情的で具体性がない問題を判断しなければならない時、彼は、それ以前の怠慢の結果必要な知識が欠如していたため、間違うこともあった。

六十歳を迎えるまでに、ヤコブソンはすでに幅広い視野をもっていたが、それをさらに外に向かって押し広げるだけでなく、心の深部や水面下の流れをもより一層意識するようになった。常に政治問題に心を奪われていたが、徐々に関心とエネルギーが国際政治問題に向けられていった。しかし一段と円熟していたヤコブソンはこの分野でも理解を深めていき、無意識のうちに彼がＩＭＦで必要とされた能力を熟させていったのである。

7 さらに深く政治問題へ

交換性回復の成否は、国の政治状況が市場経済を許容できるかどうかにかかっていたというのが、数年来のヤコブソンの認識だった。彼にとっては、こうした合意の形成は党派政治の問題ではあり得なかった。数多くの人々が、彼は党利党略の政治を超越していたと嬉しそうに回想する。

ヤコブソン自身は、自分がすべての政党に影響力をもつことを自覚していた。党派のレッテルが貼られる時には、彼は固有名詞の「自由党員」ではなく、「自由主義者」だと呼ばれていた。彼によれば、それは自分が社会民主主義者でも保守派でもないという事実によるものだった。彼は、常に自由貿易主義者だったのであり、これは、産業家の陳情に根深い不信感をもつ一方で、特に労働組合びいきでもなかったことを意味する。たとえば彼は、一九五一年にイギリスの労働党政権が、スウェーデンにおいてヴィークフォッシュが行ったように、当時まだ残っていた社会的不平等や経済的格差を取り除く方法を模索していることに気づいた。ヤコブソンは、これは「古臭い」目標だと考えた。一方で彼は特権を排除したかったが、それでも、進歩は格差を前提として起こるのだから、格差がなくなるべきとは思っていなかった。

このように彼は、当時、時流に合わなかった思想を確固として堅持した。彼は、最終的には個々人の資質がすべてという考えであり、彼自身は少数派の自由主義者であったことで救われたと考えるに至った。「わたしは『リベラル』であること、すなわち近代国家において常に少数派であり、それゆえ野党と同じく自分自身の判断に頼らざるをえないことを嬉しく思う」。

ヤコブソンは、ケインズのお陰で社会主義者たちが、完全雇用と福祉国家への志向を条件に、自由経済と平和共存していくことを希望していた。こうした形で中道派の重要性が増していくことで経済原則の相対的な安定性が達成されることを期待した。

国内政治に対するヤコブソンの姿勢を最も示唆的な形でまとめ、一九五〇年代に最も賞賛された論文は、五六年に刊行された「自由経済が機能するための諸条件」という論考であった。この論文を特徴づけるのは、国内政治・経済条件のダイナミックな展開に関するヤコブソンのセンスである。その条件のなかには、今日「社会的契約」と呼ばれている認識も示されていた。ヤコブソンは概念が変化するのを心得ていて、こうした契約について明確な用語を定義していないが、合意が責任と関連づけられるべき範囲を指摘している。こうした姿勢は彼の学生時代のラディカリズムと矛盾しない。ヤコブソンによれば、自由経済が機能するために必要な条件は六つある。

第一の条件は、全体的な政治の枠組みが比較的秩序ある状態になくてはならないことだ。第二に、十分な人数の企業家が存在すること。第三に、有効に機能する市場システムが存在すること。但しそのシステムの範囲内で、国家や他の独占体による物価コントロールの余地は若干あるだろう。国家や独占の力は、普通考えられているより大きくない。なぜならサービスや代替品の成長に促進されて、競争はかなり激しいものになるからだ。貿易自由化はここでは非常に重要な役割を果たす。第四の条件は賢明な金融・財政政策がとられていること。そして第五は、全体の福利厚生を守るための取極がなされることであり、「それなしには、いかなる経済システムも国民全体に真に受け入れられることはできない」。しかし、どんな福祉システムも「物価体系の正常な機能や健全な財政と矛盾しないようなやり方で運営される必要がある」。

第六の条件は、経済の全体的な基盤が堅固に確立していることを保証するために、絶え間ない努力がなされること。

法と秩序による統治が必要だ。それは、特に法廷の公正さに依拠しなければならない。税金は適切に分配され、税法は公正に施行されねばならない。さまざまな業者や職人が仲間内の組織をもつことは許されるべきだ。しかし、それらの組織は高度な責任を担う形で運営されるべきであり、排他的な目的で用いられるべきではない。適切な教育が提供されねばならない。銀行システムは十分健全でなくてはならない。とりわけ、事業で用いるために貯蓄を媒介するシステムには大きな注意が払われるべきだ。このリストにはまだまだ書き加えることがたくさんある。これらすべてのなかで、極めて重要な指導原則の一つは、自由経済においては、民間企業の精神が不当に阻害されるべきでなく、ダイナミックな行動のための十分な自由を与えられるべきだ、ということである。しかし、全体的な繁栄が当然に持続するものとは限らないのであり——「労働、貯蓄、投資、ベンチャーのインセンティヴは、保護され増強されねばならない」。

ヤコブソンは、システムとしての自由経済は、二つの理由で批判されると指摘した。第一は、人々の生活を蹂躙する不況を繰り返しもたらすという傾向だ。そうした不況はいまや克服され得るが、それでもまだ問題は生じ、困難な状況に直面せねばならない。しかし彼は、大量の利用可能な資源を考慮すると困難は克服可能であり、先進国は世界のあまり恵まれない地域に救いの手を差し伸べることができると考えた。

論文のなかでも、日記のなかの多くのメモのなかでも、ヤコブソンは、所得再分配について触れていない。彼のこの問題に対する全般的な姿勢は、富の増大がそれ自身でこの目標を達成するだろうというものだった。彼は、論文のなかで、クリーピング・インフレーションについても何も言及していない。この問題は三年前の一九五二年に、「マイルドインフレは永遠に?」というタイトルの論文で論じている。彼は、国民はマイルドインフレでさえ許容しないと考えたが、この点でアングロサクソン諸国はヨーロッパ大陸諸国ほど強固ではないと予想していた。しかし、当局はいずれ理解するだろう。

我々の経済生活において——多くの計画にもかかわらず——活発な均衡力をいまなお供給している通貨メカニズムはあまり乱暴にあるいは分別なく処遇されるべきではない。このメカニズムが激しいインフレーションの条件下で機能するとは思えないことは、ほとんどの人が認めるところだ。しかし、マイルドインフレーションであってさえ、その重要な機能のいくつかは損なわれるだろう——それは、国内経済と同様、国家間の関係にも歪みをもたらす——そうすれば価格・費用メカニズムが正常に機能することを期待するのは不可能であろう。

論文タイトルのクエスチョンマークが示唆しているように、ヤコブソンは、安定的な物価が達成されるかどうか全く確信がなかったのだ。

システムとしての自由経済に対する第二の批判は、それが戦争を引き起こしがちだというものであった。一九五六年までにヤコブソンは、より賢明な政策によって将来の平和が真に期待できると考えるようになった。

戦争の危険に関する限り、原子爆弾の戦争抑止力だけでなく、大西洋共同体の存在も考慮に入れねばならない。大西洋共同体は、さまざまな組織を有し、それを通じて西側諸国が二度と互いに戦争に突き進まないことを保証し得るものだ。おそらく、戦争は、資本主義諸国間だけでなく、この地球上のすべての国の間で、紛争を調停する時代遅れな方法とみなされるに違いない。

地球上のあらゆる国の平和は、かつて国際連盟で軍縮に尽力した者にとって、依然として夢であった。すなわち、彼は、すべての知識と影響力を駆使して、冷戦の不安定な平和を維持しようと試み、さらには改善に向けて貢献しようという覚悟だった。

一九五二年にNATOはまだ設立三年で、非常に新しかった。だからヤコブソンはヨーロッパ同盟軍最高司令部（SHAPE）のスタッフ向けに一連のスピーチを行った際、あるスピーチの後で以下のような話をした。「NATOとミロのヴィーナスの類似点はどこだろうか。アーム〔訳注―NATOの武器とヴィーナスの腕〕をもたず、形だけのところだ！」ヤコブソンは、NATOを大西洋同盟と認めていた。彼はそのなかに、当時の世界のバランスを維持するための重要な機関の一つを見出していたのである。

一九五〇年代上半期に、ヤコブソンは、ヨーロッパ全体を統一する提案を支援した。何度も何度も同じテーマが繰り返された。すなわち、「西側にとって正しい解決は、経済ではOEEC、軍事問題ではNATO、そして、ソ連が西側諸国の一員として復帰することだ！」ヤコブソンは、五二年晩夏にジェノヴァ会議に出席後、この理想に情熱を燃やすようになった。この会議で彼は、ヨーロッパにおける統合への願いをもたらしている主因が、ロシアに対する恐怖でも、アメリカによる刺激でもないことを知り驚いたのである。

しかし、そこにはもう一つ重大な理由があると考える。わたしは、ジェノヴァ訪問以前には、実際、その重要性を十分に評価していなかった。それは、多くのヨーロッパ諸国が彼らを取り巻く諸問題に非常に苦しめられており、彼らは一国ではそうした問題に敢えて対峙しないが、共通の決定や取り組みによって力を得るという見地から、積極的な協調の必要性を感じているのだ……。

私は、経済的な議論を最後に置いた。しばしばそれは最も大事な話として冒頭に置かれるが、それはほとんどの場合、経済学をあまり知らない人がやることである。私の考えでは、政治的局面が最も重要である。

一九五五年までに状況は完全に変化した。「むしろ彼ら自身が驚いたことに」ヨーロッパの国々は、生産や貿易の記録をすべて更新しつつあった。ローマ時代以降の歴史寸描の一つに酔いしれながら、ヤコブソンは、「統合と多様性を同時に成立させようというヨーロッパの強い渇望」にとって政治的基盤となり得る新たな基本法が現れることを期待した。

ヨーロッパ連邦という考えが石炭鉄鋼共同体の形成時に示唆され、そして共通通貨の提案を含めた壮大な提案に発展した。ヤコブソンは、共通通貨は統一された信用管理と予算や労働市場政策の監督という実現不可能な方策を必要とするものであり、時期尚早だと考えた。より完全な交換性こそGATTやOEECにより保証される以上の自由貿易と並んで目指すべきものだ。

以下に引用するのは、NATOの講演での司会者にあてようとした書簡の草稿である。これは、書簡としては出されなかったが、ヤコブソンが日記をどのように用いたかを示す好例である。彼の一時間に亘った講演の後に、冷戦下の経済と戦時経済との違いについて、二時間の議論が続いた。

質問を聞いたいまなら、よりよい演説ができただろうがそれは気にすまい――私は多くを学んだ。書簡のテーマは以下のような流れになるだろう。

これが、戦時経済でない冷戦経済だ。それは、突発的なものでない「継続的」な努力を必要とする。戦時経済は、現在の活動のために将来を犠牲にすることを意味するが、いまや軍備と社会的経済的発展とを同時に考えることが課題である。これに失敗すれば、価値ある将来は得られないからだ。戦争には勝たねばならない！戦時経済では、誰も工場施設や設備などを維持せず、消費に関して言えば「バターでなく銃」であった。ただ一九四〇―四五年のアメリカ合衆国は異なっていた。スタグネーションの後で、（戦争勃発時に）九百万人の失業者がいたのだ！戦争活動は概して急速なペースで進めることができたが、それでもアメリカにおいてさえ、戦争終結後に大量の消費という形で噴出した膨大に蓄積されたニーズがあったのだ。他方で、ヨーロッパでは人は資本を食いつぶして生きてきた。いまや、そうした政策は自殺的だろう！

我々は、状況の改善傾向が維持されるように、さまざまな需要について比較考慮しなければならない。重大な問題は、戦争時の資金繰りと平和時の資金繰りと、どちらの手段を用いるかだ！そして戦争時の資金繰りの手段は自己破壊的なのだ。

予算の歳出すなわち公的部門での支出を、削減せねばならない。

いまや、ヤコブソンはあなたの味方だ。なぜなら、私は、労働党左派のように軍事支出の削減だけでなく、補助金その他の削減を望んでいるからだ。補助金等の削減は、他のいかなるやり方よりも多くの軍事支出の維持を可能にするだろう。

軍への警告――（私が恐れていることだが！）もし、適切な支出削減が実現しなければ、「インフレーション」が起こるだろう。そして、もし、「インフレーション」が再発すれば、すぐにカオス的状況になる。すると、軍事支出を順序正しく削減して軍事力の最小限の縮小をともなう場合よりも、軍事的活動は小さくなってしまうだろう。

インフレーションと過度の政府支出は軍事支出の実質的な価値を目減りさせるだろう。

ソ連は、冷戦の背後で未知数だった。もし誰かがロシアについてもっとよく知っていたら、冷戦は勃発しただろうか。ヤコブソンの好奇心は底無しだった。少しでも情報をもっていそうな人がいれば、新情報であれ確認済みの事実であれ、推測の域を出ない部分的知見であれ、容赦ない質問に晒された。いくらかの政治情報は比較的容易に手にはいった。しかし、ロシアの指導者たちは、人間としてどんな人物なのか。彼らの国際政策は信頼に足るものなのか。指導部に何らかの変化はありそうか。疑問は尽きず、答えはいつも曖昧だった。フィンランドにおいてさえ、ロシアに関する認識は限られていた。

しかし、ヤコブソンは、ソ連の国際政策が同連邦の経済状況によって制約を受けることを、多くの人々よりよく理解していた。絶対主義の政府でさえ、生産や天候や人民の最低生活水準に関する限界を無視することはできない。何らかの情報をもっている可能性が最も高く、ヤコブソンが最も定期的に質問したある人物は、ヤコブソンの死後十年たって口を開き、それらの質問に答えようと試みるのは絶望的だったと述べた。彼は、ヤコブソンは白日夢を追っていると思っていた。

しかし、ヤコブソンは、ヨーロッパは少なくともウラル地域まで拡大すると信じていた。さらに、経済法則は資本主義者、社会主義者、共産主義者の区別なく、万人にとって同じであった。なぜなら、政治的信条が何であれ誰もが免れるような特別な摂理などはないからだ。つまり、誰もが多少の修正をしつつ経済原則に従属するのである。ソ連はブレトンウッズ協定に調印していた。すなわち彼らは、現在と将来にかかわってくる要素であった。時の流れにしたがい、東西間の緊張は和らぎ、ヤコブソンはＩＭＦにいた七年間を通して、心の底に常に同じ疑問を潜めていた。いつソ連がＩＭＦ加盟を希望するだろうか、という疑問だった。おそらく、彼の公人としての生活のなかで生涯かなえられなかったただ一つの夢は、彼が一度もモスクワの地を踏まなかったことだった。

しかし、他の政治・経済圏が存在した。ヤコブソンはますます頻繁に、年に数回もアメリカ合衆国を訪れた。彼は友人を作る名人だったので、訪米の度に友人が増えた。彼はいつも、ニューヨークの諸銀行と、ＩＭＦを含むワシントンの諸機関を訪れた。それはヤコブソンが講演したジョイントセミナーでのことだった。このセミナーでは、ヤコブソンがワシントンを訪れる主な誘因でもあった当時のＩＢＲＤ総裁ユージン・Ｒ・ブラックが、開会スピーチのなかで指摘したように、ＩＭＦ、ＩＢＲＤ、連邦準備理事会が初めて一堂に会することになった。討論の最後に、ブラックはこのジョイントセミナーを毎年開催したいとつけ加え、ヤコブソンに毎年ワシントンを訪れ全体的状況についての講演をしてくれるよう継続的な招待をしたのであった。一九五五年三月には、ヤコブソンがワシントンの住人になるなど誰も考えていなかったのである！

Ⅵ　国際通貨基金

1　国々のすばらしき寄合

一九五六年十二月三日（月曜日）、ヤコブソンがＩＭＦ（国際通貨基金）内の自らのオフィスに着任した時、彼はイギリスに対する資金援助の額を十三億ドルにすると堅く決意していた。十一月のスエズ運河への軍事的な介入によってもたらされたポンドへの投機的な売りを抑えるためには、真に巨額の資金が用意される必要があったのだ。彼がロンドンに立ち寄った際、それ以外に取りうる手段としては、その効果が不確実なポンドの変動相場移行しかないことがわかった。そうなれば最大限の金融援助が必要になる。これが、ＢＩＳの仕事からＩＭＦの新しいポストに移る船旅の間に、ヤコブソンがたどり着いた結論だった。

ＩＭＦの仕事を引き受けるという決断は大いなる苦痛をともなうものだった。イヴァール・ルースの後任として誰を迎えるかという問題は二年程前から議論されながら誰もが納得できる候補者が見出せなかった。最終的にヤコブソンを推薦したのはバージェスだった。バージェスからの最初の書簡は一九五六年の五月末に届いていたが、年報作業の最終段階にあったヤコブソンは「驚きを示し」つつも関心を払うことはなかった。二通目の書簡が六月第一週末、ＢＩＳ年次総会の直前に届いた時、彼は初めてことの重大さを認識したのであった。

就任要請が真剣なものであることは、年次総会前の金曜日にコボルド（イングランド銀行総裁）がヤコブソンに対して、要請されればＩＭＦの仕事を引き受ける気があるかと打診したことで裏づけられた。その際コボルドは彼もバージェスから書簡を受け取っていたが、当初は三十分近く笑いが止まらなかったと述べた。なぜなら、「君の机の乱雑さをみれば君が組織の管理をできるとは思わないから……しかしそこで思い直したのだ。管理の仕事は誰かの助けを借りればいい。ＩＭＦはおそらくもっと別のものを必要としているのではないかとね」。その後の議論のなかでコボルドはヤコブソンへの心理的な効果もねらって他のさまざまな理由に付言したのだ。「ＩＭＦは何か素晴らしいことができるとは限らないが、間違った人間の手に掛かると大いなる害をもたらすことになる」。結局年次総会が終了する前にヤコブソンは皆が推してくれることを条件に要請を真剣に検討することを承諾した。

コボルドはヤコブソンに話す前に主な仲間に根回しをしており、そのなかで表立って反対する意見は皆無だった。しかしながら、個人的には皆ヤコブソンに対してこの話は受けない方がいいとアドバイスしていたのだ。唯一の例外は最も若い総裁だったスウェーデンのペール・オースブリンクだった。公式な会合の後でバーゼルの道を一緒に歩きながら、オースブリンクはヤコブソンにＩＭＦでの新しい仕事の魅力とそれに対して彼がいかに貢献できるかを語ったのである。ＢＩＳ内部から前向きでないアドバイスが出てきたのには複雑な事情があった。当然ながらＢＩＳとしてはヤコブソンを失いたくなかった。さらに何人か、特にニーメイヤーは、ＩＭＦには未来がなくヤコブソンがそれを引き受けるのは自殺的な行為だと個人的に考えていたのだ。ヤコブソンはロンドンでコボルドと何度か会った後、一九五六年の八月一日にノーフォークでの休暇を中断してバージェスとコボルドと決定的な会合をもち、そこで要請を受諾するための条件について議論した。彼にとって最も重要なのは外部、内部両方からの圧力に煩わされないこと、および業務の円滑な遂行を最大に確保するため、理事会の機能を簡素化することだった。バーゼルに戻ってから二週間後、彼はそれらの条件をバージェスへの書簡として明文化し、その写しをコボルドにも送付した。結局、苦痛に満ちた決断は二カ月半を要するものになった。家族の間でも意見は分かれていたのだ。ヤコブソン夫人は当初ワシントン行きを望まなかった。彼女はバーゼルの大きなフラットでの狭い範囲ながら心地よい生活にそこそこ満足していたからだ。かといって彼女は夫の決断を左右するような態度をとったわけではなかった――「彼がＢＩＳ年報から逃れられるなら」何でも良かったのだ。ヤコブソンは相反するしばしば党派的な忠告の間で迷いつつも、結局は最初に示した肯定的な反応にしたがうことになった。全体的なインフレが収束した以上、重要なのは個別国の政策対応をコントロールすることであり、それを効果的に実行できるのはＩＭＦを置いてなかったのである。ヤコブソンがその仕事が受けるに値するものであると決断した結果、九月八日に正式なオファーの公電が届いた。数日後、彼は夫人とともにワシントンに赴き契約にサインしたのだった。

イギリスによるＩＭＦ資金の利用は異例な規模だった。同国の貿易収支は、スエズ動乱後の投機による危機的状況のなかでも一貫して黒字であった。ヤコブソンのＩＭＦにおける新たな同僚たちは、アメリカのハンフリー財務長官の同意も取りつけたうえ、イギリスがポンドの交換性回復のために使用するならクオータ（出資額）一杯までのＩＭＦ資金引き出しを認めることを計画し、それをヤコブソンにまだ彼が着任する以前の週末に説明した。彼らはそれを緊急時の対策として考えていたが、投機を抑えるための方策として使用することには極めて懐疑的だった。これに対してヤコブソンは繰り返して二つの重要な論点があることを主張した。

第一に、信用の維持が極めて重要であることから、金額はマーケットを納得させるに十分な規模でなければならない。第二に、イギリスが希望する額を得れば、成功させることは同国の責任であり、もはや言い訳は許されないだろう。

より重要なのは、イギリスのケースはあくまで例外であり、前例としてはならないことだ！以上の議論はイギリスが借入交渉に同意する過程で受容れられた。アーヴィング・S・フリードマンが、ロンドンで昼夜を分かたぬ作業の末、適切なレポートを期限内にとりまとめた。ＩＭＦ理事会は一九五六年十二月十日に（イギリスによる）ドルの引出とスタンド・バイ取極を承認したのであった。その際誰も引出は実行しないですむというヤコブソンの確信を信じなかった。しかし、実際引出は行われなかったのだ。

このイギリスとの取引によりＩＭＦは金融界だけでなく、ワシントン以外の一般社会においても存在感を高めることになった。取引の規模はそれまでのＩＭＦの全取引の合計を上回り、交渉のために要した時間も記録的なものとなった。

わずか一週間の後、ＩＭＦは再び世間の耳目を集めた。ヤコブソンがＩＭＦのトップになって初めてのスピーチを行ったのだ。海外の作家協会で行われたスピーチのなかにヤコブソンは得意の語呂合わせを織り込んだ。「貴方方はすべての人を永遠に給油（fuel）し続けることはできない」〔訳注―You cannot fool all the people all of the time という有名な言い回しの fool を fuel に変えたもので、ＩＭＦが無制限に金を出すことはできないことを巧みに表現したもの〕。ヤコブソンはこの後、以上の二つの出来事によってＩＭＦはわずか二週間の内に、設立以来すべての期間を合計したより多くニュースの見出しになったと告げられたのだ。

とはいえ、ＩＭＦのほとんどの業務は先進国を対象としたものではなかった。六十を超える加盟国のなかで取引の相手になったのは、圧倒的にヤコブソンがほとんど知らない発展途上国であった。なかでもラテン・アメリカ諸国の問題が大半であったが、ヤコブソンはそれらの国をただちに訪れたいという誘惑を退けていた。彼はコボルドの忠告にしたがい、数カ月出張を控えた。それは新しい職場とワシントンになれる為であり、そしてそれ以上に、理事会の彼への信認を取りつけるためであった。そうすることで初めて彼が真に影響力をもつことができるからであった。

ＩＭＦの行末については外部の人間だけでなく、理事会のメンバーたちにも納得してもらうことが必要であった。ヤコブソン自身は、金融市場が逼迫している状況の下でＩＭＦという組織が一段と仕事に恵まれるであろうことを確信していた。過去二年間のブームにより利用可能な流動性が極端に細っていることからその補填が必要であり、ＩＭＦは新たな流動性を供与できる唯一ではないにしても数少ない機関の一つだったからだ。そして十八カ月後、ヤコブソンが国連の経済社会理事会（ＥＣＯＳＯＣ）の場で二度目のスピーチを行った時、彼はＩＭＦによる信用供与が三十九億ドルに達したこと、そのうち三分の二は彼が専務理事に就任してから実行されたものであることを表明することができたのだ。ヤコブソンはそうした状況の変化を彼自身の功績とは決してしなかったが、同時に彼がIMFに参加したのはまさしくIMFが真に有用になる時期であったことをよく理解していた。彼は最終的には、自分が有利な運命を活かすことができる「適切な」人物であると悟ったことになる。しかしながら、彼は同時に、IMFのスタッフが献身的な努力でIMF協定およびその関連条項の作成という先駆的な仕事を行ってきたことに、世間の注意を促すことに注力していたのだ。

新たな政策と新たな手法

IMFはすでに業務を開始しており、いまや独自の政策や解釈をもち得るようになっていた。基本的な原則は、国際的な安定にはIMFのすべての加盟国による金融面での規律の確保が必要ということであった。しかしヤコブソンのみるところ、「金融規律」が何を意味するかは正確に定義されていなかった。ヤコブソンは弱い国についてはある程度寛大な扱いをすべきとしたが、それでも許容し得ない政策がいくつかあった。一九五八年二月にラ米の数カ国とインドを訪問した際彼がそれらの国に指摘したのは、赤字予算の執行が外貨準備の減少につながるということだった。これは多くの第三世界の国にとって、当時は新しい見解であり、簡単に受容れられるものではなかった。

第二次大戦後、ケインズというよりは、ケインジアンの影響下で、第三世界の国々は赤字財政が十分な「強制貯蓄」を創造することにより、無害なだけでなく、経済の成長や発展をもたらすというエコノミストの見方を信じるようになっていたのだ。ヤコブソンはこれに対し、経済法則はすべての国に通用するものであり、第三世界だけが通貨の創造を弊害なしに行える天賦の力をもっているわけではないと確信していた。彼はイタリアの戦争と、そこから学ぶべき、配給や価格統制をともなう戦時経済でもない限り、強制貯蓄など生み出せないという教訓を想起していた。すなわち経済に安易な逃げ道などないが、経済原則が貫徹され、経常的な収入から十分な実質貯蓄がもたらされるなら、それが成長と発展——ヤコブソン自身は「進歩」というより広い表現を好んで使っていた——につながると信ずるに足る十分な理由があるということだ。

赤字予算による財政支出は、恐慌のような景気循環上の理由でもない限り、有害な政策であるという見解はインドやラ米諸国にとって全く新しいものであった。しかしながら、これらの国々でしかるべき立場にいる人たちは、過去十年にわたって赤字財政が国際収支赤字をもたらしたことを眺めて、別の適切な政策が望ましいという見解を受容れる準備ができていた。問題はそれをいかに具体的に行うかだ。考えの変化を内閣に、さらには国民一般にまで徹底するのは時間を要する仕事であった。ヤコブソンとIMFのスタッフは、補完的な政策としての信用政策が当該国にとって正しいものである限り、我慢強く待つ用意があった。

第三世界で複数為替相場制度を採用している国は、制度を簡素化し、相場間の乖離を縮小するよう一段と強く奨励されるようになった。いくつかの為替取引やスタンド・バイ取極は為替相場制度の改革を主たる目的として実行されたのであり、当然ながら財政・金融面での適切な政策による国内経済の安定が求められた。そうした政策はIMFの「理想主義」的な見地からのみ求められたわけではなく、多くの場合、当該国が緊急に必要としている先進国やその他諸国からの長期借入を実行するための必要条件だったのだ。一九五六年以降進展した金融逼迫状況のなかで、多くの国が政府や民間ベースでの借入れが困難となり、IMFに駆け込んでいた。それは単にIMFの資金だけでなく、国内の経済問題についての助言を求めていたのであり、そうした国々のなかでも代表的なのがインドとブラジルだった。しかしながらIMFは、自らの資金に限りがある以上、最も効率的に使用されなければならないことを常に意識していたのであった。

安定した単一な為替相場は、IMF協定が目標としヤコブソン自身が望ましいと考えていたところであるが、ヤコブソンはこの一般的な原則が多くの第三世界諸国、とりわけラ米諸国にとってはむしろ有害であることを早期に理解した。彼はこの点について、公式に表明する数日前に私的な場で明らかにした。その時までに、こうした見解を裏づける歴史的な先例を見出していたのだ。そして理事会の場でヤコブソンは、ある国で真に均衡的な為替相場の採用が迫っている状況の下では、複数の相場の「混在」は特に問題とするに当らないと述べた。実際一九三〇年代のオーストリアでは、ブラック・マーケットの為替レートを一掃することに成功したではないか。こうした考えの変化をもたらしたのは二人の人物——当時IMFのアメリカ代表理事、フランク・A・サザード・ジュニアと、理事会の前に草案を手直しした為替制限局長のフリードマンだった。為替制度を単純化するため、為替相場の数を減らすことが提言された。その際、完全な相場体系でなく、変動幅を拡大した自由市場での変動相場、もしくは為替相場の数を絞り込むことを一時的な措置として容認することが認められた。このようにして、何年かかけて相場の安定を図ることが実質的に認められたのだ。

後にレター・オブ・インテント（LOI）という名で知られることになる手法を確立させたのは、ヤコブソンの功績というべきだ。これは、当時対外ファイナンスが困難化していたパラグアイのIMF資金引出の際に始めて導入された。何人かの理事は引出額の大きさを懸念していた。その結果、IMFの同国通貨保有額がクオータの一四三％に達することになるからだ〔訳注―IMFの信用供与は自国通貨を払い込んで必要な通貨を調達するという形をとり、通常はクオータの一〇〇％までの利用が限度とされていた〕。ヤコブソンはそのためには借入国政府が必要な政策を実行する「意思があることを表明」すべきだと強調した。パラグアイ代表理事のルドルフォ・コロミナス・セグラは、そのような文書にこだわることが交渉を難航させることになると懸念したが、結局それを母国から取得した。同文書は理事会の場で口頭説明されたが、そうした手続きが一般化することが懸念されたため理事会決議には明記されなかった。

そしてアルゼンチンによる七五〇〇万ドルの引出に際して、LOIのテキストは公式文書となり、その結果一般には同国との取引がLOIの最初の適用例ということになっている。すなわちアルゼンチン政府が実行する意思のある政策措置についての声明を公式に提出することが求められた。この結果として「IMFはこれらの声明に留意し、その結果……与える……承認する」と、新たにアンダーラインを記された箇所の文言が理事会の文書に挿入された。ヤコブソンはこの新しい言い回しを丸二日かけて確定させた。――私は文言を策定してコロミナス・セグラがそれを了承するよう説得にかかった……付加された文言はIMFが以下のアンダーラインされた部分を留意するというものだ……素晴らしい新機軸ではないか（！）――コロミナス・セグラを始めとする多くの理事などを納得させるに際して、ヤコブソンは三点を強調している。第一に、声明は「全く自由にかつ自発的に」なされたものである以上言及しない理由はない。第二に、それに言及することが同意を意味する以上最も好ましいやり方ではないか。第三に、こうした新しい文言を受容れることで、理事会の議論はより友好的なものとなり、議事録の文言をめぐって非難のやり取りが世界を一周するような事態を回避できるだろう。ヤコブソンはこの新機軸が承認されたことを大いに喜んだのであった。

その後ヤコブソンとIMF事務局が一層多くの国々と交渉を行うなかで、望ましい政策措置について当局を納得させることが重要な仕事となっていった。そしてその裏には常に当該国がIMF資金を緊急に必要としているという背景があった。

IMFは極めて柔軟であった。一九五二年にヤコブソンの前任者イヴァール・ルースの下で確立され、「ルース案」として知られているIMF資金引出に関する当初のトランシュ政策は、加盟国のクオータの内「ゴールド・トランシュ」についてはは事実上自動的な引出を認め、それを上回る分についてはより抑制的に対応するというものであった。その内、クオータ比で最初の二五％分については、加盟国が直面している問題を解決するため、適切な努力をしていることを示すことが求められた。そしてクオータ比五〇％を超える部分の引出には十分な正当性が求められ、特に重要なのは当該国が通貨の交換性を確立ないし維持していることであった。賢明な政策を受容れる用意のない国は、当初考えていた額の半分もしくは四分の一程度しか認められず、結局第一、第二トランシュまでの引出に止まることになっていた。

トランシュの段階が上がるに応じて要求されるより厳しい条件や、スタンド・バイ取極に付随する条件の範囲等について精緻化する作業は、ヤコブソンがＩＭＦに着任してから一段と進展した。この点について、彼は当時ＩＭＦの法務局次長であったジョセフ・ゴールドの助力を大いに賞賛している。ヤコブソンは、適切な予算および信用政策がその他の付随的な政策とともに実行されることを保証することが肝心と考えており、それはそのことが当該国だけでなく、ＩＭＦにとってもためになるという二重の理由によるものだった。これらが成功することでＩＭＦへの信頼が増し、それが流動性の維持につながった。確実な返済によってＩＭＦは回転的な基金となったのである。

当該国の利益を追求するため、加盟国により選任もしくは任命される理事たちもＩＭＦの幹部であった。彼らは、ＩＭＦが加盟国に対してどの程度厳しく接するかについては異なる態度を示した。彼らはまた、それぞれ情熱と器量を以って多くの加盟国が抱える問題につき、「番犬」としての役割を果たしていたと言えよう。ヤコブソン自身の経験では、通常はある加盟国に関わる政策について当該国の理事たちが彼を個人的に支持してくれた。議論が紛糾するのは原則に関わる問題においてであった。

ヤコブソンはしばしば以下のような点を徹底的に強調することが必要だと感じていた。すなわち、「金融の管理を国際的に行う際決定的なのは、いぜんとしてそれが国際的合意下での自発的な協力体制によるということだ。この点は、ＩＭＦが資金援助を必要としていない加盟国とコンサルテーションを行う際、一段と明確になるだろう」。調整政策に関わる厳しいやりとりのなかで、加盟国の総務たち――中央銀行総裁と財務大臣、時にはそれらに関連する人々を総括する言い回し――に個人的な好意を抱いたとしても、それに流されないため、政策が当該国自身のためだということを認識する必要があった。驚くほど多くの場合において、総務たちが政治的には不人気と思える政策を実行する際に見せる勇気は結果的には大いに報いられることになった――イタリアのエイナウディやドイツのエアハルトのように。

その後ＬＯＩはＩＭＦの基本的な政策手段として一段と進化していくことになった。一九五七年三月のインドの場合、ＬＯＩはスタンド・バイ取極にも適用され、二億ドルの引出全体をカバーすることとなった。このケースにおいては、ＬＯＩは取極の序文に含まれており、事前の折衝のなかで引出の条件が同書簡によって理事会に明示的に説明されることになったのである。さらに、この序文はＩＭＦによって押しつけられた条件でなく、インド政府が自らの利益のために実行しようとする政策についての声明であることが明示された。ＩＭＦのＬＯＩに関する方針は速やかに確立されていった。四カ月後更なる進展がみられた。すなわち、パラグアイの総務であるグスタボ・Ｆ・Ａ・ストーム中央銀行総裁は理事会に対してＩＭＦがパラグアイのリクエストについて付した条件は同国が受容れ可能であると確約したが、イギリスのギー・ソロルド理事がこれはスタンド・バイ取極が予算の数字と関連づけられた最初の例であり、これを前例としないよう求めた。しかし、以後それは慣例となっていった。

この後ＩＭＦは、客観的な数字により当該国のパフォーマンス・クライテリア（情勢判断の指標）を作成することになった。予算の黒字、信用供与の水準その他について、ＩＭＦは可能な限り具体的な数字を示すよう求めるようになった。したがって恣意的な判断の余地がなくなり、当該国自身とＩＭＦは常に安定化政策がいかに実行されているか認識できるようになった。この手法は、斬新的な安定化政策においてとりわけ効果的であることが判明した。そのためにはＩＭＦが恒常的に情報を入手する必要があったが、それはもともとＩＭＦ協定によって授権されていたのである。

一九五七年にヤコブソンは、加盟国がＩＭＦ資金の引出を可能な限り遅らせるよう強く促した。実際ヨーロッパのいくつかの小国は、後から出直すよう説得された。ヤコブソンは、ヨーロッパの国がＩＭＦ資金の引出を「誇らしい」こととととらえることを懸念していたのであり、それを遅らせることも心理学的観点から必要だと考えた。当時西ヨーロッパはすでに適応性が増し、外貨準備のレベルも高まって力をつけていたので、そろそろ自立する時期だということだ。

ただ、フランスの問題が皆を悩ましており、何らかの措置が必要になっていた。一九五七年三月のアーデン・ハウスに於けるアメリカ銀行協会の会合に於いてヤコブソンの友人にしてかつてＢＩＳでの同僚であり、フランスの重要な金融機関で、会長や頭取を務め、（ピエール＝ポール・シュヴァイツァー、によれば）フランス金融界の大立者であるアンリ・ドロワがフランスについてヤコブソンと議論した。ヤコブソンは彼の経験に基づき以下のような提案を行った。

フランスが（投資への）支出を減らし、フランス銀行が中期の住宅建設向け融資に対する再割引を停止するようなプログラムを組むことが最善の途だ。ＩＭＦは喜んでアドバイスをするが、それはプログラムが「フランスの案」でなければならない以上、公にならない形で秘密裏に行う。これが受容れられ、実行されることが担保されるなら資金供与につながるだろう。ＩＭＦと米財務省（バージェス）、ＦＲＢ（マックチェスニー＝マーティン）がこれに満足すれば必要な援助を得ることも困難ではなくなろう。

ドロワは以上の見解をパリに打診することを約束した。当時フランス政府が「極めて不安定」な状態にあったので、彼は何かできることがあるのではないかと思案していた。他の国同様フランスでは、必要な安定化政策の実行が確実になるのは事態が真に切迫している時に限られるということが、多くの経験によってはっきりしていたのであった。

ＢＩＳの年次総会出席のためヨーロッパに滞在していた六月、ヤコブソンはフランスのために多くの時間を費やしていた。七月にはイギリスを含む多くの国がフランスは援助を必要とすると考えていたが、これといった進展はなかった。ヤコブソンは「フランス政府が事の重大さを理解していない現状では」何をやっても無駄になると述べた。秋になり議会が開会すれば事態は変わり得るのではないか。八月に至ってフランス・フランの売買に対する二〇％の課徴金が複雑な例外規定をともなって予告なしに導入された。こうしてフランの「切下げ」や「下落」といった表現が回避された。ヤコブソンは同措置が正しい一歩と判断し、理事会に諮ることを決めた。一九五七年のワシントンにおけるＩＭＦ年次総会の場で、フランス銀行総裁のウィルフリッド・バウムガートナーはヤコブソンとフランスの問題について長時間の会談を行い、ヤコブソンがしかるべき時期に訪仏するとの約束を取りつけた。

フランスはその後安定政策の案を策定したが、ヤコブソンは新聞に報道されたその内容が「明らかに不十分」と判断し、ロンドンにコンサルテーションのため向かうことになっていたヨーロッパ局長のガブリエル・フェラスが、そのメッセージをパリのバウムガートナーに伝達した。

十一月の半ばまでに、交渉の場において関係者や関係機関のさまざまな思惑が交錯するなかでしばしば起こる混乱が発生した。フランスの案は五つ余りの機関からの資金援助を展望し、それに多くの国々が関わっていたが、いずれの機関・国も案に不満だった。アメリカは、同案を純粋に技術的に実行することを望んでいた。ＯＥＥＣは、自ら一人の専門家を派遣する意向だった。一方フランス政府は、当時パリから帰ったばかりのユージン・ブラックＩＢＲＤ総裁によれば、問題をＮＡＴＯの場に下ろし、高度の政治的判断で決着させようとしていた。こうしたなかでＩＭＦの秘密裡のアドバイスによりフランス案を提示するという当初のアイデアが魅力的になってきた。

十一月の最終週、ヤコブソンはフランス訪問を公式に要請され、ただちに実行した。同行したのは私的なアシスタントのギー・ド・モブレとＩＭＦの専門スタッフのみだった。したがって通常の訪問に比して内々の専門家グループによる多くの会合がセットされた。ヤコブソンはしばしば明け方近くまで案を詰め、結果として迅速に物事が進んだことはフランス側の参加者を大いに喜ばせた。一方で厳しい現実を受容れざるを得ず、そのなかには赤字予算も含まれた。これについては厳格に押さえ込む事が担保されなければならず、それが無理なら増税を行わなければならない。金融政策は改善され、中央銀行信用および「行き詰まり」と称され、ほぼ自動的に発生する財政赤字は制限されるべきである。通貨の切下げについては詳細な議論が行われたが、一般の観測に反してフランスが自由化措置をとる一九五八年まで先送りされた。

フランスの状況は政治的に微妙であり、フランス側の交渉窓口のトップはジャン・モネだった。ヤコブソンは「モネ・プラン」で想定されている大規模な投資が、彼の言葉を借りれば「フランスの通貨価値を毀損している」として、同案が金融面のインプリケーションを無視していることについて過去数年間モネを公に批判していた。しかしながら、今回ヤコブソンとモネは友好的だった。モネが「早い段階でフランス銀行と協力する途をつけておくべきだった」と認めたからだ。モネは財務省から信頼されていたので、フランス内で交渉がスムーズに進むようあらゆる手立てを講じてくれた。

フランスの一連の案を理事会に「売り込む」やり方は極めて異例のものだった。一九五八年一月、モネと財務省のピエール・ポール・シュヴァイツァーはワシントンに赴き、理事会に提案が諮られる前にヤコブソンの自宅で理事会のメンバー全員との夕食を含む非公式の晩餐に出席した。結局こうした交渉の結果、年間一億三一二五万ドルのスタンド・バイ取極が承認された。ＩＭＦの資金援助は他の機関のものと注意深く連携していた。欧州決済同盟（ＥＰＵ）からの一億五〇〇〇万ドル、アメリカ政府の一億七四〇〇万ドル（いずれも三年）である。これに対してフランスが安易に救済されたとの批判が起きた。しかし実際には最低限のプログラムでさえ遵守できず、五八年六月にはさらなる救済措置が必要になった。

ヤコブソンは再び交渉の矢面に立ち、ピエール・ポール・シュヴァイツァーと何度も会うこととなった。彼のシュヴァイツァーに対する感想は以下のようなものだ。

シュヴァイツァーは最も私に近い人間だ。彼は話をする時には静かだが極めて決意に満ちている。彼がどうなっていくのか楽しみだ。

ヤコブソンとシュヴァイツァーはその後数年にわたり、フランスの問題に限らずヤコブソンがヨーロッパに行く度に顔を合わせた。フランスはイギリス、スイスと並んで彼が定期的に訪れる国だった。

一九六〇年五月、ヤコブソンは再びシュヴァイツァーと長い夜を過ごした。この時シュヴァイツァーはフランス銀行に移っていた。ヤコブソンは最後に以下のようにコメントしている。


彼は私がすでに財務省を去っていた彼を誘ってくれたことを感謝していた。

何という知的で楽しい友人だろうか!

ピエール・ポール・シュヴァイツァーは問題を金融の観点から考えるべきだ。この点フランス銀行での勤務は他の何にもまして有益であろう。特に国内的信用という最重要の課題を担当しているのだから。そこに慣れるのには時間がかかるが彼はきっとうまくやるに違いない。


シュヴァイツァーは知ることがなかったが、一九六〇年の七月二日バーゼルにあった筆者の自宅に於ける家族による夕食の席で、ヤコブソンはＩＭＦでの彼の後継の話をしていて、シュヴァイツァーの名前が出た時に言った。「そう、彼も選択肢だね」と。しかしこのことは彼の日記には触れていない。ヤコブソンは日記に於いても秘密を守るべきことを知っていた。

ヤコブソンとドゴール将軍との何度かの会談は――最も重要なのは将軍が復権した一カ月後の一九五八年六月二十四日に行われている――フランス人が自国の安定を確保した基本的な要素の一つと考えているものだった。これについてはジャック・リュエフが主宰していた委員会も一役買っていた。同委員会は前年の秋に教育的な意味合いを兼ねて組織されたもので、それ故により厳しい政策の実行を促すものと期待されていた。しかし、ドゴールは同時に金融財政面での改革も合意に沿って厳格に実行されるよう強調したのであり、これはヤコブソンの訪問がもたらしたものであった。

ヤコブソンは最初のドゴールへの公式訪問について興味深い記録を残しており、それはドゴールが自らの目指す主要な目的を語るところから始まっていた。


「将軍」が話し終えたところで私が端的に言った。「将軍閣下、貴方はいまフランスの栄光を取り戻すと言われました。私が考えるに、悪い通貨をもった国に決して栄光は訪れないでしょう」

彼は私を見据えると言った。「多分そうだろうね……」。私はさらに、一八〇一年ナポレオンが金フランをフランスにもたらし、その金フランが一九一四年まで価値を保ったことを伝えた……。「おわかりですね」と私は将軍に申し上げた。「フランス人は知的で働き者かつ倹約家でもあり、彼らに通貨の安定が与えられれば著しい政治的な不安定にも耐えられるでしょう。しかしながら一九一九年以降彼らは政治と通貨の両方で不安定を背負ってしまった。いくらフランス人でも無理な話でした」

「もし閣下がナポレオンのようにフランスの人々に良い通貨を与えられれば、フランスにとって永遠の貢献になることは間違いないでしょう」

将軍は再び私を一瞥して言った。「君の言ったことを覚えておくよ」と。

この一九五七年案について数年後に、いずれフランス大統領になる運命を背負ったヴァレリー・ジスカールデスタンが興味深い一フランス人としての意見を表明していた。彼が財務大臣に任命された時、ヤコブソンは以下のように述べている。

一九六〇年の夏ジュネーブで開催された国連の経済社会理事会会合で、各国の財務大臣が集まった際、私は「オ・ビーブ」〔訳注―ジュネーブのレストラン名〕でのレセプションでジスカールデスタンに会った。彼は何よりも先に、経済安定についての資料に目を通していて、五七年十二月の私の書簡をみたことを話した。彼はそれがフランスの直面していた問題をすべて整理したうえ、後に「リュエフの提案」として知られることになるアイデアを完全に提示していたのであったとして、かくも早い時期にこれ程完全なものができていたのは全くの驚きであるとつけ加えた。

スタッフとの関係

ヤコブソンがIMFに着任した時、彼は自らの仕事振りだけでなく、内部および外部からのいかなる圧力にも屈しない独立した専務理事になるという強い決意をもち込んだ。

これは彼がこのポストを引き受けるに当っての条件であり、彼はまた自らの自由を確保するために尽力していた。バーゼルの自宅は手つかずにしていたし、前述のバーゼル経済金融研究所も業務を続けていた。ヤコブソンはこれらを維持しておくことで必要となればいつでもバーゼルに帰ることができるようにしていたいと常に語っていた。同時に彼は、IMFに在職中は自らの資産について一切の投資活動を行わないと決めていた。なぜならそうした投資活動が仮に漏れた場合、それが他人の投資にヒントを与えてしまうからだ。彼は以上のような決断を極めて厳格に実行した。

ヤコブソンはIMFの内部的な仕事の進め方について予めそれなりの情報を得ていたが、それらは彼自身の経験から全くかけ離れており、それ故彼は自らの着任とその仕事振りがIMFの幹部職員にとっていかに厄介なものであるかを理解していなかった。職員たちは、政策決定事項が担当局の局長と専務理事との間ですりあわされた後、理事会に諮られて公式に決定されるという極めて官僚的な組織に慣れきっていた。

この点でヤコブソンは爆弾のようなものだった。彼は全く「委員会的」な人間ではなかったからだ。ヤコブソンは決定を下すに当って、ＩＭＦ内外の彼自身が選んだ人々としばしば個別に相談していた。また、スピーチを決して他人に書かせなかったし、そのことを強く誇りに思っていた。彼がジャーナリストの友人たちの一人に語ったように、「スピーチを書く時にはその内容を自分自身完全に理解するようにしていた」。彼自身の文章の手直しや、他人の文章に加えた添削のすべては彼自ら行ったものであった。

さらに機嫌の悪い時には、頭に血が上って机を叩いたり、部屋のなかを走り回ったりすることもあった。少なくとも一度彼は自らの不満を示すため、ある局長が書いた文書をその面前で部屋の反対側まで投げ飛ばしたので、ホッチキスが外れてペーパーが部屋中に散らばってしまったこともあった位だ。ＩＭＦでの最初の一カ月、彼は部下が逆らったりするとバーゼルに帰ると言って脅かすこともあった。多くのスタッフは、彼がバーゼルのＢＩＳで空席のポストに帰ることを考えていると思っていた。しかし、そうではなかったと思う。彼はすでに個人的なセーフガードをもっていたのだから。

こうしたなかで当初ＩＭＦの上級スタッフの何人かは困難な、時にはほとんどトラウマ的ともいえる調整期間を過ごすことになったようだ。彼らはヤコブソンのマネージメント手法に慣れていなかったし、それによって幹部職員の影響力行使の形態が大きく変わってしまうことに辟易していた。もっとも彼らは一方ではＩＭＦの居場所を明確にした「大将の手柄」を誇りに思っていたのだが……。

ヤコブソンもこの間スタッフとの関係に困難を感じていたが、そのことは日記には直接言及されていない。数カ月の間、日記はしばしばスタッフの存在に触れているが具体的な名前についてはほとんど記されていないのである。やがてスタッフの貢献への評価や感謝がみられるようになったが、それまではバーゼルでの良質な議論を求めて、ＩＭＦにおける中央銀行や市場に関する経験不足を慨嘆していた。また、ＩＭＦの文書についてもいくつかの指摘があり、短いものでは次のように述べている。「本日のＩＭＦに関する指令、とりわけ文書の長さに関して——なぜ十語必要なところを五つで済ませようとするのか」。着任四カ月後時点でヤコブソンが抱えていた困難や決意、精神状態は以下の文章に示されているだろう。

　ここは複雑に絡み合った人間関係のなかで管理不能の場所ではないだろうか。とはいえ何とか物事は回っており、それは多分とにかく事を進めねばならぬという強い意志によるものだ。安定要因としてアメリカの影響力が必要であることは間違いない。またその影響力は十分に啓発されたものでなければならないし、フランク・Ａ・サザード・ジュニアにおいてまさしく見出されるものなのだ

内部管理の困難な問題についてメールと調整しなければならないだろう。問題は私が断固とした決意をしている時に必ず発生する。いくつかの点については妥協できないし真っ向からぶつからざるを得ない。場合によって彼の辞任を要求する覚悟が必要だ。なぜなら私は友人といえども反抗を許さないからだ。ただできればそこまで行かないことを望んでいる。

こうした懸念があったもののヤコブソンと副専務理事メール・コクランとの関係は良好であり、コクランは間もなくヤコブソンにお互いがうまく補完し合う存在であると告げるようになった。ヤコブソンはコクランの高い内部管理能力について、それが自らに欠けるものであることを知っていたので大いに感謝しており、コクランが予算を見事に管理したり、自分では手に負えない厄介な問題を処理してくれるのを評価していた。また、日常的なスタッフの人事問題についてもコクランに頼っており、彼が公平に処理してくれることを疑っていなかった。そしてコクランの任期で最後の年になるまで、彼がいくつか人事問題の処理に関してスタッフから深刻な不興を買っていることに気がつかなかった。

しばしば議論になったのは、ＩＭＦ理事の地位と役割についてだった。ヤコブソンの意見は一貫して明快であり、理事は最も優秀な人物であるべきであり、彼らのＩＭＦに関する優れた識見こそが全般的な貢献になるということだった。また、彼は理事代理の存在をあまり好まなかった。ブンデスバンク局長だったオットマール・エミンガーが彼の見解を本国で支持してくれるドイツと、カナダ銀行総裁のルイス・ラズミンスキーが自国の問題を処理してくれるカナダは例外だった。その理由は以下の通りだ。

私は理事の仲介があって始めて当該国に影響を及ぼすことができる以上、理事が無能なら影響力を失う。ラズミンスキーは、理事会メンバーがあまり重要な人物でない方が専務理事の影響力は増すのではないかと主張したが、私はそうは思わない。理事たちが小物ならば私も大物にはならないのであり、全く逆ではないかと思う。

もう一つ私は常にアメリカの影響力が大きいことを強調した。もし、他の国から常任の理事が来ていなければその傾向はより強まっただろう。

理事会のメンバーたちはいずれもワシントンに居住していたが、できる限り頻繁に母国を訪れていたし、その傾向は、複数の国により本人の人物を唯一の基準として選出される理事において特に強かった。

ヤコブソンは、IMFが市場システムを採用している国々の集まりであることで、最も適切に運営されると考えていた。彼がしばしば指摘していたのは、IMFはほとんど仕事をしていないようにみえる時でも決して不要なのではない――ちょうど火事がほとんど起きないからといって消防署が必要でないとはいえないように――ということだった。一九五七年にIMFがあれほど多忙だったのは、当時の世界が多くの問題を抱えていたことの反映であり、それ自体は良いことであるはずがなかったのである。

ヤコブソンが自ら立派なエコノミストであったことは、彼と調査スタッフとの関係を調整する必要があったことを意味する。それ以前調査担当の部局は基本的に独立した存在だった。いまや専務理事が調査に関わり、スピーチを自ら書き下ろすのである。結果として調査局長のエドゥアルド・M・ベルンシュタインは、それまでIMF内で圧倒的であった自らの影響力が、不可避的に減少するのをみることになった。あからさまな衝突には至らなかったが、スタッフからみればヤコブソンとベルンシュタインの意向が食い違っていることは明らかだった。問題はこれをいかに調整するかだが、ヤコブソンは基本的に自分の流儀を変えるような人間ではなかった。彼はこの点でスタッフの忠誠を強く求めており、ベルンシュタインはそうした変化を受容れられないと決心したようだ。彼がヤコブソンに対しIMFを去る決意を伝えた折、ヤコブソンは以下のような個人的感想を述べている。「私は彼を理解している。私の熱意は彼にとって大変疲れるものだったのだろう……彼はIMFの職員の教育において従者としての役目を果たしてくれた」。一九五八年一月、ベルンシュタインは辞意を表明し、五カ月の空位の後J・J・ポラックが調査局長に昇格した。この報せをスタッフは歓迎した。後任が外部から来たのでなかったからであり、これがスタッフの人事政策に関する前例として受け取られた。

当然ながら、さまざまな種類の批判が数年にわたって聞かれていた。理事たちはしばしばヤコブソンに対して、彼らが不当な扱いを受けていると思っている人物について驚くほど率直に不平を述べた。たとえば彼は、フランスとの交渉に関して同国理事ジャン・ド・ラルジャンタイを関与させなかったことで厳しい批判を浴びた。ヤコブソンは、彼自身がラルジャンタイを同席させようとしたにもかかわらず、モネがそれを望まなかったと弁解した。別の理事はかねてからヤコブソンに対し、あまりにイギリス寄りないしはヨーロッパ的と思われないよう注意すべきだと警告していた。またあるスウェーデンの友人は、多分他人の受売りと思われるが、ヤコブソンのやり方が行き当たりばったりではないかと述べた。より深刻な批判はトムスン＝マッコーランドによるもので、彼は一九五八年に質問に答える形で、ヤコブソンがスタッフと十分に会わず出張が多過ぎると指摘した。この結果、ヤコブソンが幹部職員とランチやディナーをともにする回数が増加することとなった。

また、多くの知人はヤコブソンが回ってくる文書の大半に修正を加える傾向にあまり感心していなかったが、ヤコブソンはこれについて以下のように説明する。

私は、自分がスタッフとの関係において、新聞の編集長のようなものだと思っている。すなわち編集方針を明示し、それが守られるよう必要に応じて意見を言い、時には重要な問題については他人の草稿を全面的に書き改めることもあるだろう。ただ、それはあくまでスタッフの良い点を伸ばすためであり、その才能を押さえつけるようなことにならないよう注意深くやるべきだ。すなわち細かい問題にこだわるべきでなく、全体として正しい草稿の書き直しを無理強いすべきではない。自分ですべてをできない以上、皆の力を発揮させることが重要なのだ。

しかしながら、文書が何度か書き改められてもヤコブソンの意に沿ったような形にならないような時は、結局彼が自ら書き直すことになった。IMF着任後二、三年経ってもヤコブソンは、スタッフが優秀にもかかわらず物事の全体像や影響力のある人々の思考法といったものをわかっていないことに苛立っていた。そうした全体像や、変化する全体像への認識が欠如しているために、彼らの書いたものはそのまま提出できるような形で議論を展開できていなかった。それができることがヤコブソンの強味であり、彼は、IMFの政策や意見ができる限りうまく説明されるようにすることが自分の責務だと考えていたのである。

時が経つにつれてヤコブソンとスタッフとの関係は著しく改善していった。彼は自身の仕事を各局の局長経由で行い、局内の管理は局長に任せるべきだと考えていた。とはいえ他のスタッフについても十分な情報がもたらされたし、彼はそうした情報にしばしば興味を示した。日記には、彼がスタッフから仕入れた情報について極めて多くの言及がみられる。

こうしたなかで一種の「三頭政治」体制が確立されていた。すなわち、為替制限局長のアーヴィング・S・フリードマン、一九六〇年に就任した法務局長のジョセフ・ゴールド、そして調査統計局長のJ・J・ポラックであり、彼らはほとんどの案件について呼び込まれた。この三人の非常に高い資質に関して日記では、「素晴らしい」「最高」「信じ難い」「全く頼りになる」といった最高級の賛辞が惜しげもなく使われている。

特定の地域に関する疑問が生じた時には、関連する地域局の局長が議論に参加したが、ヤコブソンは特にヨーロッパ局のガブリエル・フェラスと西半球局（すなわちラテン・アメリカ）のジョルジュ・デル・カントと親密な関係を築き、また、特に初期の段階で中東の国についてほとんど知らなかったので、中東局のジョン・グンターに頼れることに満足していた。

当然ながら、ヤコブソンにとって特定の国との接触の公式なルートは理事を通じるものだった。彼が理事たちを本当に大切に思っていた例として、ブラジルの理事オクタヴィオ・プラナグアが在任中に死亡したとの報に対する反応が挙げられるだろう。「彼に聞けば、正確な情勢を得ることができた。彼の助言は常に価値があり、少なくとも真剣な考慮に値するものだった。彼はヨーロッパに長く住んで彼の地を知り、いつもスイスのことを『人類の誇り』だと言っていた」。日常の接触には緊張や軋轢がつきまとっていたが、その底には相互の信頼という基本原則が貫徹していたのである。

理事やＩＭＦの幹部職員は、ヤコブソンが抱いている関心や、彼ら自身の問題に対して適切に応えた。ＩＭＦが獲得した新たな地位や役割について、これらの人たちはヤコブソンの好機をとらえる能力のたまものとして高く評価していた。理事と幹部職員は、忠誠心とたゆみない仕事によってこれに応えた。彼らはまたヤコブソンの貢献について讃えるようになり、ヤコブソンがそれを望んでいることもわかっていた。ほとんどがヤコブソンに助言し、想定し得る危険や問題点を警告することにやぶさかでなかった。ヤコブソンはこうした建設的な助言を多としていたし、それらを常に注意深く検討し、彼自身、スタッフ、ひいては加盟国のために政策を策定する際に考慮していたのであった。

２　対外交換性

一九五八年十二月二十七日、ヨーロッパの十カ国がＩＭＦに対して、自国通貨に対外交換性を付与する旨通告した。この内、ドイツだけは対内的交換性も同時に導入した。すなわち非居住者のみならず、居住者にも自国通貨と外貨の交換を認めることとした。数週間内にさらに約十カ国が、いくつかのケースでは厳密な意味では完全とは言えない形ではあったが、対外交換性を回復した。

一九五六年の時点で、すでにいくつかの国で対外交換性回復が可能な状況にあった。重要な例外はフランスとイギリスであり、後者にとってはとりわけスエズ危機によって対外的な経済構造の強化が遅れたことが大きかった。それでもすべての国が、必要な場合ＩＭＦをあてにできることを望んでいた。実際ＩＭ

F資金はかってない規模で利用されていたし、一方で一九五七年中その返済は小額に止まっていた。これはすなわちIMFがより以上の資金源を必要としていたということであり、ヤコブソンはそれを完全に理解していた。

したがって一九五七年五月に「貨幣用金の供給を含む、現状における国際的流動性に影響する要因」についての検討が求められた時、それは喫緊の課題となったし、IMFはこれについて数年前から研究を続けていた。五七年の年次総会で多くの総務が国際的流動性の水準について懸念を表明したことは、本件がいかにトピカルな問題であったかを如実に示すものだ。

そもそも極めて早い時期から、ヤコブソンは後に「外貨準備と国際流動性」と名づけられることになるレポートに強い興味を示していた。同レポートのもとになる実証面での検討は、以前にオスカー・L・アルトマンによってなされていたので、ヤコブソンはもっぱら厄介な政治的問題に集中することができた。彼は本件を一九五八年四月、ワシントンに長期滞在中だったイングランド銀行のトムスン＝マッコーランドとも包括的に議論した。彼は常に自らの見解を外部の人（「アウトサイダー」）に投げてみることを好んでいたので、重要な時期に有能で信頼できる友人がそばにいることはありがたかった。

こうした事前の努力にもかかわらず、一九五八年八月十五日の理事会前の三日間、ヤコブソンはスタッフが提出した文書を検討することに忙殺された。多くの修正が、特にアメリカとイギリスに関する政策について加えられ、五七年のデータが追加され、さらにサザードの助言にしたがって、金についてより具体的な結論が盛り込まれた。この文書の性質上、すべての理事が支持することは期待できなかった。彼らは個人だけでなくその出身国をも代表していたからだ。したがって理事たちはヤコブソンから、本稿がヤコブソン署名の送り状を添えて「スタッフの文書」として公表されると通告されただけだった。

同レポートは、金と外貨準備の絶対的水準の変化とその国別内訳について詳述したに止まらず、国際的な政策や慣行が変化するなかでそれらの役割も変化していることを分析していた。アメリカなどいくつかの国は、国内、国際両面の理由から伝統的に極めて巨額の準備を保有していた。準備の水準はグロス（粗）だけでなくネット（純）ベースで考える必要があり、それはイギリスにおける直近の著しい改善――前年に準備が大幅に増加し、同時に外国保有のポンド残高も減少――に照らしても明らかだった。一方ドイツ連邦共和国などいくつかの国は、これ以上準備を増加させる意向がなかった。歴史的にみて外貨準備が国際的、国内的な政策に決定的な要素となるとは思われなかったのだ。

国際流動性の増加に最も貢献した一つの要因は、民間の信用制度によるものであった。それは弾力的なもので、貿易の変化によるニーズに対応することができたので、適切な条件が揃えば、世界貿易の増加は流動性が同程度に増加するか否かにかかわらず可能であった。「したがって、これら大国のポジションこそが極めて重要である。なぜならこれらの国の信用政策や財政政策のあり方や、国際的な信用供与体制に果たす役割こそが一般的な流動性の動向に決定的な重要性をもっているからだ」。逆に、「どんなに流動性があっても、過度の歳出や歳入不足に基づく恒常的な国際収支の赤字に対処することはできない。そうしたケースにおいて喫緊の課題は、明らかに対外均衡と対内均衡を同時に達成できるような財政・金融政策を実行することに尽きるのだ」。

金については、世界の供給が「現在の一オンス三五ドルという固定価格の下で」年々増加してきていた。この傾向が逆転する見込みはなかったので、工業用および準備目的で金が使用可能であることは明らかだった。供給が十分である以上、急な増加の必要性はなかった。また、金価格の引上げによってその貨幣的価値を増加させる必要もなかった。むしろそのような措置は真の金融的な問題——対内、対外的な均衡、信用制度の強化等——から目をそらせることになりかねないのだ。

金に関する部分は、ヤコブソンによって最後につけ加えられた。彼はこれによって当時噂されていた、問題を表面化させず、金価格引上げによって対処しようと言う考えを牽制しようとした。

金や外貨準備が不足する国があてにするのはＩＭＦだった。「かくしてＩＭＦは第一次大戦前には金本位制により自動的に維持されていた金融節度を回復することに貢献するとともに、信用を供与してそれにともなう苦痛を軽減する」。

しかし、アメリカの財務次官ダグラス・ディロンがヤコブソンに極めて重要な質問を行った。「それでＩＭＦに十分な資金はあるのか？」ヤコブソンはこう答えている。

小国からの要請についてはイエスであり、我々は十分にやっていけます。しかし大きな危機には対処できません。確かにスエズ危機は何とかなったが、それはそれまで数年間ＩＭＦが活発に活動していなかったため、資金が温存されていたからです。同じようなことをいまやれと言われても無理でしょう。多分貴方は現時点においては政治的、金融的に大規模な危機が起こる恐れはほとんどないと思われているでしょうが。

ディロンは言った。「もっともな議論だ」

この流動性の研究が公表される前から、アメリカ大統領のアイゼンハワー将軍は財務長官のロバート・Ｂ・アンダーソンに、一九五八年十月にインドのニュー・デリーで開催されるＩＭＦ総会において増資によるＩＭＦ資金の迅速な増加を提案するよう指示していた。世界の二十八カ国から集まった総務がこのアメリカ提案を支持した。

ヤコブソンは増資の具体的細目については、サザードのリードの下で理事会とスタッフに喜んで一任することにした。十一月七日以降、理事会で多くの非公式会合がもたれたがヤコブソンは以下のような態度で臨んでいた。

私は二つの理由から理事会ができる限り自分で仕事をすることを望んでいた。

第一に、理事たち自身がそう望んでいただろうからだ。彼らはニュー・デリーでの賞賛がほとんど専務理事に向けられていたことで、若干不愉快だったように私には感じられた。彼らとしても受身でいることには不満だろう。だから理事たちが、大筋の定まったこの件を取り仕切りたいというのは好ましいことだった。

第二に理事こそがそれぞれの出身国ないし国々を助け、時には政府を動かす主体であるからだ。彼らが問題を認識することが望ましいし、当事者意識をもつべきだ。

総務へのレポートではＩＭＦによる加盟国の金融節度に関する監視が続けられることが明記されていた。これは、金（かね）をつければ安易な財政支出が可能という見方を牽制すると同時に、ＩＭＦが高い基準を緩めるのでないかと危惧する向きに安心感を与えることをねらったものだった。

極めて多忙な日々だった。同年末までにレポートの提出が約束されており、十月のインドでの会合を考えれば短い秋に仕上げるべきことは途方もないものだった。

「増資を通じるＩＭＦ資金の拡大」と題されたレポートは一九五八年十二月十九日の理事会で承認された。ヤコブソンの簡潔な記録によれば……。

そして「ＩＭＦ資金の拡大」に関する決議とレポートの承認だ。若干のやり取り!全員一致の承認だった。

私はこれが偉大なる協調の努力の賜物だったと述べ、全員に隣室でシェリー酒での乾杯を促した。

本件に関与したすべての国の政府が知っていたように、この増資によってＩＭＦは予見し得るあらゆる危機に耐えうる力をもつに至ったのである。

ヤコブソンはその年のクリスマスをワシントンで過ごすことに決めた。

ワシントンに止まる理由は、イギリス、フランスそしてドイツが非居住者向けの交換性に関する合意に達し、為替相場の一本化、EPUから、EMA（欧州通貨協定）への移行、さらにはフランス・フランの切下げといった措置を実行することが確実に思われたからだ。フランスの閣議が二十六日の金曜日に予定されていたので、理事会を二十七日に開き二十九日に対外公表することになるだろう。

これは進歩だ。為替相場の一本化は懸案だった。それは単なる単純化でなく、長い間店ざらしになっていたもので、実質的に不可逆的なものだ。

すべては予想された通りに展開し、最後の段階で北欧諸国が加わり総数は十カ国となった。理事会でこの国際的な勝利に対して各国からの賛辞が相次いだ。

ヤコブソン個人にとって本件は彼の人生の目的が達成されたことを意味していた。三月に手術があり、癌に侵されている確率は二十対一程度だったが、彼はその時、何が起こっても気にならない、なぜならすでに人生で最重要の仕事は終えたからだと言って医師を驚かせたのだ。

対外交換性が採用されたことで、IMF協定八条国への移行が検討されることになった。これには極めて多くの困難な論点があり、本稿ですべて取り上げるのは不可能である。興味のある方は関係の文献に当っていただきたい。ここではヤコブソンにとっての主要な関心事に絞ることにする。彼は加盟国に本件に関する重要な手続きについて承諾させることを、自らの主な責務と考えていた。ヤコブソンによれば問題の焦点であり、彼がそのために尽力したのは、加盟国とIMFとの定期的な協議を継続させることだった。当時IMFは協定の十四条に基づいて、為替制限措置のある国については年次協議（コンサルテーション）を行う法的な権利を有していた。この協議の対象は国内および国際経済に及んでいたが、実質的には金融政策と財政政策に集中していた。協議は当該加盟国で行われ、それによってIMFの代表が関係者と知り合い、必要に応じて代替的な政策を話し合えるようになるということだ。

加盟国が交換性を達成すると八条国への移行が可能になり、八条国にはIMFと定期的に協議する明示的な義務はなかった。その結果もたらされる情報と影響力の欠如は、IMFが協定一条に定める高い目的を遂行することを極めて困難にさせるものだった。一九六一年二月、欧州の九カ国とペルーが八条国に移行した時、これまでのコンサルテーションと同様の定期的な協議を続けることにすべての国が同意し、これが新たな手続きとして認知された。そしてすでに八条国移行を終えていたアメリカを含む十カ国も、この時までにIMFと定期的な協議を行うことに同意していたのだ。

すべての国と協議の継続について交渉するために時間が重要であった。ヤコブソンとしてはできるだけ多くの国を新しい状況にもって行きたかったのだ。一つの懸念は、当初ただちに八条国に移行可能だった唯一の国であるドイツが、早目に移行することを後押しすることになるのではないかということだった。逆にドイツを引込めば他の国にも圧力となるだろうという面もあった。ドイツについての対応が極めて重要だった。

一九五九年三月、ドイツとの十四条年次コンサルテーションの直前にドイツの理事ヴィルフリート・グースが同国の取るべき対応について相談した際ヤコブソンは答えた。

ドイツが単独で動く理由はない。ヨーロッパが一致して行動することがあらゆる点からみて最上だろう。かといっていつまでも問題を宙ぶらりんにしておくこともできまい。私は九月のヨーロッパ代表とのランチにももち出そうと思っているが、結局本件は多分次の（一九六〇年）年次総会において大きな議題となるのではないか。その時までにはＩＭＦの増資が決まっており、本件について新たな角度から議論できることになる。

貴殿はコンサルテーションのなかで、貴国はまだ検討中で前向きの回答を示せるに至っていないと答えても良い。また、他のヨーロッパの国、イギリスだけでなくフランスとも協議する必要があると言っても良いだろう。

エアハルトにとってみれば、このような問題を年次コンサルテーションで決着させるより、年次総会の場でドイツの態度を表明する方がより好ましいのではないだろうか。

一九五九年十一月、ヤコブソンがドイツに滞在中、ドイツ中央銀行総裁のカール・ブレッシングから、エアハルトが同席の下で、ドイツが「合意された形式にしたがってＩＭＦとの協議を続けることを望む」という明確な意思表明があった。

八条国への移行は法律上不可逆的なものだった。多くの国は移行してしまうと再び危機に見舞われた際、ＩＭＦの許可がなければ、資本勘定はともかく経常勘定に制限を加えることが不可能になることを恐れていた。いくつかの問題について激烈な議論があり、合意は極めて困難に思われたので、ヤコブソンは一時少なくとも一人は理事が辞めることになるのではないかと懸念していたほどだ。

他の九カ国の八条国移行に対する前例としてアメリカのコンサルテーション継続に関する合意を取りつけることが肝心だったが、ヤコブソンはこれが最も深刻な問題とは思っていなかった。とはいえ彼はこれに注力した。いつものように彼はウィリアム（ビル）・マックチェスニー＝マーティン連邦準備制度理事会議長に議論をぶつけてみた。一九六〇年二月にあるディナー・パーティーで偶然行き会った時だ。ヤコブソンは問いかけた。

自由な市場システムには多くの利点があるが、その利点が発揮されるためには各国において基本的な原則が守られなければならない。それらの原則は一般には理解され難い面があり、それ故にあるいは他の理由もあって、アフリカのような新しい国をはじめ多くの国において遵守され難いのだ。

ＩＭＦは多分定期的なコンサルテーションを通じてこれらの国の内部的な問題を分析し、一定の影響を及ぼすことができる唯一の機関だ。しかしこれが可能になるのはアメリカを始めとする大国が同様の制度を受け入れる場合に限られる。

それ以上に重要なことがある。アメリカはおそらく最大の国際的な援助供与国であり続けるだろう。したがってアメリカは他の国にまして、そうした援助がインフレーションや誤った投資により無駄にならないよう歯止めをかけることに熱心なはずだ。そしてＩＭＦのコンサルテーションは、援助の金を出しているアメリカのタックスペイヤーに対する保護を提供することになるのだ。もしアメリカの財務省がタックスペイヤーの利益を無視するとしたら、控え目にいっても近視眼的だ。しかし、当然ながら私自身が六人のアメリカ人の孫をもつ身としてはそんなことはできない。

マックチェスニー＝マーティンは笑って一〇〇％のサポートを約束し、ヤコブソンにダグラス・ディロンと会うことを勧めた。十日も経たない内にディロンは承諾し、財務省としてはあまり前向きではないが最終的にはのむだろうと言った。一九六〇年一月の理事会でフランク・サザード・ジュニアはアメリカの理事として同国がコンサルテーションを受容れると表明したのだった。

しかし途はなお遠かった。一九六一年二月十五日に八条国移行が正式に発効した。もともとはその前のＩＭＦ総会が目処だったが、ヨーロッパの準備が整っていなかったし、六〇年十二月になってもフランスは躊躇していた。ヤコブソンもすべてにわたって尺力したが、最終段階の長丁場の交渉では大部分スタッフと理事が矢面に立った。六一年一月二十一日にヤコブソンはすべてが決着したと知らされた。その晩、友人たちが彼に感想を尋ねた。彼は答えた。「ほっとしたよ！もし結論が出なかったら、総務たちにシェークスピアの言葉を引用した手紙を出すつもりだったんだ。〝先の望みはあだ心〟とね」〔訳注―シェークスピア「十二夜」からの引用。原文は"In delay there is no plenty"。小津次郎訳、岩波文庫による〕。

3 ワシントンの風景

ワシントンでは、何が起こっているかを理解するために最低八百人の人間とその配偶者を知っている必要がある、というのはヤコブソンが十八カ月経って下した結論だった。そのなかには当然上院と下院の議員、政府高官、外交団が含まれなければならない。ニューヨーク所在で全国にネットワークをもつ財界や金融界の首脳も当然入っていたし、主要なジャーナリスト、後にはテレビのインタビューアーも含まれることになる。ヤコブソンの打ち解けた物腰や他人の仕事や意見に対する強い好奇心、暖かい心遣い、豊富な話題とウィット、とりわけその社交に対する愛情によって、ヤコブソン夫妻は短期間にそうした必要を上回るあらゆる分野の人々と親密な関係を築くことができたのだ。

それにはいくつか幸運なきっかけがあった。ヤコブソンはもともとワシントンを頻繁におとずれていて、何人かの良き友人・知己に恵まれていた。また、ＩＭＦ着任直後に仕事上の成功が大きく報道されたことも彼に対する良い印象をもたらした。そして旧くからの友人であるスウェーデン大使エリック・ボーマンが重要人物について助言してくれたうえ、早い時期にいくつかディナーを催してヤコブソンのワシントンでの滞在にとって特に有用な人々を紹介したのだった。

一九五六年の十二月にヤコブソン夫妻が出掛けたあるレセプションに、ドワイト・アイゼンハワー大統領夫妻も出席していた。ヤコブソン夫妻がスウェーデン人と聞いて、アイゼンハワー夫人がヴァイオレット夫人に近づき二十分程話し込んだ。大統領夫人も父親がスウェーデン出身だったのだ。結果として二組の夫妻はしばしば会うようになり、とりわけ夫人同士は親密な関係となった。ジョン・Ｆ・ケネディ夫妻との関係はよりフォーマルなものだった。ただ、ヤコブソンとケネディは仕事のうえでは頻繁に会っている。ヤコブソン夫妻は両方の大統領の下で、ホワイトハウスでのランチ、ディナー、茶会その他の会合に出席した。

ワシントンにおいてヤコブソンは、社交の価値とその醍醐味を認識し、最大限に活動した。彼も夫人も人をもてなすことが好きであり、特にインフォーマルな形での会合に尽力した。またヤコブソンはその交際範囲を国際的な分野に限定した訳でもなく、アメリカ人も大いに歓迎されたのだ。そうした会合でヤコブソンは良き関係を築き、アメリカ人と彼らの抱える問題や政策について非公式に語り合える機会を作り上げたのであった。

こうしたなかで、ヤコブソンと夫人にとっては社交活動に都合が良いように私生活をアレンジすることが求められた。到着して数カ月後に、夫妻はシェラトン・パーク・ホテルの東ウイングに大きなフラットを借り上げた。もともと趣味の良い内装は夫妻自身がもち込んだ家具や絵画その他の備品により一段と栄えるものとなった。食事なら二十四人程度、ドリンクなら一五〇人もの客をもてなすことができる広さだったが、そこまで使われることは滅多になかった。ほとんどは少人数でのドリンクか、食事なら六人からせいぜい十人程度の会合であり、その方がより気が置けないものだったのだ。

おびただしい人々がドリンクや食事のためにフラットを訪れた。ＩＭＦの同僚たちは週末に内輪で集まり、特に土曜のランチが好まれた。外国からの友人たちや重要な交渉の相手方は夕方早くにあらわれ、議論は時には日付が変わるまで続いた。ヤコブソンは、深夜にならないと人は真に思っていることを打ち明けないという、大学時代に学んだ教訓を忘れることはなかった。もっとも、彼の枢要な地位を考えれば、ほとんどの人はたとえ朝食の席でもフランクになることが賢明だと思っていただろう。

昼食の相手選びは毎日の重要事項だった。大使館から時々招待されるのを除けば、昼はもっぱらビジネスのためのものだった。一九五八年に最初のＩＭＦビルが完成して以来、ヤコブソンはオフィスのダイニング・ルームで多くの場合一人だけを招いてランチをホストしていた。一人で食事をとるのは、余程疲れているか、深刻な問題を抱えている時だった。それでも常に料理長で給仕役を務めていたヘンリー・ラングシュタットとは言葉を交わしていて、彼らはすぐに親友となった。

ヤコブソンが亡くなった十年後、ラングシュタットはヤコブソンの話をした時、彼が日々の懸案について意見を求められたことを熱っぽく語ったものだった。ラングシュタットは真面目な回答が求められていることがわかっていた。ヤコブソンは自分が「雲の上の人」になってしまい、普通の人々が何を考えているのか解らなくなりがちだと言っていたからだ。だから彼は率直な意見をいい、その理由についても説明しなければならなかった。

より大規模な、多くの場合四十八人の晩餐が間もなくしばしば開催されるようになり、通常はヤコブソンが前任者から引継いで会員となっているＦストリート・クラブが使われた。ヤコブソンも夫人も、保守的な性格から同じ場所を使うようになり、そのお陰で軽食での行き届いたサービスというかなり無理な注文にも応じてくれるようになった。

ゲストの選定における気遣いと、外交マナーに沿った席順がこれらの会合の成功に大きく貢献していた。席順についてはヤコブソン自身が骨を折ったが、英語が実質的な共通語となっていたことで、欧州大陸に居た頃にくらべると幾分楽だった。長い間会いたいと思っていた同士が隣席させられ、大使は翌年自国のビジネス相手になる銀行家と知り合いになることができた。アメリカ人はアジア、アフリカやラ米の人たちと会話し、仕事のうえでも趣味の面でも、共通の話題を見つけることができ、政府の要人たちはニューヨークの銀行家と知己を得た。知的な意見についての相違があっても友情が損なわれることにはならなかった。たとえば、アメリカ財務次官補のジョン・B・レディーは一九六一年にGAB（一般借入取極）に関する深刻な意見対立があった後も、ヤコブソンのディナー・パーティーに招待され出席していた。ヤコブソンは常に晩餐の後にスピーチを行い、ゲストやウェイターから絶賛されるのを喜びとしていた。彼は当初からこれらのパーティーが成功していることを喜び、かつ誇りに思っていた。皆が招待されることを望むようになり、夫人はいまやワシントンの女主人として新しい居場所を得たことで幸福だった。

ヤコブソンがIMFの社交的な問題で重要な案件と考えていたのは、スタッフとその子供たちのためにどのようなパーティーを催すかだった。彼はそれが外部のゲストに対するものと同様の「ちゃんとした」パーティーであるべきだと考えていた。IMFが黒字であるので財政的には可能だったが、これは予想外に難しい問題だった。しかし結局三年後の一九五九年に、ヤコブソンは、彼の望んだようなクリスマス・パーティーを開催することができたのである。

こうした社交行事がピークに達するのは年次総会の時だった。一連のレセプション、ディナー・パーティー、ランチなどが何カ月も前からIBRDやアメリカ政府と協力して準備された。ある年にIMFが準備を取り仕切ると翌年にはIBRDの番だった。ヤコブソンがIMFにいる間、一連の公式行事の最後はダンスで締め括られた。

これらの仕事をすべて取り仕切るという重責を担ったのはダナ・ブラントレーとその部下だった。彼はまたほとんどの個人的な会合にも関わっていたので、ヤコブソン夫妻が何を望んでいるかを完全にわかっており、その通りに動いたのだ。

社交はワシントンにあっては生活の一部であり、すぐに一連の招待状が届くようになった。ヤコブソン夫妻は連日多くのカクテル・パーティーに顔を出せたし、ディナー・パーティーも複数の選択枝があった。ワシントンに来て六カ月近く経った時、ヤコブソンは、さる外交団の大物からの真摯な忠告もあって、招待には控えめに応じることが必要であることを理解した。IMFの長としての「格式」が主な理由であり、直ぐにそれまでのやり方を微妙に修正していった。

しかしワシントンの輝かしい外面の裏に、そこがどんな名声でも陰口により引き裂いてしまう「ジャングル」であるという事実は、いつまでも隠しおおせるものではなかった。ヤコブソンは、すでにワシントンの危険な側面について警告されてはいたのだが、実際にそうそうたる人々同士による非情な振る舞いに接してショックを受けた。彼は、いまやこの街では繊細で図太さにかける人間は生きていけないことを悟ったのだ。そうした例を挙げるのは難しいことではなかったし、それによって説明できることが少なからずあった。彼自身特に保護されてきた訳ではないし、人が他人の陰口をきくことにも慣れてはいたが、それでもこれにはショックを受け、傷ついたのであり、折にふれて考え続けたのであった。

この点、彼は自分がワシントンに住んでいても、ワシントンに「属している」のでないことに感謝していた。彼は国際機関の長、かつ外国人ということで独立した存在だったからだ。さらに、自身の独立を確保する手立てをもっていたこともあって、彼は好きな時に好きなところに行けると感じていた。したがって彼は、他人よりも仕事や環境から来る圧力や緊張に耐えることができたのだ。

とはいえこの街には素晴らしい面も多い。娯楽に溢れ、外交の中心であり、さまざまなパーソナリティー、知性と人柄、すべてのものがそこにあった。ヤコブソンはこうした利点を認め評価していた。ワシントンのこうした側面について、彼はフィンランドの駐米大使ヨハン・ニコップがワシントンを離れる際、デイナー後のスピーチにおいて以下のように総括した。

このワシントンというのは不思議なところである。人々はなぜこの街を好むのだろうか。必ずしも気候のせいではないだろう。たまには良い日もあるし、そういう日は本当に素晴らしいが、通常新聞で目にするのは北からの冷たい空気か、南からの熱風だ。誰かが言ったが、そもそもワシントンの気候というのは存在しないので、すべては輸入されたものなのだ。

気候以外のものでは、ビジネスがある。しかしどのようなビジネスだろう。私と妻はスイスのバーゼルからやってきた。通商と産業の街だ。スイスの連邦政府は御存知のようにベルンにある。バーゼルは政府のないビジネスだけの街だった。ワシントンは政府だけでビジネスがない。勿論政府の仕事も重要であり、また魅力的なものだ。当然ながらワシントンにはアメリカおよび世界全体に関わる膨大な政府の仕事がある。それらは極めておもしろく、関連する人々も興味深い。そして多くの人がいる。パリやロンドンでは二百人の人を知っていればすべての人を知っている事になるそうだ。ここワシントンでは少なくとも八百人を知る必要がある。これだけ興味深い人々が揃っているのだから、ワシントンがつまらないところであるというのはおかしなことだ。

しかし、ワシントンにはもう一つ重要な側面がある。これに関連してワシントンに着任した時ある賢人から、ここでは「男だけ」のパーティーは不人気であり、婦人がどこよりも多く参加していると教えられた。たしかにヨーロッパにくらべればそうである。ヨーロッパも若干改善しているだろうが、まだまだではないか。したがって、やらなければならないことがある。ニコップ夫妻におかれては、ワシントンにおけるより文明的な習慣を母国にもち帰り、そこでも婦人方が適切な役回りを得ることができるようになることを望んでいる。これは一九〇六年にいち早く他国の模範となる婦人の参政権を導入したフィンランドにとって、極めて容易なことに違いない。実際婦人参政権はほとんどすべての国が追随したではないか。

ワシントン着任後一年経たない内にヤコブソンはチェビー・チェイス・カントリー・クラブの会員になり、毎週末、時間が空けばそこでゴルフを楽しんだ（彼はまた、時折家までの三マイル余りの途を徒歩で帰ることでも知られていた）。ヤコブソンは何人かの友人とゴルフをしたが、最も恒常的なパートナーだったのはアメリカ国連機構会長で、ジュネーブ以来の友人アーサー・スウィーツァーだった。スウィーツァーはヤコブソンと仕事の話は一切しなかった。なぜなら、「興味はあったが、彼が休息を必要としていることがわかっていたからだ」。ヤコブソンの友人でも、その知恵を拝借したいという誘惑に勝てるものはほとんどいなかった。だから彼がゴルフの相手として、旧くからの真の友人にこだわっていた少なくとも一つの理由が、真の休息を与えてくれるこの友人の親切さにあったことは明らかだ。

ヤコブソンは自身認めていたが、女性に囲まれることを好んでおり、友人や同僚の夫人方に対しても強い興味を示していた。彼は愛妻家で夫人に頼りっきりだったので、他人もそうであることを期待していた。また、夫人に丁重に接したのは、それが亭主に対しても敬意を払っていると解されることを意図してのことであった。彼はダンスを好んでいて、一九六二年年次総会の最後を飾ったダンスの際、土曜日の午前二時になってバンドが引き上げようとしたのだが、それに対して手を挙げて「続けろ」と命じたのだ。ヤコブソンが動く時は象の子供のようにみえたので、彼が同僚や協力者の夫人をダンスに誘うと、しばしばその夫人は同席している夫人たちにうんざりしたような視線を投げた。「足はともかく履物がどうにかなってしまう」という暗黙のメッセージだった。しかし、それはヤコブソンが音楽の才は乏しくともリズムをとることができ、ダンスは上手であったことを知らないからだった。したがって夫人方も席に戻った時には通常上機嫌になっていたのだ。

ヤコブソン夫妻と著者がシェラトン・パーク・ホテルのフラットで三人だけになるという珍しい機会に、ＩＭＦ総務夫人たちの質の高さが話題になったことがある。芸術から科学に亘る夥しい会議に出席した経験を踏まえて全員が一致した結論は、常に最も素晴らしい夫人方を連れていたのは総務たちだったということだ。これら夫人たちは考えうるあらゆる場面で夫を助けるだけでなく、彼女たち自身が主人のカウンタパート、およびその夫人と友人それも真の友人となっていた。彼女たちの個人的な優れた資質は知性、理解力、機知、語学力、性格さらには優美さにまで及んでいた。もし自分自身のキャリアを追求しておれば、間違いなくその道の第一人者になったはずだ。ヤコブソンは彼が頼りにしている男たちが、世界で最も素晴らしい夫人に恵まれていることを、どんなにありがたく思っているかを強調したのだった。

ワシントンの社交界で婦人が目立った地位にあることは、ヤコブソン夫妻の関係を良好なものにしただろうと思われる。実際この六年半は、間違いなく彼らの長い結婚生活のなかで最良の時期だった。何よりも重要だったのは、夫人が結婚して以来初めて、「ほとんど彼女の母国語を話しているに近い」国に住んでいたことだ。さらに夫人たちがそうした場を与えられただけでなく、その強い性格に相応しいものとすることを求められたことだ。彼女は夫より五歳年上で、ワシントンの女主人としてのキャリアを得たのは六十八歳の時だった。彼女はそのキャリアを愛していたし、夫からみて常に「チャーミング」だった。彼は夫人なしでは何もできなかったので、彼女が社交的な義務を果たすだけでなく、自らの頻繁な旅行にできるだけ同行することを求めた。彼女は当時も以後も、しばしばこれについて無理強いをさせられたと不平を言った。とはいえ、実際には夫の旺盛な気力を愛していて、彼の助けになることを厭わなかった。そう、ワシントン時代こそは、大いに消耗したし高い責務を負っていたが、私的に幸福な年月だったのだ。

4 アメリカ合衆国の政策

ヤコブソンに、本来アメリカの国内問題に属する経済・金融政策について介入するよう要請したのはアメリカ自身だった。その要請がなされたのは、対外交換性についての理事会が終わった二、三日後の一九五八年十二月のことだ。財務長官のロバート・J・アンダーソンがヤコブソンに電話をして単独でランチに誘ったのだ。

アンダーソンは、ヨーロッパが米ドルについて抱いている不安はアメリカの政策に関する誤解に基づくものであり、アメリカ国内でもその誤解がまかり通っているというヤコブソンの見解を耳にしていた。それではヤコブソン自身はアメリカの政策に賛成なのだろうか。

私はすでに彼に説明済みのことを繰り返した。すなわちアメリカ政府が減税を拒否し、対外援助を継続し、相互貿易協定を四年間延長し、エズラ・タフト・ベンソン（極めて挑戦的ながら、賢明な政策を唱えた農務長官）を続投させ、リセッション対策としてはもっぱら信用政策に頼ったことを高く評価していると。

アンダーソンは、翌年に想定されている政策について説明した。一九五八・五九年度に減税が予定されており、これは前年春に成立していたものでかなりの規模に達する。さらに財政赤字も巨額であり、通常健全と考えられる規模を上回るものになる。鉄鋼生産の稼働率が四六％、石炭が六六％という状況を勘案しても、リセッションが間もなく終わろうという段階でインフレに火をつけるのは節度を欠くものだろう。したがって、遠からず景気が手をつけられないくらい過熱することを防ぐことが重要な課題となるだろう。

アンダーソンはヤコブソンに、彼自身の見解をスピーチの形で明らかにするよう求め、こうつけ加えた。「貴方はいまや世界で最も尊敬されているエコノミストであり、その発言は重いのだ」。アイゼンハワー大統領もヤコブソンを鼓舞し、スピーチはニューヨークの外交評議会で一九五九年の二月に行われ、『フォーリン・アフェアーズ』誌に「より健全な通貨へ」の標題で掲載された。この会合と出版は啓蒙的で効果があったが、遥かに重要だったのは、彼が私的な会話やインタビューのなかで同じ見解を繰り返したことだった。当時のアメリカの状況に関する彼の巧みな比喩が世界を駆けめぐったのだ。「アメリカ経済はいわば大き過ぎるコートを着た若者のようなものだ。コートの大きさに成長するまで時間を与えられるべきであり、その間コートをさらに大きくしてはならない。すなわち予算はこれ以上拡大すべきでないし、経費も安定的に抑えるべきだ。困難な課題ではあるが」。

アンダーソンの要請は、ヤコブソンにとってＩＭＦの長としての職務を大きく超えた、アメリカ経済への個人的な関心を掻き立てる事になったと思われる。彼は同時に、公式のコンサルテーションでは到底達成できないようなアメリカの国内政策への影響力を獲得したのだ。

ワシントンに着任して一週間も経たないうちに、ヤコブソンはマックチェスニー＝マーティンを公式訪問している。連邦準備制度理事会のなかで「その判断の正しさにおいてマーティンにまさるものはいない」と、彼は考えていた。この最初の会談がきっかけとなって彼らは頻繁に会うようになり、間もなく月に一度の会合を目処にするようになった。彼らは完全に理解し合っており、お互いのウィットやユーモアをも認め合っていた。ある人事案件について、マーティンが若過ぎるのではないかと注文をつけた時のことだ。「貴方らしくもない反対理由だね」と、ヤコブソンは即座に言い返した。マーティンは苦笑いをしながらその意見を撤回した。何しろ彼自身が、かつてニューヨーク証券取引所の理事長に弱冠三十一才の若さで就任したのだから。

ＦＲＢにおけるその他の友人は、議長のアドバイザーで連邦公開市場委員会（ＦＯＭＣ）の事務局長ウィンフィールド・Ｗ・リーフラー、理事会のアドバイザーで後にＦＯＭＣ事務局長、調査局長となるラルフ・Ａ・ヤング、国際金融局長だったアーサー・Ｗ・マーゲットといった人たちだった。特にマーゲットを一番良く知っていたので頻繁に会っていたのを始め、これらの人々とはある程度定期的な会合をもっていた。

ニューヨーク連邦準備銀行の経済顧問だったロバート・Ｖ・ローザはワシントンを頻繁に訪れており、ヤコブソンもニューヨークに行く時は彼を訪ねた。彼らはローザが一九五三年にＢＩＳを訪問した時以来の仲で、ヤコブソンはローザをマーティンに次いで正確な判断力をもった人物と考えていた。彼らは全く意気が合っていたのだ。

ニューヨーク連邦準備銀行総裁のアルフレッド・ヘイズと、一九五九年に海外担当副総裁だったチャールズ・クームズとはあまり懇意にしていなかったが、その後重要な問題が起きた時など折にふれて会うようになった。こうしたアメリカ政府や議会の有力者とヤコブソンが良好な関係にあったのは、一種の僥倖であったといえるだろう。何人かは以前から知っていたが、彼は五六年以来アイゼンハワー政権の関係者との関係を改善し、発展させていった。アンダーソンとの関係が良かったのは、同じビルに住んでいたこともあって公の場以外でも会う機会が多かったことが幸いした。また、社交の場を通じて大統領の経済特別顧問だったガブリエル・ハウゲとも会っている。最初に会ったのは一九五二年でこの時ヤコブソンはハウゲの政治家としての明晰さに感心した。以後彼らは当面する問題について語り合い、五七年には問題が一般に言われているような財の不足でなく、資本の不足であるという点で意見の一致をみた。五八年の四月までに情勢はリセッションに変化していた。ＩＭＦの新ビルの礎石を埋める式典の折にヤコブソンは、ヨーロッパを訪れる予定のハウゲと言葉を交わして以下のように強調した。

賃金の上昇を抑えることが重要だ。そしてヨーロッパをみれば、イギリスのマクミラン、ドイツのエアハルト、さらにはフランスのガイヤールまでが賃上げを認めないことを明らかにし、ストライキも覚悟していることを指摘した。

私としてはアメリカの閣僚からも同様の言葉を期待していたのだ。

ガブリエル・ハウゲは言った。「貴君の見解は了承した」

ヤコブソンは、ある書付けにこう記している。「二日後に（当時アメリカの副大統領だった）ニクソンがそれまでより一段と強く賃金上昇の危険について述べた。何か関係があったのだろうか」。

一方、減税の是非については必ずしも意見が一致しなかった。

一九五八年七月には、ローザでさえも経済の回復をもたらす要素が見出せないことを憂慮していた。そして農業部門に恐慌が発生しているわけではないが、減税の必要があると考えていると認めたのだ。ヤコブソンはこれには反対だった。なぜならそれによって、車や鉄鋼等他の産業の人々が調整の必要を認めなくなるからだ。彼らは意見の相違を認めたが、その日に公定歩合が二・二五から一・七五％に引き下げられた。ヤコブソンとしては、一四九億ドルに達していた信用の増加は経済の回復を主導するには十分と考えていた。翌年の五月ローザとヤコブソンは、すでに回復からブームの段階に入ったことを懸念して、金利の引上げはどの程度が適切かを議論することになる。

ヤコブソンはまた多くの上・下院議員と親密になった。金融の専門家である下院のヘンリー・S・ロイス、上院のプレスコット・S・ブッシュとのランチ、金融や国際問題に関心の深い上院のJ・ウイリアム・フルブライトとの会談その他多くは、思考様式を共有する基本的な理解に貫かれていた。またそれらは定期的に催されていたが、時おり重要な協議の時期と重なった。ヨーロッパで交渉の最中でも、ヤコブソンはアメリカの仲間たち以上に議会で何が可能かについて正確に理解していた。

一九五八年にアメリカ当局は、ヤコブソンが指摘するべきだと気づいていたように、月に十億ドルのペースで信用量を拡大しており、それは同国が金を失いつつあるなかで景気浮揚対策として実行されていた。彼は、そうしたアメリカの政策を検討するための視察旅行に訪れていたイギリス財務省のレズリー・ローワン卿とロバート・ホール卿に対して、以下のように語った。「このドルは他国の経済にも流れていくでしょう。アメリカがこれだけ多くのドルを創造している以上ドル不足の危険はないと思います」。ホール卿はこれを聞いて、「話がうま過ぎるけれど、あり得ないことではない」と思った。

ヤコブソンは、アメリカのこうした政策が世界経済における金融のバランスに関する問題を惹起するだろうと指摘した。問題は基本的に二つある。一つはかつて新産出金が果たしていたような、恒常的な経済に対する刺激が必要である点、もう一つは各国の為替の安定が損なわれないようにすること。要するに「新しい通貨のスタンダード」だった。アメリカが行っていたのは金本位制の時に想定されるのと全く逆のことだった。金本位制があまりに厳しかったことの反動で、金の移動はもはや必然的なものではなくなっていた。したがって世界の金融システムに関する管理が一段と必要になり、ＩＭＦの仕事も柔軟さとバランスがともに求められるようになった。

ヤコブソンはこの「新しい」金融のスタンダードを考えることに注力し、多くのメモを残した。いつものように歴史を踏まえて旧い金本位制下での例外的な事態を調べ上げ、それらがどのように解決されたかを検討し、一部を自らのスピーチにも使用した。彼自身の結論は、管理が一定の規律の欠如を意味するものではないということだった。

一九五九年の秋までにアメリカ経済はブームになっていたが、金は引続き同国から流出していた。ヤコブソンはその流出を止めるべきとは言わず、さらに踏み込んだ。アメリカに金を要求するのが間違いだという議論に対抗して、彼はイギリスとフランス以外の国が対外準備の二〇から三〇%を金で保有することでアメリカに金流出の影響を心理的に認識させるべきであり、それこそがアメリカに国際収支問題の存在を知らしめる唯一の手段だと主張したのだ。BISの総支配人ギョーム・ギンディもこの議論を支持できるといい、エアハルトも同調した。なぜなら金の流出は、アメリカに自国の政策や状況についての楽観的過ぎる見方を改めさせるという、長い間の懸案である変化をもたらすからだ。

アメリカではヤコブソンは、私的な会話においても公の場所でも、FRBが銀行券と中央銀行預け金の残高に対して負っている二五%の金保有義務を撤廃するよう主張していた。同時に通貨を適切に管理するためには四・一五%の金利上限も撤廃すべきだった。ヤコブソンは自らの見解を以下のように強調した。「海外の論調はこれら二つの制限を撤廃することを支持しており、それがドルに対する信認を増すことになろうと確信している」。彼はこの一九六〇年十二月に生命保険協会で行い、彼の他のスピーチ同様広く報道されたスピーチが、アメリカにおいてすでに述べた措置について存在していた知的かつ情緒的な思い込みを打破することになるのではないかと期待していたのだ。ケネディの新政府は、預金への二五%条項を撤廃することが適切であろうと考えていたが、これについてさる上院の大物から「徹底的に戦う」と通告されていた。結局緊急に必要なものでもなかったのでこの提案は引っ込められた。一九六一年五月、マックチェスニー＝マーティンはヤコブソンとディナーで同席した後、帰り際に言った。「二五%条項の撤廃については、正しい提案だったがもち出す時期が悪かった。国内の多くの関係者を動揺させてしまったのだ」。アメリカのような大国においては、世論を変えさせるのは大変なことであった。この点ヤコブソンは、常にアウトサイダーであることで政府の人間では不可能な立場を取れるのでないかと思っていたし、政府の側もそれに同意していた。ロバート・アンダーソンを始め多くの人が、彼に内部の議論に参加することを望み、それがあまりに多岐にわたったのでそのいくつかは断らざるを得なかった程だった。仮にすべてのスピーチの頼みを引き受けられなかった場合でも、さまざまな機会に上・下院の議員や銀行家、財界人等と個別に多くの場合非公式に意見を交わすことはできた。

ヤコブソンのワシントン滞在中、金のドル価格引上げ、すなわちドルの切下げを支持する意見が常に聞かれた。ヤコブソンは、「彼らは為替市場というものを全くわかっていない」としばしば指摘している。彼自身はＩＭＦによって為替市場に関する適切な政策取極（たとえばＩＭＦ資金の拡大）ができれば、そうした制度の変化によって各国が必要な国内政策の遂行を妨げることがない限り十分であると考えていたのだ。

それ以上に、一九五六年から六三年にかけては金価格の引上げは政治的に不可能だった。政権交代（もしくは真に悪性のリセッション）でもあれば理論的には可能だったかもしれない。しかしケネディは、選挙前に金価格の維持を強く訴えていた。問題はもっぱら政治的なものだった。

ヤコブソン自身も金価格を一オンス三五ドルに保持することに賛成だった。さもなければインフレ懸念が再燃するだろう。ドルの過大評価はとりわけ一九五九年以降修正されていた。アメリカでは賃金と物価が安定していたが、ヨーロッパでは特に賃金が上昇していた。

ヤコブソンはもともと一九四八年頃に、ドルの切下げと金価格の引上げ、さらに全般的な為替相場の調整を展望していたことがあり、こうした議論は彼にとって目新しいものではなかった。また、彼に政治的な勇気が欠けていたわけでもなかったので、彼が本当にその変化が望ましいと考えていたら信頼できる友人との会話のなかで必ずその可能性に言及したはずだった。

ロバート・アンダーソンも、困難で重要な長期国債の四・二五％という金利上限の問題について、一九五九年の七月にはヤコブソンと議論している。この制限のために政府は長期より高い金利を短期資金に払い、債券市場で効果的に動く自由がないという時代遅れな状況に陥っていたのだ。本件が問題になったのは、五三年以来連邦公開市場委員会（ＦＯＭＣ）が、アメリカ政府証券市場でのオペレーションを短期市場に限定するようになったからだった。この政策は誤って「ビルズ・オンリー・ポリシー」と通称されていた。そして五〇年代半ばから批判されており、五九年には、おそらくスプロール（五六年までニューヨーク連邦準備銀行総裁）の影響によって批判が学界から議会に広がった。

激しい議論と長期の公聴会を経て、最終的にＦＯＭＣが公開市場操作の対象をすべての満期に拡大すると決定するに至った。ヤコブソンはこの拡大を可能にする文言の原案が、「適切な場合」となっていたのを「経済のトレンドに照らして必要な場合」と改めることを後押しした。ラルフ・ヤングもこの議論に貢献したが、長期債の公開市場操作が正当化されるのは主に市場が異例の一時的な状況にある時だと強調した。ヤコブソンはかねてからこうした操作は滅多に正当化できないし、多くの場合危険であると警告していたのだった。

議会はマーゲットに言わせると、あらゆる種類の法改正に強く反対するものだった。ヤコブソンはマーゲットに対し、かつて会った上院議員が「金利水準は政府向けのものとより高い産業向けのものと二種類あって良いと信じていた。この議員は要するに何が問題か全くわかっていなかったようだ」と伝えている。無知こそが問題の核心だったので、日記の見出しには以下のようなあてこすりがみられるようになった。「素人が金融当局の努力をぶちこわしにする」。一九六〇年四・二五％の上限撤廃案は再び議会に提出され、ようやく成立した。ヤコブソンはアンダーソンの勧めにより本件についてテレビで解説し、いくつかのインタビューにも出演した。

この二年間を通じてマックチェスニー＝マーティンはFRBの政策を弁護するために厳しい時を過ごしていた。彼はしばしば一日に六時間も議会で証言させられたうえ極めてぞんざいに扱われたので、その模様を傍聴したある理事はショックを感じた位だった。マスコミもマーティンには批判的で「高金利男」と名づけられた。しかしヤコブソン自身は、彼に最高の敬意を払っておりそれを公言していた。「彼は父親のようなものだった」とマーティンはその関係を語っている。十二歳年下である彼にとって、ヤコブソンが中央銀行家に対して尊敬の念をもっていることは心地よく、かつ嬉しい驚きであったのだ。

FRBの政策に対する批判がかつてない程高まった時、マックチェスニー＝マーティンが辞任するのではないかというルーマーが飛び交った。そしてヤコブソンがオフィスに訪ねた時、彼はまさに辞表を書こうとしていたのだ。ヤコブソンはこの時最も説得的に語った。――マックチェスニー＝マーティンにとって職に止まることが義務である。彼が現在の地位にいるだけで、アメリカの国際収支に十億ドル以上のプラスになっているのだ。結局辞表は書かれなかった。

ヤコブソンは徹底的にマーティンを擁護し、あるケースでは、彼を「独裁者」と考えて憤っていた銀行家に対して強調した。「FRBは議会以外のすべてで信頼されています。このドルについて困難な時期に、多くの国がビル・マーティンを信頼していることはアメリカにとっての財産です。安易に捨て去ったり、軽率な批判で傷つけるべきではないのです」。そしてドルはあるったけの助けを必要とするようになっていた。ヤコブソンを訪ねるほとんどの人がこの点について議論することを望んでいた。

「ドルはどうなる?」というのが、イギリス大使ハロルド・カッシアが当時のイギリス代表理事クローマー卿とともに一九六〇年三月初旬、日曜日の午後ヤコブソンに会った際の最初の質問だった。状況は厳しいとヤコブソンは応えた。なぜならコストの差が極めて大きいからだ。ドルは二八年から二九年にかけてのポンド同様過大評価になっている。投資の効率では幸いまだ多くの点でアメリカが上だが、投資コストも高い。そしてヨーロッパも効率が高まっている。カッシアは尋ねた。

どうしたら良いのか。海外で支出を削減できるのだろうか。ヤコブソン――多くの分野でさまざまな措置をとってポジションを改善しなければならない。予算の黒字化、信用の抑制、コストの削減といったところだ。すでにそうした措置は実行され始めている。負けたわけではないが、注意しなければならないのは関税の引上げのように経済的にも政治的にも危険の多い有害な政策を始めないということだ。ヨーロッパもやるべきことをやるべきだ。六カ国（EEC）や七カ国（EFTA）はアメリカの輸出に対して差別的扱いをしてはならない。

議論はさらにヨーロッパの政治・経済状況と、それらがアメリカに対してもつ含意に及んだ。ヤコブソンは、一九六〇年中すべての質問に対して行ったと同様に対応し、問題を掘り下げ新たな議論を提起した。

ヨーロッパの強いブームは不可避的に公定歩合の引上げにつながり、（アメリカからの）さらなる金流出の可能性を高めた。FRBはこうした状況下で公式には賞賛すべき冷静さを、オフレコの情報提供の場においても維持していた。しかしヤコブソンは、事態を憂慮していたマーティンとの私的な会合では、こうした状況を両方とも続けることはできないと言っていたのだ。アメリカの貿易収支は、ヨーロッパの好景気と人手不足のお陰で顕著に改善していた。一九六〇年第一四半期にアメリカを見舞った深刻なリセッションの後遺症がみられていたが、ヤコブソンは楽観していたし、それは六一年初から景気が回復したことで裏づけられたのだ。

ジョン・F・ケネディが勝利をおさめることになる一九六〇年大統領選のキャンペーン期間、ヤコブソンはハーバード大学に招かれてスピーチを行った。その際私的な場で、いかにして景気を浮揚させるかについての見解を尋ねられた。そこにいたのはポール・A・サムエルソン、シーモア・A・ハリスというケネディのアドバイザーたちだった。ヤコブソンは強く言った。

世界市場の価格はアメリカの及ばないところで決まり、それゆえコストの上昇につながるような措置は、輸出を減らし、失業を増やすというかたちで事態を悪化させるだろう。政策は物価上昇への反発が極めて強いことから、物価が上昇しないことを前提にすべきだ。アメリカがドルを切り下げればイギリス、さらに他の国も追随することになろう。それで何が得られるというのだ？

その夜日記をつけながら、ヤコブソンはアメリカのコスト上昇を容認するのがいかに危険なものであるかを強調した。逆にコストは効率向上によって引き下げられなければならないということだ。

ケネディ政権でもアメリカの経済政策に大きな変更がなさそうだということは、その関係者の陣容に主要な変化がなかったことで示された。ローザは特にヤコブソンと相談した結果、金融担当財務次官の職を引き受け、一方マックチェスニー＝マーティンはFRB議長に止まった。ヤコブソンの知己であるダグラス・C・ディロンが財務長官になった。彼は元々共和党員でアイゼンハワー大統領の下で経済担当次官を務めていた。その他政権の構成をみてヤコブソンが疑問を感じたのは、「すべての卵を一つのバスケットに入れるのは賢明だろうか」ということだった。

一九六二年三月、FRBは外国為替操作を自ら行う権限を何とか獲得した。マーティンはその機密文書を、予備的な交渉の段階で一貫して精神的に支援してくれたヤコブソンに示した。ヤコブソンはこれによって投機筋のやり口を牽制し、IMFとの協調にも使えるし、長期的には国際流動性の供与にも資することになると考えていた。

一九六二年の景気スローダウンは、国内問題を惹起することになったが、ヘイズやクームズやマーティンはドルについて大いに懸念していた。ヤコブソンは彼らに言った。「諸君が懸念してないとすれば大いに懸念すべきだ」。アメリカ財務省で見解を表明するよう求められて彼は、「現状においては国際収支問題を解決するための措置は、成長促進策と矛盾しないだけでなく、成長政策そのものなのだ」と主張した。その基本的な論旨は、世界市場におけるリセッションへの傾向を逆転させるためには、通貨需要の増加と物価、コストの安定との組合せによるべきだということだった。これに対してヘイズから若干からかい気味の質問があった。「これまでインフレに反対し続けてきた人から金融緩和の主張を聞くのは不思議ではないか」。ヤコブソンはこれに対して彼のスタンスが一貫していることを証明するものだとして、一九三八年にキールで行った講演を引用した。そして彼でも見解を変えることはあるし、その場合には率直にその点を認めると強調した。なぜなら、「我々はもはや三〇年から三二年のフーバー政策をとることなどできないからだ」。

ヤコブソンの意見は、一般大衆はもとよりほとんどのエコノミストの期待するものと大きく異なっていた。それは基本的には保守的な楽観主義であり、誰にでも同じ議論を投げた。関係者の同意を得て彼はローレンス・E・スピヴァクから要請されていた全国ワイドのテレビ番組「ミート・ザ・プレス」に七月に出演することを同意した。スピヴァクは経済問題について一般の人々が信頼できる話をできる人を探すのは至難であると語った。このプログラムのなかで、ヤコブソンはただちに減税する必要はないと強調している。一般に企業へのプレッシャーを軽減する手段である税制改革は、大統領の計画では一九六三年に予定されていたのだ。その五週間後、ヤコブソンはテレビで大統領の演説を聞いていた。ディロンから極めておおざっぱな話を聞いてはいたが、「どのような決定が下されるか——即座の減税は正当化できないし、可能でもない——祈るような思いで見守っていた。エコノミストからの強いプレッシャーがあることはわかっていた一方、ケネディとしては新しいことについて秋の選挙前に大衆の関心を集めたいだろうと考えたからだ」。ケネディはグラフを駆使して経済が極めて順調に回復していることを示したのだった。

一九六二年十二月、ヤコブソンはケネディに経済状況につき見解を問われた時も、それまでの議論を繰り返し強調した。「減税はカンフル注射というより、企業活動の足を引っ張るものを消滅ないし軽減させるために行うべきです」。ヤコブソンが六二年春に予見していたアメリカ経済の回復は持続していた。ドル相場もしっかりしており、為替相場はキューバ危機の最中でもおおむね落ち着いていたのだった。

5「世界インフレの終焉」とドイツ・マルク

「世界インフレはほぼ確実に終わった」というのは、ヤコブソンが一九五九年ワシントンでの年次総会で行ったスピーチの主要なメッセージであり、ニュースの見出しを飾り「今週の言葉」となった。その後数年にわたってヤコブソンは談話、講演、インタビュー等の場において戦後のインフレーションが終焉したという見方を強調している。他の価格にくらべて上昇が遅れていたサービス価格だけは、ある程度明確な上昇が見込まれていた。

この「インフレ終焉論」はヤコブソンのさまざまな見解や行動のなかで最も強い批判を浴びることになった。彼は、「忍び足で進むインフレ（クリーピング・インフレーション）」について誤った判断をしているというのだ。何人かは、この誤りが彼の人生最後の数年間における判断を歪めてしまったという。その典型的な例として、最も頻繁に挙げられるのがドイツ・マルクの切上げに対する彼の反応だった。

別の人々は、ヤコブソンが経済、金融、通貨面での適切な政策によってインフレが防止できると考えていたのだと主張する。疑いなく彼は、将来強力で堅固な経済政策家により賢明かつ適切な政策が採られることを期待していた。政策家もその政策も成功するに違いない。なぜならそのための条件は整っている——予算は均衡し、原材料や商品の供給も十分であり、世界貿易は空前の規模に達していたのだから。

しかしこうした好条件は十分に活用されなかった。結果として実際にとられた政策の下では、先ず「クリーピング・インフレーション」——年率で二—五％のインフレ率——が生じた。

そしてヤコブソンの死後本物のインフレーションとなったのだ。ヤコブソンは、クリーピング・インフレーションも、その予見しうる結果を考えれば賢明ではないと思っていた。しかし、彼の良き友人だったコボルドはヤコブソンが金融政策の効果を過大視していた——確かにしばしば金融政策だけですべてが可能ではないと言ってはいたが——上に労働組合に権力がシフトしていることを理解していなかったとの意見をもっている。コボルドはこの結果、ヤコブソンは人生の最後の数年間において「クリーピング・インフレーション」のもつ意味合いを理解できなかったと考えていた。

しかしながらヤコブソンは、世界インフレの終焉を宣言する前に「クリーピング・インフレーション」の分析に時間と労力を費やしていた。一九五九年の日記にはクリーピング・インフレーションに関する記述に数ページが割かれている。労働組合などの要求によってもたらされる生産性を上回る賃金の上昇は、理論的に無害ではないと彼は結論している。それは不当なコスト上昇を引き起こし、コスト圧力は失業と深刻なインフレーションにつながるからだ。

そして失業がコスト上昇の結果であり、それは結局、ロイター〔訳注―アメリカの労働運動家〕株式会社、すなわち労働組合のせいであることが明らかになってくる。これは良い教訓だ。

インフレは成長をもたらす手段でないことに間もなく人々は気がつくだろう。

そして大衆が通貨に懸念をもつようになれば、極めて強力な信用抑制政策でも防止できないような規模の財への逃避が起きるだろう。大口定期預金が解約され、通貨の流通速度の上昇が恐るべき結果をもたらすのだ。どんな国でも、アメリカでさえもそうした状況に対応できない。

ヤコブソンは、結局クリーピング・インフレーションも防止すべきだとの結論に達した。新たなインフレは、たとえいくら「忍び足」でも個人、国家さらには世界経済を傷つけるからだ。適切な政策と安定した物価がコスト・プッシュを抑制することができる。

この「コスト・プッシュ」という現象に彼は大いに興味をもち、識者と会う度に議論を吹っかけた。一九五九年末、彼はゴットフリート・ハーバラーと（後に物価上昇についてのOEEC報告の著者となる）ウィリアム・J・フェルナーの両教授と本件につき議論した。ハーバラーはコストや物価が一四年以前のようには下落しないというヤコブソンの判断に賛成し、それは結局統計によって裏づけられた。「上昇は階段のような形で起こるだろう」というのがハーバラーが統計的な動きをグラフで説明した際の表現だった。

すでに一九五七年以前にヤコブソンは、「クリーピング・インフレーション」の存在を公言していたエミンガーと論争していた。しかしヤコブソンはクリーピング・インフレーションが危険をもたらす可能性については同意しなかった。彼はむしろその逆であることを裏づける事例が無視できないくらいの重みをもっていると指摘した。それは彼らの共通の友人だったＦＲＢのリーフラーにとって嬉しい驚きだった、

労働組合の要求がどの程度金融政策に影響されているというのか。顕著なブームの最中だというのに賃金の上がり方は通常以上どころかむしろそれ以下だ。フランスのインフレはコスト要因でなく、主に財政赤字にともなう需要超過によってもたらされたものだ。

エミンガーはこの議論に反論できなかったようだった。

ヤコブソンがインフレは終焉したという意見にこだわったのは、結局コスト・プッシュ要因がもはや影響しないと考えていたからだった。これについて彼は、一九六〇年にイギリスの財務省で財務相デリック・ヒースコット＝エモリー、経済相アンソニー・バーバー、財務次官デニス・リケットに対して以下のように説明している。

製品価格を上げることが不可能であることに気づいて、初めて企業家たちは賃金上昇を十分に抑制できる。アメリカにおいては、実質二％、物価上昇率三％で五％の賃金上昇が慣例となっていた。インフレが終焉したことにより二％が適切な賃上げ率となったのだ。そして当分の間、名目賃金の上昇は凍結されるだろう。

ヤコブソンは、ＩＭＦのスタッフが行っていた賃金と物価の関係についての研究に強い興味を抱いていた。彼はそのなかで、賃金と物価の公式なリンクを示唆するような記述を削除するよう求めた。なぜなら、生計費指数の上昇が生産性の上昇に見合っていると信ずる理由などないからだ。研究は理事会で承認されＩＭＦのスタッフ・ペーパーとして公表された。

一九五九年末にかけてヤコブソンは、当時取り沙汰されていた政策について懸念を深めていた。「私が望んでいるのは労働者自身の利益になる政策だ。彼らが自らの状況を改善しようとしていることには同感するが、それは全体の利益を損なうものであってはならないのだ」。これはジョージ・Ｗ・テイラーが五九年十一月にフィラデルフィアのアメリカ哲学協会で行った、「労働関係と公益」に関するオフレコの講演に対する反応であった。テイラーはペンシルヴァニア大学ウォートン・スクー

ルの産業論の教授で、当時鉄鋼についての労組争議を調停する査問委員会の議長を務めていた。

講演後の質疑のなかでテイラーは、「インフレの抑制だけが目的ではない。人間の価値という無視してはならない問題が存在する」と主張した。ヤコブソンはこれにいたく立腹したので、ローザにテイラーの見解を伝え、さらにアンダーソンにも確実に伝わるようにした。ヤコブソン自身は、「クリーピング・インフレーション」こそが、その「人間の価値」を損なうものであり、それは早晩「駆け足（ギャロッピング）のインフレ」に転化するものだと確信していた。労働者は自らの希望について近視眼的であり、より大きな観点を無視することにより多くを失うことになってしまうのだ。ヤコブソン自身の第二次大戦後の欧州大陸での経験によれば、労働者は極めて賢明で、自分自身だけでなく国益も踏まえたより高次の価値を認めることができたはずだった。

一九七〇年に発生する二ケタインフレのことを勘案すれば、ヤコブソンのクリーピング・インフレーションの帰結に関する分析は正しかったというべきだ。また戦後インフレの終焉について彼が誤っていたわけでもない。彼は単に、世界が新たなインフレーションを創り出すことになるとは信じなかったのである。

世界物価の安定が続くというヤコブソンの信念によって、彼はドイツ・マルク切上げについて反対論者となった。五％の切上げが実施されたのは一九六一年三月だったが、それに関する議論は五六年以来続いていた。五七年に、エミンガーはヤコブソンに対して述べている。ドイツ・ブンデスバンクの理事会で彼だけが、

一九五六年に切上げに賛成していた。エミンガーは未だにあの時五から七％の切上げが行われていれば状況はより安定していたはずだと信じていた。すなわちドイツの投資は信用の抑制が少なかったことでより促進され、したがってドイツの貯蓄が外貨資産に投じられる程度もずっと少なかっただろうというのだ。

ヤコブソンは「通貨についての確実性を高めるため」海外からの資金流入が盛んな国が金融を緩和し、その他は逆の政策をとるべきだと考えていた。彼の見解ではドイツにとっては資本輸出で問題が解決されるべきだった。彼は一九五九年二月以来、「富者の義務」という議論を展開し、ドイツ・マルク建ての借款をさまざまな国が享受できるよう働きかけた。しかしヤコブソンは、五九年十月にアデナウアー首相との会談において、より一般的で大規模な政策こそが解決策であるという見解を支持した。資本輸入によってもたらされた問題の解決策として、ド

イツの資本輸出への需要が一段と高まっていた。エアハルトが六〇年の年次総会で公約したにもかかわらず具体的な措置には時間がかかっていた。

一九六〇年央までにドイツ・マルク切上げは再び大々的に議論されるようになった。六月時点でヤコブソンは、公定歩合の大幅な引上げとその他の措置が併用されることで十分であり、それによって「均衡的な状況」に近づくと期待していた。

ＢＩＳの年次総会で、ブレッシングとエミンガーがヤコブソンと別々に話し合った。彼はブレッシングに、望ましい均衡状態は賃金の上昇継続と財政支出の拡大で達成できると述べた。為替相場の変動幅を現行の二％から四％に引き上げるという可能性については、単に撹乱的なだけであり、ＩＭＦはそれを複数為替相場措置とみなすだろうと考えていた。バーゼルの駅前広場を歩き回りながら、エミンガーはヤコブソンに対し、切上げるか、もしくは資本輸出に加えおそらくはドイツの賃金と物価の引上げといった措置をとるかのどちらかを決める必要がある。後者があり得ない以上、切上げ以外に選択枝はないのだと言った。どんな議論も彼の決心を変えることはできなかった。

ヤコブソンは、ドイツ・マルクが切り上げられる二日前に切上げが不可避であるとの通告を受けていたが、その時切上げ反対論者のグースからドイツで起こっていることについて長々と懸念を表明された。「エアハルトが大いなる興奮状態にある」。それに加えて「ドイツの新聞が極めて狡猾なプロパガンダを展開している。エアハルトのアドバイスにしたがってマルクを切り上げれば、アメリカは我々に途上国に対して巨額の援助を要請することができないというわけだ」。

ブレッシングが一九六一年三月三日金曜日に予定通り電話してきて、彼がマルクに関する決定がなされた閣議の場から抜け出してきたばかりであり、エミンガーはワシントンに向かっていると告げ、ＩＭＦの理事会はいつ開催されるのだと尋ねた。土曜日の朝だった。「私は切上げ幅を知ることはできないとわかっていた。しかし言った『別の話をしよう。五％の貸付をしようとしている訳ではないだろうね？』。ブレッシングは笑って答えた。『貸付については後で議論しよう』と」。ヤコブソンは、これで為替相場の変更は小幅であることを悟ったのだ。

ゴールド、ポラック、フリードマン、フェラス、後にはサザードとピトブラドが、会合を設定しなければならなかった。彼らは皆切上げ幅がいくらになるのか気になっていた。ヤコブソンは曖昧に七、八％にはならないだろうと言った。一般的な反応はそれでは不足だというものだった。ポラックは一五％が必要、最低でも一〇％は欲しいと主張した。ヤコブソンもスタッフと同意見だった。彼はすでに一九六〇年十一月、すなわち四カ月も前にマックチェスニー＝マーティンに六％程度の小幅な切上げでは為替市場を混乱させるだけで得られるものはないと伝えていたのだ。ヤコブソンの考えでは「一五％なら意味があっただろう、しかしそれは農業政策の観点を考えただけでも政治的には不可能だった。アデナウアーが農産物の価格低下を容認できるものか。かといって関税を引き上げることもできない」。

後に切上げが「遅過ぎかつ小幅過ぎだった」と批判されたが、IMFの判断に関する限り小幅過ぎという批判は当らないだろう。

マルクの五％切上げに続いて翌日オランダ通貨フローリンが同様の幅で切り上げられた。これは国内市場を物価上昇、いわゆる「輸入インフレ」から守るための措置であった。

両国政府による、これが最後の措置である旨の公式声明は、国際市場の混乱を鎮めることができなかった。三月の第二週にドイツの外貨準備は一億ドル、スイスが一・五億ドル増加し、ともに短期間の増加額としては史上最大となった。巨額な資金移動が続いており、何らかの措置が取られねばならないことは明らかだった。

切上げから十日も経たないある日、ヤコブソンはマックチェスニー＝マーティン、ローザおよびサザードの訪問を受けた。彼らはヨーロッパにおける資金フローから生じている問題に対処するため、専門家による会合が有益ではないかと提案した。こうした会合を設けることで性急なアイデアを求める声を牽制し、とりわけ大統領の経済顧問たちが、良く知られたトリフィン・プランに沿ったものを求めているのに対抗することができよう。ヤコブソンはしかるべき専門家によって構成され、ニューヨーク連邦準備銀行のチャールズ・クームズがアメリカ代表として加わるような委員会が、「何か起こったかを検討し、先物市場での中央銀行間の協力体制の深化といった提案を行うのに極めて適切だと思った。ただ、その検討の結果、トリフィン・プランや金保証などの提案がIMFの場で検討されている借入れのようなアイデアより優れているといった結論にはなり得ないだろう」。会合は三月中旬にバーゼルで行われその成果は報道陣に「バーゼル協定」として知られることとなった。

投機を抑制し、ホット・マネーの動きによる影響を最小化するために、中央銀行同士が密接に協力することで合意が得られた。中央銀行同士でお互いの通貨をこれまで以上にもち合い、必要な通貨を融通し合うことになる。オペレーションは直物、先物両市場で行われよう。それによって弱い通貨の金や強い通貨への交換を大幅に減らすことになる。この措置はIMFによってより恒久的な手法が開発されるまでの一時的なものとみられていた。

一九六一年の春を通して市場は投機の波に晒され続けた。BISの年次総会で中央銀行総裁たちは、何かこれまで以上のことを行う必要があると結論した。コボルドに率いられた総裁たちはヤコブソンが翌日にバーゼル大学で行う講演に、彼らがヤコブソンのために起草し、その求めに応じて自身で署名した声明を盛込むよう求めたのだ。

聴衆で超満員になったホールでヤコブソンは、ちょうどプレスの解禁に会わせ、極めてタイムリーに決定的な声明を読み上げた。

過去三カ月にわたって、経済世界はさらなる通貨調整の噂に翻弄されてきた。私には、そうした噂は全く根拠のないものに思える。しかしながらそれらは極めて信頼を傷つけるものであり、そんなものを捏造し、ばらまくことがどんな害をもたらすかに思いを致すべきだ。

たまたますべての主要な金融センターにおいて、通貨当局は現行平価を維持する強い決意をもっていることがわかった。再切上げ、変動幅の拡大ないしいかなる形であれ、国際的に通貨調整について何か新しい案が検討されているというような噂には何の根拠もない。

私は、今週末バーゼルにおいて中央銀行間で確固とした決意と、効果的な相互協力に対する信認が確認されたことを大いに喜んでいる。こうした態度と協力関係に対して、国際通貨基金は暖かく支援する所存である。

この講演は世界的に報道され、一夜にして市場を鎮静化させたのであった。

6　第三世界諸国

一九五六年にヤコブソンがIMFに移った時、第三世界諸国をめぐる諸問題はヤコブソンにとっても新しいものであった。既存のIMF加盟国や、ヤコブソンがIMFで過ごした時代に新規に加盟した二十余りの国の大部分は、アジア、アフリカ、ラテンアメリカの国々であり、ヤコブソンは、その情熱と指導力を、この新しい分野に注いだ。次の七年間において、ヤコブソンがこの問題以上にその時間とエネルギーを要した問題はなかったと言える。この章では、こうした諸問題とそれに向けられた政策に関する広範なサーベイを行うこととするが、テーマが非常に広いために、それを正当に評価するためには、一冊の本が必要とされるであろう。

第三世界諸国をめぐる諸問題に対する政策の立案は、IMFスタッフの報告や、問題を抱えている諸国から派遣されてきた政府高官との討論に基づき、主としてワシントンで行われた。しかしながら、ヤコブソン自身もラテンアメリカを何回か訪問したほか（最初の訪問は一九五七年）、一九五八年にアジアを二度、六二年にエジプトを一回それぞれ訪れている。ヤコブソンは、現地で見聞した貧困に愕然としたが、IMFやIBRD

グループの仕事を通じて専門家が多数育っていったことや、政治家や銀行家がこれらの国々とコンタクトをとり、実際に訪問したことを嬉しく思った。なぜならそれは、彼らが問題の本質をより良く認識することを意味していたからである。

第三世界諸国の「発展」——ヤコブソンはそう呼んだ——を確たるものにするため、IMFはどのように貢献できるかというテーマに対して、ヤコブソンの思索の多くが費やされた。第三世界諸国が抱える諸問題は、経済資源が余剰となっていた一九三〇年代における先進国の問題とは異なっていた。第三世界の問題は、必要とされる物的資源のうち一つか、それ以上が不足しているというものであった。工場、石油、肥料、そして他の多くの必需品は、不足している時にそれをマネーの拡大によって創り出すことはできない。それらは、輸入されなければならない。生産要素が不足している国にとっては、外国資本や技術支援によって補完しつつ国内貯蓄を増強していくことこそが、発展を確保するための唯一の方策であった。それゆえ、必要な輸入は妨げるのではなく、むしろ推奨されなければならなかった。こうした問題の状況は、第二次世界大戦後にイタリアや他の欧州諸国が直面した状況に類似していたので、その時と同様の議論が適用された。

それゆえ、ヤコブソンは、「健全な金融状況が経済発展のための唯一の基礎である」という、彼がしばしば繰り返して述べた結論に達した。IMFの政策の大部分は、この信念をよりどころとしており、それは、一九五八年にインドで開催されたIMF総会におけるヤコブソンのスピーチのメインテーマの一つであった。しかし、IMFの政策はすぐにその出所やそれがもたらす世間的関心や弊害を考慮する時、極めて厄介な批判にさらされることになった。

国連事務総長のダーグ・ハマーショルドは、一九五九年のIMF総会の二、三週間前に年次報告のなかで、先進国の政策が第三世界諸国に与えた影響に対する批判を公にした。ハマーショルドの命題は、インフレーションの抑制を優先し過ぎると経済成長が阻害されるというものであった。ハマーショルドの真意に関して新聞紙上では多くの憶測が流れ、論調は多様だった。彼は安定化政策が第三世界の先進国に対する輸出余力を削減すると考えたのか。第三世界における安定化政策は、そうした諸国の成長を減退させると考えたのか。もしくは両方の信念をもっていたのだろうか。

同年七月にジュネーブでハマーショルドが行ったスピーチが活発な論争に火をつけた。いくつかの新聞では、二つの主張が混在していた。『フィナンシャル・タイムズ』紙では、ロンバード・コラムでIMFを繰り返し攻撃する一方で、主要な記事はその政策を賞賛した。学界は、その中間辺りに位置した。声の大きいエコノミストや社会学者は、全面的に成長を擁護した。

おそらく第三世界諸国の専門家の大多数は、どんな犠牲を払ってでも成長したいという志向をもっていた。国際世論はこのようにして形成されていった。なぜなら彼らの大部分は、歴史的理由でロンドン・スクール・オブ・エコノミックス（ＬＳＥ）かソルボンヌ大学で訓練されたか、この二つの教育機関出身者によって、それぞれの国で教育を受けていたからである。ＬＳＥもソルボンヌ大学も、当時、貨幣や金融に対して関心を払わなかった。それゆえ若い研究者の大部分は、問題の本質を理解できなかったのである。また彼らのほとんどは、貨幣と金融の重要性を決定的に軽んじる左翼の政治的見解に染まっていた。

こうした点に加えて第三世界諸国のいくつかの国では、彼らが産出する素原材料については、もはやかつてのような高い価格を確保することができなくなっていたという事情があった。世界的な物価安定のなかで、素原材料価格の下落が食料品価格の上昇によって打ち消されているのが覆い隠されていた。多くの第三世界諸国は、その貿易収支への影響が輸入政策と重要視していた開発計画を脅かしていることを感じていた。この問題へ注意を払うべきという彼らの要求は、確かに、ハマーショルドに訴えるものがあった。

ハマーショルドの「常軌を逸脱した」立場に関して、ヤコブソンと話をした多くの人々に対して彼は、ハマーショルドが人々が成長のために経済の安定化を犠牲にすべきであると本当に信じているのだと確信しているのだと説明した。ハマーショルドは、スウェーデンにおいて通貨切下げに繋がった金融政策に対して責任ある立場にあった一九四六―四八年当時にも同じ信念を心に抱いていた。ハマーショルドはまた、第三世界諸国における彼の関心を示すことに熱心であった。しかし、こうしたハマーショルド擁護論は誰も説得できなかった。問題を抱えている諸国は、信用創造によって活性化できるような大規模な未開発資源を有していなかったのである。世界中に大量の貸付を実行し、その有効性と安全性が危険にさらされていたＩＢＲＤの総裁であったユージン・ブラックは、国連年次報告が発表される二、三日後にニューヨークでハマーショルドに会い、本件について話をするであろうと言った。

ヤコブソンが一九五九年九月中旬にニューヨークで開催された国連総会に出席した時に、経済社会問題担当副事務総長であったフィリップ・ド・セーヌが宥和的な態度をとった。ハマーショルド自身は、単にある種の誤解があると理解しており、近いうちにこの件についてビールでも飲みながら話をしないかと言った。ヤコブソンはこれに同意した（彼の日記ではワインの方がいいとコメントしている）が、そのような会合がもたれたという記録は存在しないように思われる。

金融の安定が成長に必要であるというＩＭＦの主張は、原則として受け入れられた。一九六二年の年次総会において、ヤコブソンは、「発展途上国に言及したすべての人々が、今回インフレ抑制の必要性を主張したのを聞いて幸せな気分になった」。

健全な金融政策は、第三世界諸国、特にラテンアメリカ諸国においては成功しそうもないと、ブラックはヤコブソンに対して非公式の月次会合において繰り返し警告していた。ブラックはヤコブソンと同様に、政策は成功すべきであるということに関心があったが、反面ヤコブソンが各国の財務大臣や中銀総裁との個人的な繋がりや、彼らの誠意に対する思い入れによって、その政策立案を安易に受け入れてしまうのではないかと懸念した。ブラックは、「こうした諸国に対して、早過ぎる段階で援助を与えるのは良くない。彼らには真の危機感をもたせなければならない。それは、財界人や一部の指導者たちの意思の問題ではなく、世論がそうした対策を実行に移すことを容認するかどうかの問題である」と繰り返し強調した。ラテンアメリカ諸国が抱える困難の一つは、アメリカの政府機関がヤコブソンの意思決定前に援助を与えることに同意してしまうことであった。ヤコブソンは、多重為替レートの削減、信用上限の設定、均衡予算や安定化計画、その他安定計画のすべての構成要素に厳格であったものの、実際にはこれらの対策は守られなかった。ヤコブソンは、特定の国が以前の状態に逆戻りして、再び金融支援を要請するのにたびたび遭遇した。彼にとって、これは常になげきの原因になった。

しかしながら、ヤコブソンは以下の出来事にみられるように回復の見込みのない国はないと考えていた。ヤコブソンの注意が、主要国ではないある国に関するIBRDレポートに注がれた。その国は非常に混乱した状況にあり、全く正当な理由で貸付を拒絶されていたが、レポートは同国が経済的に存続できるような希望は全くないともつけ加えていた。ヤコブソンは、ただちにたまたま良く知っていたIBRD副総裁のバーク・クナップに連絡をとった。彼らは、時々昼食をともにしていたのである。彼らが相互に信頼し合っていたのは、第二次世界大戦中にヤコブソンがクナップにBISのポジションを紹介したことからも明らかだ。ヤコブソンはクナップに、いかなる国に対してもそのような言い方をするのはモラルに反すると話した。国内で安定化政策が実施されれば、問題の国が信用力を回復する希望があるからである。ヤコブソンは本当に怒っていた。クナップは、まだIBRDの理事会メンバーにも配布されていないそのIBRDレポートを取り下げると返答した。これは実行され、レポートは完全に書き直された。その国がまもなく、IMFに技術支援を要請した国の一つになったのは驚くに当たらないだろう。

第三世界諸国は、IMFと他の国際機関や政府、時には民間銀行と協調してとられた行動によって恩恵を受けた主要な国々に含まれる。ヤコブソンは、一九五八年にこれらの行動に関する原則を以下のように定めた。

ＩＭＦと支援を要請している国との関係がどのようなものであろうと、融資と支援に加わるか否かは、当然ながらこれらの協調融資に関連している各機関がおのおのの諸原則に照らし、提出されたプログラムの充実度に関するそれぞれの独立した判断に基づき決定される。

この原則にもかかわらず、他の国際機関や政府等は、常にＩＭＦの監督下で安定化政策に取り組んでいる国への関与を優先させていた。

アルゼンチンのケースでは特別な協調融資が実行された。というのは、協調行動が民間銀行から来たものであったからである。ヤコブソンは、アルゼンチンがＩＭＦの単独融資よりそうした協調融資からより多くの恩恵を受けるであろうと考え、ＩＭＦの特別展示日が設けられたブリュッセル万博に出席した機会に、ブリュッセル銀行会長のルイ・カミュとこの問題について議論した。カミュは、三十の主要銀行が出席した次回の民間銀行グループ会合においてこの問題を取り上げた。カミュは好意的な反応を得ることができ、ＩＭＦによって提案された融資金額に見合う協調融資団が組成された。

通常こうした協調行動は、ＩＢＲＤグループ、米州開発銀行、アメリカ輸出入銀行、そしてまれにはＯＥＥＣととられた。ヤコブソンはかねてから、これらの機関の主要な役員と良好な関係を築くことを主張していた。しかしながら、ヤコブソンはいずれの機関とも合同で協議を行わなかった。こうした棄権的な行動が良い慣習であるか悪い慣習であるかに関しては意見が分かれる。ヤコブソンの態度は、もしある国がＩＭＦの技術支援を必要とするなら、その自由な意思でＩＭＦに要請するはずだというものであった。ヤコブソンの在任期間中に、第三世界の三十七カ国が一回以上のＩＭＦ引き出しとスタンド・バイ取極を獲得した。

いかなる国についても、インフラストラクチャー、政治、人間等その国のすべてを一回限りで学ぶことは、当然ながら不可能である。ある国々は、ＩＭＦに毎年融資を求めてきた。そして、しばしば政治的混乱、政策の変更、なかんずく人事の変化が生じた。財務大臣たちの在任期間の短さは、国際的なジョークになっている。かくして、新しい指導者たちに適切な政策の必要性を確信させる骨の折れる仕事は、ぼんやりと見え始めた目前の危機をデッドラインとしてしばしばゼロからスタートした。ヤコブソンがしばしば自由になる時間のなさを嘆いたのは疑いを入れない。ヤコブソンが受けた説明がどんなに優れていても、またペーパーが良く書けていても、彼はそうした国々や指導者たちについて可能な限りすべてを吸収したいと感じたであろう。

財務大臣、中銀総裁、上級公務員、そして政治家たちまで、ＩＭＦと交渉する人々のすべてが自らの問題についてＩＭＦの最高責任者と議論することを望んだ。ヤコブソンは交渉相手を知ることを好んだので、彼らと会うことを常に望んだ。この結果ヤコブソンは、しばしば同じ日に、三カ国かそれ以上の国に関わる入り組んだ交渉に巻き込まれた。これは説得、議論、時には甘言さえも必要とし、そのいずれもがヤコブソンがとろうとしている政策についての事実と方向性の理解なしには、特にそれらが交渉者たちにとって悪いニュースである場合不可能だった。たとえば彼らのプログラムが不満足で、帰国前に修正を要する場合、あるいは提案されたよりもはるかに小幅な通貨切下げで十分と考えられる（したがって思っていたより小幅の信用拡張で済む）場合、さらには合意されたプログラムを貫徹することが当該国の利益になるという説明を要する場合など、それらを説得できるかはヤコブソン次第であった。ヤコブソンは、関係者との友情を損なわず、あるいは彼らを友人にするような巧みなやり方で自らの論理を貫徹した。ヤコブソンは、世界中に友人をもっていたのである。

ヤコブソンが代表者たちと交渉する際に使ったテクニックや、彼らの抜け目なさに対して用意した対処法は、次のようなコメントに示されている。「我々は、いくつかのジョークを飛ばした。非常に愉快であったが、その裏では極めて深刻な議論が行われていたのだ。交渉のなかですべての言葉を注意深く見極めなければならなかった。不注意でなされたものであれ、少しでも譲歩してしまえば取り返しがつかないからである」。このケースでも、いつものようにヤコブソンは一人で交渉に当った。こうしたことは、ＩＭＦのスタッフにとって心配の種であったが、その結果には満足していたようにみえる。

ＩＭＦに寄せられた支援要請のなかには、引き出しやスタンド・バイ取極の公表に至らなかったケースも多い。多くの危機寸前の状況が、さまざまな対応により危機に至らず、外部に漏れることもなく回避されたことは、ＩＭＦのスタッフによってなされた仕事の最も価値のある側面の一つだろう。専務理事の注意を引くような深刻な問題を処理する際には、ヤコブソンは彼自身の裁量を使った。ヤコブソンのスタッフは忠誠心が高く、彼をバックアップした。予防に勝る治療法はないのである。

第三世界諸国が、通常保有する資源を投資目的のためにすべて使っていたという事実は、新産金の吸収につながらないという意味ではプラスである反面、外貨準備を積み上げるべき状況の時にはマイナスとなった。彼らが外貨準備を積み上げたがらない傾向は、開発計画の規模によって強まった。一九六二年に、ヤコブソンはブラックに次のように語っている。

発展途上国の至るところで開発計画が策定されていくことに懸念を強めている。ＩＭＦは、信用拡張の上限を設定することはできても、利用可能な資源との対比でそうした開発計画の内容を吟味することはできないし、そうしたことを行ってもいない。

ブラックはこれに同意し、彼もまた開発計画を懸念していると言った。このように問題は把握されていたが、ヤコブソンの在任期間中の最後の年になってもこの問題に対する対応は手付かずだった。

ＩＭＦと他の国際機関等との協調行動も奇跡を生み出すことはできなかった。時間を必要とする一方で、第三世界諸国は性急な経済発展を求めたからである。理想的な状況を想定した非現実的な希望に基づく多くの誤った考えが存在した。ヤコブソンは、実現しない願望に対して理解を示していた。彼は、飢餓、貧困、絶望を国家的スケールで取り除くために、魔法のように望みをかなえるべく最大限の努力をした。十年以上後になっても、ヤコブソンがその晩年に生み出した実践的な解答を越えるものを誰も思いつかなかった。金融の安定、技術支援、当該国自身および国際的な資本も活用した実質貯蓄、これらが利用可能な方策のすべてであった。インフレーションは、いかなる仮面を装っても困難な事実を変えることはできない。インフレーションは、単に破壊的なだけである。

一次産品産出国は、その多くが第三世界諸国であるが、輸出価格の下落、輸出数量の減少の結果として、外貨収入の減少に悩んでいた。こうしたことは、そうした諸国の経済や開発計画を不安定化させ、何らかの対策が必要とされた。

ヤコブソンの下でのＩＭＦの政策や慣行への最後の大きな貢献は、一九六二年二月に公表された「輸出変動補償融資制度」というタイトルのレポートである。このレポートは、国連国際貿易委員会からの依頼で、ＩＭＦのスタッフにより行われた十カ月間の作業の成果であり、輸出収入の変動を補うためにＩＭＦがより大きな役割を果たせないかどうかを検討したものである。国際貿易委員会が草案を提示していたが、ヤコブソンはそのレポートを好まず、ＩＭＦが独自の計画を作るべきと主張したのだ。

補償融資制度の目的は、加盟国の管理の及ばない外部環境の変化のために生じた、一時的な輸出収入の不足を補うというものであった。こうした輸出収入減少の原因は、先進国の景気循環要因による輸出価格の下落や、不作、地震のような自然災害などによるものとされた。補償融資制度の対象となる金額は、通常クオータの二五％とされ、引出し前の事前承認は不要とされた。しかしながら、当該国はＩＭＦと国際収支問題について議論することが期待されていた。この新しいファシリティは既存のＩＭＦのファシリティを補完するものであった。

ヤコブソンが国連経済社会理事会（ＥＣＯＳＯＣ）で最後のスピーチを行った時、それは彼自身にとって最後のスピーチでもあったが、補償融資制度が非常に新しいものだったので、そうした枠組みの実行は、ＩＭＦと加盟国との間で友好的な協力関係を醸成した上で進められなければならないと指摘する必要があった。

アフリカ、アジア、ラテンアメリカ諸国の抱える諸問題は、日々の取組みを必要とする課題であった。ヤコブソンは、それらの問題を片時も忘れることはなかった。他の交渉事に巻き込まれている時でさえも、力を貸してくれるかもしれない人と、そうした諸問題のいくつかについて議論することを忘れなかった。ヤコブソンは、しばしば、問題を抱えた国の経済政策が成功をもたらさなかったということを知って悲しんだ。自分自身を慰めるために、安定化が達成された国々の非常に短いリストを作成した。しかし、ヤコブソンは、進歩と発展の前提条件は健全な通貨であるという信念を決して失わなかったのである。

7　比較研究――スペイン、ユーゴスラヴィア、カナダ

さまざまな国々で発生し、異なる対応策で対処する必要がある多様な諸問題は、スペイン、ユーゴスラヴィア、そしてカナダのケースで典型的に表れている。特にスペインとユーゴスラヴィアのケースは、ヤコブソンが望む方向に経済的、金融的、政治的考慮を巧みに織り合わせた、彼の経済外交の卓越した事例と位置づけられる。

スペイン

一九五九年のスペイン問題は、多くの国際金融機関との共同コンサルテーションを必要とした。当該国の要請で技術支援を与えるというのがＩＭＦの基本原則であったが、このスペインとの関係でみられたように、必ずしも厳格なルールであることを意味しなかったのだ。五九年にスペインは破産状態にあった。援助が是非とも必要であったが、スペインは第二次世界大戦以前から、事実上国際協調の枠組みの外に置かれていた。それでは誰に頼んだら良いのか。複雑でデリケートな交渉が開始された。スペインのＮＡＴＯとの関係が不気味に影響した。最終的に、ＯＥＥＣ、ＥＭＵ、ＩＭＦが共同代表団をスペインに派遣する合意がなされた。ＥＭＵは、結果が満足のいくものであることを条件に、多様な貢献策の一環として貸付を約束していた。スペインは、公式の合意がなされればＯＥＥＣに加盟することとした。ＩＭＦも関与した。為替レート変更の問題があったからである。三つの機関は、六月の交渉中、スペインにトップ（Ｈ・Ｋ・フォン・マンゴルト、ルネ・セルジャン、ヤコブソ

ン）に加え多くの高官を派遣した。ヤコブソンは、誰も本件から除外されることを望んでいないという結論に達した。

ヤコブソンチームは、当時ＩＭＦの欧州局長で後にＢＩＳの総支配人になるガブリエル・フェラスを含め、四人で構成されていた。彼らは一緒に仕事を円滑に進め、注意深く段取りを整えた。しかし、多くの片づけなければならない作業や、いくつかの複雑な交渉事があった。すなわち、多様な国際機関が関与することによって生じる「管轄権」の調整問題であった。為替レートの問題はＩＭＦの権限に属すると一般に受け入れられていたため、ヤコブソンは断固とした態度をとった。ヤコブソンは、断定的にフェラスに次のように語った。

「これまでのところ順調にいっている。しかし、我々の使命は、我々自身とＯＥＥＣの双方に、現在のプログラムが最善のものであるということを確信させることだった。したがって私は多様な管轄権についてはあまり関心を払わなかった」。

採用すべき政策について、代表団の間で多くのディスカッションが行われるのは不可避だった。ヤコブソンは、将来の貿易自由化、信用・金利政策、財政政策、そして経済の他の側面に関する詳細な情報を必要とした。

熟慮の末ヤコブソンは、自由市場における為替レート変動の中位数を表わす為替レートを採用するよう強く主張した。適切な国内政策の実行が必要とされたが、為替レートを強くし過ぎると、国内コストや価格構造に悪影響を及ぼす惧れがあった。ヤコブソンは、「すぐに賃上げにつながるような安定化政策は好まない」と強調した。彼が使った議論の一つは、観光客にとって割安な国になることがスペインの利益になるというものであった。

ヤコブソンは、計画の草稿作成には直接携わらなかったので、スペイン側と一緒にレジャーを楽しむ時間を見出した。そうしたことは、それ以前にはめったになかったことであった。ヤコブソンはスペインでの時間を満喫し、交渉相手を賞賛し彼らの文化と広範な関心に感銘を受けた。彼は頼まれてテレビに登場し、学生相手にスピーチを行った。また、当然ながらプラド美術館で時間を過ごした。ヤコブソンは、非常にモダンであるという理由でゴヤが一番好きになった。ヤコブソンが笑みを浮かべ、喜んだ表情のフランコ総統を訪問した際には、総統が専門家であったタペストリーに関するディスカッションも行われた。

世界は、成功裏に終わった交渉を安堵の気持ちで歓迎した。そうした成果は、来るべき将来におけるスペインの経済成長を保証するものであった。

ユーゴスラヴィア

ヤコブソンが一九六〇年に多過ぎる位の時間と関心をささげた国は、ユーゴスラヴィアであった。同国の極めて複雑な多重為替レート制度と、同国が「共産国家」であるという事実は、IMFの資金量増大を実現すべき国々の大部分を非常に冷淡な態度に変えた。しかしヤコブソンにとっては、こうした問題があるからこそユーゴスラヴィアはIMFの用意できるすべての援助を享受しなければならなかったのだ。

一九五九年六月にヤコブソンがバーゼルで初めてユーゴスラヴィア人に会った際に、為替レート問題の重大さが明白となった。ヤコブソンは、為替レート制度を簡素化するよう示唆した。しかし、ユーゴスラヴィア側からは、同国の為替レート制度において「特定の商品に対する為替レートは、その商品の輸出を可能にするためにしばしば選択される」という説明がなされた。これ以上IMFの諸原則に反する制度はない。

一九六〇年一月末にかけてユーゴスラヴィア議会において、政府が日時を特定せずに近い将来為替レートを統一する準備を整えたという声明が出されたということが明らかになった。この公式声明は、いくつかの技術的調整とともに、IMFのスタッフと理事会が一時的にユーゴスラヴィアの為替レート制度の承認に同意するための説得材料となった。「ユーゴスラヴィアにとって、改革を行うことは西側の国以上に困難である」という言葉は、ヤコブソンがいかにしてラテンアメリカ諸国に対する悪影響についての部下たちの懸念に反論したかを示すものだ。

三週間たたないうちに、ヤコブソンはワシントンでユーゴスラヴィアの代理大使と面会した。同国は、一年以内の為替レート統一、IMFからのミッション派遣、さらには外貨準備が不足しているのでその補填のための手段に対する検討を望んでいた。ヤコブソンは、彼がユーゴスラヴィアの為替レート制度を暫定的に承認するよう後押ししてきたことを喜んだ。為替レートの統一は、市場経済を導入するための前提条件であるからである。

ヤコブソンは、同僚たちによって示されたユーゴスラヴィアへの関心のなさから逃れることはできなかった。しかし、ある日驚きがもたらされた。インドの理事であるバスカル・ナムデオ・アダルカルがインド政府からのメッセージをもって来訪したのである。「インド政府は、ユーゴスラヴィア政府の為替レート改革に向けたプログラムに対する、IMFの強力な支援を求めるよう要請することを望んでいた。最もありえないと思っていたことだ。インド財務大臣のモラルジ・R・デサイがユーゴスラヴィアを訪問し、そこで会ったユーゴスラヴィア人や同国が進めていた政策に感銘を受けたように思える」。

一九六〇年七月のユーゴスラヴィア訪問時に、ヤコブソンは、同国のいろいろな地域を訪問し、工場や城を見学した。ヤコブソンは、将来のIMFクォータ、それを補完するために必要となる資金量、タイムスケジュールについても交渉した。ユーゴスラヴィア人は、彼ら自身でプログラムを策定しなければならなかったが、可及的速やかに交渉を完了することを望んでいた。向こう数年間同国の貯蓄の一部が外貨準備を補填するために使われなければならないということは、何度も強調されなければならなかった。

将来の為替レートが難題となった。ヤコブソンは、提案された為替レート改革は通貨切下げと切上げの両方をともなうもので、それはＩＭＦが他の国では決して承認したことのないことであると指摘した。これがヤコブソンがチトー大統領に会った際の問題の核心であった。大統領は、「我々はそれを段階的に進めるであろう」と言った。ヤコブソンは、次のように反論した。

「犬の尻尾を一撃で切る方が、少しずつ切るより残酷さは少ない」。チトー大統領は微笑んだ。彼が微笑んだ時、それは、フレンドリーで、喜んだ微笑であった。

ある公式のスピーチで、ヤコブソンは市場システムを求める要請を行い、以下のように強調した。「すべてが再建されなければならなかった戦争直後は、何がなされるべきかは自明であった。しかし、消費財産業が大きな役割を担い、経済全体が多様化している今日、過剰で効率的でない官僚制度が排除されるのであれば、適切な指針がより必要であり、それは、市場システムの運営のなかで見出されなければならない」。このスピーチは、聴衆から、とりわけ出席していた大学教授たちから喜びをもって受け入れられた。

ＩＭＦのスタッフが細部の詰めを引き継ぎ、フェラスが公式のミッションに従事している最中に、ヤコブソンは、補完的なファイナンスの方策を見出す努力を開始した。ワシントンでの年次総会前の日曜日、ヤコブソンはユーゴスラヴィア代表団を事実上すべての潜在的な資金提供国の代表者と会合させるため昼食会を開催した。その会合での雰囲気は冷やかなものであった。

チトー大統領の国連総会における演説は、ヤコブソンがユーゴスラヴィア代表団の幹部に鋭く指摘したように、状況を改善しなかった。しかしながらヤコブソンは、取り敢えずブレッシングから、他国が協調行動をとることを条件にドイツが一定金額を提供するという約束を何とか取りつけることに成功した。その週末、ヤコブソンはイタリアのことを思いついた。イタリアの地理的位置だけでも、同国をこの問題に関心をもたせる要因になるはずだ。そして、おそらくヤコブソンは、七月にバーゼルにおいて、メニケッラがユーゴスラヴィアの努力を承認した唯一の人物であったことを思い出したのであろう。ヤコブソンは、イタリア銀行総裁であったグィド・カルリを通じて、彼に書簡を送った。ヤコブソンがあるデイナー・パーティで会ったディロンは、アメリカの財務次官補レディをメニケッラのところに派遣することを約束した。

次の日、ヤコブソンとレディは一緒に何がしか貢献してくれそうな九カ国のリストを作成した。そのリストは、数カ月後に最終合意に至ったものと事実上同じであった。

鍵を握るイタリアはなお同意を与えていなかった。ヤコブソンはイタリアの大使に会い、彼に先週カルリと話した内容について語った。ヤコブソンは、この問題は主に政治的であり、それゆえ内閣が扱う問題であるということに同意した。しかし、ヤコブソンはユーゴスラヴィアに滞在していた時の以下のような話をした。

私は良く知っている真のユーゴスラヴィア人に尋ねた。あなたの国の主なトラブルは何ですか。答えはいつも、「ハンガリーとアルバニアの間における我々の戦略的ポジションである。もし東側がわが国を攻撃したなら、我々は挟撃されてしまう。我々は戦うであろう。どのように戦うべきであろうか！」というものであった。

これは、東側から反逆者というレッテルを貼られないように、ユーゴスラヴィア人が慎重でなければならないことを意味した。もしユーゴスラヴィアが声明で東側につくことを表明する一方で、実際には同国が為替レート制度改革によって西側と連携するのであれば、それは我々の利益になると思う。

そのイタリア大使は、ローマに手紙を書くことを約束し、イタリアは結果的に予想された金額を拠出した。

すべての関係国が合意に達するまでに、なお多くの詳細を詰める交渉を必要とした。ヤコブソンはオフィスだけでなく、昼食や夕食、レセプション、カクテルパーティー、友人や顔見知りを自宅に招いてのお酒を飲みながらの静かなパーティーなどを通じてユーゴスラヴィアについて話し合った。ＢＩＳである会合が開かれると、ＯＥＥＣでも別の会合がもたれた。こうしたなかでユーゴスラヴィアは焦り、ＩＭＦだけとの決着を希望するようになった。

クリスマス前の金曜日に開かれた理事会は、ユーゴスラヴィアとの満足のいく交渉決着を承認した。ヤコブソンはもとより、誰もが喜んでいた。ユーゴスラヴィア問題全体に関するヤコブソンの最終コメントは、以下のようなものである。

私はこれがＩＭＦの真の仕事であると認めよう。ユーゴスラヴィアの単一為替レート制度採用は、ユーゴスラヴィアやおそらく欧州の歴史において極めて重要な第一歩である。今回の措置は広範な影響を及ぼすであろう。一つの共産国家がＩＭＦと協力できたという事実は、ブラジルや他のどんな国でも意識されるであろう。

おそらくヤコブソンは、なお歴史上の見極めを必要としているものの、ユーゴスラヴィアのケースでＩＭＦの共産国家との共同作業の影響を過大評価していた。ヤコブソン自身の本件への人並み外れた関心、エネルギー、そして気力の少なくとも一部は彼の持続的な好奇心によるものであり、その好奇心はソビエトや東欧諸国との協力の方法を見出したいという願望に基づいていたのだ。

カナダ

一九六一年の夏、カナダドルは減価の兆候を示しており、国内政治情勢の緊迫化によって六二年に複数の危機が発生した時は誰も驚かなかった。この危機は、ＩＭＦが取り組まなければならなかった最もドラマティックなもののなかに入る。

一九五〇年九月以降カナダドルは変動相場に移行し、その実験は明らかに成功していた。カナダ人は間違いなくこの制度に満足していたし、為替レートの変動相場制への移行を求める勢力は、彼らの主張を正当化するためカナダの例を使った。

カナダが変動相場制を採用した理由は、アメリカ資本の流入が巨額過ぎて管理不能に陥り、国内でインフレの脅威が出てきたためであった。ＩＭＦの理事たちは、そうした資本流入を中立化するため公開市場操作が使われるべきだと示唆したが、カナダ政府は中立化が可能となる規模まで負債を積み上げることができるとは考えていなかった。資本流入を管理するのは事実上不可能となり、そのことはカナダ経済に好ましくない不規則な影響を及ぼしかねなかった。ＩＭＦの理事会は、しぶしぶ変動相場移行に同意した。

ヤコブソン自身は変動相場制を全く好んでおらず、カナダについては、個人的に途方に暮れていた。一九五九年十二月にヤコブソンがコボルドに説明したように、ヤコブソンは常にカナダの変動相場制を、「固定相場制における単なる許容変動幅の拡大」に過ぎないとみなしていた。カナダ訪問から帰国したコボルドは、当時カナダドルはもはやドルとの一対一平価を維持するのは難しいと考えていた。もしこのことが受け入れられれば、カナダドルの変動はより緩やかなものになるであろう。

一九六二年二月、カナダ銀行総裁のルイス・ラズミンスキーはワシントンに滞在していた。彼は、五五年以降のカナダの難局は、主としてカナダ政府の誤った政策によるものであるという、八条国コンサルテーションに基づくＩＭＦ報告のインプリケーションに反対していた。ヤコブソンは、政策間の調整がなされていないというのは多くのカナダ人の意見であり、ＩＭＦの報告は、カナダに対して即座に実質的な平価に固定することを求めていないので、実行困難なものであるとは考えられないと指摘した。ラズミンスキーは、これは、法的な理由のためかと質問した。返答は、次のようなものであった。

ヤコブソン——法的理由というよりは、神学上の理由です。ラズミンスキー——神学上の理由ですと。ヤコブソン——然り。ラテンアメリカ諸国が変動相場制を採用していることを遺憾に思い、IMFに対して一刻も早く固定相場制に戻りたいと言っていることをあなたは、ご存知ですね。彼らは自分自身の罪を告白し、自らのやり方を直すことを約束している。しかしカナダはむしろ現行制度を擁護し、罪を悔いていない。それは大きな違いだ。ラズミンスキーは微笑んだ。——彼は返答のすべがなかったのである。

カナダ人の観点からみた主な懸念は、実効為替相場の固定についてタイムリミットを設定すべきではないという点にあった。もしそのような日付が知られると、大規模な投機が生じるリスクがあるというものであった。IMFは、カナダ同様にそのような事態を回避したいと考えていたので、そうした事態は発生しなかった。

数カ月間にわたって米ドルに対して三—五%以内のディスカウントに維持するといったカナダ為替基金の努力にもかかわらず、外貨準備の減少が持続した。六月十八日に総選挙が告示され、海外への資本流出が加速した。一九六二年五月の午後早い時刻に、ヤコブソンはラズミンスキーから緊急の電話連絡を受けた。為替レートに対して何をなすべきか。カナダの内閣のなかで決定に至っていなかったが、為替レートに関しては、一カナダドル＝〇・九二五米ドル辺りという議論が行われていた。ヤコブソンは何を考えたのであろうか。情報リークはあってはならない。ヤコブソンは約一時間でコールバックすると答えた。

法的な理由により、IMFは公式の申請を受領したら七二時間以内に返答しなければならなかった。困難な決定であった。とりわけ新しいレートを維持しなければならなかった。それに自信がもてなかった理由は、財政赤字が前年度と同じ七億カナダドルに達していたことである。資本流出のためにカナダ政府は十分な資金を用意していた。しかしヤコブソンは、ラズミンスキーに対して、介入で生じた資金は不胎化しなければならない、さもないとそれがさらなる資本流出に使われてしまうと警告していた。

ヤコブソンがラズミンスキーにコールバックした時、為替レートに関する決定がいつ行われるかは不透明であった。新しい為替レートについてヤコブソンはアドバイスを与えることはしなかったが、〇・九二五米ドルという為替レートを選択した理由を正しく理解できたとラズミンスキーに保証した。ラズミンスキーは、詳細を説明し、選択されたレートはおそらく投機をもたらすことはないだろうと強調した。

翌朝、ラズミンスキーがヤコブソンのオフィスに電話した際に、ヤコブソンは、情報リークの危険性が明らかに高まっており、カナダのような大規模な為替市場では大きな弊害をともなうと警告した。こうした見地から、カナダ内閣の決定は、五月二日の木曜日に行われ、ラズミンスキーは、同日午後の前半にその事実を確認する電話をかけてきた。ＩＭＦの理事会が午後六時に開催される旨、四時半に通知された。その時間までにラズミンスキーもＩＭＦに到着した。理事たちはいささか驚き、数人のメンバーが自国政府に相談することを希望した。しかしながら、ヤコブソンが指摘したように、カナダ政府は為替レートの変更が基礎的不均衡を是正するために必要であると公式に表明していた。ＩＭＦが数年前に合意していたことであるが、この種の問題については、「正確な判断が不可能である以上、加盟国は合理的な疑いの恩恵を与えられるべきである」。カナダは、平価体制への復帰を祝福された。

猶予は短かった。一九六二年八月十八日（月）の総選挙の夕方にヤコブソンの電話が鳴った時、それはラズミンスキーだと思った。その通りであった。カナダの総選挙では、過半数をとった政党はなく、驚くべきことに「金融に関して狂信的で非常にナショナリスティックな政党である」社会信用党が大きく議席を伸ばしていた。その日の外貨準備の減少は二億五〇〇〇万カナダドルであり、拡大が予想されていた。ヤコブソンは現行為替レートが適正レートと考えられるので、維持されるべきであると主張した。そのためのプランが策定されなければならなかった。

救済計画の詳細な説明は、あまりに冗長になるのでここでは述べない。国際電話回線が非常に混み合っていたので、ＩＭＦと主要な金融センターとの電話は一日に数回が限度であった。ヨーロッパの理事たちは、金曜日に状況の深刻さを公式に知らされていた。木曜日に外貨準備が七五〇〇万カナダドル以上減少したことは、非常な緊急事態であることを意味していた。

六月二十四日（日）の理事会で、カナダに対して三億ドルのＩＭＦ引き出しを承認した。理事たちは同日、カナダの首相が発表した財政措置を知らされた。それらは、ラズミンスキーの主張のおかげで、国際収支を守るために工夫されたもので、当該年度における財政赤字を半分以下に削減する措置も織り込まれた。前週の集中的な交渉によって、七億五〇〇〇万ドル相当の追加貸付をカナダに対して執行することも決まっていた。一つの主要な通貨がＩＭＦの提供できる援助によって支えられたのである。

ラズミンスキーは一九八三年、ヤコブソンが逝去して二週間後、感動的な賛辞のなかでカナダ危機の間における彼自身のヤコブソンとの関係について自らの言葉で以下のように語った。

私は、一九八二年の通貨危機が発生した時、ヤコブソンが私にとって、またすべてのカナダ国民にとって、いかに役立ったかを決して忘れない。ペール・ヤコブソンは、我々が大規模な国際的サポートを必要とすることが明白になった時、私が頼った最初の人物である。私は彼に、我々は困難な状況にあり、事態を好転させるためには百万ドル単位で四桁の金額にも達する程の外部サポートを得られるという印象的なショーをみせる必要があろうと話した。彼が小物であれば、躊躇したり、別のやり方で行うべきだった事に言及したり、できる範囲で協力はするがいろいろ困難があることを忘れてはいけないなどと言ったであろう。ヤコブソンは違った。彼は、私に二つだけ質問をした。『あなたはIMFからどれだけの資金提供を希望しているのか』。そして、『あなたはそれをいつ必要としているか』。そして、話すのはなかなか難しいその他の観点からみても、ヤコブソンは、大きな安らぎと勇気を与えてくれる源であった。

8 一般借入取極

振り返れば一九六一―六二年にIMFの借入能力を増大するためにとられた措置は、明らかに当時としては欠かせない予防的措置であったにもかかわらず、ヤコブソンの専務理事時代にとられた他のどんな政策にくらべても、IMFの大多数の加盟国やIMFスタッフにとって大きな懸念の原因となっていた。

一般借入取極（GAB）の基本的な内容は、国際金融システムの悪化に対処するために、先進工業国十カ国、すなわちアメリカ、ドイツ（ドイツ・ブンデスバンク経由）、イギリス、フランス、イタリア、日本、カナダ、オランダ、ベルギー、スウェーデン（スウェーデン銀行経由）が総額六十億ドル相当の資金をIMFの補完的基金に貸出す体制を整備するというものである。一九五八年末の対外交換性回復や、同時期の出資額引上げの後、IMFは一五〇億ドルに近い資金を必要としていた。四四年以降物価が四〇％、貿易が七〇％、それぞれ上昇していた世界にとって、そうした金額が十分な流動性であるかどうかについて活発な議論がなされた。六〇年の年次総会では、ヤコブソンが閉会スピーチで言及したように、「国際流動性は不足していない」というコンセンサスが形成された。とはいえ、アメリカとイギリスが同時にIMFから引出すならば、IMFが流動性問題に直面する事態が生じるかもしれない、といった懸念が持続していた。何らかの対処策がとられなければならず、交渉をともなった精力的な外交の末にGABが創出された。これが約二年後に十カ国グループ（G10）に発展していったのだ

G10（後にスイスによって補完された）は、IMFの議決権

の大多数を占める。創設当初からG10は、国際流動性の研究、IMF加盟国のクオータ引上げ、G10グループメンバー国通貨の平価再調整、といったいくつかの重要な政策活動を引き受けた。IMFとの連携は常に万全のものとは言えなかった。うまく行った場合でも、その過程で排除されたと感じ、孤立感をもった第三世界諸国の増大する不満や不安を封じ込めるのは困難になってきていた。こうした第三世界諸国の要求は一九七二年に認識され、金融システムの改革を取り扱うさまざまな委員会の構成に反映された。

GABの形成につながる出来事の論争的性格や、なおそれを取り巻く不透明さを考慮して、ここでは、IMFの専務理事の観点からみた議論を進める。

予備的交渉

一九六〇年に先立つ二年余り、国際流動性を増加させる必要性についてIMF内外で議論が行われていた。トリフィン案、ベルンシュタイン案、スタンプ案、そしてハロッド案は、すべて広範に知られていた。各国の中央銀行は、対外交換性の回復以降増大する短期資本移動について懸念を強めていた。ただこれらは一般大衆にはほとんど認識されてなかった。

高まる緊張を受けて、一九六一年二月十日のIMF理事会でヤコブソンは、IMFの将来の活動に関して予期されていなかった声明を出した。ヤコブソンがその声明を出した理由は、彼が「それが正しいタイミング」と考えたからであった。声明が出されたのは、チリに関する決定（初の第四トランシェ使用をともなう）に続く数カ国による八条交換性の受け入れ直後であり、ケネディ新政権が、金一オンス＝三五ドルの維持を肯定したのを除けば、国際金融問題で断固とした決定を行っていない段階であった。

ヤコブソン声明の核心は以下の三点であった。「IMF資金の引出と返済に使用する通貨の選択、引出に使用される通貨にかかるIMF資金の借入による補填、国際的な資金移動にともなう国際収支問題を抱える諸国を支援するための引出の使用」。

多くの同僚や外部の人々との議論が続いた。他のプランのすべては、IMF協定の抜本的改正が必要なため発効するのに二年余りを要した。まもなくヤコブソン・プランとして知られるようになった、必要な資金を予め借り入れて置くというプランは、そのような修正を必要としなかった。

二月二十四日と二十七日に、理事会で長時間の非公式な議論が行われた。発展途上国の代表として、インドのバスカル・ナムデオ・アダルカルがさらなる要求を行った。第一クレジット・トランシュは自動的に引出されるべきであり、第二トランシェには以前第一トランシュに適用された諸条件が適用され、第三、第四トランシュはより厳格な規定を適用すべきとした（ヤコブソンは、この方法は不必要と書いている。「我々は実際には寛大になることができるが、寛大であるべきということは、たぶん支援を受け入れる諸国自身のためにならない」）。ジャン・ド・ラルジャンタイ（フランス）は、資本移動をカバーするためにIMFの支援を拡大することに批判的であり、それゆえ、IMF資金を借入によって補填する考え方全体についても批判した。彼は、「そうした方策をアングロ・サクソン諸国の策略とみなしていた」というのがヤコブソンのコメントであった。イギリスを代表して、デヴィッド・ピトブラドがこのスキームは氷山の一角のようであり、見えないものが多く隠されていると言った。一方ドイツのヴィルフリート・グースは、ドイツは喜んで借入についての議論に参加すると語った。

ヤコブソンがアメリカ新大統領のジョン・F・ケネディを表敬訪問した時に重要な進展があった。その訪問は、財務長官でIMF総務でもあったダグラス・ディロンによってアレンジされたものであった。

ディロンは、IMFの将来的な活動について話を始め、一カ月前に私が理事会で行った声明がその将来の発展を輪郭づけるものであると語った。

私は、教授たちの提案は仮に可能だったとしてもIMF協定の改正を必要とし、少なくとも二年を要するので、すべては実行できないと話した。

ディロン――（頭を振りながら）それはあまりに長過ぎるので採用すべきではありませんね。

ヤコブソン――然り。我々は現行規定をうまく活用することによって多くのことをなしえます。我々は、交換性の回復した世界でIMFを役に立つものにしなければなりません。しかし私は教授たちの提案には感謝しています。もし彼らがこれらの問題を提起し、世論に何かをすべきという必要性を認識させなければ、我々がIMFにおいて、現状で可能であり実際に受け入れられるであろうことについて推進することはできなかったでしょう。

前年中の短期資本移動の変化についての対話が続いた。またそうした状況においてIMFがその豊富な資金にもかかわらず、アメリカがそうだったように、ある国が支援を要請しない限り何もなしえなかった事実、についても議論がなされた。

四月には、イギリス代表団のトップであったサー・ロバート・ホールとの昼食の際、IMFの「必要に先立つ」借入問題について議論する機会が到来した。ホールはハロルド・マクミラン首相と一緒にワシントンに滞在していた。ピトブラドと理事代理のレイモンド・H・ボナム・カーターも同席した。数多くの問題について議論が行われたが、IMFの活動の将来に関しては、以下のようなやりとりがあった。

私が概要を述べたプログラムは、近い将来大部分実現できるということで完全に合意した。

ロバート・ホール――このプログラムは、将来他のステップの妨げにはならない。これは、行うべき変革の最後ではないのだから。

ヤコブソン――おっしゃる通りです。これは、ドイツ人が緊急プログラムと呼んでいるものです。

ボナム・カーターは特に、イギリスには同国を国際収支問題から遮断する便利な仕組みがあると信じる人々がいるということも強調した。

ヤコブソン・プランの諸問題とタイムテーブルについての議論が続いた。

翌日の一九六一年四月五日に、ケネディとマクミランの会談がもたれた。記者会見からの関連部分の抜粋は以下の通りである。

首相と大統領と彼らのアドバイザーは、自由世界諸国の強さを経済的にかつ財政的に増大するための方策について議論した。そうした方策には、現行の枠組みでＩＭＦの有用性を改善するための考慮も含まれる。このことは、彼らがＩＭＦの構造を大きく変えることは考えていないことを意味している。

ヤコブソンは、勝利の瞬間を味わった。

そこで私の理事会への声明が二人の首脳によって採択されたプログラムになり、トリフィン、ベルンシュタイン、スタンプ、ハロルドの各案はすべて却下された。これは、私が個人的に進めた方策の大きな勝利である。スタッフの支援も多く得たが、重要な点――特に声明の形態とタイミングの決定――は私が考案したものである。

一九六一年四月二十一日にＩＭＦのスタッフは、借入の必要性に関する詳細な覚書を提出した。その大部分について詰めが行われたが、法的な側面は後の覚書に織り込まれた。特に強調されたのは、投機に対抗するためにＩＭＦが十分な通貨をもつ必要がある反面、クオータの再引上げは加盟国の外貨準備を漏出させるため望ましくないという点だった。

理事会は、一九六一年五月十日にこの覚書を二回の会合で議論した。出席したメンバーのより多くが、ＩＭＦに資金を貸す用意があると述べることができた。しかし、この会合と、その後の会合で再び第三世界の声が聞かれた。Ｉ・Ｇ・パーテル（インド）は、このプランでは解決できない諸問題があると指摘した。
次の日にヤコブソンは、ド・ラルジャンタイとＩＭＦの借入に対するフランスの姿勢について議論した。論点は以下の二つであった。

ド・ラルジャンタイは、フランスにおいては、ＩＭＦの資金量を借入によって引き上げることがさまざまな国においてインフレ的な資金調達を惹起ないし助長し、かつフランスがインフレーションをファイナンスする資金の一部をＩＭＦに提供するよう求められると信じられていると指摘した。フランスの第二の論点は、ＩＭＦ内の力関係、すなわち加重平均された投票権に関するものであった。

ヤコブソンは、ＩＭＦにおける代表権の問題について多くの意見を聞くことになると想定していたが、彼がＩＭＦに来て以来、以前は支配的だった影響力が弱まってきていることを知って喜んだ。

一九六一年の春と夏を通じて、ＩＭＦのスタッフは数多くのペーパーを準備した。非常に重要な点は、第六条の下での資本目的の借入の可能性に関して、法的な地位を明確にするということであった。六一年五月二十四日に法務局から理事会に提出されたペーパーは、数カ月の作業の成果であった。一カ月後に、関連ペーパーが為替制限局と調査局から提出された。そのペーパーは、もしＩＭＦ資金が国際資本移動を原因とする赤字をカバーするために使用されるなら、外国為替の制限は回避できると指摘した。これらのペーパーや他のペーパーでの論点が、頻繁に行われた議論において繰り返し使われた。何度も開かれた理事会は、これらのペーパーや他の関連する諸問題について詳細な分析を行った。他のＩＭＦ外における議論においては、こうしたペーパーはおそらくＩＭＦ内部よりもより有益であった。

ヤコブソン・プランに反対するヨーロッパの新聞紙上には敵対的な記事が溢れた。なぜならヨーロッパの新聞は、ＩＭＦがアメリカによって支配されていると信じていたからである。欧州単独の通貨基金設立を求める提案がなされ、特にフランスなどではそうした提案に抵抗が少ないと思われていた。

ヤコブソンは、いつものパラドックスのセンスを駆使して、フランス大使館で開かれたフランスの財務大臣ウィルフリッド・バウムガートナーのための昼食会の機会を利用して、ディロン（フランス駐在アメリカ大使）に欧州通貨基金に関する意見を聞いた。ディロンは、米下院が欧州通貨基金を創立するための資金を出すことに決して賛成しないので、そうした提案には全く乗り気でないと答えた。アメリカはいつかは大西洋諸国のための基金に参加するかもしれないが、それははるかに先のことであろう。それゆえ、ディロンはＩＭＦのスキームに全面的に賛成であった。

その同じ日の午後遅く、バウムガートナーは、次官のジャン・サドランとともにヤコブソンの自宅を訪問した。ド・ラルジャンタイも合流し、そこで彼らは一時間半話した。議論の冒頭で、バウムガートナーとヤコブソンは流動性危機が差し迫っていることはないという点で一致した。そこでバウムガートナーは、ＩＭＦが資金を必要としない時になぜ借り入れるべきなのか知りたいと望んだ。もし特別な資金ニーズが生じれば、フランスやドイツによる通貨提供が拒絶されることはないだろう。ヤコブソンは、非常に丁寧な説明を行った。

先ず貴方は、一九二九年頃、多くの偉大な金融家やエコノミストが金融問題は解決され、関税と他の経済問題のみが残されていると宣言したことを思い起こすでしょう（覚えていますとも、とバウムガートナーは微笑みながら応えた）。そしてその二年後に世界が平時にかつて経験したことのないような金融危機に見舞われました。誰も予想しなかったことです。

第二に、これは、借り入れた資金を実際に使うという問題ではないかもしれないということです。中央銀行間で安定化のための信用取極がなされた時、実際に使用されない場合こそが最も有用なのです。その結果、ＩＭＦは保有資金をさまざまな通貨により十分に使うことができるでしょう。

第三に、もしフランスやドイツのような国が彼らのクオータ引上げを行っても、反対はないでしょう……。しかし、その場合ラテンアメリカ諸国がより高い、非常に高いクオータを要求し、それはこれらの国の自己規律を低下させるでしょう……。

第四に、と私はバウムガートナーとその側近に言った。世界には現在一種の狂気があります。トリフィン案、スタンプ案、そして私が知らないような案。もし国民投票があれば、アメリカのエコノミストの七五％は、そのようなプランを好むでしょう。多分イギリスでもほぼ同様の結果でしょう。そしてフランスにおいては、『フィガロ』紙のレイモン・アロンが私に、もし自分がケインジアンでないとすれば社会主義者であろう、そして自分のような人は多数いると語りました。学生が何を教えられているかを知っているのは神のみです……。

ＩＭＦのプランは、ある意味でこれらすべてを好ましい方向に結びつけ、各国が受け入れられるような何かを提案する試みです。

バウムガートナーは、勿論トリフィン案には反対であるが、かといってそのために何かほかの方策が採用されなければならないとは感じていないと述べた。

バウムガートナーが合理的なプランを必要とすることの重要性を理解してなかったことを認めざるを得なかったことで、本件についてどれほどの説明が必要だったかがわかるだろう。IMFは、その姿勢と政策を変更することを公式に明らかにしていた。バウムガートナーとの議論の約一カ月前、一九六一年四月二十日の国連経済社会委員会において、ヤコブソンは、彼のスピーチに以下の声明を入れていたのである。「情勢が変化してきているので、IMFはその活動を見直し、その運営方法を修正してきている。これによって、IMFは、自由貿易と交換性のある通貨という新世界における加盟国の必要性により十分応えることができよう」。

一九六一年の夏中、IMFの多くのスタッフメンバーは、IMFの借入提案に対するさまざまな国の姿勢を聴取するために欧州や他の地域で話し合いをもった。彼らのチーフはヤコブソン自身であり、彼はロンドン、パリ、BIS年次総会、ドイツ、再びロンドン、そしてブリュッセルを回った。

ロンドンでの本当の使命は、IMF協定第八条下での最初のコンサルテーションにかかわることであった。言うまでもなくヤコブソンは、イングランド銀行や財務省（当時財務次官のリケットが統括）の人々と面談したほか、当然財務大臣であったセルウィン・ロイドに長時間のインタビューを行った。ヤコブソンはこの機会をとらえて、バウムガートナーが理解してくれただけでなく、ディロン、ローザ、マックチェスニー＝マーティンも現在の環境下でIMF案が唯一の実行可能かつ合理的なプランであると考えていることを指摘した。ヤコブソンは、ほぼ同様のことをハロルド・マクミラン首相にも話した。ヤコブソンは、他の訪問国でもそうしたように、ロンドン滞在中に影響力のある人々に会う機会を数多くもった。ヤコブソンの要請により、多くの産業家やすべての政党のメンバーといった特別のグループと会うために、ディナーとランチがセットされた。彼は、周囲にあまりに多くのプランがあるなかで、IMFの借入プランを明瞭化したことに特に感謝しているように思えた経済ジャーナリストにも声をかけた。

パリでの滞在は短時間であった。バウムガートナーは、明確にコミットはしなかったが、ヤコブソンにはIMF提案に賛成しているような印象を与えた。フランス銀行副総裁のピエール・カルヴェは、多くの質問を行い、「今後とられるすべての政策決定を説明した」覚書を要求した。当惑させられたことに、「総裁のジャック・ブリュネは、自らの立場を問われた時、話しながら自分自身を納得させたようであり、それはあたかも、不参加宣言に近かった」。ブリュネの主な論点は、IMFの資金量を増やし過ぎるのは間違った政策を受け入れてしまいかねないので危険だということであった。ヤコブソンは、そうした危険にはセーフ・ガードがあるとしたうえ、IMFの資金量が少ないことが危険であると指摘した。ブリュネの真の懸念は、すでに提供されている金額を超えてフランスの資金を使う能力を有する理事会がワシントンに出現することである、とヤコブソンは考えた。ヤコブソンは、それまで過小評価してきたかもしれない真の戒めを初めて感じていた。なぜなら、彼は、フランスの金融問題におけるキーパーソンは、バウムガートナーであると信じていたからであった。

ＢＩＳの年次総会は、ヤコブソンに思考のための息抜きの場を与えた。ギョーム・ギンディをはじめとする何人かは、新たな資金がすべて本質的に欧州の機関であったＯＥＥＣの後継機関であるＯＥＣＤに行くことを望んでいた。オランダ、特にＳ・ポスチューマ教授は、「ファミリーの」、すなわち欧州ファミリーのなかで議論を継続することを望んだ。しかし、ポスチューマは、アメリカ人はそのような基金に金を出さないであろうと認識していた。そして、アメリカのＩＭＦファンドへの拠出提案は、二十億ドルであった。オランダ銀行総裁Ｍ・Ｗ・ホルトロップは、一人でヤコブソンと一夕を過ごした。彼は、多くの核心に迫る質問をした。しかし三日後、ホルトロップは、決定がなされる時「その場にいたい」と述べた。ヤコブソンは、なぜ彼がオランダの理事の出席では満足できないのか理解できなかった。しかし、ヤコブソンは、ホルトロップが理事以上のより大きな影響力を望んでいるかもしれないと憶測した。

ヤコブソンが当時想定した以上に、ＧＡＢの最終的形態にかなりの影響を及ぼしたと思われる派生的問題が生じた。その問題はＩＭＦと欧州の通貨当局との関係に関連していた。ヤコブソンの次の訪問者は、エミンガーと、オランダ財務大臣のファン・レネップだった。

第一に彼らは、ＥＥＣの閣僚委員会が、ＩＭＦとの関係を維持すべき機関はＥＥＣの金融委員会であるべきだと決定したと語り、それが好都合かどうかを問うた。ヤコブソンは基本的には前向きであった。そして、訪問者たちと、結局この問題は両方の当事者が関係する諸問題について時折会合をもち、十分に話し合うことに帰着するのだと結論した。ファン・レネップがヤコブソンもしくはＩＭＦのパリ事務所のヘッドであるジャン－ポール・サルと諸問題について話し合いたいのなら、そのイニシャティブをとるのはファン・レネップ次第であった。

第二に、イギリスの問題が七月二―三日のＯＥＣＤ第三委員会で議論される。第三委員会（その名称は、後に若干の構成変化の後、第三作業部会に変更された）とロンドンでちょうど八条コンサルテーションを行っているＩＭＦとの間で調整を行うことは可能であろうか。ヤコブソンは、コンサルテーションの責任者であるフェラスは、ＩＭＦの理事会にレポートを提出する前にはどんな意見も表明できないと指摘した。その後すべての加盟国がそのドキュメントを受け取るであろう。しかしこれは第三委員会の会合には間に合わないので、この問題に関して言葉による意思疎通は前もって行うことができなかった。

ファン・レネップは、もし第三委員会とＩＭＦが同じ「条件」を設定し、同じ種類の「プレッシャー」をかければ、有益であろうと語った。

私は、ＩＭＦはどんな「条件」も設定しないし、「プレッシャー」もかけないと言った。ＩＭＦは、フレンドリーなやり方で問題を話し合うのである。

彼らは、心を込めた挨拶をして別れた。その際にヤコブソンは、ただちにヨーロッパに戻り、もう一度話し合おうと語った。ヤコブソンの個人的なコメントははるかに率直なものであった。「彼らは、ある種の調整過程を私が取り仕切るべきだと考えているようだ。彼らは、自分たちの立場を確立したいと思っており、ＩＭＦからの助力を得たいと希望しているが、自らがＩＭＦを助ける準備はできていない。我々にとってそれは、八条コンサルテーションをどのように運営していくかという問題である」。

ヤコブソンは、異なった国の諸問題を扱う時に、それらが、非公式な議論で出てきたものであろうと、あるいは、当該国へのＩＭＦミッションの過程で提起されたものであろうと、さらには、新しい八条コンサルテーションの結果であろうと、秘密を守る必要性を十分意識していた。ドイツとのコンサルテーションが目前に迫っていた。パリの国際機関は、新聞や他のグループに情報を漏らすことで悪名が高かった。ヤコブソンは、ＩＭＦの名声を危険にさらすようなリスクを犯すことは避けようとした。また彼は、ＩＭＦが法務局長であるジョセフ・ゴールドの巧みなガイダンスの下で、理事たちによって生み出され、解釈を加えられてきた協定の国際的に受け入れられた条文を遵守しなければならないと考えた。

さらに、ＩＭＦはヤコブソンにとって生きている機関であった。ＩＭＦの政策手法と慣行は、新しいニーズや要請に対応して逐年変化してきた。しかし、彼は大陸のヨーロッパ人たちが、ＩＭＦがイギリスにまた必要な状況になればアメリカに対して、他国に対してと同様の厳しい態度をとる能力と意思について、いかに懐疑的であったかを過小評価していた。ヤコブソンは、イギリスの交渉相手に厳格なプログラムを受け入れるようにいつも語っていた。なぜなら大国がそのような行動をとった時のみに、他の国々がそれをお手本に追随するからである。ヤコブソンのスピーチや日記には、これらに関連した議論が多数出てくる。ヤコブソンがなかなか認識できなかった一つの要素は、他の人々や機関が権力に対する強い欲求をもっていることであった。それらの機関は資金を配分する可能性のなかに権力の源泉があることを見抜いていた。ヤコブソン自身は、人生において権力の不足を感じたことはなかった一方、分け与える金をもったこともなかった。

十二日後の六月末にヤコブソンは、エアハルトに会うという約束を果たすため再びヨーロッパに戻っていた。しかしながら、その時までにヤコブソンは、早期に解決したいという願望が、ディロンやローザにIMF以外の機関に有利な譲歩をする誘因を与えてしまうのではないかと思い始めていた。

ヤコブソンは、ドイツへ向かう途中で短時間パリに滞在し、そこでブリュネ、カルヴェ、サドランと、もう一つは、バウムガートナー、ブリュネ、サドランと、それぞれ会合をもった。両方の会合では同じような論点が取り上げられ、特に独立した欧州通貨基金構想が一つの論点になった。ヤコブソンは、フランス政府はIMFに賛成しているという感触をもってパリを去った。ヤコブソンは、個人的な秘書である、デヴィッド・サマーセットに多くを話したが、彼にそうした印象を信頼し過ぎてはいけないと忠告した。

ヤコブソンたちはデュッセルドルフでグースに会い、彼の車でボンに行った。その過程で、グースはヤコブソンに対して、フォン・マンゴルト、エミンガー、そしてファン・レネップが過去二―三日の間に欧州通貨基金のための宣伝活動を非常に熱心に行っていると忠告した。彼らの基本的な主張はOECDが支援のための資金をもたなければ、さまざまな国の立場を調査することは「現実的」に不可能というものであった。

次の日、エアハルトと三人の側近との間で短時間の議論が行われ、正午には、エアハルトを議長として、二十人ほどの役人による、もう一つの会合がもたれた。IMFプランに対するすべての論点が議論された。なぜ、独立した欧州通貨基金があってはいけないかという点に関して、少なくとも一つの質問が寄せられた。ヤコブソンは、いつものような返答を行った。

なぜ独立した基金が薦められないかについては、三つの理由があった。第一に、経常的な支払いと資本勘定の支払いの区別が困難である。第二に、独立した基金の場合貸手は借手による返済を待たなければならない。一方IMFは、貸手国に対し少なくとも第二線外貨準備の一部になり得る流動資産を提供できる。第三に、IMFは金保証および確立された政策と慣行をもっている。独立した基金では同様の機能を果たすことは困難であろう。「IMFのプランに対してエアハルトは再び無条件の支持を与えてくれた。大変満足がいく結果だ。グースは私に喜んで当然であると語った。私は実際嬉しかったが、当然支持されるだろうと期待していた。ひとえにグースのおかげであった」。一九六一年七月二日にヤコブソンがイギリスに到着した時、同国で危機が醸成されていることは十分明白となっていた。ヤコブソンはイギリスの最新情勢をフォローする一方で、時間を割いてセルウィン・ロイドらに対して、ドイツがエアハルトの主導でＩＭＦの借入プランを全面的に支持したこと、またフランスは合意に向けての長い道のりをたどってきたことを説明した。ヤコブソンは、フランスが独立した基金構想を断念したと考えていた。なぜなら、そうした基金の存在は、経常勘定と資本勘定の資金移動の区別をほとんど困難にするからである。ロイド財務相は、これらの説明に大変満足した。

しかし、ＩＭＦの借入プランにとってアキレス腱になるものがすでに醸成されていた。ヤコブソンが一九六一年七月十五日にワシントンに戻った時、イギリスがＩＭＦ引出を申請するであろうとの警告を受けたのだ。

イギリスの引出

ヤコブソンはヨーロッパ滞在中、他の人同様イギリスが引出を申請しなければならなくなるとの認識から、十五億ドルの引出構想を温めていた。ヤコブソンは、イングランド銀行総裁就任初日であっても「平静にみえた」クローマーと、理事のモーリス・パーソンズに対して、イギリスの申請希望額は知らないけれども、これ位が彼自身必要と考える額であると説明しなければならなかった。「秋に五億ドル追加申請するよりも、一度に高めの額を申請した方が得策ではないだろうかと私は尋ねた。クローマーとパーソンズは、この理屈づけに賛同しつつも、十五億ドルの金額を獲得することが可能かどうかなお懸念していた」。

しかしながら、ＩＭＦはイギリスの支援に関心がある唯一の機関ではなかった。ＯＥＣＤ、特に第三作業部会は、与えられる金融支援に厳格な条件がつけられることを確実にするためＥＭＡが関与することを望んだ。ヤコブソンは、この事実が公式に確認されたことに驚かなかった。ヤコブソンは、ドイツ滞在中この問題をどう思っているか尋ねられた。しかし、ヤコブソンは、もしＩＭＦが単独で十分な資金を提供できるなら（そして実際にそうだった）、ＥＭＡやＯＥＣＤが関与する理由はないと考えた。

イギリスとの第八条コンサルテーションに関するレポートは、いまや引出のための基盤を提供するものとなり、ＩＭＦにとって最も重要な議題であった。ヤコブソンは、そのレポート作成をつぶさに監督した。なぜなら、通常それに承認を与える欧州局長のフェラスがユーゴスラヴィアに出張していたからだ。

イギリスの引出とスタンド・バイ取極は、一九六一年八月四日に理事会で承認された。同理事会では同時にＩＭＦによる金売却も承認された。十五億ドルの引出のうち三分の一が、初めて（参加する九カ国の通貨構成に比例した）金の売却によって賄われた。スタンド・バイ取極には、イギリスのプログラムの力点と方向性に大きな変化が生じた場合、引出を実行する前にさらなるコンサルテーションと新しい合意を行うべきであるという趣旨の条項が付加された。

七月二十五日（火）に到着した二人のイギリス人、パーソンズとケアンクロスにスタンド・バイに関するその追加条項を受け入れさせるのにやや困難があった。ヤコブソンは、彼らに対して、その条項について以下のような言葉で詳しく説明した。

あなたがたイギリス人は、私がＩＭＦに来る前に、さまざまなトランシェ構造をもつ引出とスタンド・バイの原理と慣行を作り出すのに尽力されました。もし財務大臣が『諸条件』について質問された際には、私の意見では、これを恥とするのではなく、この条項の受け入れがＩＭＦについてのイギリスの政策と一致していることを明確にし、かつイギリスのスタンド・バイにこの条項を欠くのは不適切であることを付け加えるべきでしょう。

イギリス政府によって示された引出のための主要な条件は、政策金利の七％への引上げ（ヤコブソンは六％で十分と考えていた）と財政当局による年間二億一〇〇〇万ポンドの課税から成っていた。この課税措置は、すべての主要な関税・物品税や購買税について最大一〇％までの特別課徴金による課税を可能にするため、一九六一年度予算でセルウィン・ロイドによって導入されたものだった。一九六二・六三年度の総財政支出は、一九六一・六二年度と同水準に据え置かれた。ヤコブソンにとって最重要なテーマの一つであった重要なコスト問題に対処するために、賃上げが見送られた。

ヤコブソンは疑念を抱いていた。彼はケネディに指摘したように、イギリスの基礎的国際収支が改善してきていることを知って、あまりに過激な対策は不適当であると考えた。もしヤコブソンが八条コンサルテーションのなかで五億ポンドの財政支出削減を示唆していたならば、それはもっぱら経済で富を生み出す役割を担っている民間部門に対してより大きな裁量の余地を与えるためであったろう。六月以降財務省の経済アドバイザーであったパーソンズとケアンクロスがヤコブソンに対して政策措置について説明した時、ヤコブソンは、彼らに政策金利は秋に引下げるべきであると語った。同会合は、財務大臣がこの二人も作成に協力した緊縮予算をロンドンで発表している同じ日に行われたので、ヤコブソン自身の反応が、以下のようなものであったことを記すのは興味深い。「私はケアンクロスとパーソンズの両方がさらなる対策を望んでいるという印象を受けた――希望していたのは確かだ――しかし、実際に彼らが計画としてもってきたのもかなりのものであった」。

サミュエル・ブリットマンが認めているように、ＩＭＦはイギリスをそれほどドラスティックな対策をとるようなプレッシャーの下に置いてはいなかった。

九月のウィーン年次総会への準備がGABの検討過程における次の重要な項目であった。アメリカは強力な支持を与えていた。サザードはヤコブソンに、ディロンがIMFの借入プランに対するアメリカ政府の関心について伝えるため、六カ国に対して書簡を送ったと語った。ヤコブソンは、公式にIMFプランを提示する彼のスピーチについてスタッフと協議するなかで、ウィーン総会で他の人々によって使われそうな戦術にうまく対応するため広範な修正を行わなければならないと気がついた。

他の人々もウィーン総会への準備を進めていた。より重要なステップとして、九月初にバード・ゴーデスベルクで開催されたアメリカも参加した共同市場加盟国の会議が挙げられる。ブリュネとサドランは、ウィーンに向かう途中のヤコブソンにバード・ゴーデスベルク決議を示した。ヤコブソンの反応は、多くの問題が未解決のまま残されているので、ウィーンで決議を行わない方が良いというものであった。アメリカ人たちはIMFの借入資金の一般的使用を求めて闘ってきた。それは、以下のように、ヤコブソンが満足の意を書き留めた一つのポイントである。

ヨーロッパ人たちは、資金が借り入れられる時に真の影響力を望んでいることが明らかとなった。私が好きではないのは、広がりをみせている排他的な精神であった。私にとって人がそうした精神から自由になることは可能であるように思える。私はヨーロッパ人の影響力は、多くの点で適当なものであるとみなしてきた。

その秋、サザードはヤコブソンに、バード・ゴーデスベルク会議でオリジナルなIMF借入プランに対して有害になることが決定されたと繰り返し語った。貸手国が以下のような決議を行ったのはその会議であった。

提案された借入れは、金融システムに対する脅威に対処することに限定されるべきである。そして獲得された資金はクラブ・メンバーにのみ利用可能とすべきである。アメリカはこれに反対して闘ってきたが、いまや断念した。もし我々が違った対応をしていたなら、この問題は回避できたであろう。ヤコブソン――我々は一定金額まで借り入れる権限だけを求めるべきだった。

それによって摩擦や、誤解、失望が防げたであろうか。それはG10の形成を妨げ、資金はその都度アド・ホックベースで調達されることになったかもしれない。しかし、G10が有害なものであったと誰が言えるのであろうか。G10がIMFの権限を減じたとＩＭＦが感じたのが不可避だとしても、それは、一九六三年以降の出来事に対するＩＭＦの責任を少なくするのにも役立ったのだ。

ウィーン総会と最終交渉

一九六一年九月、夏の日差しがウィーンに照りつけていた。優雅に着飾った貴婦人や良い仕立ての服をきた紳士が路に押し寄せていた。国立歌劇場は、オペラ座内での舞踏会に続き、『フィガロの結婚』の公式公演を行った。シェーンブルン宮殿とベルヴェデーレ宮殿でレセプションが行われた。スペイン乗馬学校のリピッツァナー種の馬が熱狂した聴衆に素晴らしい技を見せた。ホテルは満室で、シークレット・サービスが巧みに配置されていた。ウィーン会議の時代に時間を戻すのに必要なのは、ほんの少しの想像力であった。しかし、カタンガでダーグ・ハマーショルドが死んだというショッキングなニュースが伝えられ、人びとは暴力の時代の諸問題を思い起こしたのだ。

会議場では、人々の心は金融・財政界が直面している困難な諸問題に悩まされていた。朝食、昼食、ディナーのテーブルでは、深刻な交渉が行われ、詳細な説明がなされた。トリフィンは、あるイブニング・イベントの後ヤコブソンに促されて、もしＩＭＦが計画しているようなアイデアを自分が知っていたなら、彼自身のプランは決して提示しなかっただろうと発言した。

会議が公式に始まる前の日曜の午後、ディロンは、ＩＭＦへの貸手国（当時は九カ国）の代表団と会合をもっていた。ヤコブソンは、彼らの意図が何であるかを知るために、自分は出席できるかと聞いた。ディロンがそれは有益と同意したのに対しヤコブソンは、自らの出席をおおむねオブザーバーとして位置づけていると付け加えた。バウムガートナーが議長だったが、ヤコブソンはそれに特に関心をもたなかったようだ。というのは、ヤコブソンがその事を記録していないからである。

ヤコブソンは勿論黙っていなかった。彼は特にＩＭＦの理事会は他の場所で下された決定に黙って判を押したりはしないと強調した。理事会は真の機能を果たさなければならない。なぜなら理事会には法的責任があるからである。スキームを整えるための現在のコンサルテーションについて、ヤコブソンの自由な参加が完全に保証されるだろう。

その会議の後ただちにヤコブソンに話しかけてきたバウムガートナーは、借入のファシリティが確立されることには賛成だが、どんな規則も形作るのは容易ではないと強調した。借入は外貨を蓄積している国から行わなければならないが、それがどの国々であるかは、前以って知ることはできない。

会議の公式議事はそれまでの進展から期待されるような線に沿って続いていた。しかしながら、公式のスピーチにおいて示された姿勢は、前以って関連した政府によって合意されていたものにくらべて、より厳し目ながら総じて抑制されたものであった。数人のスピーカーが個人的にヤコブソンに対して、彼らは自国の公式見解を反映することを義務づけられており、個人的な意見は本当は少し違うと説明した。会議の閉会スピーチで、ヤコブソンは、借入ファシリティを創出する必要性についてコンセンサスが形成されたことに満足の意を表明し、ＩＭＦのスタッフがすぐに将来の合意形成の基礎として必要になる覚書についての作業を始めると語った。

ワシントンに戻って、いくつかのスタッフ・ペーパーが書かれ、議論のうえ書き直された。最後に、ヤコブソンが以下のように決定した。

いまや方向性は明らかである。我々は、コンサルテーションは「広範かつ自発的な協力」を保証すべきであると考える。これは事実上、貸手国が借入資金が使用される前に合意しなければならないことを意味する。これがいったん受け入れられれば、理事会での特別な投票行動を制度化することは不必要になる。そのような投票は誰も本当に希望していない。ＩＭＦが資金を借りる諸国は、意思決定する前にＩＭＦの専務理事と相互間で、あるいはアメリカとの間で相談する時間をもてるであろう。しかし、それに関連した決定はＩＭＦ理事会において通常の方法で執り行うことができる。

第二のポイントは、借入アレンジメントが補助的なものであるということである――最初に外貨準備がある――それは本質的に重要である――それからＩＭＦの一般資金がある――第三に借入アレンジメントがある。三つ目は使用に判断が必要な手段である――しかしそれは同時に、必要性が見出された時使用する準備ができている手段であるべきだ。

第三のポイントは、借入を通常のメカニズムに組み入れることに言及している――実践的な観点から望ましく、私がみる限り法的にも不可避である。

書き直された文書をみた時ヤコブソンは、これを非常に読み易いと考えた。彼はそのペーパーを世に出すべきだと示唆した。ゴールド、ポラック、そしてフリードマンがそのペーパーを、ヤコブソンのものとして出すべきかと尋ねた時、彼は、理事会に提出された他のペーパーと同様にスタッフ・ペーパーとして公表することを望んだ。

ヤコブソンは同僚たちが、決定的な方向性が見出されたこととともに、この特別な草稿がスタッフ・ペーパーとして公表されることを喜んでいるという印象をもった。

二日後、そのスタッフ・ペーパーを読んだディロンとローザはヤコブソンに、アメリカ財務省がＩＭＦの権限が損なわれないという前提で、ＩＭＦの借入提案を支持するであろうと保証した。しかしながらその夕刻議論を再考して、ヤコブソンは再び疑念を抱いた。ヤコブソンは以下のようにコメントした。「私は、このプランを基にして話すことができる。……ディロンやローザの同意を得た――しかし、より詰めて考えると彼らには少しあいまいなところがある。……ディロンは二週間の休暇を取り、ボブ・ローザは一週間大学に赴く。彼らの不在が他の人々に別のアイデアを抱かせる余地を残すかもしれない」。

次の日に、このぼんやりとした不安が正しかったと判明した。ピトブラドがやってきて、ヤコブソンに、前日の夕刻、財務省次官のジョン・Ｂ・レディが彼に、独立した基金をともなうプランについて作業していると話したことを伝えた。ヤコブソンは、彼がディロンとローザとした話についてレディが知っているかどうか尋ねた。明らかにレディは知っていた。しかし、レディはなお彼のプランを追求していた。ヤコブソンは、レディが彼自身のプランをＩＭＦとのコンタクトなしに作業していることを「迷惑」であるとみなした。

パリでの交渉に出発する前に、ヤコブソンは、レディに会うことを重視した。彼らは、コスタリカやブラジルについて議論し、「そして最後に借入問題について、彼と議論するためではなく、いつもと同様に良い関係を確立するために話した。我々は、パリで会うことを約束した」。

ヤコブソンとレディのパリでの最初の会合は、一九六一年十一月十三日（月）の一対一の昼食会の形で行われた。その際ヤコブソンは、彼に借入提案に関するスタッフ・ペーパーのコピーを手渡した。火曜日に彼らは、ＩＭＦ代表団（ヤコブソン、ゴールド、そしてポラック）を歓迎するＯＥＣＤのアメリカ代表主催の昼食会で再び会った。

その日の午後、ゴールドとポラックが、「興奮状態で」現れた。彼らは、レディがパリに同行したアメリカ財務省の弁護士と話し合いをしていた。その弁護士は、彼らに米仏声明の内容についていくつかの暗示を与え、ＩＭＦ協定の下で明らかに違法なものが含まれていることを認めた。ヤコブソンは、アメリカ大使館にいたレディに電話し、ポラック、ゴールド、そしてサマーセットを同席させて、自らが聞いたことを話した。ヤコブソンは、レディの考えていることは到底受け入れられないと話し続け、「私は専務理事として、ＩＭＦ協定と斉合的でないことや、ＩＭＦの権限を損なういかなる取極も決して推奨できないことを彼に知らしめた。ゴールドは言った。あなたは、レディの一夜を台無しにしたと」。ヤコブソンは非常に怒っていたので、ゴールドと彼の仲間は彼が心臓発作を起こすのではないかと心配したほどだった。

翌朝ヤコブソンは、個人的にフランスの財務省に手紙を書いた。財務省でヤコブソンは、最初にサドランとド・ラットル、それからバウムガートナーに会い、ＩＭＦ協定の条項に固執することは一つの防御策であると力説した。その日の午後、ヤコブソンに訪問者があった。サドランとレディ、そしてドナルド・J・マグルー（パリの米財務省代表）であった。

彼らは私に、仏米（フランスが最初に言及されている）によって作業が行われた『特別資金』に関する声明を渡した。それを読みながら余白に感想を書き留めた。何という声明であろうか。主にスポークスマンになったサドランによって、主要な先進国は、自らの諸問題が彼らの間で議論されるべきであると感じているという説明がなされた。ＩＭＦは、その役割を果たすべきだ。しかし、ＩＭＦ内で先進国間の関係を決定するような議論は行われるべきではない。ＩＭＦによって借り入れられる額は、必要とする借手にまた貸しされるべきである。そして、返済資金は、特別資金から捻出されるべきである。さらに、ある種の累積引き出し権が利用可能になっている（現実的にはアメリカに対して）。奇妙でばかげた点が他にもあった。

私はサドランに、これはＩＭＦも自分自身も受け入れられないと率直に話した。私は、ＩＭＦへの貸手が何らかの言い分があることを認める。個人的には、拒否権に近いものが広範かつ自発的な合意として実際的なルールになろうと信じている。したがって私は、ＩＭＦ理事会を形式的承認の場とさせるようなＩＭＦ外の基金設立でなければ、貸手が事実上の影響力をもつことに反対ではなかった。しかし発展途上国に対する決定が実際は他国によって行われ、これらの国は他国の諸問題について話をすることすらできないというのではＩＭＦが分裂してしまうだろう。そして、ＩＭＦの仕事の九〇％はこれらの国に関するものだ。

そして最悪なことに――個別の国は特別資金を利用するか、ＩＭＦ資金を申請するかどうか選択することができるのだ。

サドランはかなり合理的だったがレディは、強硬だった。彼はＩＭＦに平行する何かを望んだ。ＩＭＦが借り入れる資金を使いながらだ！彼は、政府は議会にそれを説明しなければならないと言った。

ナンセンスだと私は言った。私は、ロイスとブッシュ上院議員を知っており、彼らは何が起こるかわかっているはずだ（アメリカを出発する前に、ヤコブソンは、彼らの両方と昼食をともにしていた）。

この嵐のような会合の後に、ヤコブソンは、ゴールド、ポラック、そしてサマーセットにその覚書を送り、彼らは「ショック」を受けた。その条項のいくつかがＩＭＦ協定の条文に明らかに不斉合であるばかりか、その覚書自体がＩＭＦの立場や影響力に関する基本的な精神に反するものであった。その日は、忘れられない日になった。

欧州七カ国、アメリカ、カナダとの間の借入問題に関する議論が、十一月十七日（金）の午後に行われることになっていた。その日の朝、ＯＥＣＤ会議室の外のロビーを歩いている最中に、レディがリケットと「ＩＭＦに対する特別資金」についての話し合い結果を要約するコミュニケについて話しているのをヤコブソンが見つけた時の、彼の驚きと憤慨を想像していただきたい。このコミュニケは、いくつか議論すべき点はあるものの、原則として仏米声明の草稿に合意がある旨表明していた。ＩＭＦがその主要なアイデアを具体化する草案を作成することで専務理事は合意しており、タイムテーブルがまもなく作られるというものであった。リケットによれば、ヤコブソンは、書類カバンを小さなテーブルの上にバンと打ちつけて、「これは耐えられない！」と言った。レディは当然コミュニケをヤコブソンにみせるのだと説明した。すぐにその話し合いは白熱した議論に発展し、その現場に到着したポラックが加わって、活発で有益な議論を展開した。そしてレディは、突然そのコミュニケを引き裂いたのだった。

その日の午後の会合には、九カ国の代表が出席し、サドランが議長を務めた。一般に信じられているのと異なり、ヤコブソンと出席したＩＭＦの三人のスタッフ、ゴールド、ポラック、サマーセットは、三日前の火曜日に作成された仏米提案の初期ドラフトをみていた。彼らは考える時間をもち、可能な限り周到に準備できるように、その金曜日にワーキング・ランチをともにしていた。

ヤコブソンによって三つの論点が示された。第一に、ＩＭＦ協定の条項は尊重されなければならない。第二に、ＩＭＦの権限を弱めてはいけない。第三に、ＩＭＦは、借りるかどうか決定しなければならず、参加国は、貸すかどうか決めることができる。

かくして会合の結果は仏米提案のドラフトから大きくかけ離れたものとなり、そのキー・フレーズは、以下のようなものだった。「ＩＭＦを通じて特別資金を申請してきた借手に融資する決定や、取引を保証する金融環境にあるかどうかを決めることは、参加国によってなされるであろう」。提案されたコミュニケが破棄されたのはまさに適切なことであった。

カナダとスウェーデンの代表者は両国が参加すべきかどうかに関して懐疑的であった。アーサー・Ｆ・Ｗ・プランプトリの質問に対してヤコブソンは即席の返答を行い、第一に、カナダは純粋に投機的な攻撃に対抗して金融構造を維持していくことに関心を有していること、第二に、たまたま北米、すなわちカナダとアメリカの両国とも同時に資金流出を経験していたこと、の二点を指摘した。そこで、このような方策が存在すれば、それはカナダにとって良いことであろう。スウェーデン大使が同じ質問をした時、彼はヤコブソンから同じ返答を受けた。この時に限ってヤコブソンが使ったのは、ともに資金流出に見舞われた北欧諸国とドイツの事例であった。

一九六一年十一月二十日（月）にワシントンに戻り、ヤコブソンが最初にアレンジしたことは、その日の午後、パリでの話を伝えるため理事たちをコーヒーに招いたことであった。スタッフはヤコブソンに、理事たちの士気が非常に低くなっていたので、何らかの情報をすばやく与えられれば有益であろうと語った。ヤコブソンはそこで、いくつかの提案と並んで建設的なアイデアとされたフランスとアメリカからの声明について説明した。ヤコブソンは、これらのさまざまなアイデアを踏まえつつ、IMF協定に合致する提案を作成することを要請されていた。IMFは一般の引出に関する権限すべてを維持する一方で、貸手国は彼ら自身の決定を行わなければならなかった。貸手国の間では真の合意に到達していなかった。ある国は「個別の拒否権」を希望し、他の国は他のことを望んだ。要約して、ヤコブソンは、「我々は、パリで勝利はおさめなかったが、闘いに負けなかった！」と言った。

理事たちとの個別会合が多数もたれた。しかしヤコブソンは、彼がパリに戻る前に理事会を開催すべきだと主張した。この主張が理事たちの精神の平静にとっていかに重要であったかは、開催が知らされる前に、通常は冷静沈着な理事たちの一人が訪れた事実に示されている。

彼は気持ちが高ぶり、本当に心配していた。私から理事たちはもちろん文案についてみるだけでなく、議論することができるといった時、彼は大いに落着いた。その理事は自国の総務（同様にいかなる案も欧州で議論されることを好んでいるようだった）に、専務理事が理事たちと協力しながら提案の作業を進める意向であるという電報を送った。

心配していたのは理事会のメンバーだけではなかった。イングランド銀行の新総裁クローマーは、オタワからヤコブソンに電話をかけてきて、彼とピトブラドがローザやレディと行った会談について知らせた。レディが特に厄介だった。

クローマーは、「斉合性」を主張した――彼ら（イギリス人）は夏に欧州通貨基金構想に反対していた――そして、現在もそうでなければならない！IMF協定との斉合性が示されるべきであり、IMFの権限は尊重されなければならない。特別な引出権があってはならない。

私は、これらの考慮に反するアレンジメントを推奨することも考えられるが、『それは、合意できないことで合意できる差異ということだ』と言った。

クローマー――「確かにあなたの良く知られた外交力をもってすれば、あなたは、適切な合意に達することができる」

借入権に関する新ペーパーのドラフト作業のため、スタッフとの多くの会合が開かれた。一九六一年十一月二十八日（火）にヤコブソンは、ドラフト・ペーパーのコピーを各々の理事に渡した。ヤコブソンは理事たちに、IMFの協定と権限を尊重しつつ適切な妥協に到達するために、多大な努力がなされたと語った。ヤコブソンはまた、すべての理事にそのテキストを本国に送るように依頼した。なぜなら、彼らがIMF理事会の情報を伝達するための本来のチャンネルであったからである。

理事会での公式な議論は、一九六一年十二月一日（金）に行われた。そこでは活発な議論がかわされ、IMFの士気を大きく高めた。

翌月曜日の夕刻パリに出発するという前日に、ヤコブソンはディロンに会い以下の点を強調した。

発展途上国の「国内的な」諸問題に対処できる機関はIMF以外に存在しない。援助を提供する国々にとって、これは大変重要である。IMFを破壊することは可能であろう。しかし、それにとって代われるものは存在しない。先進国がIMFに確たる地位を占めていることを思い起こしなさい。もし他の国々が、先進国の諸問題について議論することさえできなければ、彼らは長期的に現行のアレンジメントを受け入れないかもしれない。国内政策のすべての諸問題は自発的な協力に依存しており、外部から政策を押しつけることは事実上できない。先進国間の協力はいずれにせよ確立するであろう（OECDにおいて、そして他の方法で）。したがって、この問題についてあまり心配する必要はない。

ヤコブソンは、さらにディロンに対して、理事会に情報を知らしめてできるだけ士気を高め、最終合意を受け入れ易い環境を整えるために、できる限りのことを行ったと語った。

大西洋を飛行中に熟考すべき、戦術的な或いはその他の問題が多くあった。ヤコブソンは借入プランについての議論の過程でゴールドがヤコブソンに対して発した質問、「あなたはスタッフを信頼することができるが、スタッフはあなたを信頼することができますか」についても思案したであろうか。ヤコブソンは勿論信頼できると返答していた。ヤコブソンは名声や高潔さ以外に失うものは何もなかった。彼は果たして過去三年間自らの優れた判断に逆らって譲歩したことがあっただろうか。彼はあれこれ思いめぐらしたのであろうか。

翌水曜日の夕刻、レディはヤコブソンと友好的な夕食会を催した。彼はなお仏米のドラフト・ペーパーについて議論していたが、いくつかの点で譲歩する用意があった。レディはまた、IMFスタッフが彼とその友人たちが考えている点をカバーするような合意案を起案できるかどうか尋ねた。次の日にIMFスタッフは、手法に関する貸し手間の了解事項（合意ではなく）を起案した。それは、重要な条項を含まず、加盟国での議会による批准を必要としないものであった。

木曜日の午後遅く、サドラン、レディ、そしてマグルーがより簡潔でIMFの決定に斉合的なプランの新しいドラフトを携えてヤコブソンに会いにきた。しかしそれは、なお重大な条項を含んでいた。特に、貸手国はいかなる国もクオータの一二五％を獲得すると期待できるように、資金を提供する用意があるという条項が問題であった。これは明らかにアメリカの利益のために考えられたものであるとヤコブソンは結論づけた。ヤコブソンは、この条項は疑いなく不利なものとみなされるだろうと指摘した。ケネディ大統領がIMFでの引出権を四十億ドルまで引き上げると話しており、それはIMFプランの下でのみ可能であった。修正されたヨーロッパのプランではアメリカの希望額の半分も確保できなかった。にもかかわらず、米ドルが混乱した時市場は安定化のために少なくとも三十億ドルを必要とするであろう。「米下院は、これを進歩だとみなすであろうか」。レディは、「この議論に明らかに印象づけられた」。この三人が了解事項に関するIMFのドラフトのコピーを受け取った時、――それは、前日にレディが頼んだもので、たった一枚のペーパーであったが、――彼らは、投票条項が追加されなければならないとコメントした。それによって、そのテキストは少し長くなることになった。

十二月八日（金）に、欧州七カ国にカナダ、日本、アメリカが加わった全体会合が開かれた。日本代表で、当日朝パリに到着したばかりのIMF理事鈴木源吾にとって「驚き」であったのは、「そのペーパーが前日にワシントンでサザードからもらったものと完全に異なっていた」ことであった。テーブルに置かれていたのは、仏米提案のドラフトであった。鈴木は、日本に行ってきたばかりで、首相と借入取極について長時間話していた。鈴木はまた、一年前にIMF協定の借入に関する条項、第七条第二項の二について特別な研究を行っていた。ヤコブソンにとって大きなやすらぎだったのは、鈴木の明確な主張が活発な議論をリードしたことであった。

彼は日本がIMFの決定を、日本がしたがうべき決定とみなしていること、日本国政府はその他の義務を引き受けず他のいかなる合意にも与しないこと、したがってIMFの決定を実施する方法に関する了解事項を除き他の合意は不要であること、の諸点を明確にした。この発言は数人の代表が――多分それほど強くはないにしても――同様の発言をしたこともあって、明らかにレディを動揺させ、サドランを混乱させた。

結果として交換書簡が適切な形態であることが明白になったのだ。

鈴木はまた、パリのドキュメントは、国会での批准を必要とする条約であることを条件として起草されていると指摘した。鈴木は、その代替策として第七条第一項に基づく覚書の交換を示唆した。セルウィン・ロイドが鈴木を最初に支持し、ディロンは仏米提案を取り下げた。

この会議に鈴木が出席したのは、バウムガートナーが、おそらくローザの示唆で、「一九六一年七月のイギリスによる引出の際、資金調達に参加した国だけを」招待していたからだった。G10やOECD第三作業部会の構成は、この前例にしたがったものである。鈴木は、もしヤコブソンの「強い勧め」がなかったなら、日本はこれらのメンバーになる機会を逃したと強調した。イギリスの十五億ドル引出の際、日本は国際収支危機に直面していた。しかしながらヤコブソンは、日本は参加すべきと切望した。

鈴木は、以下のように書いている。

ヤコブソン氏は、日本がインドに五千万ドル相当の円信用を供与しても国際金融界における日本の地位を高めないが、もし日本がイギリスに対するIMFの資金供与に参加することによって五千万ドル相当の円をイギリスに利用可能にすることができれば、日本の国際金融界における地位は飛躍的に上昇するであろうと強調した。それゆえヤコブソン氏は、私が「イエス」という答えを用意することを要請した。東京と数通の電信によるやりとりと電話会談を行い、東京から「イエス」という答えを得るのに二、三日かかった。ヤコブソン氏は答えを聞いて大変喜び、私の手を彼の大きな手でしっかりと握りながら感謝の意を表明した。

約二カ月後、鈴木は、日本国向けの信用対策の策定で卓越した役割を果たし、その結果日本はアメリカで三億二五〇〇万ドルの資金調達を行うことができた。鈴木は、再びヤコブソンから祝福された。

一九六一年十二月十三日（水）のバウムガートナーが議長を務めた財務大臣会合で最終合意がなされた。IMFのプランと手続きに関するバウムガートナーの書簡（協定第七条第二項にしたがって）が承認され、ヤコブソンはクリスマス前にIMF理事会の決定を行いたいと説明した。

バウムガートナーは、その日の午後に記者会見を行った。その結果は国際的に幅広く報道され、興味深いことに合意達成前に困難な交渉があったことをかなり正確に窺わせる内容であった。しかし報道は、この取極がＩＭＦの理事会で承認され、関係十カ国の国会によって批准されなければならないことを強調する点で一致していた。

一九六一年十二月十八日に理事たちは後に一般借入取極、ＧＡＢとして知られるようになる合意のドラフトとバウムガートナーの書簡を提示された。理事会は、十二月二十日にそのプランを承認し、公式の承認は六二年一月五日に与えられた。六二年十月二十四日までにＧＡＢを実行に移す為に十分な参加国による批准を得ることができた。最後の国カナダは六四年一月に批准した。ＧＡＢは、六四年十一月にイギリスのスタンド・バイ取極に合わせて初めて使用された。

多くの讃辞がヤコブソンに寄せられたが、理事会は素直に熱狂できなかった。理事たちは、彼らに情報を伝え、ＧＡＢをＩＭＦの軌道内、ＩＭＦ協定の条項の範囲内にとどめようとしたヤコブソンや他のスタッフの努力にもかかわらず、交渉の蚊帳の外に置かれたと深く感じていたのだ。

理事会の議論のなかで、ピトブラドは、貸手国がより多くの権利を得ておらず、負担ばかり増えていると指摘した。グースは、借り入れられた資金が貸手国のみに利用可能になっていることに不満を漏らした。ドイツは常にグローバルな解決策を主張したが、ＩＭＦはいつも他の加盟国のために自らの十分な資金を使うだろうと考えていた。リーフティンクは、この取極は、グローバルな解決策と、先進国間の緊密な協力によって解決策を見出そうとするより新しい思想との間の妥協であると言った。彼ら交渉に参加しなかった国々は、熱狂からはほど遠かった。彼らは、あからさまに、この取極の非グローバル的側面を批判し、それが、なぜＩＭＦと関連しているのか懐疑的であった。ジョン・Ｍ・ガーランド（オーストラリア）は、予言的に「非常に排他的なクラブ」の形成について言及した。

何年間もヤコブソンはスイスにＩＭＦに加盟するよう説得を続けてきた。ヤコブソンは、一九五七年早々に、前スイス国立銀行総裁のケラーに、「一つのより思慮深い国」を必要としていると語った。ＧＡＢに対するスイスの協調を確かなものにすることは、加盟問題を加速する非常に良い機会であるようにみえた。そしてヤコブソンは、六一年の夏に適切な人物に書簡を出していた。ＧＡＢに関する最後の公式会議の前に、ヤコブソンは、スイス国立銀行総裁に電話をかけた。「準備はできましたか」。答えはＮＯであったが、委員会が立ち上げられていた。

一九六二年四月と十一月に、ヤコブソンは、ゴールド、ポラック、そして新任の秘書であるピーター・クックをともなって、スイス側と交渉するため、ベルンを訪ねた。当時、経済省のトップであったエドウイン・ストッパー博士がスイス代表団を率いていた。二回目の会議で交渉は非常に進展したので、プレス・コミュニケが発表された。

一九六三年一月にヤコブソンは、チューリッヒで「スイスとIMF」というスピーチを行うことになっていた。彼は、スピーチを書いたが、うまくできなかった。ヤコブソンは、スイスがIMFに加盟するまでにどれ位の時間がかかりそうかという点について具体的なイメージをもてなかったのである。十一月の会議の後、ヤコブソンは、次のように書き留めている。「スイスは、すぐにIMFに加盟しないであろう。――しかし、スイスは加盟の方向で進んでいる。私は、IMFがどのようなものであり、何をしているかを説明するであろう。そして、スイスにIMFの加盟問題を再考してもらうよう、要請したい。スイスにとって本当の利益は何であろうか」。

ヤコブソンの死後、さらなる交渉を経て、スイスは一九六四年四月、公式にGABに参加した。

ヤコブソンは、「G10」が力強いグループを形成しようと決心していると思っていた。一九六二年の年次総会でヤコブソンは、外部に情報が過度に漏れることを防ぐ観点からG10諸国が会議（ヤコブソン自身は出席しなかった）のために自由に使えるよう彼自身の応接室を提供した。会議のコミュニケはほとんど話題にならなかった。ヤコブソンは以下のようにコメントした。「私は、アメリカ人たち（フランス人たちと協調行動をとるレディと他の人たち）は、G10を強力な団体にする構想を断念はしていないと考える。それは、彼らが一年前に望んでいたことだ。この会議は、一つの前例としてみなせることを意味している」。ヤコブソンは、必ずしもそうした構想に夢中になってはいなかった。彼は、G10はとにかくIMFで大きな投票権をもっているので、慎重さが必要であると指摘した。ちょうどスイスで「富者は自らを隠す」ように、ヤコブソンは、「権力は自らを隠す」よう、高官に示唆したのだ。

ヤコブソンは、将来についてどの位理解していたのであろうか。彼は、パリでの閣僚会議後、「我々は、次世代のために金融システムを救ってきた！」と言ったと伝えられている。そして、自らに残された短い期間を通じてヤコブソンは、GABを自らの経歴における頂点の一つであると考えていた。ヤコブソンは、投機家が資金調達できると見積もられる金額（つまり二十億ドル）より三倍大きい資金（六十億ドル）を準備することによって、どんな投機的行動も抑え込むことができると本当に信じていた。単に用意した資金枠を使うと脅すだけで、投機は抑え込まれると信じていたからである。彼は、一九六五年以降生じた通貨の狂乱については、知る由もなく、また、予想することもなかった。

「我々はあなたを信頼できますか」は、IMFスタッフの質問であった。ヤコブソンは、自身の能力の限界と直面した環境の範囲内で、IMFにとって最も好ましい解決策を確保するよう最善を尽くした。当時の与えられた環境下でヤコブソン以上にうまくできた人はいただろうか。少なくとも、ヤコブソンがＩＭＦに在任していた一九六三年五月までの短い期間において、ＩＭＦの権威が疑問にさらされたことはなかった。重要なのは、個人のパーソナリティなのか、あるいは、組織なのか、さらには、それらの相互作用なのであろうか。

⑨ 貨幣の多様性

ヤコブソンは人生の目的について疑問をもったことがなかった。ヤコブソンは、いつも、健全な金融政策が経済の繁栄、政治的民主主義、そして個人の自由にとって重要であり、自分自身の仕事は、金融政策の望ましい状態が、まず個別の国において、そして世界レベルで広がっていくことを確保することにあると確信していた。なぜなら彼は、四十年以上も世界の通貨の大部分に関係する政策の形成と遂行に、非常に主導的な役割を果たしてきていたからである。通貨の相対価値、証券価格の変動、国際資金移動、金の産出量と価格、これらは、すべてヤコブソンが仕事を進めるうえで注視していたものであった。一九六三年までにヤコブソンは目標を達成するのに羨まれるほどの——完全ではないにしても——成功をおさめていた。

ヤコブソンは自らの成功が適材適所の使われ方によるものであると認識する一方で、自分自身を適材にした特性を有し、それをうまく活用できたのである。彼のエネルギーとやる気は、機会を捕まえるだけでなく、その次元を広げ、望ましい結果を得るためにそれを使っていく能力を完全なものにした。

ヤコブソンがもつこれらの諸特性がいかに多くの仲間たちによって認識されていたかについては、長年ロンドン駐在のスウェーデン大使を務めたグンネル・ヘッグレーフによって巧みに語られている。ヘッグレーフは、ヤコブソンの頻繁なロンドン訪問について以下のように話した。

過去数年以上にわたってイギリスでスウェーデン国王の次に大きな権力をもったスウェーデン人は、ＢＩＳの前経済アドバイザーであり、ＩＭＦのトップであるペール・ヤコブソンであった。ペール・ヤコブソンは、スウェーデンでよりも、西側のより大きな首都でより知られていた。ヤコブソンは、ワシントンやニューヨーク同様にパリやボンでも信頼されたアドバイザーであった。しかし私は、ヤコブソンはロンドンを好んでいたという印象をもっている。私自身も、ヤコブソンがアポイントなしに私の部屋にやってきて、ドアの辺りから世界経済情勢に関して長時間の論評を開始するのを常に楽しんでいた。ヤコブソンは、最新の政治的ゴシップをもれなく聞くために朝早くやってくることが多かった。午前十一時ちょっと前になると、彼はイングランド銀行総裁との最初の長い会談を行うために退出した。その総裁、現在のコボルド卿は私に言ったものだ。「もちろんペール・ヤコブソンの話を聞くには長時間かかるが、私は日常の仕事で埋め尽くされたなかから三時間を喜んでそのために割いている。いつもヤコブソンが二、三の良いアイデアを与えてくれるであろうと確信しているのだ」。

イングランド銀行の次に、ヤコブソンはしばしばイギリスの財務大臣を訪問した。夕方になるとヤコブソンは、主だった政治家や資本家によってのみ構成された、極めて小さな会合で非公式な講演をしばしば行った。

翌朝、ヤコブソンは、黒い帽子を額の方へ深くかぶりながら、私の部屋に勢い良く入ってくる。「私は首相に会いに行くべきだろうか」というのがいつもの質問であり、私が常に「そうすべきでしょう」と答えると彼はその場でダウニング街十番地に電話をかけ、適当な面会時間をセットしたものだ。

我々は強い関心を共有していたヤコブ・ブルクハルトに関して、夜に長い議論を何度もすることをいとわなかった。ただ私が本当にペール・ヤコブソンを好きになったとすれば、それは、彼の偉大な知的なバイタリティによるものではなかった。ヤコブソンは、感動的なほど思いやりがある人物であったのである。私が一度有名なスウェーデンのジャーナリストから野蛮な攻撃の対象にされた時、私に安らぎを与えようとヤコブソンがすぐに訪ねてきてくれた。私がその攻撃に全く動じず、その記事の典型的に恫喝的なトーンを笑い飛ばしたことを知って、ヤコブソンは完全に陽気になり、ウプサラ時代から私以上に良く知っていた問題のジャーナリストに関する、一連の取って置きの物語を話し始めたのである。

こうした実際のヤコブソンについての鮮明な描写は、彼を知っている誰にとっても良く知られたことであった。ヤコブソンの一般的なイメージは、ダイナミックで機知に富んでおり、威勢が良い人物であるというものであり、国際経済の分野に専心していたことは、彼がそうした複雑な問題について市井の人にも理解できるような方法で話すことの妨げにはならなかった。このイメージは、ＩＭＦ時代に磨きをかけたジャーナリストなどメディアの代表者たちに対応する際の優れた対応によって高められた。しかしながらヤコブソンは、「一つの機関は、そのトップが良く知られている時のみに良く知られる」という意見をもっていた。ヤコブソンが長い間抱いていた意見であったが、この発言は仲間たちの一人が行った「幸運なことに」オフレコのスピーチに応じてなされたものである。

ヤコブソンのジャーナリストについての理解は、彼自身が若い時にその職業に従事したという事実に由来していた。ヤコブソンは、ジャーナリストたちが何を望んでおり、彼らにいかに話せばよいかを知っていた。ヤコブソンにとって、彼らは理解できない世界からやってきた奇妙な生き物ではなく、普通の人だったのである。ヤコブソンは、彼らがコラムをもち締め切りを守らなければならないことを知っていた。ヤコブソンは、彼らがまさに聞きたいことを話す立場にあったので（すべてを話すようなことは決してしなかったが）、彼らにいつも新しい、興味深い解釈や異なった視点を与えることができた。ヤコブソンの公式記者会見は、しばしば鍛えぬかれた控えめな言い回しを披露する場であったにもかかわらず、記者などメディアの代表者たちは、いつも十分興奮できる以上のものをもって帰っていった。それは、彼らの心を引付けるヤコブソンのわかりやすさだけでなく、彼がいつも苦心して生み出した引用しやすいフレーズにあったのである。

ヤコブソンは一流のジャーナリストたちを大いなる信頼を以って遇していた。彼らは、私的なインタビュー、特別にアレンジされた昼食会、私的な書簡などを通じてヤコブソンから出来事の背景について説明を受けた。私的な書簡は、ポイントを間違えた記者に対しては、如才なく修正してもらうために、また、特に優れた記事を書いた記者に対しては、それを褒めるために書かれた。ヤコブソンが行った個人的なインタビューは、概して示唆に富んでいた。そうしたインタビューのうち、公けになったのはごく一部分だった。

ヤコブソンは晩年になって、活発な政策立案の印象と現実の効果の両方を高めるために尽力した。しかし、彼の健康と精神は弱まっていた。ＩＭＦとの契約を更新し、七十歳までとすることに関する長い議論を通じ、ヤコブソンは二つの思いの間で揺れていた。ヤコブソンは自らが必要とされている事実を喜んだものの、個人的には契約更新が賢明なことであるかどうかで悩んでおり、延長交渉に関する議論を避けようとした。ヤコブソンの再任は、事実上全員一致で決まった。しかし、一九六二年七月に新契約にサインした後、ヤコブソンは、以下のように書いている。

契約更新は正しかったのであろうか。誰にもわからないであろう。契約更新は私が望んだことではない。将来もいくつかの困難な任命があるであろう。

もし私が賢明であれば、最善のタイミングで身を引いたであろう。ヴィオレットの助けと私の最善を尽くして、私の責任を最大限全うするであろう。

ＩＭＦでは、皆がヤコブソンの幸運と呼んでいる。私は、人類の英知が切り開くことができるよりもより大きな力に助けられたのだと言いたい。

ある意味で、いまや一つの夢、つまり私が心のなかに温めていた二、三冊の本を書くという夢が終わったのだ。しかしもし健康が許すなら、その夢は後で実現するかもしれない。

ＧＡＢ交渉の最後の半年間にヤコブソンの精神力とエネルギーは衰えていないようにみえた。以前ほど気分が安定しなくなっていたが、取り組んでいた問題が非常に重要であったため、ヤコブソンが全面的な関心を注いでいたからだ。

ヤコブソンは人生の最後の十六カ月間に、老成した政治家のようになっていた。それは、同僚や友人たちがただちに感知するというよりは、仕事や周辺の人々たちに対する態度の変化に表れた。ヤコブソンは従来と同様に多くのスピーチをこなしていた一方で、一九六二年にローマで開催されたアメリカ銀行家協会の会合や、ヤコブソンが最後の出席になるかもしれないと危惧した、六三年のアーデン・ハウスでの会合などで議長を務め始めていた。こうした日々を通じてヤコブソンは、国際的な仲間たちから政策についての相談を受けたが、彼はこれらの諸問題に新しい、ほとんど身内に対するようなやり方で対処した。ヤコブソンは、関心を示し精神的なサポートを与えたが、文書をしたためたり、背後の交渉にかかわることは慎んだ。機会があれば、ヤコブソンは依然として然るべき人物に言葉をかけたり、米ＮＢＣの政治インタビュー番組であるミート・ザ・プレスのような主要なマスコミとのインタビューを引き受けた。同番組への登場は、ヤコブソンの人生における最大の聴衆を迎えてのライブ・インタビュー中継となった。

一九六二年において、ＩＭＦは大規模な交渉を必要とする大きな問題は抱えていなかった。政策と良い慣行が確立されており、ヤコブソンは、ＩＭＦが強化と安定化の時代に入ったと考えた。カナダドル危機のような不可避的な問題が時折生じたものの、通常の業務は比較的円滑に遂行されていた。

しかしながら、ＩＭＦが解決しなければならない一つの困難な問題があった。一つは、すでに述べた輸出変動補償融資制度に関する研究だった。もう一つは、引出と返済に関する複雑な問題であり、その技術的な側面においてＩＭＦ加盟国、とりわけＧＡＢによって結びつけられた潜在的貸手にとって喫緊の課題であった。すなわち、ある国がどの通貨で借りて、どの通貨で返済するか、という問題である。

ＧＡＢに対するスイスの協力と、スイスの将来のＩＭＦ加盟を取りつけるためベルンを訪問する途中、ヤコブソンが出席した一九六二年四月のＢＩＳ総会において、ヤコブソンはこのデリケートな問題について出席したすべての総裁たちから質問攻めにあった。

私は、一つの慣行ができつつあり、ＩＭＦはこの線に沿い続けるであろうと言った。誰も正確なルールは決めることはできなかったので、そうした対応が最善の防御策になるのだ。

しばしば、相対立する論点があった。少額の引出には一つの通貨が使われ、より規模の大きい引出には二、三の通貨が使われた。最大七通貨までの大規模な引出に対しては、イギリスのケースでみられたような関係者間での緊密な連絡体制がとられた。非常に大規模な引出は起こりそうもなかった。どの程度の引出が行われるかについては、誰も前もって正確に示すことはできなかった。日本は引き出すとはみられていなかったが、その権利は有していた。私は、公平さを考慮することが重要な役割を果たすと言った。

出席していた総裁たちはこうした説明に満足したが、問題はその点にとどまらなかった。

　引出と返済に使用可能な通貨に関する困難な技術的問題は、明らかにヤコブソンの関心を予想以上に引きつけた。ヤコブソンは、本件が法的構成の解釈に関わっていたので、ゴールドと長時間の議論を行い、一方経済的に意味のある結論を得るために、ポラックとも長時間協議した。本件は長年ＩＭＦのスタッフと理事会の大きな関心事であったが、ＩＭＦの米ドル保有水準が、ＩＭＦ協定の下で他の加盟国によって引出の返済に使うことができる米ドルの水準を超えた一九六一年になって初めて、尖鋭化した。

　いつものようにＩＭＦは解決策を見出し、七月に理事会は、「引出と返済に使われる諸通貨」というタイトルの文書を承認した。このペーパーはうまく受け入れられた。それは、これまでの経験を具体化しつつ、全体の問題がなお進化の過程にあることを示すものとして提案された。ヤコブソンは、以下のように考えた。

　とは言え声明の多くは全く政治的できりがないものだと思われた。返済方法は、おそらくあまり明確には定められていないし、矛盾があるようにみえる……といった内容だ。最後に私が『理屈より合意することが重要と』と発言し、文書は提案通り合意されたのだ。

　ＩＭＦ理事会は、返済にどの通貨を使うかを決定する法的な権限を獲得した。その理事会のほんの二、三日後にイギリスは、新しいファシリティを使って多数の通貨を買い戻した。これによってほぼ二年後に、同様の方法でアメリカが多通貨による「技術的」引出と言われるような方策をとることが可能になった。同様のことが後に数回繰り返された。なぜなら、常にＩＭＦの米ドル保有水準が米ドルでの返済を妨げていたからである。

　ＩＭＦの公式の活動は継続し、ヤコブソン自身の生活はかつてのように忙しかった。しかし、こうしたなかでヤコブソンは懸念していた。彼は、国際的な中央銀行や商業銀行の信用と、いくつかの諸国における国内政策との関係に潜在的危険性があることを見抜いていたのだ。ヤコブソンは、IMFが一国の経済政策の悪化を必ずしも防ぐことはできないと認識しており、その危惧はおそらくカナダ危機の時にピークに達した。彼は、カナダを支援するために使われた手段について懸念していたが、ラズミンスキーに対して中央銀行信用がIMF引出に先行するのは当然とみなされているようだと指摘することを自制した。信用を受け入れている国がその返済のためにIMF引出を使うことができ、そのような引出に対しては、それが正当化されるか否かにかかわらず、一般的な支持が得られるであろうと想定されていたように思えたからである。この種の問題は、ヤコブソンの死後、非常に重要になったので、彼のアイデアに関する簡潔な要約は、興味深いかもしれない。この問題に関するヤコブソンの考え方は、彼の最晩年の二年間における日記を通じて広く知られている。

ヤコブソンは、イギリスや他国を救ったのが中央銀行信用だけではなかったことを認識していた。市場は再建プログラムが受け入れられ、IMFの技術的もしくは金融的支援が与えられた時にのみ、反転したからである。しかし、中央銀行信用に関しては、イギリスでは先行して段階的に実施される手はずだった。この結果、一九六一年早々の段階で中央銀行信用は、不均衡を持続させる効果をもった。

一国が不健全な政策をより長く継続することを容認し、それゆえ苦労して実現した国際的安定を損ねかねない状況の存在は、ヤコブソンの余暇時間の多くを占め続けたテーマであった。フランスは、外部からの影響に免疫性を示した一つの最高の事例であった。フランスは食料を自給しており、家計を上手に管理できる主婦たちには何の心配もなかった。アメリカも事実上自立しており、貿易の規模は国民所得の三%程度に過ぎなかったので、国際収支の変動絶対額は世界標準にくらべ巨大だったが、アメリカ政府が懸念する必要は全くなかった。さらにイギリス、ベルギー、オランダ、スイスのような諸国でさえも、十分な外貨準備を保有している場合には、不適切な政策を持続できたのだ。

基軸通貨国は、経済を安定化し、健全に維持していく義務を負っていた。なぜなら、他の諸国はそうした安定に依存していたからである。そして基軸通貨国は国際経済や金融システムにおける戦略的な要素であったことから、国内政策にかかわらず、救済されてしまう危険性があった。

一九六二年にヤコブソンは、スピーチ、旅行、インタビュー、政策立案、思索などでなお行動的であったものの、精神力と健康は下降線をたどっていた。日記は、そうした低下が肉体的健康の変化が顕現する大分前から始まっていたことを示している。ヤコブソンが、以前はなかったアイデアの欠如に不満を漏らすことが次第に増えていった。「私は張りがなくなった」というのが、ヤコブソンが六二年二月初にギルドホールでの商業銀行家の夕食会に出席するために、ロンドン行きを決めた理由であった。ヤコブソンがロンドンで過ごした四日間は、昼食会、夕食会、そして、古い友人や知人との会話で完全に埋め尽くされ、ヤコブソンは元気一杯であった。

イングランド銀行のダイニング・ルームという神聖な環境下で、ヤコブソンがカール・マルクスに言及する理由を見出したのは、この訪問の時だった。ヤコブソンは、財務省のリケットだけでなく、ソビエト国立銀行の副会長であった、M・N・スヴェシュニコフ氏や、モスクワ・ナロドニー銀行のロンドン本部会長であったA・I・ドゥボノソフ氏のゲストでもあったのである。

楽しい会話の後に、ロシア人は私に一つの質問をしてよいかと尋ねた。それは、私が金価格をどう考えているかというものであった。

私は答えた。『その質問に答えるのは簡単だ。金価格に関しては、私はマルクス主義者である。マルクスは、金価格は金の生産コストによって決定されるべきと言った。一九六一年に金産出高は三%、南アフリカでは七%増加した。最大の金産出国である南アフリカにおいて利益が極めて良好である以上、現在の価格は生産コストに対応しておりそれゆえ適切な価格に違いない』。

笑いが起こった。

帰りがけに、ロシア人は私にモスクワを訪問するように依頼した。私は、歓待されるであろう。

私は、大変忙しく、IMF加盟国を訪問しなければならない。しかし、私はモスクワを訪問するのを楽しみにしていると返答した。

一九六二年、そのロシア人たちは知る由もなかったろうが、彼らはかつて閣僚級に到達した最初の女性であるコロンタイによる招待を再現していた。彼女は、三〇年にスウェーデン駐在ロシア大使として、ヤコブソンにモスクワを訪問するように依頼していたのである。それは、ヤコブソンが本当に行きたかったが、決して実現しなかった唯一の旅行だった。その日の午後に、当時、イングランド銀行の局長であり、長年の友人であったモーリス・アレンは、たまたま、その日に昼食会には参加していなかったが、ヤコブソンにその話はすでにイングランド銀行中に知れわたっていると語った。

しかし、それまでにヤコブソンの神秘的なエネルギーとやる気は、少し低下し始めていた。そして、蓄積した疲労のために、ヤコブソンはスピーチや覚書の草稿を口述筆記するようになり、「ピーター・クックがそれをチェックすれば良い」とした。六年前には、ヤコブソンはほとんどの草稿、特に最終版について は、自ら書いたり、書き直すことにこだわっていたのである。もう一つの変化は、出張により多くのIMFスタッフを同行するようになったことであった。これは、ヤコブソンの三番目の個人的な秘書であり、一段と頼りにしていたピーター・クックに特に当てはまった。

ヤコブソンは、IMF時代、三人の個人秘書に心から感謝していた。彼らは、すべてイングランド銀行からの出向者であった。このことは、ヤコブソンがしばしば説明しなければならなかったように、政治的な選択ではなかった。ヤコブソンは、彼らの助力を自分の英語力のために必要としていたのである。ヤコブソンは、英語が母国語ではないことをいつも自覚しており、英語をパーフェクトに使うために、最大限の努力をした。ヤコブソンは英語の達人になったと大部分の人が同意している。

個人秘書たちが多くの職務をこなしていたことで、ヤコブソンの人物像や、彼らがヤコブソンに示した忠誠心について非常によく理解できるであろう。これらの秘書たちを妻たちと一緒に年代順にみると、ギーとダフネ・ド・モブレ、デヴィッドとルース・サマーセット、ピーターとモーリーン・クックであった。おそらく最もつらい時間を過ごしたのは、これら三人の秘書の妻たちであり、この三組の夫婦が重圧に耐えたことに感謝しなければならない。ヤコブソンの個人的な秘書になるという仕事は、非常にきついものであったので、現職の間は全く個人的な付き合いができず、ブンターやジーブズ（イギリスの小説上の付き人）流の献身的な奉仕をささげなければならなかったのである。

すべての時間やすべての危機（これらは、いつも週末や休暇をアレンジした時に最悪の状況になったようだ）が執務時間であったことに加え、個人秘書の仕事は非常に広範な能力を必要とした。ヤコブソンの第二の目や第二の耳の役を担ったほか、ヤコブソンが新しいアイデアや言い回しを最初に聞かせる相手であり、さらには、ヤコブソンが議論を深める相手でもあった。彼らは、金融、財政、法的・経済的問題に関する草稿を書いたり、その手直しを手伝った。その際に彼らは、こうした作業が国際的政治的な背景のなかで行われていることを常に思い起こす必要があった。さらに背景を完全に熟知し、最新の微妙な情勢変化についても認識していることが期待されていた。個別の事象に関する彼ら自身の評価を常に求められたので、常に受け入れられた訳ではないが、自分自身の意見を有していなければならなかった。彼らは、注意深く書かれたペーパーや書き直された覚書を抱えていたスタッフのなかでは最も忍耐強かったが、感情の動揺を落ち着かせなければならなかった。

秘書たちは、計画を事前の予告なしに変更する傾向があり、いつも十二時間前にどこかに航空機でいくと言い出し、個人秘書の同行を求めるヤコブソンの「世話をしなければ」ならなかった。航空機では通常より大きな座席を予約する必要があったほか、手荷物（時々行方不明になった）をチェックし、一旦到着すると、大きなサイズのシャツやその他の基本的な必需品が手に入る場所を手配しなければならなかった。ヤコブソンが「お気に入りの」万年筆と特別なブランドのインクを携行することをチェックするのは当然のことだった。ヤコブソンは、その万年筆が、他のどんなペンよりもインクの出方が良いと確信しており、代替品を使わなかった。彼らは、ヤコブソンのために必要な通貨をもって行った。なぜならヤコブソンは携行しなかったからである。たまたま個人秘書がいなかった時、ヤコブソンは、バーゼル・センターに集まったスタッフに対して、六十億ドルの資金調達法について非公式な話をした後、BISに市街電車で行くために、五スイスフラン貸してくれと言った。ヤコブソンは、「スイスフランをもち合わせていなかった」ために、バーゼル・センターまで徒歩で来なければならなかったのだ。もしヤコブソンがドライ・ケーニゲ・ホテルのデスクで頼めば、彼は有名人であったので、お金を貸してくれたであろう。しかし、ヤコブソンは、そうしたことは思い付きもしなかったのだ。

個人秘書たちは、三人の非常に異なる人々であったが、全員がヤコブソンに対して仕事にまさるほどの忠誠心を示した。彼らは、それぞれヤコブソンを尊敬し、ヤコブソンが自己の利益でなく、常に与えられた状況で達成できる最善を求めていることを認識していた。ヤコブソンはスタッフを酷使したが、彼らは、ヤコブソンが自分自身をはるかに酷使していたことを知っていたのだ。

ヤコブソンが周囲の人々への依存を強めたのは、一つの深い変化を示すものだった。人生を通じて、オプティミズムはヤコブソンの主要な特性の一つであった。ヤコブソンは、仲間たちを前向きな姿勢で元気づけただけでなく、特にＩＭＦ時代にはこのオプティミズムが新聞の見出しを飾った。多くの例から一つ挙げると、一九六二年三月二十五日（日）づけのニューヨーク『ヘラルド・トリビューン』紙上に掲載された太活字の見出し、「ヤコブソンの金融市場に対する魔法のブレンド――強いオプティミズムと神秘的な判断」というものである。しかしこの楽観的な態度の裏で、ヤコブソンは次第に気落ちしていった。このことは、六二年二月の誕生日の後すぐに明らかとなった。日記の一節は、以下のようになっている。

不思議なことに私は六十八歳になることを誇りに思っているようにみえる。おそらく、私が年齢よりは若く見えるためであろう。しかし、それとは別に私は、人生における仕事が能力の最善を尽くし、名誉あるかたちで達成されて、ほとんど終わったことを嬉しく思っている。しかし、私は執筆の分野においては、なおなすべきことが多くある。それが私のやりたいことなのだ！

五月のエジプト訪問後、ヤコブソンの健康は目にみえて悪化した。ヤコブソンがいかにひどく疲れているかについての言及が増えただけでなく、周囲の人々が「私の体調が優れない」とみていると話すことが多くなった。ヨーロッパが不況に向かっているかもしれないというヤコブソンの危惧が、彼自身の落ち込む精神力と健康の反映であったと憶測することは考え過ぎだろうか。

ヤコブソンの悪化した健康は、後に誤診と判明したが、当初は未知の熱帯性の病気のためとされていた。それゆえ、一九六二―六三年にかけての新年の休暇に、ヤコブソンは、病院で検査のため数日を過ごした。彼は健康である旨の診断書を得た。しかしながら、側近の仲間たちや、特に普段くつろいだ姿をみせていた夫人にとって、彼が何らかの深刻な状態にあることが明白であった。

ヤコブソンが一九六三年四月にニューヨークの国連経済社会理事会でスピーチを行った時、妻は、診断能力の高さでよく知られた医者に診察させた。その医者は、ヤコブソンが本当にくつろげると感じる場所に行くべきと話した。当初計画されていた船を使ったヨーロッパ旅行はキャンセルされ、ヤコブソンはすぐに飛行機で行かなければならなくなった。義理の息子ロジャー・バニスター博士を通じて、ヤコブソンがロンドンで治療を受けることが電話でアレンジされた。健康を回復させるために過ごした日々にヤコブソンは、親戚や親しい友人の大部分と面会した。病院でヤコブソンは書こうとしていた本の構想を記した。二、三年前に、ヤコブソンは自分の研究センターがあるバーゼルに隠居することを決めていた。ヤコブソンは長期的計画を立てたことがなく、これは例外的なことであった。しかし、予定されていた手術が、それ自体は成功したのに二日後に二度の心臓発作に繋がるとは誰も予想しなかった。ヤコブソンは、非常に行動的であったので、六三年五月五日の死は、誰にとってもショックだった。

数年前に残していた遺言にしたがって、ヤコブソンは死んだ都市に埋葬されることになっていた。これは事実上世界中どこでも起こりえたことなので、彼は最後まで世界市民のままであったことになる。できる限り静かに埋葬されたいというヤコブソンの意向は果たされなかった。というのは、葬儀がスウェーデン語と英語で執り行われた、ロンドンにあるかなり小さなスウェーデン教会が満員状態だったからだ。金融界のリーダーたちが五大陸すべてから飛んできて、通常は優先的に通されるはずの人々が教会の通路ですし詰め状態に置かれた。

世界がヤコブソンに対して抱いていた尊敬、名誉、敬愛の念は、その死に際して大規模なかたちで示された。無数の弔電、弔意文が寄せられ、そのなかには労働組合の指導者やすべての政党の政治家からのものも多く含まれていた。これらの弔意はアルファベット順に分厚い二巻に整理され、シャルル・ドゴール大統領のメッセージがバーゼルの靴屋の隣に、ルートヴィッヒ・エアハルト首相のメッセージがヤコブソンのお抱え運転手の隣に並んでいた。ヤコブソンが匿名を希望して寄付していた、孤児のための女性修道院長からの手紙は、第三世界の重要な二カ国の中央銀行総裁からの手紙の間に置かれた。ヤコブソンが過去に支援したり、仕事やビザを確保してやった、差出人を特定できない人々からの手紙は、ヤコブソン一家の全員に寄せられた。仲間たちや友人からの手紙は、同様に友情におけるヤコブソンの天賦の才能を証明するものであった。

ヤコブソンの公的な人生に関する生き生きとした描写が、アメリカ下院銀行通貨委員会国際金融部会の影響力あるメンバーであった下院議員ヘンリー・S・ロイスによって、下院記録文書に加えられた。その抜粋は以下の通りである。

IMFの専務理事として、この長身のよたよた歩くスウェーデン人は、世界の通貨に対する案内人やカウンセラーの役割を果たした。彼の最も重要な目標は、国際貿易が栄え、諸国の経済が調和を保ちつつ成長・発展できるように、健全な世界金融システムの構築を助けることであった。この目標のために、彼は成人後の人生の大部分を捧げた。

もし誰かがヤコブソンを他の人々以上に特徴づける特性を探すと、それはおそらく彼のオプティミズムであろう。混乱した戦後期において、彼は新しい国際的な金融・経済機関を創出する方向に世界の指導者たちを誘導した。彼の経済を判断するよりどころは、いつも市場の活力と効率性についての信頼であった。

このようにヤコブソンの経歴を特徴づけるのは、大部分の諸国が自らの金融、財政、そして政治問題でさえも同時並行的に解決しようとする努力に対して、彼が与えることができた総合的な調整能力であった。前記はそれを裏づける多くの公的記録の一つである。

一九六三年に至る十年余の期間に金融、財政、経済政策に関して国内、国際の両面において一つの非常に目覚しいコンセンサスが形成された。多様な政治体制を有する各国政府が、通貨の交換性を達成するために協力した。それに続いて七年間に亘る物価安定が実現し、前例のない経済成長・発展に結び付いた。国内の金融規律が安定と成長の前提条件であるということは、理論的にすべての政府によって受け入れられ、国際的なシステムを妨げない範囲で、すべての政府によって実践された。

こうしたコンセンサスを確たるものにするため、ヤコブソンが最初はＢＩＳで、次にＩＭＦで担った役割は、世界的に受け入れられた。「触発者」というのがヤコブソンの性格とパーソナリティであるということは、一緒に働いた人たちすべてによって死後に示された彼に対する讃辞であった。ジョン・Ｆ・ケネディ大統領の声明は、感動的なトーンの卓越した例である。「彼は、飛びぬけた職業的才能に温かさとウィットと深い理解を結びつけた。それによって、我々の混乱した時代における諸問題に対処するため、善意をもった他の人々に対してリーダーシップを発揮することができたのだった」。

10　ヤコブソンの経済思想

ヤコブソンにとって経済学は政治経済学であった。それは、芸術であると同様に科学であり、経済状況の評価と政策の遂行の両面において、直感と感受性を必要とした。経済政策は、哲学的、政治的なコンテクストのなかで役割を果たすものであり、最大多数の人々の繁栄と自由を確保するために、使われるべきである。

本章では、ヤコブソンの経済思想をできるだけ明瞭に示すことを試みる。必然的に一つの要約になるので、多くの細かい点や但し書きを記述する余裕はない。また、ヤコブソンが経済の多様な側面をどのように関連づけ、統合していったかを記述する理想的な方法について一つずつ議論する余裕もない。

ヤコブソンは、彼の経済思想全般をカバーするような本を残さなかった。彼の作品の原典に関心のある読者は、「現代世界における市場経済」のなかのかなり包括的な短い記述や、より重要な論文や演説を選んで二巻にまとめた『通貨政策の諸問題』および『国際金融の諸問題』を参照されたい。一九四六年―五七年の「スカンジナヴィア銀行四季報」に掲載された諸論文に注意を払うことなしに、本格的なサーベイを行うことはできない。そのなかでは、ケインジアンに対する多くの返答が展開されている。同様のテーマは、五六年までのＢＩＳ年次報告の膨大な記述にも見出すことができる。特にＢＩＳ年次報告においては、ヤコブソンの経済思想が、常に議論の対象となっている国の現実に変化している経済状況と密接に関連づけられている。それゆえ、ヤコブソンの経済思想を要約することが必要になる。

自由な「市場経済」がヤコブソンの理想であった。彼は、経済の諸原則が尊重される場合にのみ、経済システムは円滑にかつ潜在成長力を、過大ではなく完全に達成しながら機能し得ると確信していた。限界効用、伸縮的な価格、金利、そして利潤といった概念は、すべて重要な要素であるので、ヤコブソンは、共産国家においてさえこうした要素が多くの試行を経て再導入されたことを指摘するのに腐心した。「これは、西側の経済思想において発展した価値理論が普遍的に適用可能であることについて、さらなる証明が必要とすればまさに証明になるだろう」。これらの諸原則が、自給自足農業システム、中央集権的な国営化された経済、あるいは、混合経済といった、あらゆる形態の経済に適用され、それゆえ政治的に中立的である一方で、市場経済は他の経済形態を遥かに超える価値をもっていた。管理された「見えざる手」のおかげで、官僚のコントロールに依存しない秩序をもつことが可能になった。消費者にとっての選択の自由および「市場影響力の範囲内」においての、生産者にとっての行動の自由が確保された。こうした自由は、政治的自由や、創造的な知的、科学的、芸術的、社会的活動と密接に結び付いていた。

政治的自由は、経済の構造や経済の繁栄と密接に関連づけられた。公的当局のコントロール外に多様な雇用者が存在する必要があった。また、民間部門が経済において十分大きい（ヤコブソンは五分の四が適正な規模と考えた）場合には、経済の多様性を保証する十分な競争が確保された。新製品とサービス部門の成長のおかげで、競争的な環境が整った。さらに、個人や家計は広範な規模で財産を所有すべきであった。ヤコブソンは、歴史の研究を通じて、経済的な自立こそが、国の存続にとって重要な要素である真の政治的独立性に結びつくことを確信していた。ヤコブソンは、すべての個人が私的財産所有権に基づく経済安全保障に裏打ちされた個人的威厳をもつことを望んでいた。

ヤコブソンは、経済安全保障の別の形態、つまり福祉システム（彼にとっては「相互扶助」システム）が市場経済と両立するかたちで存在しなければならないと認識していた。一九五六年に著作のなかでヤコブソンは、すべての関係者が最大限の知性と責任をもつような、一種の「社会契約」を示唆した。一九六一年までにヤコブソンは、以下のように、大いなる躊躇を抱き始めていた。

相互扶助には非常なコストがかかるため、経済はそれを実行するための負担で弱体化し、さらなる努力へのインセンティブを弱めかねない……。もう一つの危険性は、平等主義が多様性の範囲を大きく制限するかもしれないということである……。結果として良くても高いレベルの凡庸をベースとするような社会を生み出してしまう危険性もある。私は個人的に、平等を強調し過ぎることが経済停滞につながり、すべての所得階層の生活水準の低下をもたらすと確信している。そして、仮に福祉システムが持続的な経済発展に必要となるさまざまな調整を妨げることになれば、そうした経済はいかに危険なものであるかをもう一度強調しなければならない。、広範な分野における市場システムの運営によって、政府の直接的な介入なしに、緩やかに増大する賃金やフリンジ・ベネフィットの拡充をともないつつ、多くの人々の生活水準の向上を実現することができるのだ。

ヤコブソンは、「人間の行動と反応を取り扱うのが経済学」であることから、しばしば生物学的な比較方法や原理を使った。かくしてクロポトキンの「相互扶助」は「福祉国家」に、ダーウインの「自然淘汰」は「自由で効果的な競争」に喩えられた。一方、デフリースの「突然変異」の概念は、進歩を促すためには、変動を許容する環境を整備することが必要であることを示した。「経済学においては、変化を許容し不均衡なモデルを受容する、換言すれば、多様性への余地をつくる意思がなければならない」。

ヤコブソンは、市場経済と金融システムは統制するのではなく、「管理」されなければならないと考えた。彼は、「計画」という言葉を受容したが、通常、それに「賢明な」という形容詞の接頭語をつけて性格づけした。というのは、ヤコブソンはいつも「計画」がその事実と目的を取り違える問題に加え、あまりに厳格過ぎて諸国の経済が左右される「非常に突発的な変化」を許容できないことを恐れていたからである。「経済問題において人はいつも予測できないことに備えるべきである」。しかしながら、計画には主としてマイナスの影響を与えがちな官僚統制の導入をともなうべきでない。そうした統制は持続的な成長に有害であるからだ。価格システムを中心とした市場経済の運営においては、自己調節メカニズムが働くのでそうしたメカニズムが最大限働くようにすることが望ましい。それゆえ、過剰な政府介入はないほうが良い。ある政府行動がとられなければならない時、その性格が非常に重要である。それは、「市場システムの基本原理にしたがわなければならない」。というのは、哲学者のフランシス・ベーコンが語ったように、「自然はそれにしたがうことによってのみあやつることができる」からである。

我々はそれゆえ、自由経済における価格システムの基本法則と諸原理を知り、理解しなければならない。そして、我々がこれらの諸原理に合わせて行動する場合のみ、政府行動からの成果を期待することができるだろう。

基本的に重要なのは価格システムの諸原理であった。「費用と価格のバランス」という言い方は、ヤコブソンが非常に頻繁に使わなければならなかったフレーズに違いない。そのフレーズによって、ヤコブソンは、企業家には相応の利益がなければならないことを意味した。何が相応なのかは、地理的にも、歴史的にも、あるいは、現代の景気変動によっても、変化した。適正な利潤の確保が円滑な経済活動を可能にした。それゆえ、細心の注意が費用に向けられなければならなかった。

費用における最大の要素は、通常人件費だった。しかし、ヤコブソンがしばしば指摘したように、それは、唯一の要素ではなかった。合理化、適切な課税、電力、ガス、郵便、他のサービスに対する相応の価格、金融取引に関する適切な手数料、そして他の類似の料率すべてについて細心の注意が払われるべきであった。しかし、賃金上昇率の落ち着きは、持続的な成長を確保し、インフレーションを回避するために、最も重要であった。よりテクニカルな言葉で言えば、乗数と加速度原理の恩恵は、あらゆる種類の費用に真剣な注意が払われる場合のみに得られた。そして不況期には、ケインズの主張にしたがって貨幣賃金率の安定化がなされるべきであり、一方景気回復初期においては、賃金上昇率の目立った沈静化があるべきであった。ヤコブソンは、一九三六―三七年のアメリカにおける、通常説明されず、かつ全く予想されなかった景気後退は、貨幣賃金率が突然一五%も上昇したことによると考えていた。市場の状況からみて硬直的であった当時の価格水準にくらべて費用があまりに高くなり過ぎたのである。特に第一次世界大戦後、費用の観点からみた賃金の問題は、長く、激しい論争を惹起した。ヤコブソンは、需要を維持するために賃金を上昇させるべきであるという議論は、インフレ的ブーム期にはナンセンスであると考えた。不況期においてさえも、他の政策手段、つまり金融的な信用を拡大する方策があった。これらの政策手段は、費用構造の不均衡を招いたり、一定の期間において相応の利益を確保する展望を取り去るよりは、はるかに安全であった。企業家システムは存続させなければならない。さもないと、経済を不況から脱出させ、持続的成長を確保していく希望はもてなくなるからである。

金融需要の拡大を創出することは、必ずしも金融上の問題だけではなかった。もし強い輸出需要があれば（そして景気循環のサイクルが世界中で一致することは稀であったが）、それは一つの景気刺激要因になった。経済の特定部門におけるかなり高水準の投資は、類似の効果をもつことができた。そうしたことは、貸付資金に対する持続的な需要を生み出す効果をもち、金利が幾らか高い水準にあったために、新しいマネーを経済に注入することを容易にした。それゆえ、公開市場操作と金利水準の適切な引下げの組合せによる金融政策は、さらなる景気刺激効果をもちえた。深刻な景気後退が生じている時は、たとえ注意があらゆる費用に払われたとしても、余剰なマネーはうまく吸収されなかった。ヤコブソンは、振り返れば、一九三〇年代における不況を克服するのに失敗した要因の多くは、事実上公開市場操作が行われなかったことや、高過ぎる金利水準があまりに長期期間続いたことだとした。資金需要は主として「企業家心理」に依存しており、それはまた心理的な要因や、特に政治的な予想にも影響を受けた。しかしヤコブソンは、投資プロジェクトが枯渇してしまったのだという、当時信じられていた成熟経済の命題を完全に否定した。常に新しい発明が行われており、たとえ一時的に「集中」してしまったり、そのようにみえても、商業化は遅れて行われるからである。さらに、人口の増大もあった。ヤコブソンは、検討の対象となっている国や世界の人口構成の変化を知り尽くしていた。彼は、こうした情報を相互に関係づけ、十五―二十年後の市場開拓や輸出見通しの作成に利用した。

財政赤字は、費用調整が確保されれば、不況期に需要を増大させる有効な手段になりえた。財政赤字はできる限り一時的なもので、スウェーデンのように数年で償還可能であり、それらが注意深く説明されなければならない。これは重要であり、さもなければ企業家心理を大きく損ねることになる。ヤコブソンは、国によって政策が変ることを擁護した。なぜなら、一九三〇年代においては多くの国で財政赤字の導入を検討しないという世論の風潮があったからである。ヤコブソンは、同じ政策がすべての国において機能しないこと、そして、政策は個別の国の心理的な風潮や実際の状況に合わせて、策定されなければならないことを鋭く認識していた。

一九三〇年代におけるケインズの考えに対してヤコブソンが辛辣であったのは、こうした理由によるものだ。五二年二月、ヤコブソンは国際連盟でのかつての同僚からの書簡に対して、以下のように返答している。

　これらの考えは、ご存知のように、オリジナルなものとは到底言えない。ケインズ氏は、昨年春の「我々が必要としているのは、より大きく、より良い財政赤字である」というキャッチフレーズでそうした考えの本質を要約している。現在あなたの友人たちは、ケインズ氏同様、すべての患者に同じ治療法を処方する医者と同じ過ちを犯している。いくつかの国にとって財政赤字のアイデアは全く不可能であることが明白でも、一応私がインタビューで答えたように、他の国にとっては、当座のところ財政赤字が総じてよい影響をもたらすかもしれない……。言い換えれば、私は借入によって一時的に財政赤字をカバーしようとするアメリカとフランスの財政政策は、経済に好ましい影響をもたらすと信じるが、こうした政策を普遍的なものとして推奨したいとは思わないのだ。

しかしヤコブソンは、他の環境の下では財政赤字を支持することは全くなく、「恒久的な不均衡予算は恒久的にバランスのとれない考え方の産物である」と考えていた。特に軍事支出の規模はしばしば問題とされたが、もし金融政策が健全に運営されるなら、「大砲もバターも」は両立できるであろう。財政赤字は必然的に国際収支の赤字――少なくとも収支の悪化――につながる傾向があった。BISは一九四五年以降公式に、総支出の増加分は投資であっても、消費であっても、財・サービスの供給増加分の範囲内に維持されなければならないと指摘してきていた。ヤコブソン自身は、ある論文のなかで、四〇年代末のスウェーデンで国債や住宅債券のオペレーションによって推進された低金利政策が、財政赤字に繋がるであろうと指摘した。実際その後の二年間において投資のフローが貯蓄のフローを上回った分に等しい国際収支の赤字が発生したのだ。ヤコブソンは多くの国において、同様の事態が数多くみられたことを認識していた。そうした文献を参照するだけで二ページ程を必要としたであろう。イギリスもアメリカも例外ではなかったが、基軸通貨国であることから両国は非の打ちどころがないやり方でそれぞれの問題に対処すべきであった。

ヤコブソンは、通貨切下げは必要な調整が国内でなされ得ず、切下げ幅が一〇%を超えるという場合に有効であると考えた。人生を通じて、ヤコブソンは次第に上方であれ下方であれ、為替レート調整がより頻繁に行われることを希望するようになっていった。ヤコブソンは、そのような調整が行われることをしばしば妨げる「国の威信」を遺憾に思っていた。ヤコブソンはおそらく誤って一九六一年にドイツの通貨切上げに強く反対していたが、通貨切下げは、通貨切上げよりも成功しやすいことが明らかになっていた。ヤコブソンは、ドイツの切上げ幅が三倍以上だったら混乱した金融市場に安定をもたらすと考えられたので、承認を与えたかもしれない。しかし、同時に大幅な切上げができなかった政治的理由に対しても理解を示していた。言うまでもなくヤコブソンは、国際貿易に関して、通貨の切下げや切上げが不況期もしくは過熱期に必要となる費用調整を促進するという利点を理解していた。五〇年代末の通貨交換性回復後、ヤコブソンは為替レート変更の必要性が低下することを希望した。二年余り卸売物価と生計費物価の安定が続いたので、当時は国内通貨価値の安定に支えられた通貨の対外的価値の安定に対する自信が存在したからである。

ヤコブソンはこうした物価安定の達成を個人的な勝利と考えた。彼は、健全な金融政策と健全な財政政策を求めて非常に困難な闘いを続けていたので、喜びを隠そうとはしなかった。さらに彼は、官僚統制と結び付いたインフレ的な政策が持続することを許容してしまうと、そうでない場合にくらべ、財・サービスの供給の増加や、その結果としての国際貿易の拡大がより小さくなると確信していた。

ヤコブソンは、インフレの悪影響を強固に主張した。

一九六〇年代初めまでにヤコブソンは誰もが「駆け足のインフレーション」には反対していると信じていたが、「忍び寄るインフレーション」を時には表立って、もしくは暗黙のうちに許容する傾向があることを懸念した。そして、彼は、以下のように強調した。

たとえ物価の上昇が年率二、三％に抑えられても、十年というそれほど長期ではない期間で、貯蓄の実質価値を四分の一引き下げる。人々は、すぐに何が起こっているかに気がつき、少なくとも彼らの貯蓄を名目価値ではなく、実質価値で維持したいと望むであろう。そのような事態になると、「忍び寄るインフレーション」はすぐに「駆け足のインフレーション」に転化するであろう。

もし賃金コストが生産性の平均上昇率よりも早く上昇するのを抑えられなければ、物価もまた上昇を余儀なくされ、インフレにつながってしまう。物価上昇が賃金上昇に著しく遅れをとるようなことになれば、深刻な利潤の圧縮を通じて経済活動が停滞してしまう。

真性のインフレーションは、社会構造の骨組みを破壊し、個人の自由がそれゆえ浸食されるとヤコブソンは考えた。なぜならヤコブソンは、一九一〇年代初期に国際連盟の金融委員会に勤務していた時、特にオーストリアやハンガリーで体験した恐ろしい状況を決して忘れなかったからである。両国では高騰する物価が、大規模な失業の発生につながった。興味深いことに、五二年にヤコブソンは指摘した。「『マイルド・インフレーション』という考え方がアングロ・サクソン諸国で生まれている。欧州大陸では、こうした考えは決して生まれないであろう」。そして、ヤコブソンは後に誤りであると判明したが、物価安定が持続するだろうと考えた。なぜなら彼は、どんな国も社会グループもインフレーションの重大な危険を理解していないとは信じることができなかったからである。

金融政策は、経済政策の分野において最も重要なツールであり、独立志向を有する中央銀行の領域であった。金融政策は、当然ヤコブソンの仕事や思想の中心にあった。とりわけ彼が生きている間は悪評にさらされていたからだった。もし金融政策が同じ目標を追求する予算・財政政策と組み合わせられて遂行され、かつしばしば起こるように両者が目指すものが相反しない場合、金融政策は持続的な成長に向けて安定化効果をもつことが可能であった。経済に固有の不安定性のために、金融政策は弾力的に運営される必要があった。そして、ヤコブソンは、ミルトン・フリードマンと論争した。なぜなら、ヤコブソンはフリードマンのアプローチは厳格過ぎると考えていたからだ。対照的に、ヤコブソンは、ロンドン『エコノミスト』誌の初代編集長を務めたイギリスの経済記者、ウォルター・バジョットが一八七三年に書いた、「貨幣は自らを管理しない」という文章をしばしば引用した。このように、ヤコブソンは、「古典的な」金本位制下でさえ、経済システムには自動調整機能が十分働かないことが認識されていた以上、当時の金為替本位制の下では、さらにその機能が低下すると強調したのだ。

金融システムが十分機能するためには、社会や国家がそのルールと原則を広範に受け入れ、「自発的」な規律が受容されることが必要だった。ヤコブソンは、加盟国がある種の対策についてＩＭＦと合意する場合について、以下のように強調している。

> そうした対策は、例外なく当該国自身の利益になると当局によって認識されていた。安定化政策は、当該国の当局が達成を望み、それゆえ最善を尽くして計画に織込まれた対策の遂行を求める場合にのみ成功することができる。このように、国際的な枠組みで実行されている金融政策運営の目立った特徴は、国際的な合意のフレームワーク内における自発的な協力である。

この自発的協力と規律は、適切な経済環境を整えることができるため、富を生み出す民間部門が経済状況の変化にすばやく反応する能力を向上させた。それは自動的な均衡システムの一環であり、官僚によって統制された経済に認められる硬直性と好対照をなすものである。

金利に対するヤコブソンの姿勢は、しばしば誤解を受けた点であった。ヤコブソンは、金利に関しては、学生時代以降個人的に面識をもっていた、クヌート・ヴィクセルの理論に基づいて考えていた。一九一七年の最初の理論的著作において、ヤコブソンは、以下のように記述した。

> 市場金利を「正常」と考えられる利率である自然利子率（均衡実質金利）を大きく超える水準に引き上げるべきでないという極めて重要な理由が存在するのであり、それゆえ多くの国では、金利引上げが金融システムを適切な方向に導く観点から有用と考えている場合でも、自然利子率を上回らない水準に金利を維持していることを想起すべきである。これは市場金利が不変ななかで自然利子率が低下していき結果的に市場金利を下回る場合でも当てはまるのだが、意図的に市場金利を自然利子率より引き上げるため市場金利を操作するよりはそうしたかたちで二つの金利の関係が成立してしまうことの方がより起こりやすいように思われる。市場金利を自然利子率より高くすべきでないのは、人為的な高金利によって商業貸付の金利が企業家の正常な利益率を上回り、経済に

間違いなく破壊的な影響がもたらされるからである。実際戦争を経験した人々は、戦時中に産業活動がいかに発展するかについて大いに語り書いている。そうした発展を促進するためあらゆることが行われるのだ。今や産業を繁栄させるために貸出金利を自然利子率より高い水準に維持するくらい不適切な手段は考え難い。したがってそれらの国々ではそのような手段をとることを躊躇するに違いない。むしろ中央銀行は「産業活動を促進するために」金利をできるだけ低くするように努めるだろう。

公式の著作のなかで、ヤコブソンは以下のように、非常に明示的な議論を行った。「もし通貨をインフレートする必要があるなら、経済を刺激する最善の方法は低金利を通じることであろう」。政策立案者としてヤコブソンは、決して一定の金利水準に言及しなかった。彼は、どのような状況が経済的に好ましいのかを予見し、また、自然利子率との対比で市場金利を望ましい効果が得られるように調節しようと試みた。しかしながら、ヤコブソンは、必要な効果を得るために、決して短期金利だけを信頼しなかった。ヤコブソンがたびたび繰返したように、長期金利が極めて重要であった。特に一九五九年のスタンプ記念公演のなかで、彼は、「『個人的に』長期金利は複雑な金利構造のなかで「シニアー・パートナー」としてみなされるべきであるという、サー・デニス・ロバートソンに同意する」と強調した。

その経歴のなかで、ヤコブソンは多くの異なった金利水準を擁護した。一九三〇年代のインフレなき大不況の間にヤコブソンは、イングランド銀行総裁のモンターギュ・ノーマンに対して三二年に戦時国債の低利国債への大規模な借換え政策（その後多くの国が追随した政策である）によって長期金利を三・五％まで引き下げるよう説得した。四〇年代末や五〇年代初頭のインフレをともなった景気のブーム期においては、戦後経済に対する金融調節力を回復し、インフレを抑制するために、金利引上げを擁護した。一九年と二〇年のスウェーデンの似たような状況下でも彼は、公式に同様の姿勢をとった。

それゆえヤコブソンは、一九三八年軍需支出の大幅増大によって不況が終息した時、すばやい対応をとった。戦後期において、ヤコブソンが頻繁に使った議論のいくつかは適切なものであった。

厳格な低金利政策に固執することは、当該中央銀行からその国の信用状況に影響を与えるための、最も重要な手段の一つを奪うことになる……。

費用や価格構造に不均衡が生まれるのを防ぐ手段としての政策金利の引上げをためらう政策には、明白な危険性がある……。一般に政策金利の引上げにともなう純粋に機械的な効果は、通貨当局によって与えられる警告的なシグナルとも言える心理的な効果にくらべれば重要でない。政策金利の一％引上げは、借手のコストを実質的には増大させず、商品在庫保有者のコストもそれほど上げない。一方で心理的効果は大変大きく、多くの場合過度の拡大傾向に歯止めをかけるのに十分有効である。

一九五二年までに、ヤコブソンは「資本化要素」の重要性についても強調していた。人為的に低金利を維持することは、（機関）投資家や、特に国債の保有者が債券を損失なしに売却し、その売却代金をより有利な投資に向けることを可能にした。さらに、金利の変化は国際資本移動を活発化させることにつながる。国内目的と海外目的との間で好ましい金利水準が異なる場合には、ヤコブソンは国内金利が優先されるべきであり、しかしその場合国際社会の必要性にもある程度の注意が払われるべきと考えた

ヤコブソンは、中央銀行が市場介入によって実際の金利水準に影響を及ぼすことができることを発見したのは、スウェーデンのエコノミストたちであり、特に一九〇〇年以前でさえもクヌート・ヴィクセルがいたことを誇りに思っていた。しかしながら、ヤコブソンは以下のような添え書きをつけ加えた。「多くの、いわゆる現代エコノミストたちの誤りは、彼らが、中央銀行は金利水準に影響を及ぼしうると考えていることではなく、彼らが中央銀行はどのような金利も自由に、問題なく固定できる力をもっていると考えていることである」。中央銀行は、金融の安定をそれぞれの国にもたらすという困難な使命をもっていた。政府は歴史的にみても、政治的な状況故に通貨価値を損ないがちであるので、中央銀行は政治的に独立しているべきである。中央銀行が形式的に国有化されているとしても、中央銀行の総裁や仲間たちは、独立性を保ち、ＢＩＳやＩＭＦが提供できる精神的なサポートを受けるべきである。

金融政策と密接に関連したテーマである金の問題は、ヤコブソンの趣味とも言えるものであった。「もし金が存在しなければ、我々は、おそらく、類似のものを発明しなければならなかった」。金が金融システムに与える真のサービスは、主役としてではなく補助的なものであるが、「極めて望ましい富の貯蓄手段」以上のものだ。金は、信用の創造にくらべればその生産量に制約があるため、経済システムに安定を与えることができた。金による決済は、確実性をもった。金の保有は、非常に多くの信念と偏見を受け継いできた世界において信認のよりどころとなった。その一方で、金は、世界の金融システムを相互に結びつける役割を果たした。そして貨幣用金の生産は、金融拡大へ一定の勢いを与えた。金本位制の下で金は、主としてロ

ンドン市場から世界中へ「扇風機のように」拡散した。

「ダイナミックな経済に必要とされる購買力の拡大」を確保するためには、世界の流動性が金以外の手段によって高められなければならなかった。一般借入取極（ＧＡＢ）は、ヤコブソンの答えだった。個人的に、ヤコブソンは、国際的レベルにおける信用創造の可能性について考え始めていた。ヤコブソンは、クローマーに話したように、将来ＩＭＦは、預金を受け入れることができ、その預金証書は外貨準備として保有できる新たな国際的な金融資産になりうると考えていた。ヤコブソンは、世界中央銀行は、世界政府が存在しない限り不可能だと考えていた。しかし、ヤコブソンは、諸国の多様性を考慮し、インフレーションに対する一定のセーフガードを考えた。各国は、同時に金融システムの管理を誤るとは限らない。というのは、ヤコブソンは、世界レベルでの安定に対する主要な責任は、個別の国に、特に大国にあるとの事実にいつも立ち戻ったからである。大国の国内における経済的目標は、国際的な決済システムの安定に決定的に重要であった。

金融・財政問題におけるより緊密な国際協調は、戦後の回復を整えるのに役立った。自由貿易と政治的安定を考慮すると、「持続的経済成長」が達成できるかもしれないということを信じる理由があった。一九六〇年代初頭において決して容易なことではなかったが、そうしたことは実際に可能であるようにみえた。

経済システムの諸原則は、適用する前に周知され、理解される必要があった。なお膨大な学ぶべき点が有ったのである。しかし、理解は知恵をもたらす。そして、ヤコブソンは、しばしば、「息子よ。おまえは、世界が知恵によって支配されている部分がいかに少ないかを知らないのではないか」という言葉を引用した。もし世界中の国が経済の諸原則に適合するのに必要な規律で各々を統治していたなら、国際的な安定は確保されるであろう。なぜなら、突発的な変化が減少するからである。しかしながら、そのためには注意深さと必要な時に行動する意思をもつことが求められるのだ。

金融政策の諸問題が重要でないと考えるのは止めよう。それらは個人の生活や、公けの行動にしばしば一般に思われているより微妙なかたちで影響する。もしいま、我々がある政策の必要性を非常に注意深く考えなければならないとすると、その理由は、求められる政策の追求に失敗すれば、非常に破壊的でダイナミックな経済の利点を奪いかねない力を安易に働かせ始めてしまうからである。

あとがき

矢後　和彦

本書は、Erin E. Jacobsson, *A Life for Sound Money: Per Jacobsson, his biography*, Clarendon Press, Oxford, 1979の全訳である。全訳ではあるが、原著にあった脚注は割愛し、かわりに必要とおもわれる箇所に訳注を補った。原著の脚注はそのほとんどがヤコブソン日記の引用箇所を表示したもので、ごく専門的な考証のほかには有益でないと判断したためである。また、原著には興味深い図版や写真が付いているが、これも割愛させていただいた。

翻訳作業は、翻訳分担者がまず分担箇所を訳出し、次いで監訳者の吉國と矢後が原稿を点検・整理し、ふたたび分担者に校閲をお願いした。用語や表現の統一は監訳者が行った。

*

本書が依拠している資料は、原著者のエリン・ヤコブソン氏の序言にもあるように、ヤコブソンが遺した膨大な日記・資料である。これら「ヤコブソン文書」は、原著の公刊時にエリン氏の手元にあったが、その後、ロンドン・スクール・オブ・エコノミクス（London School of Economics）およびバーゼル大学図書館手稿部（Öffentliche Bibliothek, Universität Basel, Handschriften Abteilung）に寄贈され、一般の閲覧もできるようになっている。訳者・矢後はこれらの資料すべてに目を通し「ヤコブソン文書」の威力にまさに圧倒された。エリン氏の序言にあるとおり、この「ヤコブソン文書」は国際金融史の貴重な証言であり、ヤコブソンという異能の人物が体現した二十世紀経済史の宝庫であるといっても過言ではないだろう。エリン氏の伝記を通じて、その全体像が広く知られるようになったことはまことに喜ばしい。

他方で「ヤコブソン文書」には、本訳書では必ずしも伝えられていない事実やニュアンスが盛られていることも指摘しておかなければならない。たとえば、ヤコブソンの人物像である。エリン氏の序言では「ヤコブソンがかかわった人物については、たとえ彼らがヤコブソンをひどく傷つけた場合でも、罵りはみあたらなかった」とあるが、事実はやや異なっている。「日記」には、むしろ辛口の人物評が満載されており、ここには峻厳な経済思想家としての——あるいはやや偏屈な人物批評家としての——ヤコブソンの人物像が立ち現れている。家庭人としてのヤコブソンについても、本書では第一部を中心に微笑ましいエピソードがちりばめられているが、実態はやや違う。ヤコブソンには三人の娘があったが、次女と三女が可愛がられたのに対して、長女エリン氏にはとかく辛く当たる父親だったことが「日記」に読み取れる。戦時の行動についても、本書のヤコブソン評価はやや甘い。『小国論』を中心とする平和経済論が強調されているが、実際のヤコブソンは枢軸国側に近い議論にも参画していた。ＩＭＦ専務理事としてのヤコブソンについても、いわゆる「ヤコブソン・プラン」の評価など、今日からみればややもち上げすぎともみられなくはない。これらは「ヤコブソン文書」にさかのぼった今後の研究によって解明されていくべき論点だろう。

＊

本書にかかわる文献をいくつか紹介しておこう。ヤコブソンの個人名を冠した著作集としては Per Jacobsson, *Some Monetary Problems, International and National*, Basle Centre for Economic and Financial Research, Series B, No.4, Oxford University Press, 1958 があり、わが国でも吉野俊彦氏の編纂になる名訳が出ている（ペール・ヤコブソン『通貨政策の諸問題』東洋経済新報社、一九六〇年）。ヤコブソンが二十五年間を過ごしたＢＩＳについては、最近、浩瀚な正史が上梓された（Gianni Toniolo with the assistance of Piet Clement, *Central Bank Cooperation at the Bank for International Settlements, 1930-1973*, Cambridge University Press, Cambridge / New York, 2005）。戦時の「略奪金」問題をめぐっては Gian Trepp, *Bankgeschäfte mit dem Feind*, Rotpunkt Verlag, Zurich, 1993（駒込雄治・佐藤夕美訳『国際決済銀行の戦争責任』日本経済評論社、二〇〇〇年）があり、ヤコブソンが関与した対日終戦工作については竹内修司氏によるすぐれた研究（『幻の終戦工作—ピース・フィーラ

ーズ　一九四五夏――』文春新書、二〇〇五年）が公刊されている。有馬哲夫『アレン・ダレス―原爆・天皇制・終戦をめぐる暗闘』（講談社、二〇〇九年）にもヤコブソンに関する重要な言及がある。矢後和彦『国際決済銀行の二十世紀』（蒼天社出版、二〇一〇年）もご笑覧いただければ幸いである。なお人名の表記については出身国の原音ではなく、国際的に通用した発音を優先した。

＊

最後になったが、本訳書の公刊を快諾いただいた版元のオックスフォード大学出版部、序文を寄せていただいたＢＩＳ元・総支配人のクロケット（Andrew Crockett）氏、ご支援をたまわったペール・ヤコブソン財団（Per Jacobsson Foundation）、スウェーデン経済史のご専門から助言をいただいた石原俊時先生、また厳しい出版情勢のなか本書の公刊を文字通り献身的に支えて下さった蒼天社出版・上野教信社長に、訳者一同より感謝の意を表するものである。

二〇一〇年二月

矢後和彦

【訳者一覧】（アイウエオ順）

石坂　綾子（いしざか・あやこ）
愛知淑徳大学・ビジネス学部。著書・論文に、「1950年代西ドイツにおける内外経済不均衡――『社会的市場経済』の危機」（権上康男編著『新自由主義と戦後資本主義――欧米における歴史的経験』日本済評論社、2006年）、「復興期ドイツレンダーバンクの金融政策 1948－1952――貿易収支危機への対応をめぐって」（『社会経済史学』第65巻第3号、1999年9月）ほか。

伊藤　カンナ（いとう・かんな）
明治学院大学・経済学部 。著書・論文に、「戦後イタリア経済の基盤構築――1936年銀行法の制定と国家持株会社の形成」（廣田功編『現代ヨーロッパの社会経済政策――その形成と展開』 日本経済評論社、2006年）、「大不況期イタリアにおける産業救済――IRI（産業復興公社）による SIP（ピエモンテ水力発電会社）グループの解体を中心に」（『土地制度史学』第172号、2001年7月）ほか。

梅田　雅信（うめだ・まさのぶ）
1995年日本銀行考査局考査役、1999年（社）日本経済研究センター主任研究員（日本銀行から派遣）などを経て、現在首都大学東京・大学院社会科学研究科。著書・論文に、「日本の消費者物価指数の諸特性と金融政策運営」（内閣府研究会提出論文、2008年9月）、梅田雅信・宇都宮浄人『経済統計の活用と論点（第2版）』（東洋経済新報社、2006年3月）ほか。

菅原　歩（すがわら・あゆむ）
東北大学・経済学部・大学院経済学研究科。著書・論文に、「対外金融政策：資本流入の持続可能性」（河音琢郎・藤木剛康編著『G・W・ブッシュ政権の経済政策』ミネルヴァ書房、2008年）、「リオ・ティント社の対カナダ投資、1952－1956年」（『経営史学』第42巻第2号、2007年9月）ほか。

藤田　憲（ふじた・けん）
新潟大学・経済学部。著書・論文に、「ヨーロッパ経済共同体設立交渉とピエール・ユーリ――海外領土包摂問題をめぐる仲介」（木畑洋一編『ヨーロッパ統合と国際関係』日本経済評論社、2005年）、「討論記録」「ピエール・ユーリと共同体論――討論を踏まえての感想」（小野塚知二・沼尻晃伸編著『大塚久雄「共同体の基礎理論」を読み直す』日本経済評論社、2007年）ほか。

渡部　訓（わたなべ・さとし）
日本銀行を経て、現在武蔵野大学政治経済学部政治経済学科。著書・論文に、「金融システム安定のための国際協力の起源とその後の発展」（『経済志林』第76巻第3号、法政大学経済学部学会、2009年3月）、「バーゼル銀行監督委員会を通じた銀行監督における国際協力の発展」（『経済志林』第76巻第4号、法政大学経済学部学会、2009年3月）ほか。

人名索引

・ア行・

アーンホルム・M（Arnholm, M.）13
アイゼンハワー、ドワイト・D（Eisenhower, Dwight D.）256,261,267,274
アイゼンハワー、マミー（Eisenhower, Mamie）261
アインシュタイン、アルベール（Einstein, Albert）105
アインチッヒ、ポール（Einzig, Paul）107,126
アヴノル、ジョセフ（Avenol, Joseph）47,55
アダルカル、バスカル・ナムデオ（Adarkar, Bhaskar Namdeo）290,297
アッツォリーニ、ヴィンチェンツォ（Azzolini, Vincenzo）167
アデナウアー、コンラート（Adenauer, Konrad）204,278,280
アトリー、クレメント（Attlee, Clement）154,171
アルトマン、オスカー・L（Altman, Oscar L.）255
アレン、モーリス（Allen, Maurice）326
アロン、レイモン（Aron, Raymond）301
アンシオ、ユベール（Ansiaux, Hubert）213
アンダーソン、ロバート（Anderson, Robert J.）256,266-8,270-2,278
イェーネ、ハリィ（Hjörne, Harry）79,80
イエルンベリィ、ルース（Jernberg, Ruth）28
ヴァイナー、ジェイコブ（Viner, Jacob）141-2
ヴァレンベリィ・シニア、マルクス（Wallenberg Sr, Marcus）24-5,39,51,61,78,83,95
ヴィクセル、クヌート（Wicksell, Knut）18,20,23,94,129,188,338,340
ウィリッツ、ジョセフ・H（Willits, Joseph H.）220-1
ヴィンソン、フレッド・N（Vinson, Fred N.）166
ヴェーバー、エルンスト（Weber, Ernst）131
ヴォルフ、エードュアルト（Wolf, Eduard）204
梅津美治郎（Umezu, Yoshijiro）151
エアハルト、ルートヴィッヒ（Erhard, Ludwig）205,244,259,268,270,279,305-6,330
エイナウディ、ルイジ（Einaudi, Luigi）131,191,196-9,244
エクマン、カールグスタフ（Ekman, Carl Gustav）70-1
エックルズ、マリナー・S（Eccles, Marriner S.）111
エミンガー、オットマール（Emminger, Otmar）251,277-9,303,305
エラスムス、デシデリウス（Erasmus, Desiderius）92
エリオット・T・S（Eliot, T. S.）226
エングルンド、エリック（Englund, Eric）26
オーヴァビー、アンドリュー・N（Overby, Andrew N.）161,177
オーケルマン、ヨアシム（Åkerman, Joachim）68
オーケレーン、イングヴェ（Åkerrén, Yngve）14
オースブリンク、ペール（Åsbrink, Per）238
オーチンレック、クロード（卿）（Auchinleck, [Lord] Claude）138
オーボワン、ロジェ（Auboin, Roger）128,136,176,203,216
オーリン、ベルティル（Ohlin, Bertil）23,69,71,220
オールドフィールド、ピーター（Oldfield, Peter）63
岡本清福（Okamoto, Seigo）151,153-4,156

・カ行・

ガーシュテイン、アルバート・S（Gerstein, Albert S.）33
ガードナー、ウォルター・R（Gardner, Walter R.）163
ガーランド、ジョン・M（Garland, John M.）318
カールフェルト、エリック・アクセル（Karlfeldt, Erik Axel）13
カーン、リチャード（卿）（Kahn, [Lord] Richard F.）183-4,215
ガイヤール、フェリックス（Gaillard, Felix）268
加瀬俊一（Kase, Toshikazu）153-4
カッシア、ハロルド（Caccia, Harold）272
カッセル、グスタフ（Cassel, Gustav）23,25,38-9,42,44,47,60-1,98,164
カティエ、ジャン（Cattier, Jean）203
カトー、トマス・S（卿）（Catto, [Lord] Thomas S.）171
カミュ、ルイ（Camu, Louis）285
カルヴェ、ピエール（Calvet, Pierre）208,302,305
カルドア、ニコラス（卿）（Kaldor, [Lord] Nicholas）149
ガルブレイス、ジョン・ケネス（Galbraith, John Kenneth）219
カルリ、グィド（Carli, Guido）291-2
カント、イマニュエル（Kant, Immanuel）228,254
北村孝治郎（Kitamura, Kojiro）136,150-1,156
キップリング、ラディヤード（Kipling, Rudyard）226
ギボン、エドワード（Gibbon, Edward）18

ギュット、カミーユ（Gutt, Camille）166,176
ギンディ、ギョーム（Guindey, Guillaume）270, 303
グース、ヴィルフリート（Guth, Wilfried）224-5, 259,279,298,305-6,318
クームズ、チャールズ・A（Coombs, Charles A.）268,274,280
クーン、ハインリッヒ（Kuhn, Heinrich）132
クック、ピーター・W（Cooke, Peter W.）318,326-7
クック、モーリーン（Cooke, Maureen）327
クナップ、J・バーク（Knapp, J. Burke）284
クリューゲル、イヴァール（Kreuger, Ivar）77-80
グルー、ジョセフ・C（Grew, Joseph C.）154
グレイ、ゴードン（Gray, Gordon）211
クレイ、ヘンリー（Clay, Henry）97,101
クレイトン、ウィリアム・L（Clayton, William L.）176
グレゴリー、セオドア（Gregory, Theodore）112
クローサー、ジェフリー（Crowther, Geoffrey）173-4,187
クローマー、ローランド（卿）（Cromer, [Lord] Rowland）272,306,314-5,341
クロポトキン、ピョートル（Kropotkin, Petr）18, 333
ケアンクロス、アレック（Cairncross, Alec）202, 205-8,307
ケインズ、ジョン・メイナード（Keynes, John Maynard）iv,x,23,47,54,85,97-101,144,147,157-161,165,18-84,188-190, 198-9,209,214,231,241,334,335
ゲーベルニッツ、ゲロ・フォン・S（von S. Gaevernitz, Gero）151,152
ケネー、ピエール（Quesnay, Pierre）54,77,82, 84,107,109,219
ケネディ、ジョン・F（Kennedy, John F.）261,270-1,273-5,297-9,307,316,331
ケラー、パウル（Keller, Paul）201,318
ケリー、デヴィッド（Kelly, David）138
コーバー、アルフレッド（Kober, Alfred）132,177
ゴールド、ジョセフ・C（Gold, Joseph C.）244, 253,279,304,310-3,315,318,324
ゴールドスミス、オリヴァー（Goldsmith, Oliver）120
コクラン、メール（Cochran, Merle）120,142, 163,251
コック、カーリン（Kock, Karin）68-9
コボルド、キャメロン（卿）（Cobbold, [Lord] Cameron）108,161,210,238-40,276,280,293, 321
ゴヤ・イ・ルチエンテス（Goyay Lucientes）289
コロミナス・セグラ、ルドルフォ（Corominas-Segura, Rudolfo）243
コロンタイ、アレクサンドラ・ミハイロヴナ（Kollontay, Aleksandra Mikhailovna）326
コンウェイ、トム（Conway, Tom）30

・サ行・

サザード・ジュニア、フランク・A（Southard Jr, Frank A.）143,161,242,251,255,257,260, 279-80,308,316
サドラン、ジャン（Sadrin, Jean）301,305,308, 311-3,316-7
サマーセット、デイヴィッド（Somerset, David）305,311-3,327
サマーセット、ルース（Somerset, Ruth）327
サムエルソン、ポール・A（Samuelson, Paul A.）273
サル、ジャン－ポール（Salle, Jean-Paul）303
サンダース、ジョージ（Sanders, George）30
サンダース、ヘンリー（Sanders, Henry）30
サンダース、マーガレット（娘）（Sanders, Margaret [daughter]）30
シース、ヴァルター・S（Schiess, Walter S.）33,221
シープマン、ハリー（Siepman, Harry）94
ジェームズ、ウィリアム（James, William）228
ジスカールデスタン、ヴァレリー（Giscard d'Esting, Valéry）249
ジッド、シャルル（Gide, Charles）44
シャハト、ヤルマル（Schacht, Hjalmar）85,88-9, 91,108,119,122,129,167,191
ジャンセン、アルバート・エドゥアルド（Jansen, Albert Edouard）49
シュヴァイツァー、ピエール－ポール（Schweitzer, Pierre-Paul）245,247-8
ジュークス、ジョン（Jewkes, John）185
シュトレーゼマン、グスタフ（Stresemann, Gustav）66
昭和天皇裕仁（Hirohito, Emperor）151,156
ショーペンハウエル、アルトゥール（Schopenhauer, Arthur）18,228
ショットウェル、ジェームズ・T（Shotwell, James T.）143
ションフィールド、アンドリュー（Shonfield, Andrew）209
スウィーツァー、アーサー（Sweetser, Arthur）265
スヴェシュニコフ、M・N（Sveshnikov, M. N.）326
ズーター＝ケルン、リタ（Suter-Kern, Rita）133
ズーター＝ケルン、ルドルフ（Suter-Kern, Rudolf）133
鈴木源吾（Suzuki, Gengo）316-7
スターフ、カール（Staaf, Karl）20
スターリン、ジョセフ（Stalin, Josef）154
スタッセン、ハロルド・E（Stassen, Harold E.）173
スタンプ、ジョサイア（卿）（講義）（Stamp,

[Lord] Josiah（Lectures））297,299,301,339
スチュアート、ウォルター・W
（Stewart, walter W.）111
スティムソン、ヘンリー・L（Stimson, Henry L.）154-5
ストーム、グスタボ・F・A（Storm, Gustabo F. A.）245
ストッパー、エドウィン（Stopper, Edwin）318
ストラコシュ、ヘンリー（Strakosch, Henry）48,55
ストロング、ベンジャミン（Strong, Benjamin）46-7,55,61,88
スナイダー、ジョン・W（Snyder, John W.）166
スパーク、アンリ（Spaak, Henri）186
スピヴァク、ローレンス・E（Spivak, Laurence E.）274
スピノザ、ベネディクトゥス・デ
（Spinoza, Benedictus de）190,228
スフォルツァ、カルロ（Sforza, Carlo）167
スプラウル、アレン（Sproul, Allen）142,176,211
セイヤーズ、リチャード・S（Sayers, Richard S.）122
セーデルブラッド、ニルス（Cederblad, Nils）14
セーデルベリィ、ヤルマール
（Söderberg, Hjalmar）18
セーデルルンド、グスタフ（Söderlund, Gustav）164
セシル・オブ・チェルッド、ロバート（卿）
（Cecilof Chelwood, [Lord] Robert）73-76
セルジャン、ルネ（Sergent, René）288
ソーン、アンデッシュ（Zorn, Anders）21
ソルター、アーサー（卿）
（Salter, [Lord] Arthur）47-51,53-55,59,61,75,81,84-5,98,142
ソレリ、マルチェッロ（Soleri, Marcello）167
ソロルド、ギー（Thorold, Guy）245

・タ行・

ダヴィッドソン、ダヴィッド（Davidson, David）18,23
ダメーン、エリック（Dahmén, Erik）220
ダレス、アレン・W（Dulles, Allen W.）137,140,145-6,150-155,191,346
タワーズ、グラハム（Towers, Graham）112
チトー、大統領・元帥（Tito, President Marshal）291
チャーウェル卿（F・A・リンデマン教授）
（Cherwell, Lord [Professor F. A. Lindemann]）211
チャーチル、サー・ウィンストン
（Churchill, Sir Winston）138,152,154,211
テイラー、アモス・E（Taylor, Amos E.）161
テイラー、ジョージ・ウィリアム
（Taylor, George William）277-8
ディロン、ダグラス（Dillon, Douglas）256,260,274-5,292,298,300-302,305,308-311,315,317
ティングステン、ハーバート
（Tingsten, Herbert）26,28
デヴァレラ、イーモン（de Valera, Eamon）112,115-119,153
デ・ガスペリ、アルキーデ（de Gasperi, Alcide）197-8
テグネール、エサイアス（Tégner, Esaias）19
デサイ、モラルジ（Desai, Morarji）290
デフリース、フーゴ（de Vries, Hugo）333
デマダリアーガ、サルヴァドール
（de Madariaga, Salvador）72-3
デミング、フレデリック・L
（Demming, Frederick L.）172
ド・セーヌ、フィリップ（de Seynes, Philippe）283
ド・モブレ、ギー（de Moubray, Guy）247
ド・モブレ、ダフネ（de Moubray, Daphne）247,327
ド・ラットル、アンドレ・M（de Lattre, André M.）311
ドゥボノソフ、A・I（Doubonossov, A. I.）326
トーランド、ジョン（Toland, John）151
ドールトリー、マイケル（Dealtry, Michael）226
ドゴール、シャルル（将軍）（de Gaulle, [General] Charles）248,330
トムスン=マッコーランド、ルシウス・P
（Thomson-McCausland, Lucius P.）227,253,255
ドラモンド、エリック（Drummond, Eric）38,73,75,84
トリップ、L・J・A（Trip, L. J. A.）107
トリフィン、ロバート（Triffin, Robert）280,297,299,301-2,309
トルーマン、ハリー・S（Truman, Harry S.）152,154-5
ドルトン、ヒュー（Dalton, Hugh）75,166,170,176-7
ドロワ、アンリ（Deroy, Henri）245-6

・ナ行・

ナイ、アーチボルト（Nye, Archibald）31,137-8,146
ナイ、ヴァイオレット・メアリ（ヤコブソンの項参照）（Nye, Violet Mary, See Jacobsson）28-9
ナイ、チャールズ（父）（Nye, Charles[father]）31
ナポレオン（Napoleon）248-9
ニーチェ、フリードリヒ（Nietzsche, Friedrich）228
ニーメイヤー、オットー（Niemeyer, Otto）
33,48,51,55,99,109,113,119,120,162,165-

7,176-7,186,196,201,239
ニクソン、リチャード（Nixon, Richard）268
ノエル＝ベーカー、J・フィリップ（Noel-Baker, J. Philip）73,75-6
ノーク、ワーナー・L（Knoke, Werner L.）166
ノーマン、モンターギュ（卿）
（Norman, [Lord] Montagu）2,3,55,61,71, 80-1,88-9,91-4,96-7,99-101,103,106,108, 109,118-20,122,187,214,339

・ハ行・

バーク、エドモンド（Burke, Edmund）120
バージェス、ランドルフ・W
（Burgess, Randolf W.）82,110,143,176,182, 220,238-9,246
パーソンズ、モーリス（Parsons, Maurice）306-7
ハーター、クリスチャン（Herter, Christian R.）176
パーテル、I・G（Patel, I. G.）299
バートレット、ヴァーノン（Bartlett, Vernon）62-67,80
バートン、リチャード（Barton, Richard）210
バーバー、アンソニー（Barber, Anthony）277
ハーバラー、ゴットフリート
（Haberler, Gottfried）143-4,276
ハーン、L・アルベルト（Hahn, L. Albert）189
ハイエク、フリードリッヒ・A
（Hayek, Friederich A.）140,185
パイク、ジョセフ（Pyke, Joseph）128,137
ハウゲ、ガブリエル（Hauge, Gabriel）268
バジョット、ウォルター（Bagehot, Walter）228,338
バッシュ、アントニン（Basch, Antonin）143
バッフィ、パオロ（Baffi, Paolo）199
バニスター、モイラ・B・ヤコブソン
（Bannister, Moyra, B. Jacobsson）34
バニスター、ロジャー（Bannister, Roger）227,329
ハマーショルド、ダーグ（Hammarskjöld, Dag）24,54,147-8,184,282-3,309
ハマーショルド、ヤルマール
（Hammarskjöld, Hjalmar）24
原田健（Harada, Ken）156
バラナイ、レオポルド（Baranyai, Leopold）130,208
ハリス、シーモア・E（Harris, Seymour E.）273
ハリソン、G・L（Harrison, G. L）47
バロ、トーマス（Balogh, Thomas）181,203,217
ハロッド、ロイ（Harrod, Roy）297
ハンセン、アルヴィン・H（Hansen, Alvin H.）110,141,143-4,189-90
バンディ、ハーヴェイ・H（Bundy, Harvey H.）154
ハンフリー、ハーバート（Humphrey, Herbert）227,239
ヒースコット＝エモリー、デリック
（Heathcot Amory, Derick）277
ピグー、A・C（Pigou, A. C.）44
ヒックス、ジョン（Hicks, John）189
ピトブラド、デヴィッド（Pitblado, David）279, 298,311,314,318
ヒトラー、アドルフ（Hitler, Adolf）85,121,145
ビョンソン、ビョン・G（Björnson, Bjorn G.）32, 156,224
ビョンソン、ビルイット、B．ヤコブソン
（Björnson, Birgit, B. Jacobsson）133,156
ピロッティ、ラッファエーレ（Pilotti, Raffaele）167
ファン・レネップ、エミール（van Lennep, Emile）303-305
フィギュアス、フランク（Figgures, Frank）208
フィッシャー、アーヴィング（Fisher, Irving）47
フィリップス、フレデリック（Phillips, Fredrick）108-9
プール、エミール（Puhl, Emil）136,145-147,157
フェラス、ガブリエル（Ferras, Gabriel）246,254, 279,289,291,303,306
フェルナー、ウィリアム・J（Fellner, William J.）276
フォッケ、ヴィルヘルム（Vocke, Wilhelm）202-207
フォレスタル、ジェームズ・V
（Forrestal, James V.）155
フォン・ヘイデンスタム、ヴェルネル
（von Heidenstam, Verner）19
フォン・ハイエク、フリードリヒ（参照ハイエク）
（von Hayek, Friederich）140,185
フォン・ヒルシュ、ロベルト（von Hirsch, Robert）132
フォン・マンゴルト、H・K（von Mangold, H.K.）288,305
ブッシュ、プレスコット（Bush, Prescott）269, 312
プフェニンガー、ルドルフ（Pfenninger, Rudolf）91,132,163,164
ブラック、ユージン・R（Black, Eugene R.）240, 250,287-8,291
ブラッケット、ベージル（Blackett, Basil）51,55
プラナグア、オクタヴィオ（Pranagua, Octavio）254
フランクフルター、フェリックス
（Frankfurter, Felix）142
フランコ、フランシスコ（将軍）
（Franco,（General）Francisco）289
フランス、アナトール（France, Anatole）18
ブランド、ロバート（卿）
（Brand, [Lord] Robert）162
ブラントレー、ダナ・E（Brantley, Dana E.）263
プランプトリ、アーサー・W

（Plumptree, Arther W.）313
ブリアン、アリスティド（Briand, Aristide）66
フリートウッド、カリン（孫）（Fleetwood, Karin（grandchild））224
フリートウッド、ペーター（孫）（Fleetwood, Peter（grandchild））224
フリードマン、アーヴィング（Friedman, Irving）180,240,242,253,279,310
フリードマン、ミルトン（Friedman, Milton）221-2,337
プリッツ、ビヨルン（Prytz, Bjorn）70
ブリットマン、サミュエル（Brittan, Samuel）307
ブリュネ、ジャック（Brunet, Jacques）302-3,305,308
フリョーディング、グスタフ（Fröding, Gustaf）220
ブルクハルト、ヤコブ（Burckhardt, Jacob）135,228,321
フルブライト、J・ウィリアム（Fulbright. J. William）269
プレイフェア、エドワード（Playfair, Edward）171
フレーザー、レオン（Frazer, Leon）84,141
フレール、モーリス（Frère, Maurice）165,177,191,208
ブレッシング、カール（Blessing, Karl）89,259,279,291
ブレナン、ジョセフ（Brennan, Joseph）113-4
フロイト、ジクムント（Freud, Sigmund）220
ブロムバーグ、エリック（Blomberg, Eric）22
ベイエン、J．W．（Beyen, J.W.）107
ヘイズ、アルフレッド（Hayes, Alfred）268,274
ベイン、アレック・W．（Bayne, Alec W.）116
ヘーゲル、ゲオルク（Hegel, Georg）228
ベーコン、フランシス（Bacon, Francis）333
ヘックシャー、エリ（Heckscher, Eli）23-4,27,61,71,220
ヘッグレーフ、グンネル（Högglöf, Gunner）320
ペテルスソン、クヌート・Z（Petersson, Knut Z.）26,31
ベトレン、イシュトヴァン伯（Bethlen, Count Istvan）76
ヘヒラー、パウル（Hechler, Paul）146
ベリィヴァル、ヨン（Bergwall, John）26
ベルグソン、アンリ（Bergson, Henri）18
ペル、エイドリアン（Pelt, Adrian）54
ベルナルト、カール（Bernard, Karl）203-4
ベルンシュタイン、エドゥアルド・M（Bernstein, Edward M.）161,163,177,252,297,299
ベンソン、エズラ・タフト（Benson, Ezra Taft）266
ホートレー、ラルフ・G（Hawtrey, Ralph G.）98
ボードレール、シャルル（Baudelaire, Charles）226
ボーマン、エリック（Boheman, Erik）261
ホール、ロバート（Hall, Robert）269,298-9
バウムガートナー、ウィルフリッド（Baumgartner, Wilfrid）246,300-3,305,309,311,317,318
ポスチューマ、S（Posthuma, S.）303
ボナム・カーター、レイモンド・H（Bonham Carter, Raymond H.）298-9
ポラック、ジャック・J（Polak, Jacques J.）252-3,279,310-313,316,324
ホルトロップ、M・W（Holtrop, M. W.）303
ホルバイン、ハンス（Holbein, Hans）92
ホワイト、ハリー（White, Harry）163,166
ホワイトヘッド、アルフレッド・ノース（Whitehead, Alfred North）228
ボン、M・J（Bonn, M. J.）185
ボンバッハ、ゴットフリート（Bombach, Gottfried）223

・マ行・

マーグ、オットー（Maag, Otto）132
マーゲット、アーサー・W（Marget, Arther W.）268,271
マーシャル、ジョージ・C（Marshall, George C.）173
マキットリック、トーマス・H（MacKittrick, ThomasH.）127-8,131,141,147,163,173,182
マクドゥーガル、ドナルド（MacDougal, Donald）211
マクドナルド、ドナルド（Macdonald, Donald）203-205
マクミラン、ハロルド（Macmillan, Harold）268,298-9,302
マクラム、ウォーレン・D（McClam, Warren D.）215
マグルー、ドナルド・J（MacGrew, Donald J.）312,316
マックロイ、ジョン・J（McCloy, John J.）154,173,176-7,203-4
マックチェスニー・マーティン、ウィリアム（McChesney Martin, William）246,259,260,267,270,272,274,279,280,302
マッシーリ・M（Massigli, M.）74-5
マハループ、フリッツ（Machlup, Fritz）143
マルクス、カール（Marx, Karl）59,228,326
ミーゼス、ルートヴィヒ・フォン（von Mises, Ludwig）143
ミード、ジェームズ・E（Meade, James E.）185
ミュルダール、グンナル（Myrdal, Gunnar）69,149
ミル、ジョン・スチュアート（Mill, John Stuart）228
メニケッラ、ドナート（Menichella, Donato）198-

9,291-2
メランダー、スヴェン（Melander, Sven'）63
メルヴィル、レズリー・G（Melville, Leslie G.）162
モイニハン、モーリス（Moynihan, Maurice）117
モーゲンソー、ヘンリー（Morgenthau, Henry）110-1
モディリアーニ、フランコ（Modigliani, Franco）180
モネ、ジャン（Monnet, Jean）40,51,55,142,176,247,252
モロー、エミール（Moreau, Emile）88
モンゴメリー、バーナード（卿）（Montgomery, [Lord] Bernard）135

・ヤ行・

ヤコブソン、イェスタ（Jacobsson, Gösta）10,12
ヤコブソン、ヴァイオレット・メアリB・ナイ（Jacobsson, Violet Mary, B.Nye）28,30-35,94,109,127,261
ヤコブソン、エリン・E（Jacobsson, Erin E.）6,203,214,217,221,344-5
ヤコブソン、カール・アウグスト（Jacobsson, Carl August）9,10,12
ヤコブソン、カール・ユリウス（Jacobsson, Carl Julius）9
ヤング、ラルフ・A（Young, Ralph A.）268,271
ユッケル、エルンスト（Jucker, Ernst）41,135,188
ユング、カール・グスタフ（Jung, Carl Gustav）229
吉村侃（Yoshimura, Kan）136,151,155-6
ヨンソン、ヨン（Jönsson, John）14,29
ヨンソン、ルート、B. ラーション（Jönsson, Ruth, B. Larsson）11,15,26,29

・ラ行・

ラーゲレーフ、セルマ（Lagerlöf, Selma）19
ラーション、アクセル（Larsson, Axel）11
ラーデリ連隊司令官（Lardelli, Oberstkorpskommandant）135
ライノーニ、アントニオ（Rainoni, Antonio）226
ラヴデイ、アレック（Loveday, Alec）39,47
ラズミンスキー、ルイス（Rasminsky, Louis）251,293-5,325
ラッセル、バートランド（Russell, Bertrand）228
ラルジャンタイ（Largentaye, Jean de）252,298,300-1
ラングシュタット、ヘンリー（Langstadt, Henry）262
リーフティンク、ピーター（Lieftinck, Pieter）318
リーフラー、ウィンフィールド・W（Riefler, Winfield W.）111,268,277
リヴィングストン、S・モーリス（Livingston, S. Morris）149
リケット、デニス（Rickett, Denis）277,302,313,326
リスト、シャルル（Rist, Charles）48,56
リッグ、ニコラス（Rygg, Nicholas）94
リュエフ、ジャック（Rueff, Jacques）248-9
リンダール、エリック（Lindahl, Erik）220
リント、リナ（Lind, Rina）26,28
ルース、イヴァール（Rooth, Ivar）80,94,184,238,243,327
ルーズベルト、フランクリン・D（大統領）（Roosevelt, [President] Franklin D.）85
レイイー、ウィリアム・D（Leahy, William D.）155
レイトン、ウォルター・T（Layton, Walter T.）39,48,56,81,84
レオンチェフ、ヴァシリー（Leontief, Wassily）144
レディ、ジョン・B（Leddy, John B.）263,292,311-317,319
レプケ、ヴィルヘルム（Röpke, Wilhelm）140
レプトン、ハンフリー（Repton, Humphrey）227
レマス、ショーン（Lemass, Sean）114
ロイス、ヘンリー・S（Reuss, Henry S.）269,312,330
ロイター、ヴァルター（Reuther, Walter）276
ロイド・ジョージ・オブ・ドワイフォア、デヴィッド（卿）（Lloyd George of Dwyfor, [Lord] David）45
ロイド、セルウィン（Lloyd, Selwyn）302,306-7,317
ロウ＝ダットン、アーネスト（Rowe-Dutton, Ernest）81
ローザ、ロバート・V（Roosa, Robert V.）216,268-9,278,280,302,305,310-1,314,317
ロール、エリック（Roll, Eric）210-1
ローワン、レズリー（Rowan, Leslie）269
ロック、ジョン（Locke, John）228
ロバートソン、デニス（Robertson, Dennis）185,187-8,339
ロビンズ、ライオネル（卿）（Robbins, [Lord] Lionel）185

・ワ行・

ワグナー、ヴァレンティン（Wagner, Valentin）220-1
ワリン、ヨハン・オロフ（Wallin, Johan Olof）13

【監訳者】

吉國眞一（よしくに・しんいち）
1998年日本銀行ロンドン駐在参事、BISアジア太平洋総代表等を経て、現在みずほ証券シニア・アドバイザー、政策研究大学院大学。著書・論文に、『国際金融ノート』（麗澤大学出版会、2008年）、「アジアの資本フローと金融市場」（『証券アナリストジャーナル』日本証券アナリスト協会、2007年10月）ほか。

矢後和彦（やご・かずひこ）
首都大学東京・大学院社会科学研究科。著書・論文に、『フランスにおける公的金融と大衆貯蓄』（東京大学出版会、1999年）、上川孝夫・矢後和彦編『国際金融史』（有斐閣、2007年）ほか。

【序文】

アンドリュー・クロケット
ペール・ヤコブソン財団会長、IMF調査次長、バンク・オブ・イングランド（BOE）理事、BIS総支配人等を歴任。

サウンドマネー

2010年4月15日　初版第1刷発行

著　者　エリン・ヤコブソン
監　訳　吉國眞一・矢後和彦
発行者　上野　教信
発行所　蒼天社出版（株式会社　蒼天社）
112-0011　東京都文京区千石4-33-18
電話　03-5977-8025　FAX　03-5977-8026
振替口座番号　00100-3-628586
印刷・製本所　株式会社　厚徳社

ISBN 978-4-901916-26-4 Printed in Japan
万一落丁・乱丁などがございましたらお取替えいたします。